科学出版社"十三五"普通高等教育本科规划教材

概率论与数理统计

主　编　傅丽芳
主　审　邓华玲　任永泰

科学出版社
北　京

内容简介

本书对经典的教学内容进行了一些改革，以突出应用为目的，在不影响本课程理论体系完整性和逻辑关联性的条件下，适当减少、减弱了概率论部分的理论深度和难度.

本书内容包括概率论、数理统计以及实验三个部分. 概率论部分包括随机事件与概率、一维及多维随机变量及其分布、随机变量数字特征、大数定律与中心极限定理；数理统计部分包括描述性统计分析、参数估计、假设检验等；实验包括随机模拟实验、演示实验以及综合应用类实验等.

本书可作为本科院校的非数学类各专业学生的教材，尤其适合农林类及经济管理类各专业本科生使用，也可供相关专业的学生和老师参考使用.

图书在版编目(CIP)数据

概率论与数理统计/傅丽芳主编. —北京：科学出版社，2018.2
科学出版社"十三五"普通高等教育本科规划教材
ISBN 978-7-03-056452-8

Ⅰ.①概… Ⅱ.①傅… Ⅲ.①概率论-高等学校-教材 ②数理统计-高等学校-教材 Ⅳ.①O21

中国版本图书馆 CIP 数据核字(2018) 第 019556 号

责任编辑：王 静／责任校对：张凤琴
责任印制：张 伟／封面设计：陈 敬

科学出版社 出版
北京东黄城根北街 16 号
邮政编码：100717
http://www.sciencep.com

北京盛通商印快线网络科技有限公司 印刷
科学出版社发行　各地新华书店经销

*

2018 年 2 月第 一 版　开本：720×1000 B5
2023 年 2 月第六次印刷　印张：17 3/4
字数：353 000
定价：39.00 元
(如有印装质量问题，我社负责调换)

《概率论与数理统计》编写组

主　编　傅丽芳
副主编　左　鹏　裴　巍　祁雪莲　赵红杰
编　者　(以姓氏笔画为序)
　　　　左　鹏　祁雪莲　赵红杰
　　　　傅丽芳　裴　巍

前　言

概率论与数理统计是农业院校各专业必修的一门公共数学基础课. 作为一门具有悠久历史和广泛应用价值的数学学科, 该课程的基本概念、理论和方法已经渗透到理、工、农、医、经济管理与人文社科等各个学科领域, 对各个学科的发展与应用具有极大的支撑作用.

本书根据农林院校人才培养目标和要求, 以夯实基础、突出应用为主要目的, 对该课程理论体系和知识结构进行优化、调整和重组, 在保持理论体系相对完整的基础上, 对教学内容进行适当删减或补充, 适当降低理论推导的难度, 突出该课程理论知识的数学原理和实践应用, 注重现代数学思想的渗透和灌输, 强化实践应用能力和创新能力的培养, 凸显"学以致用"的教学理念, 以适应当前农林、经济管理等领域对专业人才数学素养和数学能力的要求. 本书具有以下四个特点.

(1) 知识体系完整, 结构严谨, 同时详略得当, 简明实用. 全书内容体系详略得当、结构严谨, 突出概率论与数理统计的基本思想和基本方法, 由浅入深、循序渐进, 知识衔接紧密, 逻辑性强. 同时适当删减部分烦琐的理论证明, 借助客观实际案例和数学模型引出概念和定理、公式等, 注重基本概念和方法的内涵和应用背景, 论述简明流畅, 深入浅出.

(2) 体现农林及经济管理特色, 突出实践应用. 针对农林及经济管理相关领域专业人才需求, 本书中设置了较多农业科学、经济管理等方面的实际应用案例, 突出概率统计方法在农林及经济管理等领域的实践应用, 强化该课程理论知识在专业学习和研究中的应用与发展.

(3) 完善数字化立体教材建设. 本书是数字化立体教材建设的积极尝试. 根据课程知识特点和学生学习需求, 适当增设二维码链接详细讲解重点知识和拓展阅读, 同时适当增设微课视频, 提供多媒体实验课件和实验案例程序, 结合精品课程平台建设, 促进数字化教材建设, 为学生提供丰富的数字化学习资源和生动、有趣的学习方式.

(4) 分层递进, 拓展视野, 学以致用. 本书在讲解基本理论知识的基础上, 增设了数学实验和拓展应用. 强调实验教学与理论教学的有机融合和相互促进. 同时针对课程内容增设拓展阅读和拓展应用, 通过丰富的阅读资料和精彩的案例分析, 凸显该课程实践应用, 加强数学文化的熏陶, 促进学以致用.

本书适用于高等农业院校各专业学生用作教材, 书中的例题大都在经济、生物、工程及日常生活方面取材, 通俗易懂. 学时数 40—80, 部分章节内容可根据教学实际情况适当删减.

本书编写分工如下:东北农业大学的傅丽芳负责提出全书编写的总体思路,并编写了本书的第6~9章,左鹏编写第4~5章,裴巍编写第1~3章并完成实验课件的制作,祁雪莲和赵红杰共同完成了各章习题和微课视频等.全书由邓华玲教授、任永泰教授主审.在编写过程中得到了东北农业大学理学院数学系各位同仁的全力支持,对本书的编写提出了宝贵的意见,在此表示感谢.

限于编者水平和经验有限,书中难免有不妥及错误之处,恳请读者批评指正.

编 者

2017 年 9 月

目　　录

前言
第 1 章　随机事件与概率 ……………………………………………………… 1
1.1　随机事件 ………………………………………………………………… 1
1.2　随机事件的概率 ………………………………………………………… 6
1.3　概率的计算 ……………………………………………………………… 13
1.4　随机事件的独立性 ……………………………………………………… 18
*1.5　拓展与应用 ……………………………………………………………… 21
习题 1 ……………………………………………………………………… 24
第 2 章　一维随机变量及其分布 ……………………………………………… 27
2.1　随机变量 ………………………………………………………………… 27
2.2　一维随机变量及其概率分布 …………………………………………… 30
2.3　一维随机变量函数的分布 ……………………………………………… 41
*2.4　拓展与应用 ……………………………………………………………… 44
习题 2 ……………………………………………………………………… 47
第 3 章　多维随机变量及其分布 ……………………………………………… 51
3.1　二维随机变量 …………………………………………………………… 51
3.2　边缘分布 ………………………………………………………………… 56
3.3　随机变量的独立性 ……………………………………………………… 59
3.4　二维随机变量函数的分布 ……………………………………………… 63
*3.5　拓展与应用 ……………………………………………………………… 66
习题 3 ……………………………………………………………………… 68
第 4 章　随机变量数字特征 …………………………………………………… 72
4.1　数学期望 ………………………………………………………………… 72
4.2　方差 ……………………………………………………………………… 80
4.3　常见概率分布的数字特征及其应用 …………………………………… 82
4.4　协方差与相关系数 ……………………………………………………… 89
*4.5　拓展与应用 ……………………………………………………………… 94
习题 4 ……………………………………………………………………… 97
第 5 章　大数定律与中心极限定理 …………………………………………… 100
5.1　大数定律 ………………………………………………………………… 100

  5.2 中心极限定理 ·························· 104
  *5.3 拓展与应用 ··························· 109
  习题 5 ····································· 113
第 6 章 描述性统计分析 ····················· 116
  6.1 描述性统计基本概念 ················ 116
  *6.2 样本分布的图形表示 ··············· 122
  6.3 常用统计分布 ······················ 126
  6.4 抽样分布 ··························· 130
  *6.5 拓展与应用 ························ 137
  习题 6 ····································· 139
第 7 章 参数估计 ······························ 143
  7.1 参数的点估计 ······················ 143
  7.2 点估计的优良性评价 ·············· 150
  7.3 正态总体参数的区间估计 ········· 153
  7.4 非正态总体参数的区间估计 ······ 161
  *7.5 拓展与应用 ························ 164
  习题 7 ····································· 167
第 8 章 假设检验 ······························ 170
  8.1 假设检验基本概念 ················· 170
  8.2 单个总体参数的假设检验 ········· 176
  8.3 两个正态总体参数的假设检验 ··· 183
  8.4 分布的假设检验 ···················· 188
  *8.5 假设检验的 p-值法 ··············· 194
  *8.6 拓展与应用 ························ 197
  习题 8 ····································· 200
第 9 章 演示与实验 ··························· 204
  9.1 SAS 简介 ···························· 204
  9.2 演示与实验一 ······················ 209
  9.3 演示与实验二 ······················ 213
  9.4 演示与实验三 ······················ 222
  9.5 演示与实验四 ······················ 228
课后习题参考答案 ····························· 238
参考文献 ·· 254

附表 ·· 255
    附表 1 二项分布累计概率值表 ···································· 255
    附表 2 标准正态分布表 ·· 259
    附表 3 泊松分布表 ·· 261
    附表 4 χ^2 分布表 ·· 265
    附表 5 t 分布表 ·· 267
    附表 6 F 分布表 ·· 269

第 1 章 随机事件与概率

自然界和社会生活中发生的现象是多种多样的, 但根据其结果的性质可概括为两大类: 一类称为**确定性现象**, 是指在相同的条件下重复试验或观测, 出现的结果是确定的现象. 例如, 太阳东升西落; 物体抛向高处必然落下; 标准大气压下, 纯净水在 0℃ 就会结冰; 磁铁同极相互排斥, 异极相互吸引, 等等. 另一类称为**随机现象**, 是指在相同的条件下重复试验或观测, 可能出现的结果不止一种, 而在试验或观测之前不能预知其确切结果的现象. 例如, 抛一枚质地均匀的硬币, 其结果可能是正面向上, 也可能是反面向上; 在相同条件下, 测试 10 只同类型灯泡的使用寿命, 测试的结果也不尽相同; 在经济方面, 比如一段时期内某种商品的市场需求量、股票的价格等也是不能准确预计的. 但是, 通过对大量重复观测或试验结果的统计分析, 人们发现, 这些随机现象每次的结果虽然不确定, 但在大量的重复观测中却呈现出某些统计规律性. 例如, 重复抛掷一枚质地均匀的硬币, 其正面向上和反面向上的次数之比接近 1:1, 同类型的灯泡使用寿命有一定的分布规律, 同一种商品在某区域的需求量也会呈现一定的规律性变化, 等等. 正如恩格斯所说: "在表面是偶然性起作用的地方, 这种偶然性始终是受内部隐蔽着的规律支配的, 而问题是在于发现这些规律."

随机现象在大量的重复试验或观测中呈现出的固有规律性, 称之为随机现象的统计规律性. 概率论与数理统计就是研究随机现象统计规律性的一门学科.

1.1 随机事件

1.1.1 随机试验与样本空间

1. 随机试验

试验是一个含义广义的术语, 它包含各种各样的科学实验, 也可以是对某一事物某一特征的一次观察, 例如:

(1) E_1: 抛一枚硬币, 观察是正面向上 (H), 还是反面向上 (T);
(2) E_2: 抛掷一颗骰子, 观察其出现的点数;
(3) E_3: 记录某城市 120 急救中心在一昼夜接到的呼唤次数;
(4) E_4: 在同一批新生产的灯泡中随机抽取一只, 测试其使用寿命 t(单位: h).

上述试验有着共同的特点. 首先是每次试验的结果不确定, 但可以知道试验所有可能的结果. 例如试验 E_2, 抛掷一次骰子, 可能出现 1 点到 6 点中的任何一个, 但抛掷之前并不知道究竟会出现哪个点数; 试验 E_4 中, 我们知道灯泡的寿命 $t \geqslant 0$, 但试验前不能确定它的使用寿命有多长. 其次是这些试验 (或观测) 在一定的条件下可以重复地进行. 概括起来, 这些试验具有以下特点:

(1) 可以在相同的条件下重复进行;

(2) 每次试验可能出现的结果不止一个, 且能事先明确试验所有可能的结果;

(3) 每次试验前不能确定究竟哪一个结果会出现.

在概率论与数理统计中, 把具有上述三个特点的试验称为**随机试验**, 通常用字母 E 表示. 本书中以后所提到的试验均指随机试验.

2. 样本空间

对于随机试验 E, 尽管每次试验之前不能预知具体试验结果, 但试验所有可能结果组成的集合是已知的. 试验 E 的每一个可能的基本结果称为**基本事件**, 又称为**样本点**. 试验 E 所有基本事件的集合 (即所有样本点的集合) 称为**样本空间**, 记为 Ω, 样本空间可采用集合的方式来表示.

下面, 写出上述引例中的基本事件和对应的样本空间.

(1) E_1: 抛一枚硬币, 令 $H = \{$正面向上$\}$, $T = \{$反面向上$\}$, 则 H, T 为该试验的两个基本事件, 样本空间 $\Omega_1 = \{H, T\}$;

(2) E_2: 掷一颗骰子, 分别用 $1, 2, \cdots, 6$ 表示出现的点数, 则每个数字代表一个基本事件, 样本空间 $\Omega_2 = \{1, 2, \cdots, 6\}$;

(3) E_3: 一昼夜 120 接到的呼唤次数可能为 $0, 1, 2, \cdots$, 则每个自然数表示一个基本事件, 样本空间 $\Omega_3 = \{0, 1, 2, 3, \cdots\}$;

(4) E_4: 测试灯泡的使用寿命 t (单位: h), 则 t 取任意一个大于等于零的实数就是一个基本事件, 样本空间为 $\Omega_4 = \{t | 0 \leqslant t < +\infty, t \in \mathbf{R}\}$.

上述例子中, E_1 和 E_2 的样本空间由有限个基本事件组成; E_3 和 E_4 的样本空间由无限多个基本事件组成, 且 E_4 中的基本事件为不可数无穷多个. 通常, 将基本事件的个数为有限个或可数多个的情况归为一类, 称为离散的样本空间, 如 Ω_1, Ω_2 和 Ω_3; 基本事件的个数为不可数无穷多个的情况归为另一类, 称为连续的样本空间, 如试验 E_4 对应的样本空间 Ω_4.

1.1.2 随机事件的关系与运算

1. 随机事件

随机试验 E 的任意一个可能的结果称为**随机事件**, 简称**事件**, 通常用字母 $A, B, C, \cdots$ 表示. 随机事件可以表示为若干个基本事件的集合, 这些基本事件往往带有某些共同的特征. 例如: 对于掷骰子试验 E_2, 若定义 "出现奇数点" 为一个

随机事件 A, 则该事件表示为 A ={出现奇数点}={1, 3, 5}. 由此可见, 定义一个随机事件, 可以用文字描述的方式, 也可以用基本事件集合的形式.

当一次随机试验的结果对应的基本事件包含在 A 这个集合中时, 称**事件A发生**. 例如, 掷骰子试验 E_2, 定义事件 A ={出现奇数点}, 那么当一次试验的结果为出现 1 点时, 事件 A 发生, 当试验结果出现 2 点时, 事件 A 没有发生.

样本空间 Ω 包含所有的基本事件, 它也是一个随机事件. 由于每一次试验出现的结果都包含在样本空间 Ω 中, 即每一次试验该随机事件 Ω 都发生, 故样本空间 Ω 又称为**必然事件**; 空集 $\varnothing$ 是不包含任何样本点的特殊集合, 它在每次试验中都不发生, 故空集 $\varnothing$ 称为**不可能事件.** 虽然, 必然事件 Ω 与不可能事件 $\varnothing$ 发生与否是可以准确预计的, 其结果不具有随机性, 但为了讨论问题方便, 也将它们看作特殊的随机事件.

2. 事件间的关系

随机事件是一个由若干个基本事件组成的集合, 因而事件间的关系可以与集合间的关系进行类比. 此外, 还可以用图的形式来表示事件间的关系. 通常用一个矩形来代表样本空间, 用矩形中的若干个圆来代表随机事件, 以圆之间的关系类比事件间的关系, 这类图形叫做**维恩(Venn) 图**.

(1) **包含关系** 对于同一个随机试验 E 中的两个随机事件 A 和 B, 若事件 A 发生必然导致事件 B 发生, 则称事件 A 包含于事件 B, 记为 $A \subset B$. 从集合的关系看, $A \subset B$ 即表示事件 A 是事件 B 的子集, 如图 1.1.1 所示.

显然, 对于任意的事件 A, 有 $\varnothing \subset A \subset \Omega$.

利用事件的相互包含关系可以定义事件相等的概念.

若同时满足 $A \subset B$ 且 $B \subset A$, 则 $A = B$, 即事件 A 和事件 B 相互包含, 则两个**事件相等**, 它们含有相同的基本事件.

(2) **和事件 (事件的和)** 事件 A 和事件 B 至少有一个发生 (A 发生或者 B 发生) 所构成的事件, 称为事件 A 与 B 的和事件, 记为 $A \bigcup B$. 从集合的角度看, 和事件 $A \bigcup B$ 为 A 与 B 的并集, 如图 1.1.2 所示, 即 $A \bigcup B = \{e|e \in A \text{ 或 } e \in B\}$.

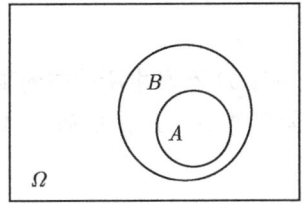

图 1.1.1 包含关系

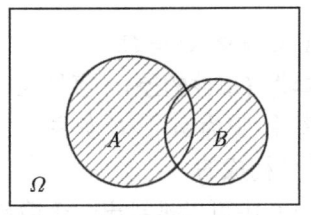

图 1.1.2 和事件

显然, $A \subset A \cup B, B \subset A \cup B$.

类似地, 可以定义 n 个事件的和事件.

事件 $A_1, A_2, \cdots, A_n$ 中至少有一个发生所构成的事件称为这 n 个事件的和事件, 记为 $A_1 \cup A_2 \cup \cdots \cup A_n = \bigcup_{i=1}^{n} A_i$. 当 $n \to \infty$ 时, $\bigcup_{i=1}^{\infty} A_i$ 为可列个事件 $A_1, A_2, \cdots$ 的和事件.

(3) **积事件 (事件的积)** 事件 A 和 B 同时发生 (A 发生且 B 发生) 所构成的事件, 称为事件 A 与 B 的积事件, 记为 $A \cap B$ 或 AB. 如图 1.1.3 所示, 积事件 AB 是由同时属于 A 事件和 B 事件的基本事件组成, 即积事件 AB 为 A 与 B 的交集.

显然, $AB \subset A, AB \subset B$.

类似地, 事件 $A_1, A_2, \cdots, A_n$ 同时发生所构成的事件称为这 n 个事件的积事件, 记为 $A_1 A_2 \cdots A_n = \bigcap_{i=1}^{n} A_i$. 当 $n \to \infty$ 时, $\bigcap_{i=1}^{\infty} A_i$ 为可列个事件 $A_1, A_2, \cdots$ 的积事件.

(4) **互斥事件** 若一次试验中事件 A 与 B 不能同时发生, 即 $AB = \varnothing$, 则称事件 A 与 B 互斥或互不相容. 如图 1.1.4 所示, 事件 A, B 互斥表示 A 与 B 没有相同的基本事件. 显然, 样本空间中基本事件是两两互斥的.

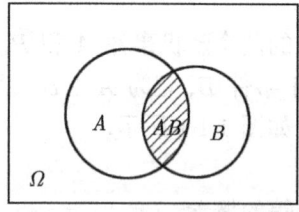
图 1.1.3 积事件

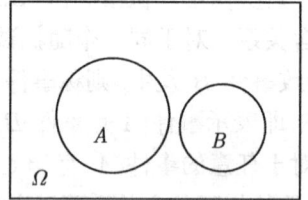
图 1.1.4 互斥事件

当 A, B 互斥时, 和事件 $A \cup B$ 通常表示成 $A + B$.

(5) **互逆事件** 若一次试验中事件 A 与 B 必有且只有一个发生, 即 $AB = \varnothing$ 且 $A \cup B = \Omega$, 则称事件 A 与 B 互为逆事件或对立事件, 记做 $B = \overline{A}$ 或 $A = \overline{B}$. 如图 1.1.5 所示, 样本空间中不属于 A 的基本事件的集合, 构成了事件 A 的逆事件, 记为 $\overline{A}$.

特殊地, $\overline{\Omega} = \varnothing, \overline{\varnothing} = \Omega$.

(6) **差事件 (事件的差)** 事件 A 发生但是事件 B 不发生所构成的事件称为 A 与 B 的差事件, 记为 $A - B$. 如图 1.1.6 所示, 差事件 $A - B$ 是由属于 A 但不属于 B 的基本事件构成的.

从图 1.1.6 中可以推导出一个简单的关系式:

$$A - B = A - AB = A\overline{B}.$$

1.1 随机事件

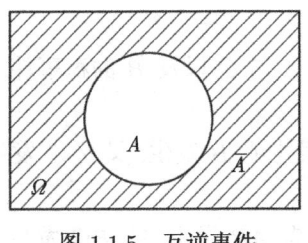
图 1.1.5 互逆事件

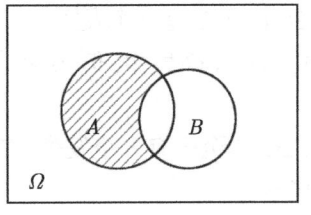
图 1.1.6 差事件

(7) **完备事件组** 对于事件 $A_1, A_2, \cdots, A_n$, 若 $A_i A_j = \varnothing (i \neq j)$ 且 $\bigcup_{i=1}^{n} A_i = \Omega$, 称 $A_1, A_2, \cdots, A_n$ 为一个完备事件组.

例 1.1.1 同时掷两颗骰子, 观察它们的点数之和. 设事件 $A = \{$点数和为偶数$\}$, $B = \{$点数和可以被 3 整除$\}$, $C = \{$点数和最大$\}$, $D = \{$点数和最小$\}$. 试用基本事件表示下列事件: (1) $A \bigcup C$; (2) AB; (3) CD; (4) $A - B$; (5) $\overline{A}$; (6) $\overline{AB}$.

解 根据题意, 有

$$A = \{2, 4, 6, 8, 10, 12\}, \quad B = \{3, 6, 9, 12\}, \quad C = \{12\}, \quad D = \{2\}.$$

可以得到:

(1) $A \bigcup C = \{2, 4, 6, 8, 10, 12\}$;

(2) $AB = \{6, 12\}$;

(3) $CD = \varnothing$;

(4) $A - B = \{2, 4, 8, 10\}$;

(5) $\overline{A} = \{3, 5, 7, 9, 11\}$;

(6) $\overline{AB} = \{3, 9\}$.

3. 事件的运算法则

(1) **交换律** $A \bigcup B = B \bigcup A, AB = BA$;

(2) **结合律** $(A \bigcup B) \bigcup C = A \bigcup (B \bigcup C), (AB)C = A(BC)$;

(3) **分配律** $(A \bigcup B)C = AC \bigcup BC, (AB) \bigcup C = (A \bigcup C)(B \bigcup C)$;

(4) **德摩根律**(对偶律) $\overline{A \bigcup B} = \overline{A} \, \overline{B}, \overline{AB} = \overline{A} \bigcup \overline{B}$, 对于可列个事件, 有

$$\overline{\bigcup_{i=1}^{\infty} A_i} = \bigcap_{i=1}^{\infty} \overline{A_i}, \quad \overline{\bigcap_{i=1}^{\infty} A_i} = \bigcup_{i=1}^{\infty} \overline{A_i}.$$

例 1.1.2 A, B, C 为三个随机事件, 用 A, B, C 的运算关系表示下列各事件:

(1) A 和 C 发生, 但 B 不发生;

(2) A, B, C 至少有一个发生;

(3) A, B, C 至少有两个发生;

(4) A, B, C 至多有一个发生.

解 (1) "A 和 C 发生, 但 B 不发生" 是 A 与 C 以及 $\overline{B}$ 的积事件, 可表示为 $A\overline{B}C$;

(2) "A, B, C 至少有一个发生" 就是 A 发生或 B 发生, 又或 C 发生, 可表示为 $A \cup B \cup C$;

(3) "A, B 和 C 至少有两个发生" 可理解为 AB 发生, 或 BC 发生, 又或 AC 发生, 表示为 $AB \cup BC \cup AC$;

(4) "A, B, C 至多有一个发生" 表示仅有一个事件发生或者三个事件都没有发生, 可表示为
$$A\overline{B}\,\overline{C} + \overline{A}B\overline{C} + \overline{A}\,\overline{B}C + \overline{A}\,\overline{B}\,\overline{C}.$$

此题中只有 A, B, C 三个事件, 因此 "A, B, C 至多有一个发生" 的逆事件就是 "A, B, C 至少有两个发生", 故该题还可以表示为 $\overline{AB \cup BC \cup AC}$.

例 1.1.3 分别用 A, B, C 表示某城市居民订阅财经日报、晚报和体育日报三个事件, 试用 A, B 和 C 表示以下事件:

(1) 只订阅财经日报; (2) 只订阅其中一种报纸; (3) 至少订阅其中一种报纸; (4) 至多订阅其中一种报纸.

解 (1) $A\overline{B}\,\overline{C}$; (2) $A\overline{B}\,\overline{C} + \overline{A}B\overline{C} + \overline{A}\,\overline{B}C$; (3) $A \cup B \cup C$; (4) $A\overline{B}\,\overline{C} + \overline{A}B\overline{C} + \overline{A}\,\overline{B}C + \overline{A}\,\overline{B}\,\overline{C}$.

1.2 随机事件的概率

对于一个随机事件, 在一次试验中可能发生, 也可能不发生. 我们常常希望能知道某些事件在一次试验中发生的可能性究竟有多大. 虽然试验前并不能预知某一随机事件是否发生, 但在相同的试验条件下, 这一事件发生的可能性大小是不变的. 在现实生活中, 经常接触到 "彩票中奖率" "药物有效率" "射击命中率" 等术语, 这些都是对随机事件发生可能性大小的描述, 是 "概率" 的简称. 一般地, 事件 A 的 "**概率**" 就是该事件在一次试验中发生的可能性大小的度量, 记为 $p(A)$.

1.2.1 频率与概率

一般来说, 单凭一次随机试验并不能估计出随机事件 A 发生的可能性大小. 但如果在相同条件下进行很多次重复试验, 试验的结果就会呈现出一定的统计规律性. "频率" 描述了相同条件下的重复试验中事件 A 发生的频繁程度. 当重复试验次数足够多时, 如果频率的变化趋于平稳, 就可以用频率来近似地度量随机事件 A 发生可能性的大小, 即用频率来逼近概率.

1.2 随机事件的概率

定义 1.2.1 在相同条件下,重复进行 n 次试验,若事件 A 发生了 $k(k \leqslant n)$ 次,则称 k 为事件 A 发生的频数,k/n 为事件 A 发生的频率,记为

$$f_n(A) = \frac{k}{n}. \tag{1.2.1}$$

通常情况下,经过多次重复试验,频率将逐渐稳定地在某一数值的附近摆动,这是频率固有的统计规律性,该数值反映了事件 A 在一次试验中发生的可能性大小. 先来看下面的例子.

历史上,一些数学家曾经对"抛硬币"试验的结果进行过统计,如表 1.2.1 所示.

表 1.2.1 抛硬币试验

试验者	抛掷次数	正面向上次数	频率
德·摩根	2048	1061	0.5181
浦丰	4040	2048	0.5069
皮尔逊	12000	6019	0.5016
皮尔逊	24000	12012	0.5005

由表中数据可以看出,事件 $A = \{$正面向上$\}$ 发生的频率 $f_n(A)$ 虽然不同,但都接近于 0.5 这个数值,而且随着随机试验次数的增多,频率 $f_n(A)$ 逐渐地稳定在 0.5 这个数值上. 所以,可以认为 0.5 这个数值反映了事件 A 发生可能性的大小.

用计算机模拟"抛一枚均匀的硬币"这一试验,得到了"正面向上"发生的频率 $f_n(A)$ 与抛掷次数的关系 (图 1.2.1),可以直观地看到,尽管频率 $f_n(A)$ 在不断地变化,但随着试验重复次数的增多,该频率逐渐稳定地在 0.5 这个数值附近摆动.

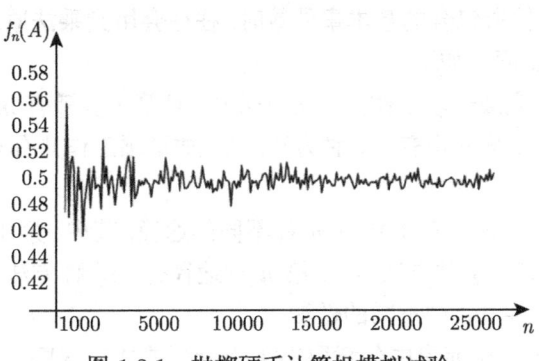

图 1.2.1 抛掷硬币计算机模拟试验

定义 1.2.2 在相同条件下,进行大量重复试验,若事件 A 发生的频率 $f_n(A) = k/n$ 稳定地在某个数值 p 的附近摆动,则数值 p 反映了事件 A 发生的可能性大小,称为事件 A 的概率,记为 $p(A) = p$.

上述定义称为概率的**统计学定义**, 该定义基于大量重复试验的统计结果, 所以概率的统计定义在理论上是不完备的. 实际中, 我们也不可能对每一个随机事件都做大量的重复试验来研究其统计规律性.

下面来讨论一类特殊的随机试验及其对应的概率模型, 并针对这一类概率模型给出概率的定义及其计算方法.

1.2.2 古典概率模型

先来回顾一下 1.2.1 中的 "抛硬币" 试验 E_1 和 "掷骰子" 试验 E_2, 可以看出它们具有两个共同特点:

(1) 样本空间中含有限个基本事件, 称为**有限性**;
(2) 样本空间中每个基本事件出现的可能性相等, 称为**等可能性**.

具有以上两个特点的试验是大量存在的, 这类试验称为**等可能概型**. 它在概率论发展初期曾经是主要的研究对象, 所以也称为**古典概型**. 古典概型的相关概念具有直观、易于理解等特点, 有着广泛的应用. 下面来讨论这一类概率模型中事件概率的计算公式.

定义 1.2.3 随机试验 E 为古典概型, 若样本空间中包含 $n(n<+\infty)$ 个基本事件, 随机事件 A 中包含 $k(k\leqslant n)$ 个基本事件, 则随机事件 A 发生的概率为

$$p(A) = \frac{A \text{ 中所含基本事件数}}{\Omega \text{ 中所含基本事件总数}} = \frac{k}{n}. \tag{1.2.2}$$

该计算式表明, 对于古典概型, 计算事件的概率, 需要确定样本空间 Ω 中的基本事件总数 n 和事件 A 中的基本事件数 k.

在确定随机事件所包含的基本事件数时, 往往会用到乘法原理、加法原理, 以及排列组合的知识, 简介如下.

乘法原理 若完成一项工作需要 n 个步骤, 且第 1 步骤有 m_1 种方法, 第 2 步骤有 m_2 种方法, $\cdots$, 第 n 步有 m_n 种方法, 则完成这项工作共有 $m_1 \times m_2 \times \cdots \times m_n$ 种不同的做法.

加法原理 若完成一项工作有 n 种不同的途径, 其中, 第 1 种途径有 m_1 种方法, 第 2 种途径有 m_2 种方法, $\cdots$, 第 n 种途径有 m_n 种方法, 则完成这项工作共有 $m_1 + m_2 + \cdots + m_n$ 种不同的做法.

排列公式 从 n 个元素中任意取出 k 个元素排成有次序的一列, 则排列方法的总数为

$$A_n^k = n(n-1)\cdots(n-k+1) = \frac{n!}{(n-k)!}.$$

组合公式 从 n 个元素中任意取出 k 个元素构成一组, 不考虑其次序, 则不

同取法的总数为

$$C_n^k = \frac{n(n-1)\cdots(n-k+1)}{k!} = \frac{n!}{k!(n-k)!}.$$

例 1.2.1 抛掷两枚均匀的硬币,求恰好出现一个正面一个反面的概率.

解 分别用 H 和 T 表示硬币出现"正面向上"和"反面向上",则样本空间为

$$\Omega = \{(H,H),(H,T),(T,H),(T,T)\}.$$

Ω 含有的基本事件的个数为 4,定义事件 $A = \{$出现一个正面、一个反面$\}$,有

$$A = \{(H,T),(T,H)\},$$

A 含有的基本事件的个数为 2,所以

$$p(A) = \frac{2}{4} = \frac{1}{2}.$$

例 1.2.2 盒中有 6 个红球,有 4 个白球. 现以下列方式从中取出 2 个球:

方式 I: 有放回抽样 (即一次取出一个球,观察其颜色后放回盒中,再取第二个球);

方式 II: 无放回抽样 (即一次取一球不放回盒中,再从余下的球中取第二个球).
求 (1) 取到两个红球的概率; (2) 取到两个不同颜色的球的概率.

解 设事件 $A = \{$取到两个红球$\}$,$B = \{$取到两个不同颜色的球$\}$.

方式 I (有放回抽样):从 10 个球中有放回地抽取 2 个球,Ω 中所含的基本事件总数为 10^2,事件 A 中所含的基本事件数为 6^2,B 中所含的基本事件数为 $6 \times 4 + 4 \times 6$,所以有

$$p(A) = \frac{6^2}{10^2} = \frac{9}{25}, \quad p(B) = \frac{6 \times 4 + 4 \times 6}{10^2} = \frac{12}{25}.$$

方式 II (不放回抽样):从 10 个球中不放回地抽取 2 个球,Ω 中所含的基本事件总数为 $A_{10}^2 = 10 \times 9$,事件 A 中所含的基本事件数为 $A_6^2 = 6 \times 5$,B 中所含的基本事件数为 $C_6^1 C_4^1 \times 2$,所以

$$p(A) = \frac{A_6^2}{A_{10}^2} = \frac{1}{3}, \quad p(B) = \frac{C_6^1 C_4^1 \times 2}{A_{10}^2} = \frac{8}{15}.$$

例 1.2.3 将 n 个小球随机地放入 N 个盒子中 $(N \geqslant n)$,每个小球放入每个盒子都是等可能的,每个盒子中球的个数没有限制,求下列事件的概率:

(1) 指定的 n 个盒子各有一球;

(2) 每个盒子中不超过一个球;

(3) 某个指定的盒子恰好有 $k(0 \leqslant k \leqslant n)$ 个球.

解 设事件 $A=\{$指定的 n 个盒子各有一球$\}$, $B=\{$每个盒子不超过一球$\}$, $C=\{$某指定的盒子恰好有 k 个球$\}$.

根据题意, n 个小球等可能地放入 N 个盒子, 共有 N^n 种分法, 即 Ω 中所含的基本事件总数为 N^n.

(1) 对于事件 A, 有球的 n 个盒子是指定的, 这 n 个盒子中各放入一个球就相当于对 n 个小球做了一个全排列, 共有 $n!$ 种排列方法, 即事件 A 所含的基本事件数为 $n!$, 有
$$p(A) = \frac{n!}{N^n}.$$

(2) 事件 B 与事件 A 的区别仅仅在于有球的 n 个盒子没有指定, 只需要先选定 n 个盒子, 然后每个盒子各放入一球, 共有 $C_N^n n!$ 种方法, 即 B 中所含的基本事件数为 $C_N^n n!$, 所以
$$p(B) = \frac{C_N^n n!}{N^n}.$$

(3) 对于事件 C, 先从 n 个球中选出 k 个球放入指定的盒子, 再把其余 $n-k$ 个球放入余下的 $N-1$ 个盒子, 共有 $C_n^k(N-1)^{n-k}$ 种方法, 所以有
$$p(C) = \frac{C_n^k(N-1)^{n-k}}{N^n}.$$

例 1.2.4 已知一批 20 个同样的产品中有 4 个次品, 从这批产品中任取 5 个. 求其中恰好有 2 个次品的概率.

解 设事件 $A=\{$20 个产品中任取 5 个, 其中恰有 2 个次品$\}$. 20 个产品中任取 5 个, 共有 C_{20}^5 种取法; 任意取出的 5 个产品中恰有 2 个次品, 则余下的 3 个为正品, 共有 $C_{16}^3 C_4^2$ 种取法, 即 A 中所含的基本事件数为 $C_{16}^3 C_4^2$, 故
$$p(A) = \frac{C_{16}^3 C_4^2}{C_{20}^5} = \frac{70}{323}.$$

该例题是一类典型的抽样模型, 一般可叙述为: 在一批 $N(N \in \mathbf{N}^+)$ 个同样的产品中有 $M(0 \leqslant M \leqslant N)$ 个次品, 从中不放回地任取 $n(n \leqslant N)$ 个产品, 求其中恰有 $m(m \leqslant M)$ 个次品的概率.

与例 1.2.4 类似, 可以得到所求的概率为 $\dfrac{C_{N-M}^{n-m} C_M^m}{C_N^n}$, 在本书第 2 章中将这类常见的抽样模型称为超几何分布.

1.2.3 概率公理化体系

上述古典概型, 在概率论发展初期具有非常重要的作用, 在一定程度上解决了某些涉及抽样试验的概率计算问题, 但其局限性也很明显. 1933 年, 苏联的数学家

柯尔莫哥洛夫 (1903—1987) 在总结前人成果的基础上, 首次提出了概率公理化体系, 完善了概率的理论体系, 为概率论这一学科的形成和发展起到了重要的作用.

定义 1.2.4 对于样本空间 Ω 中的一个随机事件 A, 赋予一个实数 $p(A)$. 若 $p(A)$ 满足如下三条公理:

(1) **非负性** 对于任意 $A \subset \Omega$, 有 $p(A) \geqslant 0$;

(2) **规范性** $p(\Omega) = 1$;

(3) **可列可加性** 若可列个事件 $A_1, A_2, \cdots, A_n, \cdots$ 两两互斥, 有

$$p(A_1 \bigcup A_2 \bigcup \cdots \bigcup A_n \bigcup \cdots) = p(A_1) + p(A_2) + \cdots + p(A_n) + \cdots = \sum_{i=1}^{\infty} p(A_i), \quad (1.2.3)$$

则 $p(A)$ 称为事件 A 的概率.

不难验证, 概率的统计学定义和古典概型都满足以上三条公理. 由概率公理化定义可以推出下列性质:

(1) $p(\varnothing) = 0$;

(2) **有限可加性** 若有限多个事件 $A_1, A_2, \cdots, A_n$ 两两互斥, 则

$$p(A_1 \bigcup A_2 \bigcup \cdots \bigcup A_n) = p(A_1) + p(A_2) + \cdots + p(A_n) = \sum_{i=1}^{n} p(A_i);$$

(3) 对于任意事件 A, 有 $p(\overline{A}) = 1 - p(A)$.

证明 显然 $A\overline{A} = \varnothing$ 且 $A \bigcup \overline{A} = \Omega$, 由有限可加性有

$$p(\Omega) = p(A \bigcup \overline{A}) = p(A) + p(\overline{A}) = 1,$$

则

$$p(\overline{A}) = 1 - p(A).$$

(4) 对于事件 A 和 B, 若 $B \subset A$, 则 $p(A - B) = p(A) - p(B)$.

证明 因为 $B \subset A$, 所以有 $A = B \bigcup (A - B)$ 且 $B(A - B) = \varnothing$, 由有限可加性有

$$p(A) = p(B \bigcup (A - B)) = p(B) + p(A - B),$$

即

$$p(A - B) = p(A) - p(B).$$

一般地, 对于任意两个事件 A 和 B, 有

$$p(A - B) = p(A - AB) = p(A) - p(AB). \quad (1.2.4)$$

(5) 对于任意事件 A, B, 有

$$p(A\bigcup B) = p(A) + p(B) - p(AB). \qquad (1.2.5)$$

证明　因为 $A\bigcup B = (A - AB)\bigcup B, (A - AB)B = \varnothing$, 由有限可加性有

$$p(A\bigcup B) = p((A - AB)\bigcup B) = p(A - AB) + p(B) = p(A) + p(B) - p(AB).$$

一般地, 对于三个事件的和事件, 其概率计算公式为

$$p(A\bigcup B\bigcup C) = p(A) + p(B) + p(C) - p(AB) - p(AC) - p(BC) + p(ABC).$$

由数学归纳法, 可以得到任意 n 个事件的和事件概率计算公式:

$$p\left(\bigcup_{i=1}^{n} A_i\right) = \sum_{i=1}^{n} p(A_i) - \sum_{1\leqslant i<j\leqslant n} p(A_i A_j)$$
$$+ \sum_{1\leqslant i<j<k\leqslant n} p(A_i A_j A_k) + \cdots + (-1)^{n-1} p(A_1 A_2 \cdots A_n), \quad (1.2.6)$$

其中 $1 \leqslant i < j < k \leqslant n$.

例 1.2.5　对于事件 A 和 B, 已知 $A \subset B, p(A) = 0.6, p(B) = 0.8$, 求 $p(\overline{A}B)$, $p(A\bigcup B)$ 和 $p(A - B)$.

解　已知 $A \subset B$, 则 $AB = A, A\bigcup B = B$, 有

$$p(\overline{A}B) = p(B - A) = p(B) - p(A) = 0.8 - 0.6 = 0.2;$$

$$p(A\bigcup B) = p(B) = 0.8;$$

$$p(A - B) = p(A - AB) = p(A) - p(AB) = p(A) - p(A) = 0.$$

例 1.2.6　对于事件 A 和 B, 已知 $p(A) = 0.5, p(B) = 0.7$, 且 $p(A\bigcup B) = 0.8$. 求差事件概率 $p(A - B)$ 和 $p(B - A)$.

解　由 $p(A\bigcup B) = p(A) + p(B) - p(AB)$, 有

$$p(AB) = p(A) + p(B) - p(A\bigcup B) = 0.4.$$

则有

$$p(A - B) = p(A - AB) = p(A) - p(AB) = 0.5 - 0.4 = 0.1;$$

$$p(B - A) = p(B - AB) = p(B) - p(AB) = 0.7 - 0.4 = 0.3.$$

1.3 概率的计算

1.3.1 条件概率

在实际问题中,有时候不仅仅单纯地考虑某一事件发生的概率,还要考虑在一定限制条件下该事件发生的概率. 比如现有 10 张彩票,其中只有 2 张是中奖彩票,甲、乙两人先后依次参加抽签,乙往往会猜测甲抽签的结果,并考虑在甲抽到或没有抽到中奖彩票的情况下,自己能够抽到中奖彩票的概率. 此时,就需要在一定的已知条件下考虑某一事件发生的概率,即条件概率.

定义 1.3.1 对于随机事件 A 和 B,$p(B) > 0$,在已知事件 B 发生的条件下,事件 A 也发生的概率称为条件概率,记为 $p(A|B)$.

接下来推导条件概率的计算方法.

例 1.3.1 现有 10 张彩票,其中 2 张是中奖彩票. 现甲,乙二人按第一、第二的顺序依次随机抽取一张,求:(1) 甲中奖的概率;(2) 甲,乙二人都中奖的概率;(3) 在已知甲中奖的条件下,乙也中奖的概率.

解 设事件 $A=\{乙中奖\}$,$B=\{甲中奖\}$,根据古典概型计算公式,有

$$p(B) = \frac{C_2^1}{C_{10}^1} = \frac{1}{5}, \quad p(AB) = \frac{C_2^1 C_1^1}{C_{10}^1 C_9^1} = \frac{1}{45}, \quad p(A|B) = \frac{C_1^1}{C_9^1} = \frac{1}{9}.$$

可以验证条件概率满足

$$p(A|B) = \frac{p(AB)}{p(B)}.$$

上式在一般条件下也是成立的,即条件概率的计算公式.

定理 1.3.1 对于随机事件 A 和 B,其中 $p(B) > 0$,在已知事件 B 发生条件下,事件 A 发生的条件概率为

$$p(A|B) = \frac{p(AB)}{p(B)}. \tag{1.3.1}$$

不难证明,条件概率满足概率公理化体系的公理和性质.

类似地,当 $p(A) > 0$,有

$$p(B|A) = \frac{p(AB)}{p(A)}.$$

例 1.3.2 设某个电子元件厂有职工 180 人,其中男职工 100 人,女职工 80 人,男女职工中入职不超过一年的工人分别有 20 人和 5 人. 现从该厂职工中任选一名,求:

(1) 该职工入职不超过一年的概率;

(2) 若已知被选出的是女职工, 那么她入职不超过一年的概率.

解 设事件 $A =$ {任选一名职工, 该职工入职不超过一年}, $B =$ {任选一名职工为女职工}, 则有

(1) $$p(A) = \frac{20+5}{180} = \frac{5}{36}.$$

(2) $$p(B) = \frac{80}{180} = \frac{4}{9}, \quad p(AB) = \frac{5}{180} = \frac{1}{36},$$

$$p(A|B) = \frac{p(AB)}{p(B)} = \frac{1/36}{4/9} = \frac{1}{16}.$$

另一方面, 在 (2) 中, 当已知被选出的是女职工, 此时只需考虑女职工的人数 80, 样本空间中样本点的数目从 180 缩减成了 80. 女职工中入职不超过一年的职工有 5 人, 可以直接求得

$$p(A|B) = \frac{5}{80} = \frac{1}{16}.$$

例 1.3.3 由于保险业务的需要, 人寿保险公司往往需要了解某一个年龄段的人群在下一年仍然存活的概率. 假设根据统计资料可知, 某地区的居民寿命不低于 50 的概率为 0.91, 寿命不低于 51 岁的概率为 0.89. 若已知该地区的某位公民现在已经 50 岁, 则他的寿命不低于 51 岁的概率是多少?

解 设事件 $A =$ {该公民的寿命不低于 51 岁}, $B =$ {该公民的寿命不低于 50 岁}.

因为 $A \subset B$, 所以 $p(AB) = p(A) = 0.89$, 根据题意, 该公民寿命已经不低于 50 岁, 则他的寿命不低于 51 岁的概率为

$$p(A|B) = \frac{p(AB)}{p(B)} = \frac{p(A)}{p(B)} = \frac{0.89}{0.91} \approx 0.978.$$

这一结果也可以理解为该地区每 1000 名寿命不低于 50 岁的公民中约有 978 人寿命将不低于 51 岁.

1.3.2 概率的乘法公式

有些问题中可能已知条件概率 $p(A|B)$, 需要求积事件的概率 $p(AB)$. 对公式 (1.3.1) 变形之后就得到概率乘法公式.

定理 1.3.2 对于随机事件 A 和 B, 有

$$p(AB) = p(A)p(B|A) \quad (p(A) > 0)$$

或

$$p(AB) = p(B)p(A|B) \quad (p(B) > 0). \tag{1.3.2}$$

由数学归纳法,可以得到 n 个事件积事件的概率公式:

$$p(A_1A_2\cdots A_n) = p(A_1)p(A_2|A_1)p(A_3|A_1A_2)\cdots p(A_n|A_1A_2\cdots A_{n-1}).$$

例 1.3.4 设盒中有 10 个红球, 5 个白球. 每次从盒中取一个球, 观察颜色后放回, 再放入一个同种颜色的球. 若在盒中连取三次, 求第一次、第二次取到红球, 第三次取到白球的概率.

解 设事件 $A=\{$第一次取到红球$\}$, $B=\{$第二次取到红球$\}$, $C=\{$第三次取到白球$\}$, 根据题意有

$$p(A) = \frac{10}{10+5} = \frac{2}{3}, \quad p(B|A) = \frac{10+1}{10+5+1} = \frac{11}{16},$$

$$p(C|AB) = \frac{5}{10+5+2} = \frac{5}{17}.$$

由概率的乘法公式有

$$p(ABC) = p(A)p(B|A)p(C|AB) = \frac{110}{816}.$$

1.3.3 全概率公式

在求解例 1.3.1 中的条件概率时, 甲, 乙二人一先一后的抽奖顺序是否公平, 乙中奖的概率会不会与甲中奖概率不同呢?

设事件 $A=\{$乙中奖$\}$, $B=\{$甲中奖$\}$, 现求解事件 A 发生的概率. 显然, 乙中奖可以分为两种情况.

(1) 甲中奖时, 乙也中奖, 即 A 与 B 同时发生, 此时概率为

$$p(AB) = p(B)p(A|B) = \frac{2}{10} \times \frac{1}{9} = \frac{1}{45}.$$

(2) 甲没有中奖, 但乙中奖, 即 B 不发生但 A 发生, 此时概率为

$$p(A\overline{B}) = p(\overline{B})p(A|\overline{B}) = \frac{8}{10} \times \frac{2}{9} = \frac{8}{45},$$

因此

$$p(A) = p(AB) + p(A\overline{B}) = \frac{1}{45} + \frac{8}{45} = \frac{1}{5}.$$

可见, 甲和乙抽到奖的概率均为 1/5, 与抽签的先后顺序无关, 因此抽奖是公平的.

以上形式推广到一般情形, 即为全概率公式.

定理 1.3.3 事件 $B_1, B_2, \cdots, B_n$ 为一个完备事件组, $p(B_i) > 0 (i=1,2,\cdots,n)$, 对于任意事件 $A \subset \Omega$, 有

$$p(A) = \sum_{i=1}^{n} p(B_i)p(A|B_i). \tag{1.3.3}$$

证明 $A = A\Omega = A\left(\sum_{i=1}^{n} B_i\right) = \sum_{i=1}^{n}(AB_i)$,显然

$$(AB_i)(AB_j) = A(B_iB_j) = \varnothing \quad (i \neq j),$$

由有限可加性有

$$p(A) = p\left[\sum_{i=1}^{n}(AB_i)\right] = p(AB_1) + p(AB_2) + \cdots + p(AB_n)$$
$$= p(B_1)p(A|B_1) + p(B_2)p(A|B_2) + \cdots + p(B_n)p(A|B_n)$$
$$= \sum_{i=1}^{n} p(B_i)p(A|B_i).$$

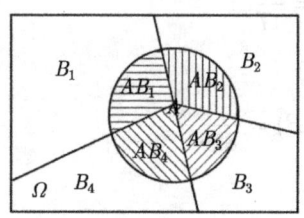

图 1.3.1 全概率公式

可通过图示解释上述全概率公式,如图 1.3.1,显然 B_1, B_2, B_3, B_4 为一个完备事件组,事件 A 可能伴随随机事件 B_1, B_2, B_3, B_4 一起发生. 可以把 A 事件对应的区域分成了四个互不相交的区域 AB_1, AB_2, AB_3 和 AB_4. 所以

$$p(A) = p(AB_1) + p(AB_2) + p(AB_3) + p(AB_4),$$

再根据乘法公式计算上式右侧中每个概率, 即可以得到全概率公式.

事实上, 全概率公式的条件可以适当弱化. 只需满足事件 B_1, B_2, $\cdots$, B_n 两两互斥, 且 $A \subset \bigcup_{i=1}^{n} B_i$ 即可应用全概率公式.

例 1.3.5 设第一、第二、第三共三个厂家生产了一批同类产品, 三个厂家产量所占的比例分别是 $45\%, 35\%, 20\%$, 且已知第一、第二、第三这三个厂家的次品率分别为 $4\%, 2\%, 5\%$. 现从这批产品中任取一件, 求取到的是次品的概率.

解 设事件 $A = \{$任取一件, 取到的是次品$\}$, $B_i = \{$任取一件, 取到第 i 个厂家的产品$\}$, $(i = 1, 2, 3)$, 由题意有

$$p(B_1) = 0.45, \quad p(B_2) = 0.35, \quad p(B_3) = 0.2,$$
$$p(A|B_1) = 0.04, \quad p(A|B_2) = 0.02, \quad p(A|B_3) = 0.05,$$

由全概率公式, 得

$$p(A) = \sum_{i=1}^{3} p(B_i)p(A|B_i) = 0.45 \times 0.04 + 0.35 \times 0.02 + 0.2 \times 0.05 = 0.035.$$

例 1.3.6 通常情况下,银行存款利率会影响到股票价格.假设在某时期内,只考虑银行存款利率的变化对某只股票价格的影响.设该时期内利率下调的概率为 60%,利率不变的概率为 40%.根据经验,利率下调时该只股票上涨的概率为 80%,在利率不变时,这只股票上涨的概率为 40%.求这只股票上涨的概率.

解 设事件 $A=\{$这只股票上涨$\}$, $B=\{$银行利率下调$\}$, $\overline{B}=\{$银行利率保持不变$\}$. 由题意有

$$p(B)=0.6, \quad p(\overline{B})=0.4, \quad p(A|B)=0.8, \quad p(A|\overline{B})=0.4.$$

由全概率公式有

$$p(A) = p(AB) + p(A\overline{B}) = p(B)p(A|B) + p(\overline{B})p(A|\overline{B})$$
$$= 0.6 \times 0.8 + 0.4 \times 0.4 = 0.64.$$

1.3.4 贝叶斯公式

全概率公式描述的是由一些可能的原因来探求某个事件出现的概率问题.实际应用中,往往是已经观测某一事件发生了,需要探寻引起这一事件发生的所有可能的原因,并确定各个可能的原因对这一事件发生的"贡献"大小.为此引入贝叶斯公式.

定理 1.3.4 事件 $B_1, B_2, \cdots, B_n$ 为完备事件组,且 $p(A) > 0$, $p(B_i) > 0 (i=1,2,\cdots,n)$,则

$$p(B_i|A) = \frac{p(B_i)p(A|B_i)}{\sum_{j=1}^{n} p(B_j)p(A|B_j)} \quad (i=1,2,\cdots,n). \tag{1.3.4}$$

证明 由概率乘法公式和全概率公式有

$$p(AB_i) = p(B_i)p(A|B_i),$$

$$p(A) = \sum_{j=1}^{n} p(B_j)p(A|B_j),$$

所以

$$p(B_i|A) = \frac{p(AB_i)}{p(A)} = \frac{p(B_i)p(A|B_i)}{\sum_{j=1}^{n} p(B_j)p(A|B_j)} \quad (i=1,2,\cdots,n).$$

贝叶斯公式常常用于"追本溯源"的问题,即已知出现了某种结果,追溯可能产生该结果的各种原因.这一公式是由 18 世纪的英国数学家托马斯·贝叶斯提出

的. 如今, 基于贝叶斯公式而发展起来的贝叶斯决策、贝叶斯网络等理论已经在医学诊断、经济决策以及互联网搜索引擎等很多方面得到广泛应用.

例 1.3.7 考察某学校一次期末考试的成绩, 按 "优、良、中、差" 四个等级统计成绩, 其中 "优" 占 25%, "良" 占 50%, 其他占 25%. 已知期末优等成绩的同学通过另一项相关测验的概率为 0.8, 成绩为 "良" 的同学通过该测验的概率为 0.6, 而其他同学通过该测验的概率为 0.3. 现从学生中随机选出一名进行测验, 已知他通过了该测验, 求他的期末成绩为 "优" 的概率.

解 设事件 $A=\{$该学生通过了测验$\}$, $B_1=\{$期末成绩为 "优"$\}$, $B_2=\{$期末成绩为 "良"$\}$, $B_3=\{$期末成绩为 "中" 或 "差"$\}$.

根据题意, 有 $p(B_1)=0.25$, $p(B_2)=0.5$, $p(B_3)=0.25$, 且

$$p(A|B_1)=0.8, \quad p(A|B_2)=0.6, \quad p(A|B_3)=0.3,$$

由贝叶斯公式有

$$p(B_1|A)=\frac{p(B_1)p(A|B_1)}{\sum_{j=1}^{3}p(B_j)p(A|B_j)}=\frac{0.25\times 0.8}{0.25\times 0.8+0.5\times 0.6+0.25\times 0.3}\approx 0.35,$$

即如果该学生通过了测试, 他的期末成绩为 "优" 的可能性仅为 0.35.

1.4 随机事件的独立性

1.4.1 事件的独立性

一般来说, 条件概率 $p(A|B)$ 与事件 A 发生的概率是不同的, 即 $p(A|B)\neq p(A)$. 但如果事件 A 与 B 互不影响, 则应有 $p(A|B)=p(A)$. 例如甲、乙两人各自独立地进行射击, 定义事件 $A=\{$甲命中目标$\}$, 事件 $B=\{$乙命中目标$\}$, 此时事件 B 发生与否对 A 没有影响, 即满足 $p(A|B)=p(A)$, 又 $p(A|B)=\dfrac{p(AB)}{p(B)}$, 可以得到

$$p(AB)=p(A)p(B). \tag{1.4.1}$$

定义 1.4.1 对于事件 A 和 B, 若 $p(AB)=p(A)p(B)$ 成立, 则称事件 A 与 B 相互独立.

值得注意的是, 事件 A 与 B 相互独立并不意味着 A 与 B 互斥, 相互独立是指 A 与 B 互不影响, 而 A 与 B 互斥是事件 A 与 B 不能同时发生.

定理 1.4.1 事件 A 与 B 相互独立的充要条件是

$$p(A|B)=p(A) \quad (p(B)>0)$$

1.4 随机事件的独立性

或
$$p(B|A) = p(B) \quad (p(A) > 0)$$

定理 1.4.2 若事件 A 与 B 相互独立,则 A 与 $\overline{B}$, $\overline{A}$ 与 B, $\overline{A}$ 与 $\overline{B}$ 也相互独立.

证明 仅证 A 与 $\overline{B}$ 独立,其他类似. 因为 $A = A(\overline{B} \cup B) = A\overline{B} \cup AB$, 而 $(A\overline{B})(AB) = \varnothing$, 则有 $p(A) = p(A\overline{B}) + p(AB)$, 又因为 A 与 B 相互独立, 有 $p(AB) = p(A)p(B)$, 故

$$p(A\overline{B}) = p(A) - p(A)p(B) = p(A)[1 - p(B)] = p(A)p(\overline{B}).$$

即事件 A 与 $\overline{B}$ 相互独立.

例 1.4.1 甲、乙两人通过某次考试的概率分别为 0.8 和 0.9,且两人是否通过考试互不影响. 求:

(1) 两个人都通过考试的概率;
(2) 恰好有一个人通过的概率;
(3) 至少有一人通过考试的概率.

解 设事件 $A = \{$甲通过考试$\}$, $B = \{$乙通过考试$\}$, 则
(1) $p(AB) = p(A)p(B) = 0.8 \times 0.9 = 0.72$;
(2) $p(\overline{A}B) + p(A\overline{B}) = p(\overline{A})p(B) + p(A)p(\overline{B}) = 0.2 \times 0.9 + 0.8 \times 0.1 = 0.26$;
(3) $p(A \cup B) = p(A) + p(B) - p(A)p(B) = 0.8 + 0.9 - 0.72 = 0.98$.

两个事件的独立性可以推广到有限多个事件的情况.

定义 1.4.2 对于一组事件 $A_1, A_2, \cdots, A_n$, 若对于任何正整数 $m(2 \leqslant m \leqslant n)$ 以及 $1 \leqslant i_1 < i_2 < \cdots < i_m \leqslant n$, 都有

$$p(A_{i_1} A_{i_2} \cdots A_{i_m}) = p(A_{i_1}) p(A_{i_2}) \cdots p(A_{i_m}),$$

则称事件 $A_1, A_2, \cdots, A_n$ 相互独立.

例如,对于三个事件 A, B 和 C, 若同时满足:

$$\begin{cases} p(AB) = p(A)p(B), \\ p(AC) = p(A)p(C), \\ p(BC) = p(B)p(C), \\ p(ABC) = p(A)p(B)p(C) \end{cases}$$

都成立, 称三个事件 A, B, C 相互独立.

值得注意的是, 若上述前三个式子成立, 则称三个事件两两独立, 这仅仅是三个事件相互独立的必要条件.

同理，n 个事件 $A_1, A_2, \cdots, A_n$ 相互独立，则需要满足其中任意 $k(2 \leqslant k \leqslant n)$ 个事件之间是相互独立的.

在实际问题中，很少用定义去判断多个事件间的相互独立性，而是通过经验、事实或前提假设来说明事件间的相互独立性，再利用事件独立的相关性质求解多个事件的积事件概率.

例 1.4.2 假设某种福利彩票的一等奖中奖概率为 $p(0 < p < 1)$，每次购买彩票，能否中一等奖是相互独立的. 若某人先后购买 10 次，求其能够中一等奖的概率.

解 令 $A_i = \{$第 i 次购买彩票中一等奖$\}$ $(i = 1, 2, \cdots, 10)$，则

$$p\left(\bigcup_{i=1}^{10} A_i\right) = 1 - p\left(\overline{\bigcup_{i=1}^{10} A_i}\right) = 1 - p\left(\bigcap_{i=1}^{10} \overline{A_i}\right) = 1 - \prod_{i=1}^{n} p(\overline{A_i}) = 1 - (1-p)^{10}.$$

上式中如果取彩票中一等奖的概率为 $p = 10^{-4}$，可计算得其购买 10 次彩票，能中一等奖的概率还不到 0.001.

1.4.2 伯努利概型

接下来考虑独立重复试验. 在相同条件下，将一个试验重复做 $n(n \geqslant 1)$ 次，且每次试验互不影响，称为 n **次独立重复试验**. 如果 n 次独立重复试验中每一次试验可能的结果只有两个，则称为 n **重伯努利试验** (Bernoulli experiment). 这个概率模型是由 17 世纪的数学家雅各布·伯努利提出的.

现实中，很多的试验都可以只考虑两个可能的结果. 例如，抛一枚硬币，结果可能是正面向上或反面向上；购买一张彩票，结果可能是中奖或不中奖；打靶射击，可能命中或没命中. 那些有很多种可能结果的试验，可根据研究需要进行简单归类，看成只有 A 或 $\overline{A}$ 两个结果. 比如，掷一颗骰子，出现偶数点或者奇数点；观察服务器在单位时间内接收到请求的次数，是大于 500 次还是小于等于 500 次等等.

例 1.4.3 现有一名射击运动员对同一靶盘进行独立地重复射击，假设每次命中目标的概率均为 0.8，且每次射击之间互不影响，求三次射击中恰有两次命中的概率.

解 三次独立射击可看成 3 次独立重复试验，每次试验只有命中或没命中两种可能的结果，设事件 $A_i = \{$第 i 次射击命中$\}$ $(i = 1, 2, 3)$，则 $p(A_i) = 0.8, p(\overline{A_i}) = 0.2$.

由题意知 A_1, A_2, A_3 相互独立，则"三次中恰有两次命中"的概率为

$$p(A_1 A_2 \overline{A_3} + A_1 \overline{A_2} A_3 + \overline{A_1} A_2 A_3) = C_3^2 \times 0.8^2 \times 0.2^1 = 0.384.$$

一般地，针对 n 重伯努利试验有如下定理.

定理 1.4.3 在 n 重伯努利试验中，每一次试验事件 A 发生的概率为 $p(0 < p < 1)$，则 n 次重复试验中事件 A 恰好发生 $k(0 \leqslant k \leqslant n)$ 次的概率为

$$p_n(k) = C_n^k p^k (1-p)^{n-k} = C_n^k p^k q^{n-k} \quad (k = 0, 1, 2, \cdots, n; q = 1 - p), \tag{1.4.2}$$

上述概率模型称为**伯努利概型**.

例 1.4.4 已知某水站有 5 台独立工作的抽水泵, 假设每台抽水泵发生故障的概率均为 0.1. 求:

(1) 5 台水泵中恰有 3 台发生故障的概率;

(2) 至少有 1 台正常工作的概率.

解 可看成是一个伯努利概型问题, 据题意有 $n = 5, p = 0.1, q = 0.9$.
设事件 $A = \{5$ 台水泵中恰有 3 台发生故障$\}, B = \{$至少有 1 台正常工作$\}$, 则

(1) $p(A) = p_5(3) = C_5^3 \times 0.1^3 \times 0.9^2 = 0.0081;$

(2) $p(B) = 1 - p(\overline{B}) = 1 - p_5(5) = 1 - C_5^5 \times 0.1^5 \times 0.9^0 = 0.99999.$

可见, 至少有 1 台水泵正常工作的概率几乎为 1.

*1.5 拓展与应用

1.5.1 拓展阅读: 概率论的起源、发展与形成

1) 起源 —— 随机游戏

概率论的研究始于意大利文艺复兴时期. 15 世纪意大利和法国盛行赌博, 而且规则复杂, 赌注大, 一些职业玩家为增加获胜的机会, 迫切需要研究取胜的思路和方法. 曾有一位意大利贵族请天文学家伽利略 (1564—1642) 解释下列问题: 掷三颗骰子, 出现点数和为 9 或 10 各有六种不同的组合方法, 但根据长期的实践经验却发现出现 10 点的次数多于 9 点的次数, 为何有这样的矛盾? 伽利略给出了使对方信服的答复:

三个骰子点数和等于 9 有以下 6 种组合:

(1, 2, 6), (1, 3, 5), (1, 4, 4), (2, 2, 5), (2, 3, 4), (3, 3, 3).

三个骰子点数和等于 10 也有 6 种组合:

(1, 3, 6), (1, 4, 5), (2, 2, 6), (2, 3, 5), (2, 4, 4,), (3, 3, 4).

但上述各种组合出现的机会并不相等. 例如 (3, 3, 3) 出现的可能性为 $\frac{1}{6^3}$; 而 (3, 3, 4) 出现的可能性为 $\frac{3}{6^3}$. 可以计算出点数和为 9 的概率为 $\frac{25}{6^3}$; 而点数和为 10 的概率为 $\frac{27}{6^3}$. 这一解答成为概率论理论应用的首次成果.

另有一位法国赌徒梅耳提出一个掷骰子游戏中的难题: 在长期实践中发现, 将一颗均匀的骰子重复掷 4 次, 至少出现一个 6 点的机会要比掷两颗骰子 4 次、至少出现一次双 6 的机会更大些, 这是否成立? 这一问题被称为 "**梅耳猜想**". 他拜请法国数学家帕斯卡 (1623—1662) 来解答. 这一问题引起了帕斯卡和他的朋友费马

(1601—1665) 的极大兴趣. 经过多次通信研究, 于 1654 年得出对此问题的一般解法, 肯定了 "**梅耳猜想**" 是对的, 并奠定了近代概率论和组合分析的基础.

2) 发展 —— 社会实践的需要

尽管概率论起源于随机游戏, 但这些游戏只是少数人的娱乐, 并不能成为推动概率论发展的真正动力, 概率论发展的动力在于实践中的应用和需要.

1657 年荷兰物理家惠更斯 (1629—1695) 发表了《论赌博中的计算》这一重要论文, 提出了数学期望的概念. 雅各布·伯努利 (1654—1705) 的著作《猜度术》于 1713 年出版, 阐述了概率是频率的稳定值. 并第一次论述了大数定律的意义. 1718 年法国数学家棣莫弗 (1667—1754) 发表了重要著作《机遇原理》, 书中叙述了概率乘法公式和复合事件的概率计算方法, 并在 1733 年提出了正态分布密度函数:

$$f(x;\mu,\sigma^2) = \frac{1}{\sqrt{2\pi}\sigma} \exp\left\{-\frac{1}{2\sigma^2}(x-\mu)^2\right\}, \quad -\infty < x < +\infty.$$

但他没有把这一结果应用到实际数据上, 这一研究结果直到 1924 年才被英国统计学家卡尔·皮尔逊 (1857—1936) 在一家图书馆中发现.

德国数学家高斯 (1777—1855) 从测量同一物体所引起的误差这一随机现象中, 独立地发现了正态分布密度函数, 并发展了误差理论. 法国数学家拉普拉斯 (1749—1827) 也独立地导出正态分布密度函数, 并提出了概率的古典定义. 拉普拉斯的著作有《概率的分析理论》和《概率的哲学探讨》, 他是奠定概率论基础的第一人, 并预言: "值得注意的是, 从考虑赌博问题而起始的一门科学, 将会成为人类知识宝库里最重要的主题."

在俄国, 切比雪夫 (1821—1894) 继承了拉普拉斯的理论研究工作, 把概率论的理论研究推进到现代化的门槛. 他的学生马尔可夫 (1856—1922) 在概率论的理论研究方面做出了更有深远意义的贡献. 另一位数学家李雅普诺夫 (1857—1918) 在极限定理研究方面做出了开创性工作. 俄国的这三位数学家还提出了随机变量的概念, 使概率论的研究对象从个别事件, 扩展到刻画一般的随机现象, 之后又相继提出分布函数, 密度函数等概念, 使数学分析作为重要的研究方法进入概率论的研究领域.

3) 形成 —— 中心极限定理和概率论公理体系的建立

到 19 世纪末, 概率论的主要研究内容已基本形成, 但有两个问题从理论上没有解决: 一是概率论的公理体系; 二是中心极限定理成立的条件. 1933 年苏联数学家柯尔莫哥洛夫总结前人研究成果, 提出了概率论公理体系, 即概率的公理化定义. 中心极限定理早在 1730 年棣莫弗就研究过. 随后拉普拉斯用了将近 20 年的时间研究独立随机变量和的分布, 指出其极限分布是正态分布. 针对这一研究内容, 数学家李雅普诺夫于 1901 年给出了更严格的证明, 并提出**特征函数**这一非常有用的工具. 这之后, 还有很多的数学家致力于研究中心极限定理应用的更广泛条件. 中心极限定理和概率论公理体系的建立, 标志着概率论作为一门数学学科正式形成.

1.5.2 应用案例: 三门问题

三门问题 (Monty Hall problem) 亦称为蒙提霍尔悖论, 最初出自美国的电视游戏节目 *Let's Make a Deal*. 问题名字来自该节目的主持人蒙提·霍尔 (Monty Hall). 参赛者会看见三扇关闭了的门, 其中一扇的后面有一辆汽车, 选中后面有车的那扇门可赢得该汽车, 另外两扇门后面则各藏有一只山羊. 当参赛者选定了一扇门, 但还未去开启它的时候, 节目主持人会开启剩下两扇门的其中一扇, 露出其中一只山羊. 然后主持人问参赛者要不要换另一扇仍然关上的门. 问题是: 参赛者如果换另一扇门是否会增加赢得汽车的概率?

答案似乎出乎意料: 当参赛者转向另一扇门而不是维持原先的选择时, 赢得汽车的机会将会加倍.

事实上这个问题的解答曾经在玛丽莲·沃斯·莎凡特的专栏中得到极大的关注和热烈的讨论. 玛丽莲·沃斯·莎凡特被曾为世界上最聪明的人, 她先后几次进行智商测试, 最高达到惊人的 243. 在 20 世纪 80 年代的鸡尾酒会上, 人们总爱给莎凡特出各种各样的谜语和数学题. 而三门问题的研究, 更使得她在当时名声大噪. 我们现在可以用贝叶斯公式对这一结果进行推导.

首先按游戏规则做出一些假设:

(1) 主持人知道每扇门后面有什么;

(2) 如果参赛者挑了一扇有山羊的门, 主持人必须挑另一扇有山羊的门;

(3) 参赛者挑了一扇有汽车的门, 主持人等可能地在另外两扇有山羊的门中挑一扇门, 设 $A = \{$主持人打开 3 号门$\}$, $B_i = \{$汽车在第 i 号门后$\}$ $(i = 1, 2, 3)$, 根据题意有

$$p(B_1) = p(B_2) = p(B_3) = \frac{1}{3}.$$

假设参赛者先选择了 1 号门, 若汽车在第 1 号门后, 则主持人打开 2 号门和 3 号门的概率各为 1/2; 若汽车在 2 号门后, 则主持人必然打开 3 号门; 若汽车在 3 号门后, 则主持人打开 3 号门的概率为 0, 因此

$$p(A|B_1) = \frac{1}{2}, \quad p(A|B_2) = 1, \quad p(A|B_3) = 0.$$

由贝叶斯公式有

$$p(B_1|A) = \frac{p(B_1)p(A|B_1)}{p(B_1)p(A|B_1) + p(B_2)p(A|B_2) + p(B_3)p(A|B_3)} = \frac{1}{3},$$

$$p(B_2|A) = \frac{p(B_2)p(A|B_2)}{p(B_1)p(A|B_1) + p(B_2)p(A|B_2) + p(B_3)p(A|B_3)} = \frac{2}{3},$$

该结果说明,如果参赛者改变选择,则选中车的概率将增加一倍.

这一结果似乎与当时人们的直觉相矛盾,在美国引起了激烈的争议:人们寄来了数千封抱怨信,其中很多寄信人是教师或学者. 一位来自佛罗里达大学的读者写道:"这个国家已经有够多的数学文盲了,我们不想再有个世界上智商最高的人来充数,真让人羞愧!"美国陆军研究所 (US Army Research Institute) 的埃弗雷特·哈曼 (Everett Harman) 写道,"如果连博士都要出错,我看这个国家马上要陷入严重的麻烦了."

然而莎凡特并没有错. 后来她用了整整 4 个专栏,结合数百个相关的故事及在小学生课堂模拟的测验来说服她的读者她是正确的.

其实,这一问题的关键在于主持人,因为他总会挑一扇后面没有奖品 (汽车) 的门. 游戏秀的调查数据显示,那些改选的参赛选手赢的概率大约是那些没有改选的人的两倍,这证实了莎凡特在专栏中的解释. 这个例子也说明在做量化判断的时候,要以事实和既定的条件作为依据,不能仅凭主观臆想来判断.

贝叶斯

伯努利

习 题 1

(A)

1. 写出下列随机试验的样本空间:

(1) 抛三枚硬币,观察其正反面出现情况;

(2) 在某交通路口,记录每一小时通过的车辆数目;

(3) 检验一批新生产的灯泡的寿命 t(单位: h).

2. 袋中有 10 个球,分别编有号码 1 至 10,从中任意取一个球,设事件 A={取到球的号码是偶数},B= {取到球的号码小于 5}.

(1) 写出事件 A,B 中的基本事件;

(2) 写出事件 $A \cup B$,AB,$A-B$,$B\overline{A}$ 中的基本事件.

3. 请指明以下情况中事件 A 与 B 的关系:

(1) 检查两件产品,记 A={至少有一件是不合格品},B={两件产品检验结果不同};

(2) 设 T 表示轴承的寿命 (单位: h),记事件 $A=\{T>5000h\}$,$B=\{T>8000h\}$.

4. 把 10 本书任意地摆放在书架上,求其中指定的 3 本书放在一起的概率.

5. 对于事件 A, B,$p(A)=0.5$,$p(A-B)=0.2$,求 $p(\overline{AB})$.

6. 设一批产品中有 50 个, 其中 40 个合格品, 10 个不合格品, 现从中无放回地抽取两次, 每次取一个, 求下列事件的概率: (1) 没有取到合格品; (2) 恰好取到一个合格品.

7. 甲袋中有 5 个白球, 3 个黑球, 乙袋中有 4 个白球, 6 个黑球, 现从两个袋子中各自任取一球, 求取到的两个球颜色相同的概率.

8. 将 9 个小麦的新品种样品平均地分配到三个基地中去, 在这 9 个品种中有 3 个是常规品种, 6 个是杂交品种. 求:

(1) 每个基地各分到一个常规品种的概率;

(2) 三个常规品种分配到同一基地的概率.

9. 将 3 个球以任意方式随机地放入 4 个空杯子中, 求杯子中球的最多数目分别为 1, 2, 3 的概率各是多少.

10. 将 12 个球随意地放入 3 个空盒子中, 求第一个盒子中恰有 3 只球的概率.

11. 已知 $A \subset B$, $p(A) = 0.2$, $p(B) = 0.3$, 求: (1) $p(\overline{A})$; (2) $p(A \bigcup B)$; (3) $p(AB)$; (4) $p(\overline{A}B)$; (5) $p(A - B)$.

12. 对于事件 A 与 B, 设 $p(A) = p(B) = 0.5$, 证明: $p(AB) = p(\overline{A}\overline{B})$.

13. 设事件 A, B 及 $A \bigcup B$ 的概率分别为 p, q, r, 求 $p(AB), p(\overline{A}\overline{B})$.

14. 已知 $p(A) = 1/4$, $p(B|A) = 1/3$, $p(A|B) = 1/2$, 求 $p(A \bigcup B)$.

15. 三个人独立地破译同一个密码, 且这三个人独自能译出密码的概率分别为 0.2, 0.25, 0.3, 问能将这个密码译出的概率是多少?

16. 某门课程同时通过口试和笔试才算合格. 某学生通过口试的概率为 80%, 通过笔试的概率为 65%, 至少通过其中一项的概率为 85%. 求该学生这门课程能够合格的概率.

17. 一批零件共 100 个, 其中次品有 10 个, 每次从中任取一个零件, 取出的零件不再放回, 求第三次才取到正品的概率.

18. 某计算机房共有 10 台机器, 其中有 1 台是坏的, 现有 4 名同学同时上机, 他们依次随机地选择一台机器, 求 4 名同学都选到正常工作机器的概率.

19. 一个袋中有 5 个红球, 3 个黑球, 2 个白球, 现有放回地取 3 次, 每次取 1 球, 求第 3 次才取到白球的概率.

20. 假设某同学不小心把钥匙弄掉了, 且钥匙掉在宿舍里、掉在教室里以及路上的概率分别是 0.4, 0.3 和 0.3, 而掉在上述三个地方能被找到的概率分别是 0.8, 0.3 和 0.1, 求钥匙被找到的概率.

21. 某高校新生中, 本省考生占 30%, 外省考生占 70%, 已知本省考生中以英语为第一外语的占 80%, 外省考生中以英语为第一外语的占 95%. 现从该校新生中任选一名, 求该生以英语为第一外语的概率.

22. 某人按约定时间赶往某城市, 假设他选择乘火车、轮船、汽车的概率分别是 0.3, 0.2 和 0.5, 且他乘上述三种交通工具迟到的概率分别是 1/4, 1/3, 1/12, 求:

(1) 他迟到的概率;

(2) 如果已知他迟到了, 则他是乘轮船而来的概率.

23. 一名射手对同一目标进行四次独立地射击, 假设他每次命中目标的概率都相同, 若至少有一次命中的概率为 80/81, 则该射手射击一次命中的概率是多少?

(B)

1. 对于事件 A, B, C, 已知 $p(A) = p(B) = p(C) = 1/4$, $p(AB) = p(BC) = 0$, $p(AC) = 1/8$, 求 $p(A \cup B \cup C)$.

2. 对于事件 A 和 B, 已知 $p(A) = p(B) = 1/3$, $p(A|B) = 1/6$, 求 $p(\overline{A}|\overline{B})$.

3. n 个朋友随机地围圆桌而坐, 其中有一对孪生姐妹, 求她俩座位相邻的概率.

4. 若 n 个人站成一行, 其中有 A, B 两人, 问夹在 A 与 B 之间恰有 $r(r \leqslant n-2)$ 个人的概率是多少? 如果 n 个人围成一个圆圈, 按从 A 到 B 的顺时针方向, A 与 B 之间恰有 r 个人的概率是多少?

5. 设 A, B, C 是三个随机事件, A 与 C 互不相容, 且 $p(AB) = \frac{1}{2}$, $p(C) = \frac{1}{3}$, 求 $p(AB|\overline{C})$.

6. 某人有一笔资金用于投资, 他投入某项基金的概率为 0.58, 购买股票的概率为 0.28, 两项都投资的概率为 0.19, 求:

(1) 已知他投入基金, 则他再购买股票的概率是多少?

(2) 已知他购买了股票, 他再投入基金的概率是多少?

7. 轰炸机驾驶员甲、乙能瞄准轰炸目标的概率分别为 0.9 和 0.8, 投弹员丙、丁在驾驶员瞄准目标的条件下能投中目标的概率分别是 0.7 和 0.6. 今甲、乙、丙、丁用两架轰炸机去执行同一项轰炸任务. 问人员应怎样搭配才能以较大的概率投中目标.

8. 某种病毒感染了某村附近 25% 的猪群, 当猪确实被感染时, 被诊断正确的概率为 84%, 当猪未被感染时, 被诊断正确的概率为 80%, 现有一只猪的诊断结果是已经被感染, 则它确实被感染的概率是多少?

9. 现有一批新的电视机共 100 台, 假定这批电视机中次品数目不超过 3 个, 且有如下概率:

次品数	0	1	2	3
概率	0.2	0.3	0.4	0.1

现从这批电视机中任取 10 件来检验, 若发现其中有次品, 则认为该批产品不合格, 若没有抽到次品, 则这批电视机通过检验. 求这批电视机能通过检验的概率.

10. 已知 100 件产品中有 10 件正品, 每次使用这些正品时不会发生故障, 而在每次使用非正品时都有 0.1 的可能性发生故障. 现从这 100 件中随机抽取一件, 若使用 n 次均未发生故障, 问 n 为多大时才能有 70% 的把握认为所抽取产品为正品?

11. 某人忘了一个电话号码的最后一个数字, 因而他随意地拨号, 求: (1) 他拨号不超过三次而接通对方电话的概率; (2) 若已知最后一个数字是奇数, 那么这个概率又是多少?

12. 在一通信渠道中, 可能发出的信号为字符串 $AAAA, BBBB, CCCC$ 三者之一, 由于通信噪声等干扰, 正确接收到传送的每个字母的概率为 0.6, 而接收到其他两个字母的概率均为 0.2, 若每次接收字母是否正确不相互干扰, 求:

(1) 收到字符串 $ABCA$ 的概率;

(2) 若收到字符串为 $ABCA$, 求被传送的字符为 $AAAA$ 的概率.

第 2 章 一维随机变量及其分布

第 1 章介绍了随机事件及其概率的概念，解决了一些较为简单的概率计算问题. 为了对更为复杂的随机事件进行定量分析，还需要把随机现象的结果进行数量化表示，为此本章将引入随机变量及其分布函数的概念，以便运用微积分学中有关函数的性质和运算来研究事件间的关系. 数学分析方法的运用将使得随机事件的描述和相关计算变得更简单、直接和便捷，有助于揭示和发现更加深刻的随机现象统计规律性.

本章主要讲解一维随机变量及其分布函数的基本概念和相关计算.

2.1 随 机 变 量

2.1.1 随机变量的定义

通过第 1 章的学习，我们知道在一些随机试验中，试验的基本结果 (基本事件) 本身就是由数量来表示的，比如掷骰子出现的点数. 而有一些随机试验的结果则不能直接用数量来表示，比如检验产品是否是合格品. 但此时我们能够通过引入适当的变量，把随机试验的基本结果与该变量的取值形成对应关系，先看下面的几个例子.

(1) 掷一颗均匀的骰子观察出现的点数，样本空间可表示为 $\Omega = \{1, 2, \cdots, 6\}$，令变量 X 表示掷骰子出现的点数，则变量 X 可能的取值为 $1, 2, \cdots, 6$. 每一个取值对应一个随机试验的结果，因此 X 的取值是随机的. 若定义事件 $A = \{$出现偶数点$\}$，$B = \{$出现点数大于 $4\}$，则可以表示为 $A = \{X = 2, X = 4, X = 6\}$，$B = \{X > 4\}$.

(2) 抛一枚硬币，样本空间表示为 $\Omega = \{$正面, 反面$\}$，可以把文字表示的基本事件对应成数字，例如，正面可以用 "1" 表示，反面用 "0" 表示. 令变量 X 及其对应取值来表示基本事件，比如 $\{$正面$\} = \{X = 1\}$.

(3) 检测某种机器的使用寿命，令变量 T 表示机器寿命 (单位: h)，则任意一个试验结果都可用 T 的取值或取值范围来表示，例如，事件 $A = \{$机器寿命在 10000 h 到 15000 h 之间$\}$，则用变量 T 可表示为 $A = \{10000 \leqslant T \leqslant 15000\}$.

下面给出随机变量的一般定义.

定义 2.1.1 随机试验 E 的样本空间为 Ω，若对于样本空间中的每一个样本

点 ω, 都有一个实值函数 $X = X(\omega)$ 与之对应, 这个定义在 Ω 上的函数 X 称为**随机变量**.

通俗地讲, 如果一个变量的取值是由随机试验的结果来确定的, 那么这个变量就是随机变量. 随机变量通常用大写字母 X, Y, Z 等表示, 其取值用小写字母 x, y, z 等表示.

引入随机变量的概念后, 随机事件就可以用随机变量的数量形式来表示, 从而把对随机事件的研究转化为对随机变量的研究, 同时也便于运用各种数学分析工具来研究随机现象.

与一般的变量不同, 随机变量的取值和取值范围是由随机试验的结果而确定的, 这正是其 "随机性" 的体现. 而随机变量的一个取值或取值范围就对应着一定的随机事件, 例如, 上述 (1) 中, $\{X > 4\}$ 对应事件 $B=\{$骰子出现的点数大于 $4\}$, 对应概率为 $p(B) = p\{X > 4\} = \dfrac{2}{6}$.

进一步分析随机变量的取值情况, 可看出上述 (1) 和 (2) 两个例子中随机变量 X 的取值是离散的, 而 (3) 例中 X 的取值是连续的. 可以按照随机变量可能的取值情况把它们分为两大类: 离散型随机变量和非离散型随机变量. 非离散型随机变量的范围很广, 其中最重要的是连续型随机变量. 本书中主要分析离散型和连续型两种典型的随机变量及其概率分布.

2.1.2 随机变量的概率分布函数

首先通过一个例子引入随机变量概率分布函数的概念.

掷一颗均匀的骰子, 令随机变量 X 表示出现的点数, 定义事件 $A = \{$点数不超过 $x\}$ $(x \in \mathbf{R})$, 即 $A = \{X \leqslant x\}$. 现讨论事件 A 发生的概率 $p\{X \leqslant x\}$. 显然 $p\{X \leqslant x\}$ 的值与 x 有关, 例如:

当 $x = -3$ 时, $p\{X \leqslant x\} = p\{\varnothing\} = 0$; 当 $x = 1$ 时, $p\{X \leqslant x\} = p\{X = 1\} = \dfrac{1}{6}$;

当 $x = 4.6$ 时, $p\{X \leqslant x\} = p\{X = 1, X = 2, X = 3, X = 4\} = \dfrac{4}{6}$.

可以看出, 对于实数 x 的任意一个取值, $p\{X \leqslant x\}$ 都有唯一确定的值与其对应, 这种对应关系正好与函数的概念相符.

定义 2.1.2 设 X 是一个随机变量, x 是任意实数, 函数

$$F(x) = p\{X \leqslant x\} \quad (-\infty < x < +\infty) \tag{2.1.1}$$

称为 X 的 **(概率)分布函数**.

对于概率分布函数的定义, 应该注意几个问题:

(1) 分布函数 $F(x)$ 是以全体实数为定义域, 以区间 $[0, 1]$ 为值域的普通函数;

(2) 分布函数 $F(x)$ 本质是一个概率值, 它对应的是随机变量 X 落在无穷区间 $(-\infty, x]$ 的概率值;

(3) 字母 "X" 与 "x" 表示的意义不同, 不能混为一谈, X 是随机变量, x 为函数 $F(x)$ 的自变量, x 的取值范围为实数域, 而 X 的取值由随机试验的结果来决定.

引入分布函数的概念后, 随机变量在某一点处或某一区间上取值的概率都可以用分布函数来表示. 例如, 任意给定实数 $a, b(a < b)$, 有

$$p\{a < X \leqslant b\} = F(b) - F(a). \tag{2.1.2}$$

分布函数把随机事件的概率与函数联系起来, 便于用微积分的方法来研究随机事件, 从而使许多概率计算问题得以简化.

分布函数具有下列性质:

(1) **有界性** $0 \leqslant F(x) \leqslant 1 (-\infty < x < +\infty)$;

(2) **单调非减性** $F(x)$ 是 x 的单调非减函数, 即对于任意实数 x_1, x_2, 当 $x_1 < x_2$ 时, 有

$$F(x_1) \leqslant F(x_2),$$

事实上,

$$F(x_2) - F(x_1) = p\{x_1 < X \leqslant x_2\} \geqslant 0, \quad 即 \quad F(x_1) \leqslant F(x_2).$$

(3) $F(-\infty) = \lim_{x \to -\infty} F(x) = 0, F(+\infty) = \lim_{x \to +\infty} F(x) = 1$;

显然, 当 $x \to -\infty$ 时, 事件 $\{X < -\infty\}$ 是不可能事件, 故 $F(-\infty) = p\{X < -\infty\} = 0$;

当 $x \to +\infty$ 时, 事件 $\{X < +\infty\}$ 是必然事件, 故 $F(+\infty) = p\{X < +\infty\} = 1$.

(4) **右连续性** 对于任意 $x \in \mathbf{R}$, 有 $F(x + 0) = F(x)$.

$F(x)$ 的右连续性是由定义 $F(x) = p\{X \leqslant x\}$ 决定的. 还可以得到: 对于任意实数 x_0, 有

$$p\{X = x_0\} = F(x_0) - F(x_0 - 0).$$

例 2.1.1 已知随机变量 X 的分布函数为 $F(x) = \begin{cases} A + Be^{-x}, & x > 0, \\ 0, & x \leqslant 0. \end{cases}$

求: (1) 系数 A 和 B 以及分布函数 $F(x)$; (2) 概率 $p\{-1 < X \leqslant 2\}$.

解 (1) 由分布函数的性质 $F(+\infty) = 1$, 有

$$\lim_{x \to +\infty} F(x) = \lim_{x \to +\infty} (A + Be^{-x}) = 1,$$

即 $A = 1$.

又 $F(x)$ 在 0 点处右连续, 有 $\lim_{x \to 0^+} F(x) = F(0)$, 即 $A + B = 0$, 得 $B = -1$, 从而

$$F(x) = \begin{cases} 1 - e^{-x}, & x \geqslant 0, \\ 0, & x < 0. \end{cases}$$

(2) $p\{-1 < X \leqslant 2\} = F(2) - F(-1) = (1 - e^{-2}) - 0 = 1 - \dfrac{1}{e^2}$.

2.2 一维随机变量及其概率分布

2.2.1 离散型随机变量的分布

若随机变量 X 的所有可能取值为有限个或可列个, 则称 X 为离散型随机变量.

离散型随机变量的例子很多, 例如, 若 X 表示投掷一颗均匀的骰子出现的点数, 则 X 所有可能的取值只有 6 个; 若 X 表示单位时间内某一台服务器接受请求的次数, 则 X 可能的取值为可列个, 这些都是典型的离散型随机变量.

对于离散型随机变量, 不仅要了解它所有可能的取值, 还应该了解它取各个值所对应概率.

定义 2.2.1 设 X 为离散型随机变量, 其所有可能的取值为 $x_1, x_2, \cdots, x_n, \cdots$ 且

$$p\{X = x_i\} = p(x_i) = p_i \quad (i = 1, 2, \cdots), \tag{2.2.1}$$

称上式为随机变量 X 的**概率分布**或**分布列**.

也可以用表格形式更加直观地表示上述分布列:

X	x_1	x_2	x_3	$\cdots$	x_n	$\cdots$
p	p_1	p_2	p_3	$\cdots$	p_n	$\cdots$

显然, 对于分布列中每一个 $p_i (i = 1, 2, \cdots)$, 都有 $p_i \geqslant 0$, 且 $\sum_{i=1}^{\infty} p_i = 1$.

同时, 满足以上两个条件的 $p_i (i = 1, 2, \cdots)$, 可看成是某个离散型随机变量的分布列.

根据分布函数的定义, $F(x) = p\{X \leqslant x\}$ 是离散型随机变量 X 取所有小于等于 x 的点 x_i 时, 对应概率 p_i 之和, 即

$$F(x) = p\{X \leqslant x\} = \sum_{x_i \leqslant x} p\{X = x_i\} = \sum_{x_i \leqslant x} p_i. \tag{2.2.2}$$

例 2.2.1 一个袋中装有 5 个相同的球,分别标有编号为 1, 2, 3, 4, 5. 从袋中同时任取 3 个球,以 X 表示取出的 3 个球中的最大号码,求 X 的分布列及概率分布函数.

解 由题意知 X 的可能取值为 3, 4 或 5, 分别计算对应的概率.

当取到的球编号为 1, 2, 3 时,$p\{X=3\} = \dfrac{C_2^2 C_1^1}{C_5^3} = \dfrac{1}{10} = 0.1$;

当在编号为 1, 2, 3 的球中任取两个,再取 4 号球时,

$$p\{X=4\} = \dfrac{C_3^2 C_1^1}{C_5^3} = \dfrac{3}{10} = 0.3;$$

当在编号为 1, 2, 3, 4 的球中任取两个,再取 5 号球时,

$$p\{X=5\} = \dfrac{C_4^2 C_1^1}{C_5^3} = \dfrac{6}{10} = 0.6.$$

其分布列为

X	3	4	5
p	0.1	0.3	0.6

下面求分布函数 $F(x) = p\{X \leqslant x\}$.

当 $x < 3$ 时,$F(x) = p\{X \leqslant x\} = 0$;

当 $3 \leqslant x < 4$ 时,$F(x) = p\{X \leqslant x\} = p\{X=3\} = 0.1$;

当 $4 \leqslant x < 5$ 时,$F(x) = p\{X \leqslant x\} = p\{X=3\} + p\{X=4\} = 0.1 + 0.3 = 0.4$;

当 $x \geqslant 5$ 时,$F(x) = p\{X \leqslant x\} = p\{X=3\} + p\{X=4\} + p\{X=5\} = 0.1 + 0.3 + 0.6 = 1$,即

$$F(x) = \begin{cases} 0, & x < 3, \\ 0.1, & 3 \leqslant x < 4, \\ 0.4, & 4 \leqslant x < 5, \\ 1, & x \geqslant 5. \end{cases}$$

上例表明,求解离散型随机变量的分布列,首先要明确随机变量的含义及其所有可能的取值,再逐一求解该随机变量每一个取值对应的概率.

例 2.2.2(二项分布) 某单位为 100 名员工购买了保险,假设该单位每名员工工作时发生事故的概率均为 $p(0 < p < 1)$,且员工是否发生事故是相互独立的,令随机变量 X 表示该单位员工发生事故的人数,求 X 的分布列.

解 由题意可知,X 可能的取值为 $0, 1, 2, \cdots, 100$,X 的分布列为

$$p\{X=k\} = C_{100}^k p^k (1-p)^{100-k}, \quad k = 0, 1, 2, \cdots, 100.$$

推广上述结论, 若每次试验中事件 A 发生的概率均为 $p(0 < p < 1)$, $n(n \geqslant 1)$ 重独立重复试验中, 事件 A 发生的次数记为 X, 则

$$p\{X = k\} = p_n(k) = \mathrm{C}_n^k p^k (1-p)^{n-k}, \quad k = 0, 1, 2, \cdots, n. \tag{2.2.3}$$

这一概率分布称为**二项分布**, 记为 $X \sim B(n, p)$.

例 2.2.3(泊松分布) 已知一部电话总机每分钟收到的呼唤次数 X 的分布列为

$$p\{X = k\} = \frac{4^k \mathrm{e}^{-4}}{k!}, \quad k = 0, 1, 2, \cdots.$$

求: (1) 某一分钟恰有 8 次呼唤的概率; (2) 某一分钟的呼唤次数大于 3 的概率.

解 (1) $p\{X = 8\} = \dfrac{4^8 \mathrm{e}^{-4}}{8!} \approx 0.0298$.

(2) $p\{X > 3\} = \sum\limits_{k=4}^{\infty} p\{X = k\} = 1 - \sum\limits_{k=0}^{3} p\{X = k\} = 1 - \sum\limits_{k=0}^{3} \dfrac{4^k \mathrm{e}^{-4}}{k!} \approx 0.5665$.

一般地, 若一个随机变量 X 的概率分布为

$$p\{X = k\} = \frac{\lambda^k}{k!} \mathrm{e}^{-\lambda}, \quad k = 0, 1, 2, \cdots, \tag{2.2.4}$$

其中 $\lambda > 0$ 为参数, 则称 X 服从参数为 λ 的**泊松分布**, 记作 $X \sim P(\lambda)$.

泊松 (Poisson) 分布是一种常见到的离散型概率分布, 由法国数学家西莫恩·德尼·泊松 (Siméon Denis Poisson) 在 1838 年时提出. 泊松分布适用于描述单位时间 (或空间) 内随机事件发生的次数. 例如, 某一服务设施在一定时间内到达的人数, 电话交换机单位时间接到呼叫的次数, 发车间隔时间内汽车站台的候车人数, 单位时间内自然灾害发生的次数, 以及显微镜下单位分区内的细菌数等. 由于其广泛的适用性, 泊松分布在管理科学以及自然科学的研究中有着重要的应用.

例 2.2.4(几何分布) 某公司定期发行某种奖券, 每张奖券中奖的概率均为 $p(0 < p < 1)$, 某人先购买一张奖券, 如果没中奖, 则下次再购买一张, 直到中奖为止, 求购买奖券次数 X 的分布列.

解 X 的分布列为

$$p\{X = k\} = (1-p)^{k-1} p, \quad k = 1, 2, \cdots.$$

一般地, 若一个随机变量 X 的概率分布为

$$p\{X = k\} = (1-p)^{k-1} p, \quad k = 1, 2, \cdots, \tag{2.2.5}$$

其中 $0 < p < 1$, 则称 X 服从参数为 p 的**几何分布**, 记作 $X \sim G(p)$.

2.2.2 连续型随机变量的分布

实际中还有大量的随机变量与上述离散型随机变量不同, 它们可能的取值对应着某个区间, 先来看一个例子.

例 2.2.5 设 X 表示一个随机点落入区间 $[a,b]$ 内的坐标, 这个点落在区间 $[a,b]$ 内任意一个子区间上的概率与这个子区间的长度成正比, 试求 X 的分布函数 $F(x)$.

解 由分布函数的定义可知:

当 $x < a$ 时, $\{X \leqslant x\}$ 为不可能事件, 则 $F(x) = p\{X \leqslant x\} = 0$;

当 $a \leqslant x < b$ 时, 事件 $\{X \leqslant x\}$ 的概率与区间 $[a,x]$ 的长度成正比, 则
$$F(x) = p\{X \leqslant x\} = k(x-a),$$
其中 $k > 0$ 为比例系数;

当 $x \geqslant b$ 时, $\{X \leqslant x\}$ 为必然事件, 则 $F(x) = p\{X \leqslant x\} = 1$.

特别地, 当 $x = b$ 时, 有
$$p\{X \leqslant x\} = p\{X \leqslant b\} = k(b-a) = 1,$$
所以 $k = \dfrac{1}{b-a}$, 即 X 的分布函数为
$$F(x) = \begin{cases} 0, & x < a, \\ \dfrac{x-a}{b-a}, & a \leqslant x < b, \\ 1, & x \geqslant b. \end{cases}$$

该分布函数与离散型随机变量分布函数有明显的区别, 它是一个关于变量 x 的连续函数, 下面将进一步讨论其性质.

分布函数 $F(x)$ 表示随机变量 X 的取值小于等于实数 x 的概率, 并没有反映在 x 点附近的分布特征, 现考虑 X 在区间 $(x, x+\Delta x]$ 上取值的平均概率
$$\frac{p\{x < X \leqslant x+\Delta x\}}{\Delta x} = \frac{F(x+\Delta x) - F(x)}{\Delta x},$$
进一步考虑当 $\Delta x \to 0$ 时上式的极限. 若
$$\lim_{\Delta x \to 0} \frac{F(x+\Delta x) - F(x)}{\Delta x}$$
存在, 由导数定义可知, 该极限为 $F(x)$ 在 x 处的导数. 令 $f(x) = F'(x)$, 称 $f(x)$ 为随机变量 X 在 x 点处的概率密度.

本例中
$$f(x) = \begin{cases} \dfrac{1}{b-a}, & a \leqslant x < b, \\ 0, & \text{其他}. \end{cases}$$

进一步由微积分的知识,有 $F(x) = p\{X \leqslant x\} = \int_{-\infty}^{x} f(t)dt$,下面给出连续型随机变量的定义.

定义 2.2.2 设随机变量 X 的分布函数为 $F(x)$,若存在一个非负可积的函数 $f(x)$,使得对于任意的实数 x,有

$$F(x) = \int_{-\infty}^{x} f(t)dt \quad (-\infty < x < +\infty), \tag{2.2.6}$$

则称 X 为**连续型随机变量**,$f(x)$ 称为 X 的**概率密度函数**(简称概率密度).

对于连续型随机变量,其密度函数和分布函数具有以下性质:

(1) $f(x) \geqslant 0 (-\infty < x < +\infty)$.

(2) $\int_{-\infty}^{+\infty} f(x)dx = 1$.

同时,若一个函数 $f(x)$ 能同时满足上述性质 (1) 和 (2),则 $f(x)$ 可看作某个连续型随机变量的概率密度函数.

(3) 对任意的实数 $a, b(a < b)$,有 $p\{a < X \leqslant b\} = F(b) - F(a) = \int_a^b f(x)dx$,这是由于

$$p\{a < X \leqslant b\} = F(b) - F(a) = \int_{-\infty}^{b} f(x)dx - \int_{-\infty}^{a} f(x)dx = \int_a^b f(x)dx.$$

(4) 分布函数 $F(x)$ 是连续函数.

(5) 在 $F(x)$ 可导点处,有 $F'(x) = f(x)$.

(6) 对于任意常数 a,都有 $p\{X = a\} = 0$.

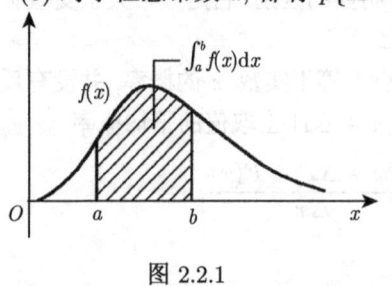

图 2.2.1

对于性质 (3),可以用积分的几何意义予以解释. 概率密度函数 $y = f(x)$ 的图形称为概率密度曲线,随机变量 X 在任一区间 $(a, b]$ 上取值的概率等于以区间 $[a, b]$ 为底,概率密度曲线为顶的曲边梯形的面积 (图 2.2.1).

对于性质 (6),不妨设 $\Delta x > 0$,有

$$0 \leqslant p\{X = a\} \leqslant p\{a - \Delta x < X \leqslant a\} = F(a) - F(a - \Delta x),$$

又 $F(x)$ 是连续函数,令 $\Delta x \to 0$,即得 $p\{X = a\} = 0$.

性质 (6) 说明连续型随机变量 X 取任意一个点的概率小到为零.

因此,对于连续型随机变量 X,有

$$p\{a < X < b\} = p\{a \leqslant X < b\} = p\{a < X \leqslant b\} = p\{a \leqslant X \leqslant b\}.$$

例 2.2.5 中的 X 为连续型随机变量, 称该随机变量 X 在区间 $[a,b]$ 上服从**均匀分布**, 记为 $X \sim U[a,b]$.

利用分布函数、密度函数的定义和性质, 我们可以实现两者之间的相互转换以及相关的概率计算.

例 2.2.6 设连续型随机变量 X 的分布函数为

$$F(x) = A + B \arctan x \quad (-\infty < x < +\infty).$$

求: (1) 常数 A, B; (2) $p\{-1 < X < 1\}$; (3) 密度函数 $f(x)$.

解 (1) 由分布函数的性质, 有

$$F(-\infty) = \lim_{x \to -\infty} F(x) = A + B \cdot \left(-\frac{\pi}{2}\right) = 0,$$

$$F(+\infty) = \lim_{x \to +\infty} F(x) = A + B \cdot \frac{\pi}{2} = 1,$$

得 $A = \frac{1}{2}$, $B = \frac{1}{\pi}$, 故

$$F(x) = \frac{1}{2} + \frac{1}{\pi} \arctan x \quad (-\infty < x < +\infty).$$

(2) $p\{-1 < X < 1\} = F(1) - F(-1) = \frac{3}{4} - \frac{1}{4} = \frac{1}{2}$.

(3) 密度函数

$$f(x) = F'(x) = \frac{1}{\pi(1+x^2)} \quad (-\infty < x < +\infty).$$

例 2.2.7 设随机变量 X 的概率密度为

$$f(x) = \begin{cases} kx + 1, & 0 < x < 2, \\ 0, & 其他, \end{cases}$$

求: (1) 常数 k; (2) X 的分布函数 $F(x)$; (3) $p\{1 < X < 3\}$.

解 (1) 由 $\int_{-\infty}^{+\infty} f(x) \mathrm{d}x = 1$ 可得 $\int_{0}^{2} (kx+1) \mathrm{d}x = 1$, 解出 $k = -\frac{1}{2}$.

(2) 根据分布函数的定义, 有

$$F(x) = \int_{-\infty}^{x} f(t)\mathrm{d}t = \begin{cases} \int_{-\infty}^{x} 0 \mathrm{d}x, & x < 0, \\ \int_{0}^{x} \left(-\frac{1}{2}x + 1\right) \mathrm{d}x, & 0 \leqslant x < 2, \\ \int_{0}^{2} \left(-\frac{1}{2}x + 1\right) \mathrm{d}x, & x \geqslant 2, \end{cases}$$

即

$$F(x) = \begin{cases} 0, & x < 0, \\ -\frac{1}{4}x^2 + x, & 0 \leqslant x < 2, \\ 1, & x \geqslant 2. \end{cases}$$

(3)　　　$p\{1 < X < 3\} = F(3) - F(1) = 1 - \dfrac{3}{4} = \dfrac{1}{4}$

或者
$$p\{1 < X < 3\} = \int_1^3 f(x)\mathrm{d}x = \int_1^2 \left(-\dfrac{1}{2}x + 1\right)\mathrm{d}x = \dfrac{1}{4}.$$

例 2.2.8(指数分布)　随机变量 X 表示某品牌计算机中显示卡的使用寿命 (单位: 年), 设其概率密度为
$$f(x) = \begin{cases} k\mathrm{e}^{-\lambda x}, & x \geqslant 0, \\ 0, & x < 0, \end{cases}$$

其中 $\lambda > 0$ 为已知参数, 试求:

(1) 常数 k; (2) 显示卡使用寿命在 2 年以内的概率; (3) X 的分布函数 $F(x)$.

解　(1) 由 $\int_{-\infty}^{+\infty} f(x)\mathrm{d}x = 1$, 有
$$\int_0^{+\infty} k\mathrm{e}^{-\lambda x}\mathrm{d}x = -\dfrac{k}{\lambda}\int_0^{+\infty} \mathrm{e}^{-\lambda x}\mathrm{d}(-\lambda x) = -\dfrac{k}{\lambda}\mathrm{e}^{-\lambda x}\Big|_0^{+\infty} = \dfrac{k}{\lambda} = 1,$$

解得 $k = \lambda$.

(2) $p\{0 < X < 2\} = \int_0^2 f(x)\mathrm{d}x = \int_0^2 \lambda\mathrm{e}^{-\lambda x}\mathrm{d}x = -\mathrm{e}^{-\lambda x}\big|_0^2 = 1 - \mathrm{e}^{-2\lambda}$.

(3) 当 $x < 0$ 时, $F(x) = \int_{-\infty}^x f(x)\mathrm{d}x = 0$;

当 $x \geqslant 0$ 时, $F(x) = \int_{-\infty}^x f(x)\mathrm{d}x = \int_0^x \lambda\mathrm{e}^{-\lambda x}\mathrm{d}x = -\mathrm{e}^{-\lambda x}\big|_0^x = 1 - \mathrm{e}^{-\lambda x}$,

故 X 的分布函数为
$$F(x) = \begin{cases} 1 - \mathrm{e}^{-\lambda x}, & x \geqslant 0, \\ 0, & x < 0. \end{cases}$$

上例中随机变量 X 的分布称为**指数分布**, 记为 $X \sim \mathrm{Exp}(\lambda)(\lambda > 0)$.

指数分布 (exponential distribution) 是一种常用的连续型概率分布. 通常用来表示独立随机事件发生的时间间隔, 比如顾客进入某一商场的时间间隔、中文维基百科新条目出现的时间间隔等. 指数分布也常常用于描述设备或物件损坏之前的使用时间, 所以也称为 "寿命函数", 它在可靠性研究中是最常用的一种分布形式. 指数分布最关键的性质是其 **"无记忆性"**, 来看以下推导:

$$p\{X > s + t | X > s\} = \dfrac{p\{X > t + s\}}{p\{X > s\}} = \dfrac{\mathrm{e}^{-\lambda(s+t)}}{\mathrm{e}^{-\lambda s}} = \mathrm{e}^{-\lambda t} = p\{X > t\}.$$

以 X 表示某电子元件的使用寿命 (单位: h) 为例解释这一性质, 当 $s, t > 0$ 时, 已知该元件已经使用了 s h, 则它总共使用至少 $(s+t)$ h 的条件概率 $p\{X > s+t | X > s\}$, 与从开始使用时算起它使用至少 t 小时的概率 $p\{X > t\}$ 相等.

2.2.3 正态分布

如果随机变量 X 的概率密度为

$$f(x) = \frac{1}{\sqrt{2\pi}\sigma} e^{-\frac{(x-\mu)^2}{2\sigma^2}} \quad (-\infty < x < +\infty), \tag{2.2.7}$$

其中 $-\infty < \mu < +\infty, \sigma > 0$ 为常数, 则称 X 服从参数为 μ 与 σ^2 的**正态分布**或**高斯** (Gauss) **分布**. 记作 $X \sim N(\mu, \sigma^2)$.

正态分布的密度函数中有两个参数 μ 和 σ^2, 其密度曲线具有以下性质 (图 2.2.2):

(1) 曲线呈钟型, 并关于 $x = \mu$ 对称;

(2) 若固定 σ, 改变 μ, 则曲线沿 x 轴平行移动, 而曲线形状保持不变, 这说明参数 μ 决定了曲线的位置, 可称 μ 为正态分布的位置参数;

(3) 若固定 μ, 改变 σ 的值, 则曲线的形状发生改变. σ 越小时, 曲线越陡峭, X 的取值就越集中地分布在 μ 附近, 反之, σ 越大时, 曲线越平缓, X 的取值就越分散. 这说明参数 σ 反映了随机变量取值的离散程度, 称 σ 为尺度参数.

正态分布的分布函数为

$$F(x) = \int_{-\infty}^{x} \frac{1}{\sqrt{2\pi}\sigma} e^{-\frac{(t-\mu)^2}{2\sigma^2}} \mathrm{d}t,$$

如图 2.2.3 所示, 其图像是一条 S 型曲线.

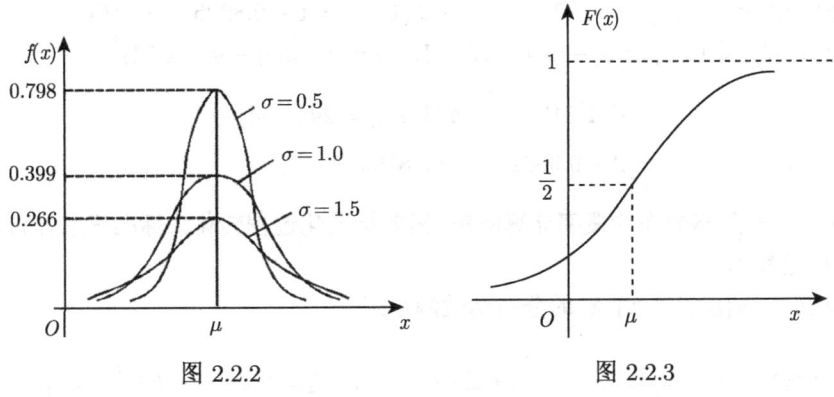

图 2.2.2   图 2.2.3

特别地, 当 $\mu = 0, \sigma = 1$ 时的正态分布称为**标准正态分布**, 记为 $X \sim N(0,1)$, 它的概率密度为

$$\varphi(x) = \frac{1}{\sqrt{2\pi}} e^{-\frac{x^2}{2}}, \quad -\infty < x < +\infty, \tag{2.2.8}$$

此时, X 的分布函数记为 $\Phi(x)$, 即

$$\Phi(x) = \int_{-\infty}^{x} \frac{1}{\sqrt{2\pi}} e^{-\frac{t^2}{2}} \mathrm{d}t. \tag{2.2.9}$$

标准正态分布的密度函数是偶函数,其图形如图 2.2.4 所示,图中阴影部分的面积对应分布函数 $\Phi(x)$ 的值. 由 $\varphi(x)$ 的对称性可知,对于任意实数 u,有

$$\Phi(-u) = 1 - \Phi(u).$$

如图 2.2.5 所示,y 轴左右两侧阴影部分的面积相等.

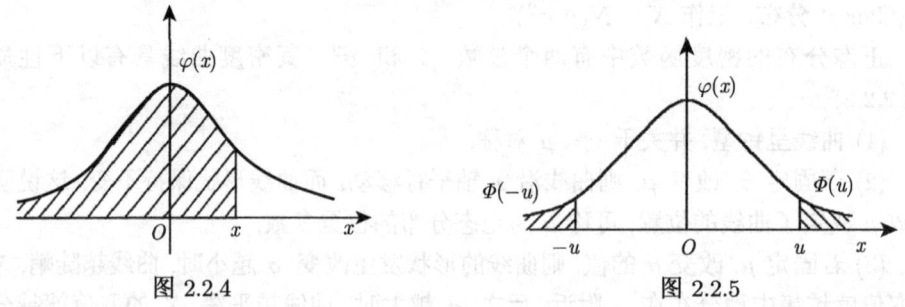

图 2.2.4　　　　　　　　图 2.2.5

为了便于概率计算,当 $x \geqslant 0$ 时,附表中列出了针对不同的 x 值对应的标准正态分布函数值;当 $x < 0$ 时,利用上述对称性计算对应的 $\Phi(x)$ 值.

例 2.2.9　设 $X \sim N(0,1)$,利用标准正态分布表,计算以下概率:
(1) $p\{X < 2.35\}$; (2) $p\{X < -1.24\}$; (3) $p\{|X| < 1.54\}$.

解　(1) $p\{X < 2.35\} = \Phi(2.35) = 0.9906$;
(2) $p\{X < -1.24\} = \Phi(-1.24) = 1 - \Phi(1.24) = 1 - 0.8925 = 0.1075$;
(3) $p\{|X| < 1.54\} = p\{-1.54 < X < 1.54\} = \Phi(1.54) - \Phi(-1.54)$

$$= \Phi(1.54) - [1 - \Phi(1.54)] = 2\Phi(1.54) - 1$$
$$= 2 \times 0.9382 - 1 = 0.8764.$$

对于一般正态分布的概率计算问题,需要**标准化**过程转化为标准正态分布来计算,具体过程如下:

设 $X \sim N(\mu, \sigma^2)$,则 X 的分布函数满足:

$$F(x) = \int_{-\infty}^{x} \frac{1}{\sqrt{2\pi}\sigma} e^{-\frac{(t-\mu)^2}{2\sigma^2}} dt \xrightarrow{u=\frac{t-\mu}{\sigma}} \int_{-\infty}^{\frac{x-\mu}{\sigma}} \frac{1}{\sqrt{2\pi}} e^{-\frac{u^2}{2}} du = \Phi\left(\frac{x-\mu}{\sigma}\right).$$

从上式可得,若 $X \sim N(\mu, \sigma^2)$,则 $\dfrac{X-\mu}{\sigma} \sim N(0,1)$.

这一结论表明,一般正态分布 $N(\mu, \sigma^2)$ 随机变量 X 可以通过线性变换 $Z = \dfrac{X-\mu}{\sigma}$ 来实现标准化,从而将相关的概率计算转化为查表计算. 因此,对于任意实数 $a, b (a < b)$,有

$$p\{X \leqslant b\} = \Phi\left(\frac{b-\mu}{\sigma}\right),$$

$$p\{a < X \leqslant b\} = \Phi\left(\frac{b-\mu}{\sigma}\right) - \Phi\left(\frac{a-\mu}{\sigma}\right).$$

例 2.2.10 据以往数据统计, 某城市年降雨量 X (单位: mm) 服从正态分布 $N(476, 165^2)$, 试估计未来 10 年内, 年降雨量在 381~635mm 之间的大约有多少年.

解 降雨量 X 在 381~635mm 之间的概率为

$$p = p\{381 < X < 635\} = \Phi\left(\frac{635-476}{165}\right) - \Phi\left(\frac{381-476}{165}\right)$$
$$= \Phi(0.96) - \Phi(-0.58) = 0.5505.$$

故未来 10 年内年降雨量为 381~635mm 的年数约为

$$10 \times 0.5505 = 5.505 \approx 6.$$

例 2.2.11 设随机变量 $X \sim N(\mu, \sigma^2)$, 求下列概率:

$$p\{|X - \mu| < \sigma\}, \quad p\{|X - \mu| < 2\sigma\}, \quad p\{|X - \mu| < 3\sigma\}.$$

解

$p\{|X - \mu| < \sigma\} = p\{\mu - \sigma < X < \mu + \sigma\} = \Phi(1) - \Phi(-1) = 2\Phi(1) - 1 = 0.6826;$
$p\{|X - \mu| < 2\sigma\} = p\{\mu - 2\sigma < X < \mu + 2\sigma\} = \Phi(2) - \Phi(-2) = 2\Phi(2) - 1 = 0.9544;$
$p\{|X - \mu| < 3\sigma\} = p\{\mu - 3\sigma < X < \mu + 3\sigma\} = \Phi(3) - \Phi(-3) = 2\Phi(3) - 1 = 0.9974.$

如图 2.2.6 所示, 这一结果说明, 尽管正态分布随机变量 X 的取值范围为 $(-\infty, +\infty)$, 但它的值落在区间 $(\mu - 3\sigma, \mu + 3\sigma)$ 内的概率已经大到 0.9974, 几乎为 1, 而落在该范围以外的概率为

$$p\{|X - \mu| \geqslant 3\sigma\} = 1 - p\{|X - \mu| < 3\sigma\} = 0.0026 < 0.003,$$

所以, 几乎可以认为 X 的取值就落在 $(\mu - 3\sigma, \mu + 3\sigma)$ 内, 这称为正态分布的 "3σ" 准则.

"3σ" 准则在工业工程以及管理科学中有着广泛的应用. 一些著名的国际大公司, 如通用电气、三星等企业还在该准则基础上推出一种创新性的管理方法 ——6σ 准则. 当生产达到该标准时, 失误率可以控制在每百万次操作中失误仅为 3.4 次, 产品质量缺陷几乎为零, 有效保证了产品的高质量与企业信誉.

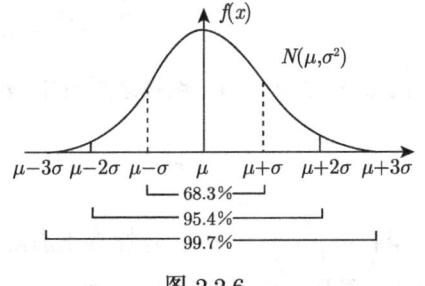

图 2.2.6

例 2.2.12(质量控制问题) 某饮料厂生产一种标准容量为 300ml 的罐装饮料,假设自动包装线上灌装的饮料罐容量 X (单位: ml) 服从正态分布 $N(\mu, 30^2)$. 若要使生产出的罐装饮料中容量少于 300ml 的产品不多于 10%, 应把自动包装线上饮料罐容量的均值 μ 设置为多少?

解 要使生产出的罐装饮料中少于 300ml 的产品不多于 10%, 需满足
$$p\{X < 300\} < 0.1,$$
即
$$p\{X < 300\} = \Phi\left(\frac{300 - \mu}{30}\right) < 0.1,$$
查标准正态分布附表, 可知应满足 $\frac{300-\mu}{30} < -1.28$, 则 $\mu > 338.4$, 即自动包装线上饮料罐容量的均值 μ 设置到 338.4ml 以上, 才能保证产品中容量少于 300ml 的数量不多于 10%.

例 2.2.13(录取问题) 某单位招聘员工进行专业知识考试,共有 10000 人报名参考,假设考试成绩服从正态分布,满分 100. 考试后统计出 90 分以上有 359 人,60 分以下有 1151 人. 现按照考试成绩从高到低排列录用前 2500 人, 试问被录用者中最低分为多少?

解 令 X 表示考试成绩, 已知 $X \sim N(\mu, \sigma^2)$, 由概率的统计学定义, 用频率估计概率可得:
$$p\{X > 90\} = 1 - \Phi\left(\frac{90-\mu}{\sigma}\right) \approx \frac{359}{10000} = 0.0359,$$
$$p\{X < 60\} = \Phi\left(\frac{60-\mu}{\sigma}\right) \approx \frac{1151}{10000} = 0.1151,$$
进而得到
$$p\{X \leqslant 90\} = \Phi\left(\frac{90-\mu}{\sigma}\right) = 0.9641, \quad \Phi\left(\frac{\mu-60}{\sigma}\right) = 0.8849.$$
对照标准正态附表, 可得
$$\frac{90-\mu}{\sigma} = 1.8, \quad \frac{\mu-60}{\sigma} = 1.2,$$
解出 $\mu = 72, \sigma = 10$. 设被录用者中最低分数为 k, 则 k 应满足
$$p\{X \geqslant k\} = 1 - \Phi\left(\frac{k-72}{10}\right) = \frac{2500}{10000},$$
有 $\Phi\left(\frac{k-72}{10}\right) = 0.75$, 查标准正态附表, 可求得 $\frac{k-72}{10} \geqslant 0.675$, 解出 $k \geqslant 78.75$, 因此被录用者中最低分为 78.75.

例 2.2.14 设某地区成年男子的身高 X (单位: cm) 服从正态分布 $N(170, 36)$, 问应如何设定公共汽车车门的高度, 才能使该地区成年男子上车时, 因车门不够高而碰头的概率小于 0.01?

解 设车门的高度设定为 a (cm), 依题意应满足 $p\{X \geqslant a\} < 0.01$, 即
$$p\{X < a\} = \Phi\left(\frac{a-170}{6}\right) \geqslant 0.99,$$
查标准正态附表有 $\Phi(2.33) = 0.99$, 应满足 $\frac{a-170}{6} \geqslant 2.33$, 即 $a \geqslant 183.98$, 因此, 为保证该地区成年男子上车时与车门碰头的概率小于 0.01, 车门的高度应该不低于 184cm.

实际问题中, 有许多随机变量都服从或近似服从正态分布. 例如, 测量中所产生的误差、人的身高和体重、植物的株高、农作物单位面积的产量等. 理论研究表明, 如果一个随机变量受到大量的、相互独立的随机因素的影响, 且每个因素都不起决定性作用时, 这样的变量都服从或近似服从正态分布.

正态分布是最常见也是最重要的分布, 无论在理论研究或实际应用中都具有特别重要的地位, 本书后几章还将进一步讨论正态分布的性质和应用.

2.3 一维随机变量函数的分布

在一些实际问题中, 不仅仅需要研究随机变量 X 本身的分布和性质, 还需要考虑 X 的函数的分布. 例如, 要确定某型号滚珠体积 V 的概率分布, 可以先考察其直径 D 的分布, 再根据体积与直径 D 的函数关系得到 V 的分布.

这一节中, 将讨论如何求解随机变量函数的分布, 即已知随机变量 X 的概率分布, $g(x)$ 是连续函数, 令 $Y = g(X)$, 求函数 Y 的概率分布.

2.3.1 离散型随机变量函数的分布

若已知 X 为离散型随机变量, 则 $Y = g(X)$ 也是离散型随机变量. 根据 X 的概率分布, 可求出函数 Y 的分布列, 先看下面的例子.

例 2.3.1 设随机变量 X 的概率分布如下所示, 令随机变量 $Y = 4X + 1$, $Z = X^2$, 分别求 Y, Z 的概率分布.

X	-1	0	1	2
p	0.2	0.1	0.3	0.4

解 由 $Y = 4X + 1$ 可计算得 Y 所有可能的取值为 $-3, 1, 5, 9$, 且
$$p\{Y = -3\} = p\{4X + 1 = -3\} = p\{X = -1\} = 0.2,$$

$$p\{Y = 1\} = p\{4X + 1 = 1\} = p\{X = 0\} = 0.1,$$
$$p\{Y = 5\} = p\{4X + 1 = 5\} = p\{X = 1\} = 0.3,$$
$$p\{Y = 9\} = p\{4X + 1 = 9\} = p\{X = 2\} = 0.4,$$

Y 的概率分布如下:

Y	-3	1	5	9
p	0.2	0.1	0.3	0.4

同理, $Z = X^2$ 所有可能的取值为 0, 1, 4,

$$p\{Z = 0\} = p\{X = 0\} = 0.1,$$
$$p\{Z = 1\} = p\{X^2 = 1\} = p\{X = -1\} + p\{X = 1\} = 0.2 + 0.3 = 0.5,$$
$$p\{Z = 4\} = p\{X^2 = 4\} = p\{X = 2\} = 0.4,$$

则 Z 的概率分布如下所示:

Z	0	1	4
p	0.1	0.5	0.4

一般地, 若已知离散型随机变量 X 的分布列 $p\{X = x_i\} = p_i (i = 1, 2, \cdots)$, 且函数 $Y = g(X)$ 也为离散型, 可求得其分布列为

Y	$g(x_1)$	$g(x_2)$	$\cdots$	$g(x_i)$	$\cdots$
p	p_1	p_2	$\cdots$	p_i	$\cdots$

若 $g(x_1), g(x_2), \cdots, g(x_i), \cdots$ 中有相同的函数值, 则将其所对应的 X 不同取值的概率相加, 即

$$p\{Y = y_i\} = \sum_{g(x_k) = y_i} p\{X = x_k\}, \quad i = 1, 2, \cdots. \tag{2.3.1}$$

2.3.2 连续型随机变量函数的分布

连续型随机变量函数的分布比较复杂, 此处只讨论 $Y = g(X)$ 也是连续型随机变量的情况, 主要分以下两种情况求解函数 $Y = g(X)$ 的概率密度.

1. $Y = g(X)$ 为严格单调函数

定理 2.3.1 已知 X 为连续型随机变量, 其密度函数为 $f_X(x)$ $(a < x < b)$, $Y = g(X)$ 也是连续型随机变量, 若 $y = g(x)$ 严格单调, 其反函数 $h(y)$ 具有连续导数, 则 $Y = g(X)$ 的密度函数为

$$f_Y(y) = \begin{cases} f_X[h(y)] \, |h'(y)|, & \alpha < y < \beta, \\ 0, & \text{其他}, \end{cases} \tag{2.3.2}$$

其中 $\alpha = \min\{g(a); g(b)\}$, $\beta = \max\{g(a); g(b)\}$.

证明 不妨设 $y = g(x)$ 是严格单调递增函数,则反函数 $h(y)$ 也是严格单调递增函数,有 $h'(y) > 0$,记 $\alpha = g(a)$, $\beta = g(b)$,则 Y 对应的取值区间为 (α, β),于是

当 $y \leqslant \alpha$ 时,$F_Y(y) = p\{Y \leqslant y\} = 0$;

当 $y \geqslant \beta$ 时,$F_Y(y) = p\{Y \leqslant y\} = 1$;

当 $\alpha < y < \beta$ 时,有

$$F_Y(y) = p\{Y \leqslant y\} = p\{g(X) \leqslant y\} = p\{X \leqslant h(y)\} = \int_{-\infty}^{h(y)} f_X(x)\mathrm{d}x,$$

则 Y 的密度函数为

$$f_Y(y) = F_Y'(y) = \begin{cases} f_X[h(y)]h'(y), & \alpha < y < \beta, \\ 0, & 其他. \end{cases}$$

同理,当 $y = g(x)$ 是严格单调递减函数,推导过程同上. 此时有

$$f_Y(y) = F_Y'(y) = \begin{cases} f_X[h(y)][-h'(y)], & \alpha < y < \beta, \\ 0, & 其他, \end{cases}$$

其中 $\alpha = g(b)$, $\beta = g(a)$.

综上,可证明式 (2.3.2) 成立.

例 2.3.2 随机变量 X 服从正态分布 $X \sim N(\mu, \sigma^2)$,则当 $a \neq 0$ 时,证明:

$$Y = aX + b \sim N(a\mu + b, a^2\sigma^2).$$

证明 当 $a > 0$ 时,$Y = aX + b$ 是严格递增函数,其取值区间仍为 $(-\infty, +\infty)$,反函数为 $X = \dfrac{(Y-b)}{a}$. 由定理 2.3.1 可得

$$\begin{aligned} f_Y(y) &= f_X\left(\frac{y-b}{a}\right)\frac{1}{a} = \frac{1}{\sqrt{2\pi}\sigma}\exp\left\{-\frac{1}{2\sigma^2}\left(\frac{y-b}{a} - \mu\right)^2\right\}\frac{1}{a} \\ &= \frac{1}{\sqrt{2\pi}a\sigma}\exp\left\{-\frac{(y - a\mu - b)^2}{2a^2\sigma^2}\right\}, \quad -\infty < y < +\infty, \end{aligned}$$

即 $Y = aX + b \sim N(a\mu + b, a^2\sigma^2)$.

当 $a < 0$ 时,$Y = aX + b$ 是严格递减函数,同理可得 $Y = aX + b \sim N(a\mu + b, a^2\sigma^2)$.

例 2.3.2 表明,正态变量 $X \sim N(\mu, \sigma^2)$ 的线性变换仍然是正态变量,若 $a = 1/\sigma$, $b = -\mu/\sigma$,则

$$Y = aX + b = \frac{X - \mu}{\sigma} \sim N(0, 1),$$

即 2.2 节介绍的正态随机变量的**标准化变换**.

2. 当 $Y = g(X)$ 为其他形式时

当 $y = g(x)$ 不是严格单调时, 一般方法是先求 Y 的分布函数

$$F_Y(y) = p\{g(X) \leqslant y\},$$

再通过分布函数求其密度函数. 以下通过一个例子加以说明.

例 2.3.3 设 $X \sim N(0,1)$, 求 $Y = X^2$ 的概率密度.

解 由 $Y = X^2$ 可知 Y 的所有可能取值都非负, 所以

当 $y \leqslant 0$, 有

$$F_Y(y) = p\{Y = X^2 \leqslant y\} = 0,$$

此时 Y 的密度函数 $f_Y(y) = 0$;

当 $y > 0$ 时, 有

$$F_Y(y) = p\{Y \leqslant y\} = p\{X^2 \leqslant y\} = p\{-\sqrt{y} \leqslant X \leqslant \sqrt{y}\} = 2\Phi(\sqrt{y}) - 1,$$

则密度函数

$$f_Y(y) = F_Y'(y) = \varphi(\sqrt{y}) y^{-\frac{1}{2}} = \frac{1}{\sqrt{2\pi}} e^{-\frac{y}{2}} y^{-\frac{1}{2}}.$$

综上有

$$f_Y(y) = \begin{cases} \dfrac{1}{\sqrt{2\pi}} y^{-\frac{1}{2}} e^{-\frac{y}{2}}, & y > 0, \\ 0, & y \leqslant 0. \end{cases}$$

*2.4 拓展与应用

2.4.1 拓展阅读: 正态分布进入统计学的历史演化

正态分布以其强大的普适性, 成为概率论与数理统计中最重要的一种连续型分布. 从形式上看, 它属于概率论的范畴, 但同时又是统计学的基石, 因此它的提出和应用具有其独特的双重理论背景和重要价值.

从历史上看, 正态分布从问世时的不受重视, 一直经历近两个世纪成为最重要的概率模型, 其历史演化过程精辟地诠释了在历史的不同阶段, 概率论与统计学相关理论与方法的相互渗透、相互影响关系, 成为相关研究的一个理论典范!

根据时间顺序, 我们可以从以下四个阶段分析正态分布进入统计学的历史演化.

*2.4 拓展与应用

1. 正态曲线的提出 (17 世纪中叶至 18 世纪中叶)

1733 年,棣莫弗的二项分布正态逼近的研究,首次引入了两个概念:正态曲线和中心极限定理,棣莫弗成为历史上发现正态曲线的第一人.可在当时这一发现并未引起人们更多的重视,正态曲线也仅仅停留在一个数学表达式的层面.

2. 正态分布从误差理论中的重生 (18 世纪中叶至 19 世纪中叶)

18 世纪中叶以后,随着自然科学的空前发展,社会实践的需要以及纯粹数学形式化研究的深入,概率论思想的微妙性和挑战性吸引了许多数学家的注意.拉普拉斯作为古典概率论的集大成者,首先围绕误差理论的基本问题展开了深入研究. 1809 年,德国大数学家高斯,在研究测量误差的概率分布时,提出正态误差理论,使棣莫弗在约 70 年前引进的正态曲线首次取得了 "概率分布" 的身份,这也使正态分布同时有了 "高斯分布" 的名称.

这之后,正态分布理论的完善与中心极限定理、最小二乘法等理论发展相辅相成,互为促进,激发了众多学者的兴奋点,有关论文和相关著作如雨后春笋般涌现. 德国的贝塞尔、高斯、恩克,法国的勒让德、傅里叶、泊松,英国的德·摩根,美国的艾德里安和俄国的切比雪夫等都做出了杰出的贡献.

3. 正态分布在近代统计学中的应用 (19 世纪中叶至 19 世纪末期)

19 世纪中叶,比利时人凯特莱 (Adolphe Quetelet,1796—1874) 大手笔地将包括大数定律、正态分布和误差法则在内的概率统计知识广泛地用于自然现象和社会现象的研究之中.他强调了正态分布的广泛用途,并将以它为基础的统计方法应用到天文学、数学、物理学、生物学、社会统计学等研究范围,在他的影响下,正态分布获得了普遍认可和广泛应用,以至于有些学者认为 19 世纪是正态分布在统计学中占统治地位的时代.自此,正态分布逐步完成了从丑小鸭向白天鹅的蜕变,它亭亭玉立于世人的面前,等待着来自各个理论研究领域的人们的青睐.

4. 正态分布对现代统计学的影响 (19 世纪末期至 20 世纪初)

进入现代统计时期,以威尔顿、卡尔·皮尔逊等学者为先导,引发了正态分布及其相关理论的一系列创新和深化;20 世纪初,以哥塞特为先驱,费歇为主将,掀起了小样本理论的革命,大大提升了正态分布在统计学中的地位,使得用正态分布拟合数据继续占据应用的主流;相关回归分析、多元分析、方差分析、因子分析等统计方法,陆续登上了历史舞台,成为推动现代统计学飞速发展的一个强大动力.

正态分布从最初数学表达式的提出,到之后成为一种最重要的连续型概率分布,再到构成各种统计方法的理论基础,每一次蜕变都蕴涵着不同阶段著名数学家的心血和努力,充分展示了正态分布同概率论的起源、误差理论的发展、近代统计学的形成以及现代统计学的飞跃等理论发展相互促进、相互制约的辩证关系.

概率论和统计学是一对不可分割的姊妹学科,二者彼此交织,互相渗透,并行发展. 正态分布进入统计学的历史演化过程可认为是精辟诠释这种学科关系的一个典范!

2.4.2 拓展应用：计算机的可靠性分析

在科学计算中为了提高计算结果的可靠性和计算效率,往往采用多台计算机并行计算的方法. 多台计算机并行时通常采用 "少数服从多数" 的原则进行判决,决定每次的计算结果. 但另一方面,使用的计算机多了,元件总数就增多,出错的机会也会相应的增多. 那么,这种采用多台计算机并行,并按多数表决的工作方式是否一定会提高系统可靠性?在什么条件下使用最有利? 下面我们采用指数分布来分析多台计算机并行计算的系统可靠性,对这些问题做初步的定量分析.

此处,假设用三台同种类型的计算机独立地并行工作,记每台计算机正常工作时间为 T, 其分布函数为

$$F(t) = \begin{cases} 1 - e^{-\lambda t}, & t > 0, \\ 0, & t \leqslant 0, \end{cases}$$

可靠性函数为

$$R(t) = p(T > t) = e^{-\lambda t}, \quad t > 0.$$

通常把 $\beta = \lambda t$ 称为规格化时间,令 $A = \{$ 在 β 时间内单机正常工作 $\}$,则 $p(A) = e^{-\beta}$,由于三台机器独立的工作,可看作是三次独立重复试验. 令 X 表示事件 A 出现的次数,利用伯努利概型,有

$$X \sim B(3, e^{-\beta}).$$

三台计算机并行工作,若执行计算的结果正确,则表明 A 至少出现两次,其概率为

$$p(X \geqslant 2) = 3e^{-2\beta}(1 - e^{-\beta}) + e^{-3\beta},$$

若三台机器的表决结果比单台计算机可靠,则需要满足不等式 $p\{X \geqslant 2\} > p(A)$, 从而有

$$3e^{-2\beta}(1 - e^{-\beta}) + e^{-3\beta} \geqslant e^{-\beta},$$

进一步有

$$e^{-\beta}(3e^{-\beta} - 2e^{-2\beta} - 1) \geqslant 0.$$

因为 $e^{-\beta} > 0$, 故 $3e^{-\beta} - 2e^{-2\beta} - 1 \geqslant 0$, 令

$$f(\beta) = 3e^{-\beta} - 2e^{-2\beta} - 1,$$

由极值的判定定理可知：

当 $\beta = -\ln\dfrac{3}{4} = 0.228$ 时，$f(\beta)$ 有极大值，函数 $f(\beta)$ 如图 2.4.1 所示.

从图 2.4.1 中可看出，当规格化工作时间 β 小于等于 0.7 时，才有 $f(\beta) \geqslant 0$ 成立，即此时三台计算机并行工作的可靠性大于单台计算机. 当 $0.2 < \beta < 0.4$ 时，能比较明显地表现出三台计算机协同工作比单机工作的优越性；而当 $\beta > 0.7$ 时，三台计算机协同工作的可靠性反而不如单机.

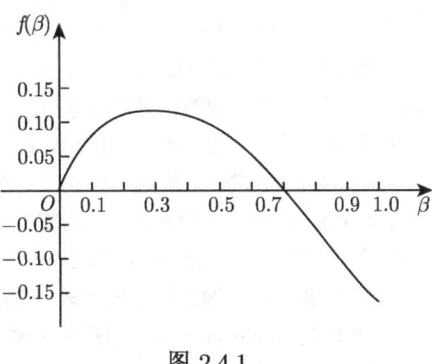

图 2.4.1

泊松定理

泊松

高斯

习 题 2

(A)

1. 设某人投篮命中率为 0.6，X 表示他投篮一次命中的次数，写出 X 的分布列.

2. 15 件产品中有 2 件为次品，从中随机抽取 3 件，用 X 表示取出的次品数，求 X 的分布列.

3. 5 张完全相同的卡片上分别写有号码 1, 2, 3, 4, 5，一次随机地取出 3 张，求取出的卡片上最大号码 X 的分布列.

4. 一批产品分一、二、三级，其中一级品是二级品的两倍，三级品是二级品的一半. 从这批产品中随机地抽取一个检验质量，用随机变量 X 表示检验的结果，写出 X 的概率分布.

5. 假设某射击队员每次射击命中率为 0.9，如果击中目标或子弹用尽就停止射击. 按下列情况，分别求射击次数 X 的概率分布：

(1) 只有 5 发子弹；

(2) 子弹数目不受限制.

6. 已知随机变量 X 的分布列为

X	−1	2	3	4
p	1/5	1/5	2/5	1/5

试求：(1) X 的分布函数；(2) $p\left\{X \leqslant \dfrac{1}{2}\right\}, p\left\{1 < X \leqslant \dfrac{5}{2}\right\}$.

7. 盒内有 12 个乒乓球，其中 9 个为新球，3 个为旧球，采取不放回抽取，每次取一个，直到取得新球为止，求下列随机变量的分布列.

(1) 抽取次数 X；(2) 取到旧球个数 Y.

8. 应聘某公司实验室的求职者被要求完成一张由 8 个单项选择题构成的一份试卷，每个问题有 4 个选项. 如果求职者没有所考察内容方面的知识，只是随机回答选项，则

(1) 恰好能答对 3 题的概率是多少？

(2) 若至少答对 6 题才能参加复试，则求职者能参加复试的概率是多少？

9. (几何分布 $G(p)$) 设某人射击命中率为 $p(0 < p < 1)$，现进行连续射击，求：直到命中为止射击次数 X 的分布.

10. (超几何分布) 假设 100 个产品中有 10 个次品，从中任取 5 个产品，求其中次品数 X 的分布列.

11. 设随机变量 X 的密度函数为

$$f(x) = \begin{cases} ax+b, & 0 < x < 1, \\ 0, & \text{其他}, \end{cases}$$

且 $p\left\{X < \dfrac{1}{3}\right\} = p\left\{X > \dfrac{1}{3}\right\}$，试求常数 a 和 b 以及分布函数 $F(x)$.

12. 将一枚均匀的硬币重复掷三次，设 X 表示正面出现的次数，求 X 的分布列及分布函数.

13. 设随机变量 X 的分布函数为

$$F(x) = \begin{cases} 1 - e^{-x}, & x \geqslant 0, \\ 0, & x < 0, \end{cases}$$

求：(1) $p\{X \leqslant 2\}$；(2) $p\{X > 3\}$；(3) 密度函数 $f(x)$.

14. 设随机变量 X 的密度函数为

$$f(x) = \begin{cases} A\cos x, & |x| \leqslant \dfrac{\pi}{2}, \\ 0, & |x| > \dfrac{\pi}{2}, \end{cases}$$

求：(1) 常数 A；(2) X 的分布函数.

15. 某工厂生产的电子管寿命 X (单位：h) 服从正态分布 $X \sim N(1600, \sigma^2)$，如果要求电子管的寿命在 1200 h 以上的概率达到 0.96，求 σ.

16. 设随机变量 $X \sim N(5, 4)$，求常数 α 使：(1) $p\{X < \alpha\} = 0.903$；(2) $p\{|X-5| > \alpha\} = 0.01$.

17. 设随机变量 X 的分布列为

X	-2	-1	0	2	4
p	$\dfrac{1}{8}$	$\dfrac{1}{4}$	$\dfrac{1}{8}$	$\dfrac{1}{6}$	$\dfrac{1}{3}$

求 $Y = X + 2$ 的分布列和 $Z = X^2$ 的分布列.

18. 设随机变量 X 的分布函数为

$$F(x) = \begin{cases} 0, & x < -1, \\ 0.4, & -1 \leqslant x < 1, \\ 0.8, & 1 \leqslant x < 3, \\ 1, & x \geqslant 3, \end{cases}$$

求 X 的分布列.

19. 设随机变量 X 的概率密度为

$$f(x) = \begin{cases} \dfrac{c}{\sqrt{1-x^2}}, & |x| < 1, \\ 0, & \text{其他}, \end{cases}$$

求: (1) 系数 c; (2) $p\left\{|X| < \dfrac{1}{2}\right\}$.

(B)

1. 将一个均匀骰子抛掷两次, 以 X_1 表示两次所得点数之和, 以 X_2 表示两次中得到的较小的点数, 试分别求 X_1 和 X_2 各自的分布列.

2. 设离散型随机变量 X 的概率分布为:
(1) $p\{X = k\} = a2^k, k = 1, 2, \cdots, 100$; (2) $p\{X = k\} = a2^{-k}, k = 1, 2, \cdots$.
分别求 (1) 和 (2) 中常数 a 的值.

3. 假设某人要参加在 11 层召开的会议, 在会议开始前 5 分钟他正好到达 10 层电梯口, 已知在任意一层等待电梯的时间 (单位: min) 服从 $[0,10]$ 的均匀分布. 电梯运行一层的时间为 10 s, 从 11 层电梯口到达会议室需要 20 s. 如果此人执意等待电梯, 则他能准时到达会场的概率是多少?

4. 设随机变量 X 和 Y 具有相同的分布, X 的概率密度为

$$f(x) = \begin{cases} \dfrac{3x^2}{8}, & 0 < x < 2, \\ 0, & \text{其他}, \end{cases}$$

假设事件 $A = \{X > a\}$, $B = \{Y > a\}$ 相互独立, 且 $p(A \cup B) = \dfrac{3}{4}$, 求常数 a.

5. 设顾客在某银行窗口的等待时间 X (单位: min) 服从指数分布, 其密度函数为

$$f(x) = \begin{cases} \dfrac{1}{5}e^{-x/5}, & x > 0, \\ 0, & \text{其他}, \end{cases}$$

某顾客在窗口等待服务, 若超过 10 min, 他就离开. 他一个月要到银行 5 次, 以 Y 表示一个月内他未到等到服务而离开窗口的次数, 写出 Y 的分布列, 并求 $p\{Y \geqslant 1\}$.

6. 如果 $X \sim N(0,1)$, 求下列随机变量的密度函数:

(1) $Y = e^X$; (2) $Y = 2X^2 + 1$.

7. 设在某一个电路中, 电阻两端的电压 (单位: V) 服从正态分布 $N(120, 2^2)$, 现独立地测量了 5 次, 求其中有两次测定的电压值落在区间 $[118, 122]$ 之外的概率.

8. 已知某项测量的误差 (单位: mm) $X \sim N(7.5, 10^2)$, 问至少需要多少次重复的测量, 才能使其中至少有一次测量误差绝对值不超过 10mm 的概率大于 0.9.

9. 设随机变量 $X \sim N(\mu, \sigma^2)$, 且二次方程 $y^2 + 4y + X = 0$ 无实根的概率为 0.5, 求参数 μ.

第3章 多维随机变量及其分布

实际生活中，一个变量往往不能全面地刻画事物，需要同时用多个变量描述随机试验的结果. 例如，考察青少年健康状况时，需同时考虑身高和体重两项指标，将这两个随机变量作为一个整体来考察，不仅能较为全面地描述青少年的形体特征，也有助于讨论身高与体重之间的相关关系. 通常，需要将描述同一研究对象的多个随机变量作为一个整体加以研究，这不仅能够较为全面地刻画研究对象的特征，也有助于研究各变量之间的内在关系. 因此有必要引入 n 维随机变量.

设 $X_1, X_2, \cdots, X_n$ 为定义在同一个样本空间 Ω 上的 $n(n \geqslant 1)$ 个随机变量，它们的有序组 $X = (X_1, X_2, \cdots, X_n)$ 称为 **n维随机变量**或 **n维随机向量**.

二维随机变量是多维随机变量中最为简单的情形，本章将以研究二维随机变量及其概率分布为主，其中很多结论可以推广到多维随机变量的情形.

3.1 二维随机变量

3.1.1 二维随机变量及其分布函数

定义 3.1.1 若随机试验 E 的样本空间为 Ω，X 和 Y 是定义在 Ω 上的随机变量，由它们构成的二维向量 (X,Y) 称为**二维随机变量**.

例如，X 代表大学生的身高，Y 代表体重，则 (X,Y) 即为二维随机变量. 类似于一维随机变量，下面给出二维随机变量联合分布函数的定义.

定义 3.1.2 设 (X,Y) 为二维随机变量，x, y 为任意实数，二元函数

$$F(x,y) = p\{X \leqslant x, Y \leqslant y\} \tag{3.1.1}$$

称为 (X,Y) 的**联合分布函数**.

其中，$\{X \leqslant x, Y \leqslant y\}$ 表示事件 $\{X \leqslant x\}$ 与 $\{Y \leqslant y\}$ 的积事件.

如果将二维随机变量 (X,Y) 看作平面直角坐标系上随机点的坐标，联合分布函数 $F(x,y)$ 的值就是随机点 (X,Y) 落在坐标平面上点 (x,y) 的左下方无穷矩形 $(-\infty, x] \bigcap (-\infty, y]$ 内的概率.

可进一步得出二维随机变量 (X,Y) 落入任一矩形 $\{(x,y) | x_1 < x \leqslant x_2, y_1 < y \leqslant y_2\}$ 的概率为

$$p\{x_1 < X \leqslant x_2, y_1 < Y \leqslant y_2\} = F(x_2, y_2) - F(x_2, y_1) - F(x_1, y_2) + F(x_1, y_1).$$

二维随机变量 (X,Y) 的联合分布函数具有以下性质:
(1) 对于任意实数 x 和 y, 有 $0 \leqslant F(x,y) \leqslant 1$.
(2) $F(-\infty, y) = 0, F(x, -\infty) = 0, F(+\infty, +\infty) = 1$.
(3) $F(x,y)$ 关于自变量 x 或 y 都单调非减, 即
对于任意实数 $x_1 < x_2$ 和任意实数 y, 都有 $F(x_1, y) \leqslant F(x_2, y)$;
对于任意实数 x 和任意实数 $y_1 < y_2$, 都有 $F(x, y_1) \leqslant F(x, y_2)$.
(4) $F(x,y)$ 关于自变量 x 或 y 都右连续, 即
$$F(x+0, y) = F(x,y), \quad F(x, y+0) = F(x,y).$$

3.1.2 二维随机变量的概率分布

与一维随机变量类似, 二维随机变量也可以根据每个分量的类型进行分类, 此处只讨论离散型和连续型这两类主要的二维随机变量.

1. 二维离散型随机变量及其联合分布列

定义 3.1.3 若二维随机变量 (X,Y) 所有可能的取值 (x_i, y_j) $(i,j = 1, 2, \cdots)$ 为有限多对或无限可列多对, 则称 (X,Y) 为**二维离散型随机变量**, 称

$$p\{X = x_i, Y = y_j\} = p_{ij} \quad (i,j = 1, 2, \cdots) \tag{3.1.2}$$

为二维随机变量 (X,Y) 的**联合分布列**. 其中, $\{X = x_i, Y = y_j\}$ 表示随机事件 $\{X = x_i\}$ 与 $\{Y = y_j\}$ 的积事件.

(X,Y) 的联合分布列具有如下性质:
(1) **非负性** $p_{ij} \geqslant 0 \ (i,j = 1,2,3,\cdots)$;
(2) **正则性** $\sum\limits_{i=1}^{\infty}\sum\limits_{j=1}^{\infty} p_{ij} = 1$.

联合分布列通常也写成如下表格形式:

X \ Y	y_1	y_2	$\cdots$	y_j	$\cdots$
x_1	p_{11}	p_{12}	$\cdots$	p_{1j}	$\cdots$
x_2	p_{21}	p_{22}	$\cdots$	p_{2j}	$\cdots$
$\vdots$	$\vdots$	$\vdots$		$\vdots$	
x_i	p_{i1}	p_{i2}	$\cdots$	p_{ij}	$\cdots$
$\vdots$	$\vdots$	$\vdots$		$\vdots$	

根据定义, 二维离散型随机变量 (X,Y) 的联合分布函数为

$$F(x,y) = p\{X \leqslant x, Y \leqslant y\} = \sum_{x_i \leqslant x}\sum_{y_j \leqslant y} p_{ij}, \tag{3.1.3}$$

即对一切满足不等式 $x_i \leqslant x, y_j \leqslant y$ 的概率 $p_{ij} = p\{X = x_i, Y = y_j\}$ 求和.

例 3.1.1 设随机变量 X 在 1, 2, 3 三个整数中等可能地取一个值, 随机变量 Y 在 $1 \sim X$ 中等可能地取一整数值, 求:

(1) 二维随机变量 (X, Y) 的联合分布列; (2) $p\{X = Y\}$.

解 X 的取值为 $X = 1, 2, 3$; Y 取不大于 X 的正整数, 所以有:

当 $j > i$, 有 $p\{X = i, Y = j\} = 0$;

当 $1 \leqslant j \leqslant i \leqslant 3$ 时,

$$p\{X = i, Y = j\} = p\{Y = j \mid X = i\} \cdot p\{X = i\} = \frac{1}{i} \cdot \frac{1}{3} = \frac{1}{3i},$$

则 (X, Y) 的联合分布列为

X \ Y	1	2	3
1	$\frac{1}{3}$	0	0
2	$\frac{1}{6}$	$\frac{1}{6}$	0
3	$\frac{1}{9}$	$\frac{1}{9}$	$\frac{1}{9}$

(2) $p\{X = Y\} = \frac{1}{3} + \frac{1}{6} + \frac{1}{9} = \frac{11}{18}$.

2. 二维连续型随机变量及其联合分布

与一维连续型随机变量相似, 二维连续型随机变量及其联合密度函数的概念如下.

定义 3.1.4 设二维随机变量 (X, Y) 的分布函数为 $F(x, y)$, 若存在非负可积的二元函数 $f(x, y)$, 使得对任意实数 x, y, 有

$$F(x, y) = \int_{-\infty}^{x} \int_{-\infty}^{y} f(u, v) \mathrm{d}u \mathrm{d}v, \tag{3.1.4}$$

则称 (X, Y) 为**二维连续型随机变量**, 称函数 $f(x, y)$ 为二维随机变量 (X, Y) 的**联合密度函数**.

二维连续型随机变量的联合密度、联合分布函数具有以下性质:

(1) **非负性** $f(x, y) \geqslant 0$ $(-\infty < x < +\infty, -\infty < y < +\infty)$;

(2) **正则性** $\int_{-\infty}^{+\infty} \int_{-\infty}^{+\infty} f(x, y) \mathrm{d}x \mathrm{d}y = 1$;

(3) 若 $f(x, y)$ 在点 (x, y) 处连续, 则有 $\dfrac{\partial^2 F(x, y)}{\partial x \partial y} = f(x, y)$;

(4) 设 D 为 xOy 平面内上某个区域, 则点 (X,Y) 落入区域 D 的概率为

$$p\{(X,Y) \in D\} = \iint\limits_D f(x,y)\mathrm{d}x\mathrm{d}y.$$

例 3.1.2 设二维随机变量 (X,Y) 的联合密度为

$$f(x,y) = \begin{cases} Cxy, & 0 \leqslant x \leqslant 1, 0 \leqslant y \leqslant 1, \\ 0, & \text{其他}. \end{cases}$$

求: (1) 常数 C; (2) $p\{X+Y<1\}$; (3) $p\{X>Y\}$.

解 (1) 由二维随机变量密度函数的性质, 有

$$\int_{-\infty}^{+\infty}\int_{-\infty}^{+\infty} f(x,y)\mathrm{d}x\mathrm{d}y = \int_0^1 \mathrm{d}x \int_0^1 Cxy\mathrm{d}y = \frac{C}{4} = 1,$$

得 $C = 4$.

(2) 如图 3.1.1 所示, (X,Y) 落入阴影部分区域的概率为

$$p\{X+Y<1\} = \int_0^1 \mathrm{d}x \int_0^{1-x} 4xy\mathrm{d}y = \frac{1}{6}.$$

(3) 如图 3.1.2 所示, (X,Y) 落入该阴影部分区域的概率为

$$p\{X>Y\} = \int_0^1 \mathrm{d}x \int_0^x 4xy\mathrm{d}y = \frac{1}{2}.$$

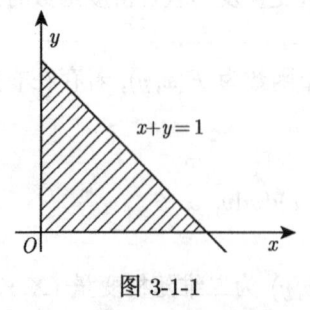

图 3-1-1

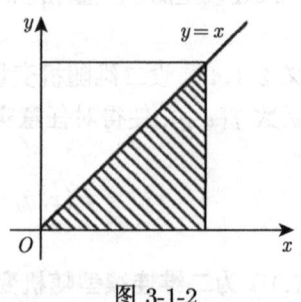

图 3-1-2

例 3.1.3 设 (X,Y) 的联合概率密度为

$$f(x,y) = \begin{cases} k\mathrm{e}^{-(2x+y)}, & x>0, y>0, \\ 0, & \text{其他}. \end{cases}$$

试求: (1) 常数 k; (2) $p\{X<Y\}$; (3) (X,Y) 的分布函数 $F(x,y)$.

解 (1) 由联合密度的性质, 有

$$\int_{-\infty}^{+\infty}\int_{-\infty}^{+\infty} f(x,y)\mathrm{d}x\mathrm{d}y = \int_{0}^{+\infty}\int_{0}^{+\infty} k\mathrm{e}^{-(2x+y)}\mathrm{d}x\mathrm{d}y$$

$$= k\int_{0}^{+\infty}\mathrm{e}^{-2x}\mathrm{d}x\int_{0}^{+\infty}\mathrm{e}^{-y}\mathrm{d}y = \frac{k}{2} = 1.$$

所以 $k = 2$.

(2) 根据题意有

$$p\{X < Y\} = \iint_{x<y} f(x,y)\mathrm{d}x\mathrm{d}y = \int_{0}^{+\infty}\int_{x}^{+\infty} 2\mathrm{e}^{-(2x+y)}\mathrm{d}y\mathrm{d}x$$

$$= 2\int_{0}^{+\infty} -\mathrm{e}^{-(2x+y)}\Big|_{x}^{+\infty}\mathrm{d}x = \int_{0}^{+\infty} 2\mathrm{e}^{-3x}\mathrm{d}x = \frac{2}{3}.$$

(3) 当 $x < 0$ 或 $y < 0$ 时,

$$F(x,y) = \int_{-\infty}^{x}\int_{-\infty}^{y} f(u,v)\mathrm{d}u\mathrm{d}v = \int_{-\infty}^{x}\int_{-\infty}^{y} 0\mathrm{d}u\mathrm{d}v = 0.$$

当 $x > 0, y > 0$ 时,

$$F(x,y) = \int_{-\infty}^{x}\int_{-\infty}^{y} f(u,v)\mathrm{d}u\mathrm{d}v = \int_{0}^{x}\int_{0}^{y} 2\mathrm{e}^{-(2u+v)}\mathrm{d}u\mathrm{d}v$$

$$= \int_{0}^{x} 2\mathrm{e}^{-2u}\mathrm{d}u \int_{0}^{y} \mathrm{e}^{-v}\mathrm{d}v = (1-\mathrm{e}^{-2x})(1-\mathrm{e}^{-y}),$$

即 (X,Y) 分布函数为

$$F(x,y) = \begin{cases} (1-\mathrm{e}^{-2x})(1-\mathrm{e}^{-y}), & x > 0, y > 0, \\ 0, & \text{其他}. \end{cases}$$

下面介绍常用的二维均匀分布和二维正态分布.

定义 3.1.5(二维均匀分布) 设 G 是平面上有界且可求面积的区域, 其面积为 S_G, 若二维随机变量 (X,Y) 的联合密度函数为

$$f(x,y) = \begin{cases} \dfrac{1}{S_G}, & (x,y) \in G, \\ 0, & (x,y) \notin G, \end{cases} \tag{3.1.5}$$

则称 (X,Y) 服从区域 G 上的**二维均匀分布**.

例 3.1.4 已知二维随机变量 (X,Y) 在区域 D 上服从均匀分布, 其中 D 是由直线 $y = x$ 和曲线 $y = x^2$ 所围成的闭区域. 求:

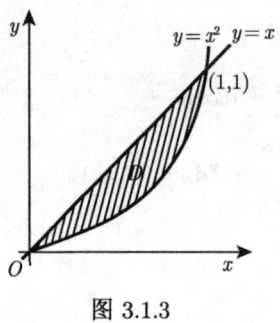

图 3.1.3

(1) 联合密度函数; (2) $p\{X<0.5, Y<0.6\}$.

解 如图 3.1.3 所示, 直线 $y=x$ 和曲线 $y=x^2$ 所围成的封闭区域为图中阴影部分 D, 其面积为

$$S_D = \int_0^1 (x-x^2)\mathrm{d}x = \frac{1}{6}.$$

(1) 由 (3.1.5) 式可得 (X,Y) 的联合概率密度为

$$f(x,y) = \begin{cases} 6, & 0<x<1, x^2<y<x, \\ 0, & \text{其他}. \end{cases}$$

(2) $p\{X<0.5, Y<0.6\} = \int_0^{0.5} \mathrm{d}x \int_{x^2}^{x} 6\mathrm{d}y = 0.5.$

定义 3.1.6(二维正态分布) 若二维随机变量 (X,Y) 的概率密度为

$$f(x,y) = \frac{1}{2\pi\sigma_1\sigma_2\sqrt{1-\rho^2}} \exp\left\{-\frac{1}{2(1-\rho^2)}\left[\frac{(x-\mu_1)^2}{\sigma_1^2}\right.\right.$$

$$\left.\left. -2\rho\frac{x-\mu_1}{\sigma_1}\cdot\frac{y-\mu_2}{\sigma_2} + \frac{(y-\mu_2)^2}{\sigma_2^2}\right]\right\}$$

$$(-\infty<x<+\infty, -\infty<y<+\infty), \tag{3.1.6}$$

其中参数 $\mu_1, \mu_2, \sigma_1, \sigma_2, \rho$ 均为常数, 且 $\sigma_1>0, \sigma_2>0, |\rho|<1$, 则称 (X,Y) 服从参数为 $\mu_1, \mu_2, \sigma_1, \sigma_2$ 及 ρ 的**二维正态分布**, 记作 $(X,Y) \sim N(\mu_1, \mu_2, \sigma_1^2, \sigma_2^2, \rho)$, 其中 ρ 代表随机变量 X 与 Y 的相关系数, 表示两个随机变量之间的线性相关程度, 具体含义将在本书第 4 章讨论.

如图 3.1.4 所示, 二维正态分布密度函数对应的曲面以 (μ_1, μ_2) 为中心, 在中心附近具有较高的密度, 离中心越远, 密度越小. 该曲面的等高线都是椭圆.

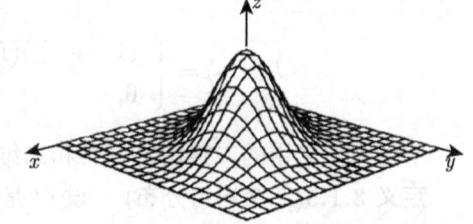

图 3.1.4 二维正态分布密度函数

3.2 边缘分布

联合分布函数 $F(x,y)$ 将二维随机变量 (X,Y) 作为一个整体, 刻画了它们联合分布的性质和特征. 单独来看, X 和 Y 也都是一维随机变量, 有其各自的概率分布.

3.2 边缘分布

记 X 和 Y 各自的分布函数为 $F_X(x)$ 和 $F_Y(y)$, 分别称为二维随机变量 (X,Y) 关于 X 和 Y 的**边缘分布函数**. 边缘分布函数可以由 (X,Y) 的联合分布函数 $F(x,y)$ 来确定:

$$F_X(x) = p\{X \leqslant x\} = p\{X \leqslant x, Y < +\infty\} = F(x, +\infty).$$

同理

$$F_Y(y) = F(+\infty, y).$$

下面分别讨论离散型和连续型二维随机变量 (X,Y) 的边缘分布.

3.2.1 二维离散型随机变量边缘分布列

对于二维离散型随机变量 (X,Y), 设其联合分布列为

$$p\{X = x_i, Y = y_j\} = p_{ij}, \quad i,j = 1, 2, \cdots,$$

则 X 的边缘分布为

$$p_{i\cdot} = p\{X = x_i\} = p\{X = x_i, Y < +\infty\} = \sum_{j=1}^{\infty} p\{X = x_i, Y = y_j\}$$

$$= \sum_{j=1}^{\infty} p_{ij}, \quad i = 1, 2, \cdots. \tag{3.2.1}$$

同理, Y 的边缘分布为

$$p_{\cdot j} = p\{Y = y_j\} = p\{X < +\infty, Y = y_j\} = \sum_{i=1}^{\infty} p\{X = x_i, Y = y_j\}$$

$$= \sum_{i=1}^{\infty} p_{ij}, \quad j = 1, 2, \cdots. \tag{3.2.2}$$

例 3.2.1 求例 3.1.1 中二维离散型随机变量 (X,Y) 的边缘分布.

解 根据边缘分布列的定义, 有

X \ Y	1	2	3	$p_{i\cdot}$
1	$\frac{1}{3}$	0	0	$\frac{1}{3}$
2	$\frac{1}{6}$	$\frac{1}{6}$	0	$\frac{1}{3}$
3	$\frac{1}{9}$	$\frac{1}{9}$	$\frac{1}{9}$	$\frac{1}{3}$
$p_{\cdot j}$	$\frac{11}{18}$	$\frac{5}{18}$	$\frac{1}{9}$	

按一维离散型随机变量分布列的表示方法, X 和 Y 边缘分布如下:

X	1	2	3
$p_{i\cdot}$	$\dfrac{1}{3}$	$\dfrac{1}{3}$	$\dfrac{1}{3}$

Y	1	2	3
$p_{\cdot j}$	$\dfrac{11}{18}$	$\dfrac{5}{18}$	$\dfrac{1}{9}$

3.2.2 二维连续型随机变量边缘分布函数

二维连续型随机变量 (X,Y) 的联合密度函数为 $f(x,y)$, X 的边缘分布函数为

$$F_X(x) = F(x, +\infty) = \int_{-\infty}^{x} \int_{-\infty}^{+\infty} f(x,y) \mathrm{d}y \mathrm{d}x,$$

则

$$F'_X(x) = f_X(x) = \int_{-\infty}^{+\infty} f(x,y) \mathrm{d}y \tag{3.2.3}$$

称为随机变量 X 的边缘密度函数.

同理, Y 的边缘分布函数和边缘密度函数分别为

$$F_Y(y) = F(+\infty, y) = \int_{-\infty}^{y} \int_{-\infty}^{+\infty} f(x,y) \mathrm{d}x \mathrm{d}y,$$

$$F'_Y(y) = f_Y(y) = \int_{-\infty}^{+\infty} f(x,y) \mathrm{d}x. \tag{3.2.4}$$

例 3.2.2 对例 3.1.4 的联合分布函数, 分别求随机变量 X 和 Y 的边缘概率密度 $f_X(x)$ 和 $f_Y(y)$.

解

$$f_X(x) = \int_{-\infty}^{+\infty} f(x,y) \mathrm{d}y$$

$$= \begin{cases} \int_{x^2}^{x} 6 \mathrm{d}y, & 0 < x < 1, \\ 0, & \text{其他} \end{cases}$$

$$= \begin{cases} 6(x - x^2), & 0 < x < 1, \\ 0, & \text{其他}, \end{cases}$$

$$f_Y(y) = \int_{-\infty}^{+\infty} f(x,y) \mathrm{d}x$$

$$= \begin{cases} \int_{y}^{\sqrt{y}} 6 \mathrm{d}x, & 0 < y < 1, \\ 0, & \text{其他} \end{cases}$$

$$= \begin{cases} 6(\sqrt{y} - y), & 0 < y < 1, \\ 0, & \text{其他}. \end{cases}$$

可见,此例中二维随机变量 (X,Y) 服从二维均匀分布,但是它的两个边缘概率密度 $f_X(x)$ 和 $f_Y(y)$ 都不再是均匀分布.

一般来说,联合分布与边缘分布的类型并不一定相同,但对于二维正态分布,其边缘分布仍然为正态分布,具体表述如下:

设 $(X,Y) \sim N(\mu_1,\mu_2,\sigma_1^2,\sigma_2^2,\rho)$,则 $X \sim N(\mu_1,\sigma_1^2)$,$Y \sim N(\mu_2,\sigma_2^2)$.

例 3.2.3 假设某地区夏季的温度和湿度用随机变量 (X,Y) 表示,且温度和湿度的数值都经过标准化处理,使其取值位于 0 到 1 之间,(X,Y) 的联合密度函数为

$$f(x,y) = \begin{cases} 8xy, & 0 \leqslant x \leqslant y \leqslant 1, \\ 0, & 其他, \end{cases}$$

试求温度 X 和湿度 Y 各自的边缘密度.

解 如图 3.2.1 所示,(X,Y) 的联合密度在阴影部分表示的区域不为零.

X 的边缘密度函数为 $f_X(x) = \int_{-\infty}^{+\infty} f(x,y)\mathrm{d}y$.

当 $0 \leqslant x \leqslant 1$ 时,

$$f_X(x) = \int_x^1 8xy\mathrm{d}y = 4x(1-x^2);$$

当 $x<0$ 或 $x>1$ 时,$f(x,y)=0$.
所以 $f_X(x) = 0$,即

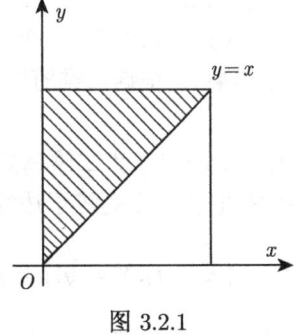

图 3.2.1

$$f_X(x) = \begin{cases} 4x(1-x^2), & 0 \leqslant x \leqslant 1, \\ 0, & 其他. \end{cases}$$

同理,当 $0 \leqslant y \leqslant 1$ 时,$f_Y(y) = \int_0^y 8xy\mathrm{d}x = 4y^3$;当 $y<0$ 或 $y>1$ 时,$f_Y(y)=0$. 即

$$f_Y(y) = \begin{cases} 4y^3, & 0 \leqslant y \leqslant 1, \\ 0, & 其他. \end{cases}$$

3.3 随机变量的独立性

对于多维随机变量,各个分量的取值有时会彼此影响,有时则毫不相干,相互独立. 比如令 X 和 Y 分别表示一个学生的身高和体重,则 X 与 Y 之间往往存在相互影响;若 X 和 Y 分别表示甲同学和乙同学的体重,则 X 与 Y 一般不存在相互影响,彼此独立. 本节讨论随机变量之间的独立性.

先来回顾两个随机事件之间独立的充要条件

$$p(AB) = p(A) \cdot p(B),$$

并借助随机事件的独立性来定义两个随机变量 X 与 Y 之间的独立性.

定义 3.3.1 设 X, Y 是两个随机变量, 如果对于任意的实数 x 和 y, 随机事件 $\{X \leqslant x\}$ 和 $\{Y \leqslant y\}$ 相互独立, 即

$$p\{X \leqslant x, Y \leqslant y\} = p\{X \leqslant x\} \cdot p\{Y \leqslant y\},$$

即

$$F(x,y) = F_X(x) \cdot F_Y(y), \tag{3.3.1}$$

则称随机变量 X 与 Y 是**相互独立**.

由 (3.3.1) 式可知, 两个随机变量相互独立的充要条件是联合分布等于各自边缘分布的乘积. 根据二维随机变量 (X, Y) 的类型, 其独立性的判断方法分别叙述如下.

(1) 若 (X, Y) 为二维离散型随机变量, 则随机变量 X 与 Y 相互独立的充分必要条件是联合分布列等于边缘分布列的乘积, 即对于任意 i, j, 均有

$$p\{X = x_i, Y = y_j\} = p\{X = x_i\} \cdot p\{Y = y_j\}, \quad i, j = 1, 2, \cdots. \tag{3.3.2}$$

(2) 若 (X, Y) 为二维连续型随机变量, 则随机变量 X 与 Y 相互独立的充分必要条件是联合密度函数等于边缘密度函数的乘积. 即对于任意实数 x, y, 均有

$$f(x,y) = f_X(x) \cdot f_Y(y). \tag{3.3.3}$$

例 3.3.1 对于例 3.1.1 中的二维离散型随机变量 (X, Y), 判断 X 与 Y 是否相互独立.

解 已知 (X, Y) 的联合分布列:

X \ Y	1	2	3
1	$\frac{1}{3}$	0	0
2	$\frac{1}{6}$	$\frac{1}{6}$	0
3	$\frac{1}{9}$	$\frac{1}{9}$	$\frac{1}{9}$

且 X 和 Y 的边缘分布列分别为

3.3 随机变量的独立性

X	1	2	3
$p_{i\cdot}$	$\frac{1}{3}$	$\frac{1}{3}$	$\frac{1}{3}$

Y	1	2	3
$p_{\cdot j}$	$\frac{11}{18}$	$\frac{5}{18}$	$\frac{1}{9}$

显然, 当 $X=1, Y=1$ 时, $p\{X=1, Y=1\} = \frac{1}{3}$, 而

$$p\{X=1\} = \frac{1}{3}, \quad p\{Y=1\} = \frac{11}{18},$$

即

$$p\{X=1, Y=1\} \neq p\{X=1\} \cdot p\{Y=1\},$$

所以 X 与 Y 不独立.

例 3.3.2 对于例 3.2.3 中随机变量 (X, Y), 判断 X 与 Y 是否相互独立.

解 已知 (X, Y) 的联合密度为

$$f(x, y) = \begin{cases} 8xy, & 0 \leqslant x \leqslant y \leqslant 1, \\ 0, & \text{其他}, \end{cases}$$

且 X 与 Y 各自的边缘密度分别为

$$f_X(x) = \begin{cases} 4x(1-x^2), & 0 \leqslant x \leqslant 1, \\ 0, & \text{其他}, \end{cases} \quad f_Y(y) = \begin{cases} 4y^3, & 0 \leqslant y \leqslant 1, \\ 0, & \text{其他}. \end{cases}$$

若取一点 $\left(\frac{1}{4}, \frac{1}{2}\right)$, 有

$$f_X\left(\frac{1}{4}\right) = \frac{15}{16}, \quad f_Y\left(\frac{1}{2}\right) = \frac{1}{2}, \quad f\left(\frac{1}{4}, \frac{1}{2}\right) = 1,$$

即

$$f\left(\frac{1}{4}, \frac{1}{2}\right) \neq f_X\left(\frac{1}{4}\right) \cdot f_Y\left(\frac{1}{2}\right),$$

所以随机变量 X 与 Y 不相互独立, 说明该地区夏季的温度和湿度不是独立的, 二者存在相互影响的关系.

例 3.3.3 设某餐厅上午和下午的面粉消耗量分别为 X 与 Y (单位: t), X 和 Y 各自的密度函数分别为

$$f_X(x) = \begin{cases} 2\mathrm{e}^{-2x}, & x \geqslant 0, \\ 0, & x < 0, \end{cases} \quad f_Y(y) = \begin{cases} \mathrm{e}^{-y}, & y \geqslant 0, \\ 0, & y < 0. \end{cases}$$

假定上午和下午面粉消耗量不相互影响, 是独立的, 求该餐厅一天的面粉消耗量小于 1t 的概率.

解 已知 X 与 Y 相互独立，所以 $f(x,y) = f_X(x) \cdot f_Y(y)$，即 X 与 Y 的联合密度为

$$f(x,y) = f_X(x) \cdot f_Y(y) = \begin{cases} 2e^{-(2x+y)}, & x \geqslant 0, y \geqslant 0, \\ 0, & \text{其他}, \end{cases}$$

该餐厅一天的面粉消耗量为 $X+Y$，则

$$p\{X+Y \leqslant 1\} = \iint\limits_{x+y \leqslant 1} f(x,y) \mathrm{d}x \mathrm{d}y = \int_0^1 \mathrm{d}x \int_0^{1-x} 2e^{-(2x+y)} \mathrm{d}y$$
$$= 1 - 2e^{-1} + e^{-2} \approx 0.3996.$$

例 3.3.4 一位旅客到达火车站的时间 X 均匀分布在早上 7:55~8:00 之间，而他乘坐的火车在这段时间内离开的时刻为 Y，且 Y 的密度函数为

$$f_Y(y) = \begin{cases} \dfrac{2}{25}(5-y), & 0 \leqslant y \leqslant 5, \\ 0, & \text{其他}, \end{cases}$$

求旅客能赶上火车的概率.

解 已知 X 在区间 $[0,5]$ 上服从均匀分布，其密度函数为

$$f_X(x) = \begin{cases} \dfrac{1}{5}, & 0 \leqslant x \leqslant 5, \\ 0, & \text{其他}, \end{cases}$$

由于 X 与 Y 之间互不影响，可认为 X 与 Y 相互独立，则 (X,Y) 的联合概率密度为

$$f(x,y) = \begin{cases} \dfrac{2}{125}(5-y), & 0 \leqslant x \leqslant 5, 0 \leqslant y \leqslant 5, \\ 0, & \text{其他}. \end{cases}$$

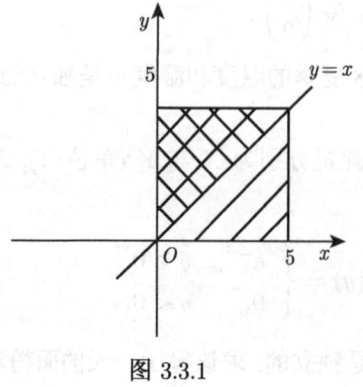

图 3.3.1

如图 3.3.1 所示，旅客能赶上火车需满足 $X \leqslant Y$，则

$$p\{\text{旅客能赶上火车}\}$$
$$= p\{X \leqslant Y\}$$
$$= \int_0^5 \mathrm{d}y \int_0^y \frac{2}{125}(5-y) \mathrm{d}x$$
$$= \int_0^5 \frac{2}{125}(5y - y^2) \mathrm{d}y = \frac{1}{3}.$$

3.4 二维随机变量函数的分布

本节将讨论二维随机变量 (X,Y) 的函数 $Z = g(X,Y)$ 的概率分布. 针对随机变量 (X,Y) 的不同类型以及函数 $g(x,y)$ 的不同性质, 函数 $Z = g(X,Y)$ 的概率分布有不同的求解方法, 下面通过具体例子介绍常用的方法和步骤.

3.4.1 二维离散型随机变量函数的分布

设 (X,Y) 为二维离散型随机变量, 其联合分布已知. 令函数 $Z = g(X,Y)$, 且 Z 是一维离散型随机变量, 求 $Z = g(X,Y)$ 的分布列.

例 3.4.1 设二维随机变量 (X,Y) 的联合分布列为

X \ Y	−1	1	2
0	$\frac{5}{20}$	$\frac{2}{20}$	$\frac{6}{20}$
1	$\frac{3}{20}$	$\frac{3}{20}$	$\frac{1}{20}$

试求 $Z_1 = X - Y$ 和 $Z_2 = X \cdot Y$ 的分布列.

解 由 (X,Y) 的各组取值, 可得 Z_1 和 Z_2 的所有取值及对应的概率, 如下表所示:

(X,Y)	$(0,-1)$	$(0,1)$	$(0,2)$	$(1,-1)$	$(1,1)$	$(1,2)$
$Z_1 = X - Y$	1	−1	−2	2	0	−1
$Z_2 = X \cdot Y$	0	0	0	−1	1	2
p	$\frac{5}{20}$	$\frac{2}{20}$	$\frac{6}{20}$	$\frac{3}{20}$	$\frac{3}{20}$	$\frac{1}{20}$

将 Z_1, Z_2 取相同值时对应的概率求和, 即得到 $Z_1 = X - Y$ 和 $Z_2 = X \cdot Y$ 的分布列, 分别为

Z_1	−2	−1	0	1	2
p	$\frac{6}{20}$	$\frac{3}{20}$	$\frac{3}{20}$	$\frac{5}{20}$	$\frac{3}{20}$

Z_2	−1	0	1	2
p	$\frac{3}{20}$	$\frac{13}{20}$	$\frac{3}{20}$	$\frac{1}{20}$

3.4.2 二维连续型随机变量函数的分布

当 (X,Y) 是连续型二维随机变量时, 其函数 $Z = g(X,Y)$ 的分布情况比较复杂. 此处仅就以下情形进行讨论. 设 (X,Y) 为二维连续型随机变量, 其联合密度函数已知. 令函数 $Z = g(X,Y)$, 且 Z 是一维连续型随机变量, 求 $Z = g(X,Y)$ 的密

度函数. 解决此类问题的一般方法如下:

(1) 先求出 $Z = g(X,Y)$ 的分布函数

$$F_Z(z) = p\{Z \leqslant z\} = p\{g(X,Y) \leqslant z\} = \iint\limits_{g(x,y) \leqslant z} f(x,y) \mathrm{d}x \mathrm{d}y.$$

(2) 将 $F_Z(z)$ 对 z 求导数, 求出 $Z = g(X,Y)$ 的概率密度

$$f_Z(z) = \frac{\mathrm{d}}{\mathrm{d}z} F_Z(z).$$

通常称这种方法为"分布函数法".

特别地, 当函数为两个随机变量的和, 即 $Z = X + Y$ 时, 可进一步推得以下结论.

设二维连续型随机变量 (X,Y) 的联合概率密度为 $f(x,y)$, 则 $Z = X + Y$ 的分布函数为

$$F_Z(z) = p\{Z \leqslant z\} = \iint\limits_{D=\{(x,y)|x+y \leqslant z\}} f(x,y) \mathrm{d}x \mathrm{d}y,$$

其中, 积分区域 D 是位于直线 $z = x + y$ 左下方的半平面. 所以

$$F_Z(z) = \int_{-\infty}^{+\infty} \int_{-\infty}^{z-y} f(x,y) \mathrm{d}x \mathrm{d}y,$$

对积分 $\int_{-\infty}^{z-y} f(x,y) \mathrm{d}x$ 作变量代换, 令 $x = u - y$, 得

$$\int_{-\infty}^{z-y} f(x,y) \mathrm{d}x = \int_{-\infty}^{z} f(u-y, y) \mathrm{d}u,$$

于是

$$F_Z(z) = \int_{-\infty}^{+\infty} \int_{-\infty}^{z} f(u-y, y) \mathrm{d}u \mathrm{d}y = \int_{-\infty}^{z} \int_{-\infty}^{+\infty} f(u-y, y) \mathrm{d}y \mathrm{d}u,$$

上式两边对 z 求导, 即得 Z 的概率密度为

$$f_Z(z) = \int_{-\infty}^{+\infty} f(z-y, y) \mathrm{d}y.$$

同理可推出, $f_Z(z)$ 也可写成

$$f_Z(z) = \int_{-\infty}^{+\infty} f(x, z-x) \mathrm{d}x.$$

3.4 二维随机变量函数的分布

特别地, 当 X 与 Y 相互独立时, 有

$$f_Z(z) = \int_{-\infty}^{+\infty} f_X(z-y) f_Y(y) \mathrm{d}y \tag{3.4.1}$$

或

$$f_Z(z) = \int_{-\infty}^{+\infty} f_X(x) f_Y(z-x) \mathrm{d}x, \tag{3.4.2}$$

(3.4.1) 式或 (3.4.2) 式称为**卷积公式**.

例 3.4.2 设随机变量 X 与 Y 分别代表甲、乙两个电子元件的寿命 (单位: h), 且 X 与 Y 相互独立, 其概率密度分别为

$$f_X(x) = \begin{cases} \dfrac{1}{2}\mathrm{e}^{-\frac{x}{2}}, & x \geqslant 0, \\ 0, & x < 0, \end{cases} \qquad f_Y(y) = \begin{cases} \dfrac{1}{3}\mathrm{e}^{-\frac{y}{3}}, & y \geqslant 0, \\ 0, & y < 0. \end{cases}$$

试求甲、乙两个电子元件的寿命之和 $Z = X + Y$ 的概率密度.

解 已知 X 与 Y 独立, 由卷积公式, 有

$$f_Z(z) = \int_{-\infty}^{+\infty} f_X(x) \cdot f_Y(z-x) \mathrm{d}x.$$

考虑到 $f_X(x)$ 仅在 $x \geqslant 0$ 时不为零, $f_Y(z-x)$ 仅在 $z-x \geqslant 0$ 时不为零, 故上式右端的被积函数 $f_X(x) \cdot f_Y(z-x)$ 仅在 $0 \leqslant x \leqslant z$ 时才是非零的, 于是当 $0 \leqslant x \leqslant z$ 时, 有

$$f_Z(z) = \int_0^z \dfrac{1}{2}\mathrm{e}^{-\frac{x}{2}} \cdot \dfrac{1}{3}\mathrm{e}^{-\frac{z-x}{3}} \mathrm{d}x = \dfrac{1}{6}\mathrm{e}^{-\frac{z}{3}} \int_0^z \mathrm{e}^{-\frac{x}{6}} \mathrm{d}x = \mathrm{e}^{-\frac{z}{3}}(1 - \mathrm{e}^{-\frac{z}{6}});$$

当 $z < 0$ 时, $f_Z(z) = 0$, 故

$$f_Z(z) = \begin{cases} \mathrm{e}^{-\frac{z}{3}}(1 - \mathrm{e}^{-\frac{z}{6}}), & z \geqslant 0, \\ 0, & z < 0. \end{cases}$$

特别地, 对于相互独立地正态分布随机变量, 通过卷积公式可证明它们的和 $Z = X + Y$ 也服从正态分布, 即, 设随机变量 $X \sim N(\mu_1, \sigma_1^2)$, $Y \sim N(\mu_2, \sigma_2^2)$, 且 X 与 Y 独立, 则

$$Z = X + Y \sim N(\mu_1 + \mu_2, \sigma_1^2 + \sigma_2^2).$$

这一性质称为正态分布的**可加性**. 上述结论还可以推广到多个独立正态变量的情形. 设 $X_i \sim N(\mu_i, \sigma_i^2), i = 1, 2, \cdots, n$, 且变量 $X_1, X_2, \cdots, X_n$ 间相互独立, 则有

$$\sum_{i=1}^n X_i \sim N\left(\sum_{i=1}^n \mu_i, \sum_{i=1}^n \sigma_i^2\right).$$

类似地，二项分布和泊松分布也具有可加性，具体可表述为

(1) 若已知随机变量 $X \sim B(n,p)$, $Y \sim B(m,p)$, 且 X 与 Y 独立，则 $X+Y \sim B(n+m,p)$;

(2) 若已知随机变量 $X \sim P(\lambda_1)$, $Y \sim P(\lambda_2)$, 且 X 与 Y 独立，则 $X+Y \sim P(\lambda_1+\lambda_2)$.

*3.5 拓展与应用

3.5.1 拓展阅读：卷积公式的应用

卷积这一概念最早来自于信号系统理论. 假设 B 是一个系统，其 t 时刻的输入为 $x(t)$，输出为 $y(t)$，系统的响应函数为 $h(t)$，一般地，输出与输入的关系应该为

$$y(t) = h(t)x(t),$$

然而，实际的情况并非如此简单. 系统的输出不仅与系统在 t 时刻的响应有关，还与它在 t 时刻之前的响应有关. 同时，系统还有衰减过程，所以 $t_1(t_1 < t)$ 时刻的输入对 t 时刻输出的影响通常可以表示为 $x(t)h(t-t_1)$. 这个过程可能是离散的，也可能是连续的，所以 t 时刻的输出应该为在 t 时刻之前系统响应函数在各个时刻响应值的叠加，这就是卷积，用数学公式表示为

$$y(s) = \int x(t)h(s-t)\mathrm{d}t.$$

在实际问题中，当涉及某个量在一段时间内的持续累加和积蓄所产生的影响作用时，常常会用到上述卷积公式，以下是几个常见的例子.

辐射影响作用的评估：设某核电站事故中，某工作人员每天到抢险现场工作 T 分钟，接受一定剂量的辐射，如此工作 N 天. 已知辐射自然衰减的规律，如何估算该工作人员受到的总的辐射量，并对其受到的辐射影响做出合理的评估.

防辐射碘剂的合理使用：假设某工作人员为了防辐射，服用一定剂量的碘片. 已知他每天口服碘片的剂量，连续服用 N 天，若体内的碘残量会随人体新陈代谢而逐渐衰减，如何合理地估计 N 天后其体内积累的碘残量.

反恐空袭打击效果的评估：假设某多国联合部队对某地区恐怖分子驻扎地实行间歇性空中打击. 空袭每隔 N 小时进行一次，每次打击后，空袭活动对当地的物理破坏作用和对恐怖分子的心理震慑作用会随时间而衰减. 例如，被打击方会组织抢修，同时心理承受度也会逐渐增加等. 连续进行 M 天空中打击后，如何合理的评价空袭的累积打击效果，并合理制定下一步行动计划.

还有类似的其他例子，比如长期服用某种药物以后，评估该药物在人体血液中的浓度，长期吸入某种污染物之后，评估该污染物在人体内的积累量和产生的不良

应用, 农作物在多次喷洒农药之后的农药残留量估算等, 都涉及某些量在一段时期内的叠加和积累过程, 这些都可以用卷积公式来进行合理的估算.

3.5.2 应用案例: 串联、并联系统的可靠性分析

工程问题中常常需要进行一个系统的可靠性分析, 而一个系统往往是由不同的子系统按一定的方式集合而成的. 每个子系统的寿命 (正常工作时间) 以及子系统的连接方式都会影响到整个系统的可靠性. 此处, 我们假设某系统 L 由两个相互独立的子系统 L_1 与 L_2 连接而成, 根据子系统的不同连接方式进行整体系统的可靠性分析.

假设子系统 L_1 与 L_2 的寿命 (单位: 年) 分别为随机变量 X 与 Y, 其分布密度分别为

$$f_X(x) = \begin{cases} \alpha e^{-\alpha x}, & x > 0, \\ 0, & x \leqslant 0, \end{cases} \quad f_Y(y) = \begin{cases} \beta e^{-\beta y}, & y > 0, \\ 0, & y \leqslant 0, \end{cases}$$

式中 α 和 β 是已知参数, 且 $\alpha > 0, \beta > 0, \alpha \neq \beta$.

L_1 与 L_2 的连接方式分别为: (1) 串联; (2) 并联; (3) 先用 L_1 系统, 留 L_2 备用. 设系统 L 的寿命为 Z, 试求 Z 的分布密度; 若取 $\alpha = 0.1, \beta = 0.2$, 试求 $p\{Z > 10\}$.

解 首先求出 X 与 Y 的分布函数分别是

$$F_X(x) = \begin{cases} 1 - e^{-\alpha x}, & x > 0, \\ 0, & x \leqslant 0, \end{cases} \quad F_Y(y) = \begin{cases} 1 - e^{-\beta y}, & y > 0, \\ 0, & y \leqslant 0. \end{cases}$$

(1) L_1 与 L_2 的连接方式为串联时, 只要有一个损坏, 系统 L 就不能正常工作, 因此有

$$Z = \min\{X, Y\},$$

$$\begin{aligned} F_Z(z) = p\{Z \leqslant z\} &= p\{\min\{X, Y\} \leqslant z\} = 1 - p\{X > z\} \cdot p\{Y > z\} \\ &= 1 - [1 - F_X(z)][1 - F_Y(z)] \\ &= \begin{cases} 1 - e^{-(\alpha+\beta)z}, & z > 0, \\ 0, & z \leqslant 0, \end{cases} \end{aligned}$$

$$f_Z(z) = \begin{cases} (\alpha + \beta) e^{-(\alpha+\beta)z}, & z > 0, \\ 0, & z \leqslant 0. \end{cases}$$

若取 $\alpha = 0.1, \beta = 0.2, p\{Z > 10\} = 1 - F_Z(10) = e^{-3} \approx 0.050$.

(2) L_1 与 L_2 的连接方式为并联时, 只有当两个都损坏, 系统 L 才停止工作. 因此有

$$Z = \max\{X, Y\},$$

$$F_Z(z) = p\{Z \leqslant z\} = p\{\max\{X, Y\} \leqslant z\} = p\{X \leqslant z\} \cdot p\{Y \leqslant z\}$$
$$= F_X(z)F_Y(z)$$
$$= \begin{cases} (1 - e^{-\alpha z})(1 - e^{-\beta z}), & z > 0, \\ 0, & z \leqslant 0, \end{cases}$$
$$f_Z(z) = \begin{cases} \alpha e^{-\alpha z} + \beta e^{-\beta z} - (\alpha + \beta)e^{-(\alpha + \beta)z}, & z > 0, \\ 0, & z \leqslant 0. \end{cases}$$

若取 $\alpha = 0.1, \beta = 0.2, p\{Z > 10\} = 1 - F_Z(10) = 1 - (1 - e^{-1})(1 - e^{-2}) \approx 0.453$.

(3) L_1 与 L_2 的连接方式为留 L_2 备用时,L_1 损坏后 L_2 接着工作,因此有

$$Z = X + Y,$$

$$F_Z(z) = p\{X + Y \leqslant z\} = \int_{-\infty}^{+\infty} dx \int_{-\infty}^{z-x} f_X(x)f_Y(y)dy$$
$$= \int_{-\infty}^{+\infty} dx \int_{-\infty}^{z-x} \alpha\beta e^{-(\alpha x + \beta y)}dy$$
$$= \begin{cases} \dfrac{\beta}{\beta - \alpha}(1 - e^{-\alpha z}) - \dfrac{\alpha}{\beta - \alpha}(1 - e^{-\beta z}), & z > 0, \\ 0, & z \leqslant 0, \end{cases}$$

$$f_Z(z) = \begin{cases} \dfrac{\alpha\beta}{\beta - \alpha}(e^{-\alpha z} - e^{-\beta z}), & z > 0, \\ 0, & z \leqslant 0, \end{cases}$$

$$p\{Z > 10\} = 1 - F_Z(10) = 1 - 2(1 - e^{-1}) + (1 - e^{-2}) \approx 0.6.$$

习 题 3

(A)

1. 盒子里装有 3 个黑球、2 个红球、2 个白球,从中任取 4 个球. 以 X 表示取到的黑球个数,以 Y 表示取到的红球个数,求 (X, Y) 的联合分布列.

2. 将一枚均匀的硬币抛掷 3 次,以 X 表示正面出现的次数,以 Y 表示正面出现次数与反面出现次数之差的绝对值,求二维随机变量 (X, Y) 的联合分布列.

3. 袋中有 2 个白球和 3 个黑球,从袋中依次任意摸出两个球,令

$$X = \begin{cases} 1, & 第一次摸出白球, \\ 0, & 第一次摸出黑球, \end{cases} \quad Y = \begin{cases} 1, & 第二次摸出白球, \\ 0, & 第二次摸出黑球. \end{cases}$$

采用无放回摸球方式,求 (X, Y) 的联合分布列和边缘分布列.

4. 设随机变量 (X, Y) 的分布函数为:$F(x, y) = A\left(B + \arctan\dfrac{x}{2}\right)\left(C + \arctan\dfrac{y}{3}\right)$,试求:

(1) 系数 A, B, C; (2) $p\{0 \leqslant X \leqslant 2, Y < 3\}$.

5. 随机变量 (X,Y) 的联合分布列用下表给出

(X,Y)	$(1,1)$	$(1,2)$	$(1,3)$	$(2,1)$	$(2,2)$	$(2,3)$
p	$1/6$	$1/9$	$1/18$	$1/3$	α	β

试问 α 与 β 取什么值时，X 与 Y 相互独立？

6. 设随机变量 X 与 Y 的联合分布律为

Y \ X	-2	-1	1
-1	$1/4$	$1/16$	$1/8$
0	$1/8$	0	$1/4$
1	$1/16$	$1/8$	0

(1) 求 X 与 Y 的边缘分布列
(2) X 与 Y 是否独立？

7. 设 (X,Y) 的联合分布列为

Y \ X	x_1	x_2	x_3
y_1	a	$1/9$	c
y_2	$1/9$	b	$1/3$

若 X,Y 相互独立，求参数 a,b,c 的值．

8. 设平面区域 D 由曲线 $y = 1/x$ 及直线 $y = 0, x = 1, x = e^2$ 所围成，二维随机变量 (X,Y) 在区域 D 上服从均匀分布，求 (X,Y) 的联合密度函数．

9. 已知 (X,Y) 的联合概率密度为

$$f(x,y) = \begin{cases} x^2 + \dfrac{xy}{3}, & 0 \leqslant x \leqslant 1, 0 \leqslant y \leqslant 2, \\ 0, & \text{其他,} \end{cases}$$

求: (1) $p\{X > 0.5\}$; (2) $p\{X + Y < 1\}$; (3) $p\{X < Y\}$．

10. 设二维随机变量 (X,Y) 的联合密度为

$$f(x,y) = \begin{cases} be^{-(x+y)}, & 0 < x < 1, 0 < y < \infty, \\ 0, & \text{其他.} \end{cases}$$

(1) 试确定常数 b; (2) 求边缘密度 $f_X(x)$．

11. 已知二维随机变量 (X,Y) 的联合密度为

$$f(x,y) = \begin{cases} 4xy, & 0 < x < 1, 0 < y < 1, \\ 0, & \text{其他,} \end{cases}$$

求: $p\{X < Y\}, p\{X > Y\}$ 及 $p\{X = Y\}$．

12. 设 (X,Y) 的联合密度函数为

$$f(x,y) = \begin{cases} \dfrac{1}{2x^2y}, & 1 \leqslant x < +\infty, \dfrac{1}{x} < y < x, \\ 0, & \text{其他}, \end{cases}$$

判断 X 与 Y 是否相互独立.

13. 设随机变量 (X,Y) 在以原点为中心, 以 r 为半径的圆域上服从均匀分布, 即

$$f(x,y) = \begin{cases} c, & x^2 + y^2 < r^2, \\ 0, & \text{其他}, \end{cases}$$

求: (1) 常数 c; (2) X 与 Y 的边缘概率密度; (3) 判断 X 与 Y 是否独立.

14. 设随机变量 X 与 Y 相互独立, 都在 $[0,3]$ 上服从均匀分布, 定义事件:

$$A = \{X \leqslant a\}, \quad B = \{Y > a\},$$

且 $p\{A \bigcup B\} = \dfrac{7}{9}$, 求常数 a.

15. 设二维随机变量的分布列为

X \ Y	-1	1	2
-1	5/20	2/20	6/20
2	3/20	3/20	1/20

求: (1) $X+Y$ 概率分布; (2) $X \cdot Y$ 概率分布.

16. 设 (X,Y) 在曲线 $y = x^2, y = x$ 所围成的区域 G 上服从均匀分布, 求:
(1) 边缘概率密度函数; (2) 判断 X, Y 是否相互独立.

(B)

1. 设射击试验中甲每次射击的命中率为 $\dfrac{1}{2}$, 乙每次射击的命中率为 $\dfrac{1}{3}$. 甲射击了两次, 乙射击一次, 试求总的命中次数 Z 的分布.

2. 设 (X,Y) 的分布函数为

$$F(x,y) = \begin{cases} (1 - e^{-0.2x})(1 - e^{-0.1y}), & x > 0, y > 0, \\ 0, & \text{其他}, \end{cases}$$

求事件 $A = \{0 < X < 0.5\}$ 与 $B = \{0 < Y < 0.5\}$ 的概率, 并判断事件是否相互独立.

3. 将 3 个白球, 2 个红球随意放入 4 个盒子中, 每个盒子可以放任意多个球. 用 X 表示有 1 个白球的盒子数, 用 Y 表示有一个红球的盒子数, 求 (X,Y) 的联合分布.

4. 二维随机变量 (X,Y) 的联合密度函数为

$$f(x,y) = \begin{cases} ce^y, & y < x < 0, \\ 0, & \text{其他}. \end{cases}$$

(1) 确定常数 c;

(2) 计算 (X,Y) 的值落在矩形区域 $D = \{(x,y): -1 < x < 2, |y| < 1\}$ 内的概率.

5. 设有四个球, 其中标有数字 1, 2 的球各有 2 个, 现依次 (不放回) 从中任取二球, 设第 i 次取到球上的数字为 $X_i(i=1,2)$, 求: (1) (X_1, X_2) 的分布律; (2) X_1, X_2 的边缘分布列; (3) X_1, X_2 是否相互独立?

6. 设随机变量 X 和 Y 分别表示甲、乙两个元件的寿命 (单位: h), 其概率密度分别为

$$f_X(x) = \begin{cases} e^{-x}, & x > 0, \\ 0, & \text{其他}, \end{cases} \quad f_Y(y) = \begin{cases} 2e^{-2y}, & y > 0, \\ 0, & \text{其他}, \end{cases}$$

且 X 与 Y 相互独立, 若两个元件同时开始使用, 求甲元件比乙元件先损坏的概率.

7. 设二维随机变量 (X,Y) 的概率密度为

$$f(x,y) = \begin{cases} 2-x-y, & 0 < x < 1, 0 < y < 1, \\ 0, & \text{其他}, \end{cases}$$

求: (1) $p\{X > 2Y\}$; (2) $Z = X+Y$ 的概率密度 $f_Z(z)$.

第4章 随机变量数字特征

分布函数在概率意义上给随机变量以完整的刻画,但在许多实际问题的研究中,要确定某一随机变量的概率分布往往并不容易. 就某些实际问题而言, 我们更关心随机变量的某些分布特征. 例如, 一个城市每户家庭每月的生活消费支出是一个随机变量, 在考察该市居民的家庭消费水平时, 关注的往往是全市家庭每月的平均消费; 在评价两名射手的射击水平时, 通常需要比较这两名射手多次射击命中环数的平均值; 在检验自动包装机的生产稳定性能时, 需要考察一批产品的实际重量与标准重量的平均偏离程度, 平均偏离程度越小, 说明包装机稳定性越好. 通常把一些与随机变量的概率分布密切相关, 且能反映随机变量分布的某方面重要特征的数值称为随机变量的**数字特征**.

4.1 数学期望

首先介绍描述随机变量 X 分布 "中心" 所在位置的数字特征, 即随机变量的数学期望, 数学期望是最重要, 也最常用的数字特征, 先看以下例子.

例 4.1.1 某商店向工厂采购一批产品, 这批产品中有一、二、三等品与不合格品四个等级, 已知任意一件产品属于这四等级的概率依次是: 0.50, 0.30, 0.15 和 0.05. 若商店每售出一件一等品获利 10.50 元, 售出一件二、三等品分别获利 8 元和 3 元, 而售出一件不合格品则亏损 6 元, 试求:

(1) 出售任一件产品的获利金额 X 的分布列;
(2) 售出一件该产品的平均获利为多少元?

解 (1) X 的分布列为

X	-6	3	8	10.50
P	0.05	0.15	0.30	0.50

(2) 假设该商店销售的产品数量 N 很大, 则平均说来其中一、二、三等品的数量分别为 $0.50N, 0.30N, 0.15N$ 件, 不合格品 $0.05N$ 件.

出售 N 件产品总的销售利润为

$$0.50N \times 10.5 + 0.30N \times 8 + 0.15N \times 3 + 0.05N \times (-6),$$

则平均获利为

4.1 数学期望

$$\frac{1}{N}[0.50N \times 10.5 + 0.30N \times 8 + 0.15N \times 3 + 0.05N \times (-6)]$$
$$= 0.50 \times 10.5 + 0.30 \times 8 + 0.15 \times 3 + 0.05 \times (-6)$$
$$= 7.8.$$

从上式看出, 每出售一件产品的平均获利与进货量 N 并无关系, 而是等于各等级出现的概率 p_i 与对应获利 x_i 的乘积之和, 即平均获利为 $\sum_{i=1}^{4} x_i p_i$. 这个平均量不依赖于试验次数, 它体现了随机变量 X 的客观属性, 称为随机变量 X 的数学期望或理论均值. 可见, "数学期望"实际上是随机变量概率分布的一种加权平均, 它是反映随机变量取值的平均状况的重要数字特征. 以下分别介绍离散型和连续型随机变量数学期望的定义.

4.1.1 离散型随机变量的数学期望

定义 4.1.1 设离散型随机变量 X 的分布列为 $p\{X = x_i\} = p_i$ $(i = 1, 2, \cdots)$, 若级数 $\sum_{i=1}^{\infty} x_i p_i$ 绝对收敛, 则称 $\sum_{i=1}^{\infty} x_i p_i$ 为随机变量 X 的**数学期望**, 简称期望, 记作 EX, 即

$$EX = \sum_{i=1}^{\infty} x_i p_i, \tag{4.1.1}$$

若级数 $\sum_{i=1}^{\infty} |x_i| p_i$ 发散, 则称 X 的数学期望不存在.

数学期望 EX 反映了随机变量 X 的平均取值, 也称为 (理论) 均值.

例 4.1.1 中每出售一件产品的平均利润就是 X 的数学期望, 即

$$EX = \sum_{i=1}^{4} x_i p_i = 0.50 \times 10.5 + 0.30 \times 8 + 0.15 \times 3 + 0.05 \times (-6) = 7.8.$$

当随机变量 X 的数学期望 EX 存在时, EX 是一个确切的数值, 其实质上就是 X 所有可能的取值按其对应的概率加权求和, 所以 EX 代表了随机变量 X 分布的"中心"位置.

例 4.1.2 设某一家汽车保险公司有关某一类车险事故赔付金额 X (单位: 元) 的概率分布如下:

赔付金额 X	0	400	1000	2000	4000	6000
概率	0.90	0.04	0.03	0.01	0.01	0.01

(1) 求车险赔付金额 X 的数学期望.

(2) 若保险公司设定该项保险的价格为 260 元, 对于任意一个客户来说, 购买这一保险获得的期望收益是多少?

解 (1) 随机变量 X 表示车险的赔付金额, 则

$$EX = \sum_{i=1}^{6} x_i p_i = 0 \times 0.90 + 400 \times 0.04 + 1000 \times 0.03 \\ + 2000 \times 0.01 + 4000 \times 0.01 + 6000 \times 0.01 = 166.$$

(2) 随机变量 Y 表示客户购买这一保险获得的收益, 此时期望收益为车险费用与车险赔付的期望值之间的差

$$EY = EX - 260 = 166 - 260 = -94.$$

例 4.1.3 假设某个长途汽车站每天 8:00~9:00, 9:00~10:00 各有一辆开往甲地的班车到达, 随即出发. 班车到站的时刻是随机的, 且前后两趟车到站的时间相互独立, 其分布规律如下表所示:

前车到站时刻	8:10	8:30	8:50
后车到站时刻	9:10	9:30	9:50
概率	1/6	3/6	2/6

某一旅客 8:20 到达该车站乘车去甲地, 求该旅客候车时间的数学期望.

解 设该旅客的候车时间为 X(单位: min), 分析可知, X 可能的取值为 10, 30, 50, 70 和 90, 以 $X = 50$ 为例, 说明此时前一趟车在 8:10 已开往甲地, 后一趟车在 9:10 到达, 其对应的概率为

$$p\{X = 50\} = \frac{1}{6} \times \frac{1}{6},$$

同理求出其他取值对应的概率, 可得 X 的分布列为

X	10	30	50	70	90
p_i	$\frac{3}{6}$	$\frac{2}{6}$	$\frac{1}{6} \times \frac{1}{6}$	$\frac{1}{6} \times \frac{3}{6}$	$\frac{1}{6} \times \frac{2}{6}$

根据式 (4.1.1), 候车时间的数学期望为

$$EX = 10 \times \frac{3}{6} + 30 \times \frac{2}{6} + 50 \times \frac{1}{36} + 70 \times \frac{3}{36} + 90 \times \frac{2}{36} \\ = 27.22 (\text{min}).$$

对于二维离散型随机变量 (X, Y), 已知其联合分布列

$$p_{ij} = p\{X = x_i, Y = y_j\} \quad (i, j = 1, 2, 3, \cdots),$$

求随机变量 X 或 Y 的数学期望, 可先求出各自的边缘分布列, 再根据式 (4.1.1) 计算期望; 或者直接利用联合分布列进行计算. 以 EX 为例, 当级数 $\sum_{i=1}^{\infty}\sum_{j=1}^{\infty} x_i p_{ij}$ 绝对收敛时, EX 存在, 且

$$EX = \sum_{i=1}^{\infty}\sum_{j=1}^{\infty} x_i p_{ij}.$$

同理可计算 EY.

例 4.1.4 设二维随机变量 (X,Y) 的联合分布列如下, 求 EX, EY.

X \ Y	-1	1
-1	1/6	1/4
1	1/4	1/3

解 可先求出 X 的边缘分布

X	-1	1
p_i	5/12	7/12

则

$$EX = \sum_{i=1}^{2} x_i \cdot p\{X = x_i\} = -1 \times \frac{5}{12} + 1 \times \frac{7}{12} = \frac{1}{6}.$$

或者, 直接利用联合分布列, 有

$$EX = \sum_{i=1}^{2}\sum_{j=1}^{2} x_i p_{ij} = (-1) \times \frac{1}{6} + (-1) \times \frac{1}{4} + 1 \times \frac{1}{4} + 1 \times \frac{1}{3} = \frac{1}{6}.$$

同理可得 $EY = \dfrac{1}{6}$.

4.1.2 连续型随机变量的数学期望

定义 4.1.2 连续型随机变量 X 的概率密度为 $f(x)$, 若积分 $\int_{-\infty}^{+\infty} xf(x)\mathrm{d}x$ 绝对收敛, 则称积分 $\int_{-\infty}^{+\infty} xf(x)\mathrm{d}x$ 为 X 的数学期望, 记为 EX, 即

$$EX = \int_{-\infty}^{+\infty} xf(x)\mathrm{d}x. \tag{4.1.2}$$

若积分 $\int_{-\infty}^{+\infty} |x|f(x)\mathrm{d}x$ 发散, 则称 X 的数学期望不存在.

连续型随机变量的期望 EX 反映了 X 取值的 "平均水平", 根据 X 的定义, 期望 EX 有其对应的实际意义. 比如 X 表示寿命, 则 EX 就表示平均寿命; X 表示某种物体的重量, 则 EX 就表示平均重量. 同离散型随机变量一样, 从分布的角度看, 数学期望是分布的中心位置.

例 4.1.5 设随机变量 X 的密度函数为

$$f(x) = \begin{cases} ax+b, & 0<x<1, \\ 0, & 其他, \end{cases}$$

已知 $E(X) = 7/12$, 求参数 a 和 b 的值.

解 由密度函数的性质和期望计算式 (4.1.2), 有

$$\int_{-\infty}^{+\infty} f(x)\mathrm{d}x = \int_0^1 (ax+b)\mathrm{d}x = \frac{a}{2} + b = 1,$$

$$EX = \int_{-\infty}^{+\infty} xf(x)\mathrm{d}x = \int_0^1 x(ax+b)\mathrm{d}x = \frac{a}{3} + \frac{b}{2} = \frac{7}{12},$$

化简得

$$\begin{cases} a + 2b = 2, \\ 4a + 6b = 7, \end{cases}$$

解得

$$a = 1, \quad b = \frac{1}{2}.$$

对于二维连续型随机变量 (X,Y), 已知其联合分布密度 $f(x,y)$, 求 X 或 Y 的期望, 以 X 为例, 当积分 $\int_{-\infty}^{+\infty}\int_{-\infty}^{+\infty} xf(x,y)\mathrm{d}x\mathrm{d}y$ 绝对收敛时, EX 存在, 且

$$EX = \int_{-\infty}^{+\infty}\int_{-\infty}^{+\infty} xf(x,y)\mathrm{d}x\mathrm{d}y.$$

同理可计算 EY.

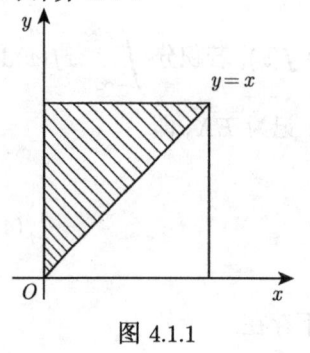

图 4.1.1

例 4.1.6 设随机变量 (X,Y) 的联合密度函数为

$$f(x,y) = \begin{cases} 8xy, & 0 \leqslant x \leqslant y \leqslant 1, \\ 0, & 其他, \end{cases}$$

试求期望 EX 和 EY.

解 如图 4.1.1 所示, (X,Y) 联合密度在阴影区域 D 内不为零.

(1) 利用联合概率密度求解:

$$EX = \int_{-\infty}^{+\infty}\int_{-\infty}^{+\infty} xf(x,y)\mathrm{d}x\mathrm{d}y = \iint_D 8x^2 y\,\mathrm{d}x\mathrm{d}y$$

$$= 8\int_0^1 y\left(\int_0^y x^2\mathrm{d}x\right)\mathrm{d}y = \frac{8}{3}\int_0^1 y^4\mathrm{d}y = \frac{8}{15}.$$

同理,

$$EY = \int_{-\infty}^{+\infty}\int_{-\infty}^{+\infty} yf(x,y)\mathrm{d}x\mathrm{d}y = 8\int_0^1 y^2\left(\int_0^y x\mathrm{d}x\right)\mathrm{d}y = \frac{4}{5}.$$

(2) 利用边缘分布密度求解:

据例 3.2.3, 已求得

$$f_X(x) = \begin{cases} 4x(1-x^2), & 0 \leqslant x \leqslant 1, \\ 0, & \text{其他}, \end{cases}$$

则

$$EX = \int_{-\infty}^{+\infty} xf_X(x)\mathrm{d}x = \int_0^1 4x^2(1-x^2)\mathrm{d}x = \frac{8}{15},$$

同理, 已知

$$f_Y(y) = \begin{cases} 4y^3, & 0 \leqslant y \leqslant 1, \\ 0, & \text{其他}, \end{cases}$$

$$EY = \int_{-\infty}^{+\infty} yf_Y(y)\mathrm{d}y = \int_0^1 4y^4\mathrm{d}y = \frac{4}{5}.$$

4.1.3 随机变量函数的数学期望

设随机变量 X 的分布已知, $g(x)$ 为连续实函数, 令 $Y = g(X)$, 求随机变量 Y 的数学期望 EY. 此时, 可以按期望的定义来计算, 即先根据 X 的概率分布求出 Y 的分布, 再运用数学期望公式计算 EY. 也可以根据 X 的概率分布, 直接求其函数 $Y = g(X)$ 的数学期望.

定理 4.1.1 设随机变量 X 的分布已知, $g(x)$ 为连续实函数, 令 $Y = g(X)$.

(1) 当 X 为离散型随机变量, 其分布列为 $p\{X = x_i\} = p_i\ (i = 1, 2, \cdots)$, 若级数 $\sum_{i=1}^{\infty} g(x_i)p_i$ 绝对收敛, 则 EY 存在, 且

$$EY = Eg(X) = \sum_{i=1}^{\infty} g(x_i)p_i. \tag{4.1.3}$$

(2) 当 X 为连续型随机变量, 其密度函数为 $f_X(x)$, 若广义积分 $\int_{-\infty}^{+\infty} g(x)f_X(x)\mathrm{d}x$ 绝对收敛, 则 EY 存在, 且

$$EY = Eg(X) = \int_{-\infty}^{+\infty} g(x)f_X(x)\mathrm{d}x. \tag{4.1.4}$$

例 4.1.7 假定某人参加一个博弈游戏, 他分别以 $1/4$ 的概率赢得一元或输掉一元游戏币, 以 $1/2$ 的概率不输不赢. 设 X 表示该游戏者参加一局游戏赢得的游戏币, 令 $Y = X^2$ 表示其在游戏中获得坐庄权所需要的游戏币, 求 EY.

解 根据题意, X 的分布列为

X	-1	0	1
p	$1/4$	$1/2$	$1/4$

则

$$EY = \sum_{i=1}^{3} x_i^2 p_i = (-1)^2 \times \frac{1}{4} + \frac{1}{4} = \frac{1}{2}.$$

定理 4.1.1 可以推广到二维随机变量的函数求数学期望的情形.

定理 4.1.2 设 $Z = g(X,Y)$ 为二维随机变量 (X,Y) 的函数, $g(x,y)$ 为连续实函数.

(1) 当 (X,Y) 为二维离散型随机变量, 已知其联合分布列

$$p_{ij} = p\{X = x_i, Y = y_j\} \quad (i,j = 1, 2, 3, \cdots),$$

则当级数 $\sum_{i=1}^{\infty}\sum_{j=1}^{\infty} g(x_i,y_j)p_{ij}$ 绝对收敛时, EZ 存在, 且

$$EZ = E[g(X,Y)] = \sum_{i=1}^{\infty}\sum_{j=1}^{\infty} g(x_i,y_j)p_{ij}. \tag{4.1.5}$$

(2) 当 (X,Y) 为二维连续型随机变量, 其联合密度为 $f(x,y)$. 设函数 $Z = g(X,Y)$ 为连续型随机变量, 则当积分 $\int_{-\infty}^{+\infty}\int_{-\infty}^{+\infty} g(x,y)f(x,y)\mathrm{d}x\mathrm{d}y$ 绝对收敛时, EZ 存在, 且

$$EZ = E[g(X,Y)] = \int_{-\infty}^{+\infty}\int_{-\infty}^{+\infty} g(x,y)f(x,y)\mathrm{d}x\mathrm{d}y. \tag{4.1.6}$$

例 4.1.8 根据例 4.1.6 中随机变量 (X,Y) 的概率分布, 求 EXY.

解

$$EXY = \int_{-\infty}^{+\infty}\int_{-\infty}^{+\infty} xy f(x,y)\mathrm{d}x\mathrm{d}y = \int_0^1 \mathrm{d}y \int_0^y xy \cdot 8xy \mathrm{d}x$$

$$= \frac{8}{3}\int_0^1 y^5 \mathrm{d}y = \frac{4}{9}.$$

4.1.4 数学期望的性质

随机变量的数学期望具有下列重要性质:
(1) 设 C 为任意常数, 则 $E(C) = C$.
(2) X 为随机变量, C 为任意常数, 则有 $E(CX) = CE(X)$.
由以上两个性质可知, 对于任意常数 a, b, 有 $E(aX+b) = aE(X)+b$.
(3) X 和 Y 为两个随机变量, 且 EX、EY 都存在, 则 $E(X+Y) = EX+EY$.
该式可以推广到任意有限个随机变量之和的情形, 设 $EX_1, EX_2, \cdots, EX_n$ 都存在, 则
$$E(X_1 + X_2 + \cdots + X_n) = EX_1 + EX_2 + \cdots + EX_n.$$

(4) 设随机变量 X 和 Y 相互独立, 且 EX、EY 都存在, 则有 $EXY = EX \cdot EY$. 这一性质也可以推广到任意有限个相互独立的随机变量之积的情形.

证明 此处仅就连续情形给出性质 (4) 的证明.

若 X 和 Y 是连续型随机变量, 其联合密度为 $f(x,y)$, 边缘分布密度分别为 $f_X(x)$ 和 $f_Y(y)$. 由于 X 和 Y 相互独立, 有
$$f(x,y) = f_X(x) \cdot f_Y(y),$$
于是
$$\begin{aligned}
EXY &= \int_{-\infty}^{+\infty}\int_{-\infty}^{+\infty} xyf(x,y)\mathrm{d}x\mathrm{d}y \\
&= \int_{-\infty}^{+\infty}\int_{-\infty}^{+\infty} xyf_X(x) \cdot f_Y(y)\mathrm{d}x\mathrm{d}y \\
&= \int_{-\infty}^{+\infty} xf_X(x)\mathrm{d}x \cdot \int_{-\infty}^{+\infty} yf_Y(y)\mathrm{d}y \\
&= EX \cdot EY.
\end{aligned}$$

例 4.1.9 一辆民航送客车载 20 位旅客自机场出发开往市区, 设该车沿途共有 10 个车站可以下客 (不包括终点站). 若某站无人下车, 则车辆就不停靠, 并假设每位旅客在每个站下车都是等可能的, 且各位旅客是否下车相互独立. 令 X 表示该车沿途停车次数, 求 EX.

解 此例中, 直接求 X 的分布列比较困难, 现引入随机变量
$$X_i = \begin{cases} 0, & \text{第 } i \text{ 车站无人下车}, \\ 1, & \text{第 } i \text{ 车站有人下车} \end{cases} \quad (i = 1, 2, \cdots, 10),$$

由题意可知 $X_1, X_2, \cdots, X_{10}$ 相互独立, 且 $X = \sum_{i=1}^{10} X_i$.

每位旅客在第 i ($i = 1, 2, \cdots, 10$) 站下车的概率均为 $\dfrac{1}{10}$, 且各位旅客是否下车是相互独立的, 则有

$$p\{X_i = 0\} = \left(1 - \frac{1}{10}\right)^{20}, \quad p\{X_i = 1\} = 1 - \left(1 - \frac{1}{10}\right)^{20} \quad (i = 1, 2, \cdots, 10),$$

由此

$$EX_i = 1 - \left(1 - \frac{1}{10}\right)^{20} = 1 - \left(\frac{9}{10}\right)^{20} \quad (i = 1, 2, \cdots, 10),$$

故

$$EX = E\left(\sum_{i=1}^{10} X_i\right) = \sum_{i=1}^{10} (EX_i) = 10\left[1 - \left(\frac{9}{10}\right)^{20}\right] \approx 8.784.$$

本例中将 X 表示成若干个相互独立的随机变量之和, 通过求每一个随机变量的期望来求解 EX, 这种处理方法具有一定的普遍意义.

4.2 方　　差

4.2.1 方差的定义

数学期望能够体现随机变量的平均取值, 但不能描述其他方面的分布特征. 实际应用中, 我们往往还需要考虑随机变量分布的离散程度. 先看一个例子: 假设有一批新出厂的灯泡, 已知其平均使用寿命为 $EX = 1000$h, 但仅就这一数字特征并不能判断这批灯泡的质量好坏. 事实上, 有可能其中绝大多数的灯泡寿命都接近于 1000h, 但也有可能其中有一部分高质量灯泡, 其使用寿命远高于 1000h, 还有一部分却质量很差, 其寿命远低于 1000h, 而整批灯泡的平均寿命还是 1000h. 此时, 需要进一步考察灯泡寿命 X 与其平均值 $EX = 1000$ 之间的平均偏离程度. 显然, 若平均偏离程度比较小, 说明灯泡质量比较稳定. 因此, 有必要研究随机变量 X 与其均值 EX 之间的平均偏离程度.

随机变量 X 与其均值 EX 之间的偏离程度为 $|X - EX|$, 则 $E|X - EX|$ 表示 X 与其均值的平均偏离程度. 由于该式含有绝对值, 不便于计算, 通常用 $(X - EX)^2$ 的平均值 $E(X - EX)^2$ 来代替, 并称之为方差.

定义 4.2.1 设随机变量 X 的数学期望为 EX. 若 $E(X - EX)^2$ 存在, 则称 $E(X - EX)^2$ 为 X 的**方差**, 记作 DX, 即

$$DX = E(X - EX)^2,$$

称 $\sqrt{DX}$ 为**标准差**或**均方差**.

方差 DX 体现了 X 相对于其均值 EX 的平均离散程度. DX 越小, 表明 X 的取值就越集中地分布在 EX 的附近; 反之, DX 越大, 表明 X 的取值越分散, 因此, 方差是度量随机变量 X 取值离散程度的一个数字特征.

由定义知, 方差 DX 实际上是随机变量 X 的函数 $g(X) = (X - EX)^2$ 的数学期望. 对于离散型随机变量 X, 若已知其分布列为 $p_i = p\{X = x_i\}, i = 1, 2, \cdots$, 则有

$$DX = \sum_{i=1}^{\infty} (x_i - EX)^2 p_i. \tag{4.2.1}$$

对于连续型随机变量 X, 已知其概率密度为 $f(x)$, 则有

$$DX = \int_{-\infty}^{+\infty} (x - EX)^2 f(x) \mathrm{d}x, \tag{4.2.2}$$

在方差计算过程中, 通常还利用公式

$$DX = EX^2 - (EX)^2. \tag{4.2.3}$$

证明 由数学期望的性质, 有

$$\begin{aligned} DX &= E[X - E(X)]^2 = E[X^2 - 2X \cdot EX + (EX)^2] \\ &= EX^2 - 2E(X) \cdot E(X) + (EX)^2 \\ &= EX^2 - (EX)^2. \end{aligned}$$

4.2.2 方差的性质

随机变量的方差具有以下性质:

(1) 设 C 为常数, 则 $D(C) = 0$;

(2) 设随机变量 X 的方差存在, a 为常数, 则 $D(aX) = a^2 DX$;

(3) 设 X 与 Y 的方差都存在, 则有

$$D(X \pm Y) = DX + DY \pm 2E[(X - EX)(Y - EY)].$$

特别地, 当 X 与 Y 相互独立, 有 $D(X \pm Y) = DX + DY$.

这一性质可推广到有限多个相互独立的随机变量之和的情形.

同时, 由性质 (2) 和 (3) 可得

$$D(aX + b) = a^2 DX,$$

其中 $a(a \neq 0), b$ 为任意常数.

证明 此处仅就性质 (3) 给出证明:

$$D(X \pm Y) = E\left[(X \pm Y) - E(X \pm Y)\right]^2$$
$$= E(X - EX)^2 + E(Y - EY)^2 \pm 2E\left[(X - EX)(Y - EY)\right],$$

其中

$$E[(X - EX)(Y - EY)] = E(XY + EX \cdot EY - X \cdot EY - Y \cdot EX)$$
$$= EXY + EX \cdot EY - EX \cdot EY - EY \cdot EX$$
$$= EXY - EX \cdot EY.$$

若 X 与 Y 相互独立,由期望的性质知,有 $EXY = EX \cdot EY$,此时

$$D(X \pm Y) = DX + DY.$$

例 4.2.1 根据例 4.1.4 中 X 的分布,求 DX.

解 $EX = \dfrac{1}{6}$, $EX^2 = (-1)^2 \times \dfrac{5}{12} + 1 \times \dfrac{7}{12} = 1$,则

$$DX = EX^2 - (EX)^2 = \dfrac{35}{36}.$$

例 4.2.2 根据例 4.1.6 中随机变量 (X, Y) 的概率分布,求 DX.

解 根据 X 的边缘分布密度,可得

$$EX^2 = \int_{-\infty}^{+\infty} x^2 f_X(x) \mathrm{d}x = \int_0^1 4x^3(1 - x^2) \mathrm{d}x = \dfrac{1}{3},$$

且已知 $EX = \dfrac{8}{15}$,则

$$DX = EX^2 - (EX)^2 = \dfrac{11}{225}.$$

4.3 常见概率分布的数字特征及其应用

本节将介绍几个常见概率分布的数字特征及其简单应用.

4.3.1 常见离散型分布数字特征

1. 两点分布

若随机变量 X 只有两个可能的取值 0 和 1,其概率分布为

$$p\{X = x\} = p^x(1-p)^{1-x} \quad (x = 0, 1),$$

则称 X 服从参数为 $p\,(p>0)$ 的两点分布, 也称 0—1 分布. 其数学期望和方差分别为

$$EX = 0\cdot(1-p) + 1\cdot p = p, \quad EX^2 = 0^2\cdot(1-p) + 1^2\cdot p = p,$$
$$DX = EX^2 - (EX)^2 = p - p^2 = p(1-p) = pq \quad (q=1-p).$$

当随机试验只有两个可能的结果或可以归结为两种可能的结果, 比如产品质量合格或不合格、种子发芽或不发芽等, 都可以用 0—1 分布的随机变量来描述试验的结果.

2. 二项分布 $B(n,p)$

第 2 章介绍的二项分布 $B(n,p)$, 描述了 n 重伯努利试验中事件 A 发生次数 X 的分布:

$$p\{X=k\} = C_n^k p^k (1-p)^{n-k} = C_n^k p^k q^{n-k} \quad (q=1-p, \quad k=0,1,2,3\cdots,n),$$

其中 $p = p(A)\ (0<p<1)$.

直接按定义计算 X 的期望和方差比较复杂, 可借助期望和方差的性质来推导. 已知二项分布随机变量 X 可以表示为 n 个相互独立的 0—1 分布随机变量之和, 令

$$X_i = \begin{cases} 1, & \text{第 } i \text{ 次试验 } A \text{ 发生}, \\ 0, & \text{第 } i \text{ 次试验 } A \text{ 不发生} \end{cases} \quad (i=1,2,\cdots,n),$$

且 $X_1, X_2, \cdots, X_n$ 相互独立, 则

$$X = \sum_{i=1}^{n} X_i.$$

根据期望和方差的性质, 有

$$EX = E\left(\sum_{i=1}^{n} X_i\right) = \sum_{i=1}^{n} EX_i = np,$$
$$DX = D\left(\sum_{i=1}^{n} X_i\right) = \sum_{i=1}^{n} DX_i = npq \quad (q=1-p).$$

例 4.3.1 某海滨宾馆有 120 个房间, 根据以往统计数据可知, 在旅游旺季, 每天该旅馆房间的入住率为 85%, 而在旅游淡季每天该旅馆房间的入住率下降到 60%, 试求解下列问题:

(1) 在旅游旺季, 该宾馆每天平均的空房数是多少? 空房数的方差是多少?

(2) 旅游淡季比旅游旺季每天的平均空房数多多少?

(3) 若每天每一个房间有旅客入住可获利 150 元, 空房则损失 40 元, 则在旅游淡季该宾馆每天的平均收益是多少? 每天至少应有多少房间入住才能保证收支平衡?

解 设 X 和 Y 分别表示旅游旺季和旅游淡季每天该宾馆未被入住房间数, 则

$$X \sim B(120, 0.15), \quad Y \sim B(120, 0.4).$$

(1) 在旅游旺季, 每天该宾馆平均的空房数以及空房数的方差分别为

$$EX = 120 \times 0.15 = 18, \quad DX = 120 \times 0.15 \times 0.85 = 15.3.$$

(2) 该宾馆在旅游旺季与旅游淡季每天的平均空房数之差为

$$E(Y - X) = EY - EX = 120 \times 0.4 - 18 = 30.$$

(3) 设 Z 表示在旅游淡季, 每天该宾馆一个房间的获利 (单位: 元), Z 的分布为

Z	150	−40
p	0.6	0.4

则 120 个房间每天的平均收益为

$$120 \times EZ = 120 \times (150 \times 0.6 - 40 \times 0.4) = 8880(元)$$

设每天至少有 k 个房间入住才能保证收支平衡, 则 k 应满足

$$k \times 150 = (120 - k) \times 40,$$

解得 $k \approx 25.26$, 即旅游淡季每天至少应有 26 个房间入住才能保证收支平衡.

3. 泊松分布 $P(\lambda)$

本书第 2 章介绍的泊松分布随机变量 X 的概率分布为

$$p\{X = k\} = \frac{\lambda^k}{k!} e^{-\lambda} \quad (k = 0, 1, 2, \cdots, \quad \lambda > 0),$$

根据期望计算式, 有

$$EX = \sum_{k=0}^{\infty} k \cdot \frac{\lambda^k}{k!} e^{-\lambda} = \sum_{k=1}^{\infty} k \frac{\lambda^k}{k!} e^{-\lambda} = \lambda e^{-\lambda} \sum_{k=1}^{\infty} \frac{\lambda^{k-1}}{(k-1)!} = \lambda e^{-\lambda} \cdot e^{\lambda} = \lambda,$$

同理可得

$$EX^2 = \lambda^2 + \lambda, \quad DX = EX^2 - (EX)^2 = \lambda.$$

泊松分布在实际中经常用于所谓的"稠密性"问题. 比如一段时间内, 电话用户对电话交换中心的呼叫次数; 某一服务窗口单位时间内接待的顾客数; 单位时间内某原子放射的粒子数, 等等, 均可近似地用泊松分布来描述. 泊松分布 $P(\lambda)$ 中的参数 λ 就是该分布的数学期望和方差. 在实际问题中, 该参数具有一定的实际意义. 例如, 某服务窗口每一小时间内接待的顾客数服从 $\lambda = 25$ 的泊松分布, 则每一小时间内该窗口接待的平均顾客数为 25.

例 4.3.2 根据以往经验, 某快餐厅在早 6:00~7:00 时段出售的炸薯条份数 X 服从 $\lambda = 5$ 的泊松分布, 早 7:00~8:00 时段出售炸薯条份数 Y 服从 $\lambda = 7$ 的泊松分布, 且两个时段销量相互独立. 试讨论:

(1) 最少需要为 6:00~8:00 时段准备多少份炸薯条原料, 才能以不低于 95% 的概率保证不脱销?

(2) 该餐厅 6:00~8:00 时段平均能出售多少份炸薯条?

解 (1) 第 3 章介绍了泊松分布具有可加性, 则 6:00~8:00 出售的炸薯条份数

$$Z = X + Y \sim P(5 + 7),$$

设至少需要为该时段准备 n 份原料, 则 n 需要满足

$$p\{Z \leqslant n\} = \sum_{k=0}^{n} \frac{12^k}{k!} \mathrm{e}^{-12} \geqslant 0.95,$$

根据泊松分布附表可知, $p\{Z \leqslant 17\} = 0.9370$, $p\{Z \leqslant 18\} = 0.9626$, 解得 $n \geqslant 18$.

(2) 6:00~8:00 时段平均能出售炸薯条份数为

$$EZ = E(X + Y) = EX + EY = 12.$$

4.3.2 常见连续型分布数字特征

1. 均匀分布 $U[a, b]$

均匀分布随机变量 X 的密度函数为

$$f(x) = \begin{cases} \dfrac{1}{b-a}, & a \leqslant x \leqslant b, \\ 0, & \text{其他}, \end{cases}$$

其数学期望和方差分别为

$$EX = \int_a^b x \cdot f(x) \mathrm{d}x = \int_a^b \frac{x}{b-a} \mathrm{d}x = \frac{a+b}{2},$$

$$EX^2 = \int_a^b x^2 \cdot f(x) \mathrm{d}x = \frac{b^2 + ab + a^2}{3},$$

$$DX = EX^2 - (EX)^2 = \frac{(b-a)^2}{12}.$$

显然, 区间 $[a,b]$ 的中点 $(a+b)/2$ 就是期望 EX, 方差 DX 与区间长度的平方 $(a-b)^2$ 成正比.

例 4.3.3 甲与其他三人竞拍一个项目, 竞拍价格 (单位: 万元) 最高者中标, 并且必须按自己的竞拍价买下该项目. 假设其他三人的竞价是相互独立的, 且均服从 $[7,11]$ 的均匀分布. 若甲中标, 他将以 10 万元的价格转让该项目. 试讨论以下问题:

(1) 其他三个竞标者每个人的平均竞价是多少?

(2) 甲应该如何报价才能使其收益的数学期望最大?

解 设随机变量 X_i $(i=1,2,3)$ 分别表示其他三位竞标者的竞标价格 (万元), 已知 X_1, X_2, X_3 相互独立, 且 $X_i \sim U[7,11]$ $(i=1,2,3)$.

(1) 其他三个竞标者每个人的平均竞价均为

$$EX_i = \frac{7+11}{2} = 9(万元) \quad (i=1,2,3).$$

(2) 设 a 为甲的竞价, 则甲中标的概率为

$$p = \{a > X_1, a > X_2, a > X_3\}$$
$$= p\{a > X_1\} \cdot p\{a > X_2\} \cdot p\{a > X_3\}$$
$$= \left(\int_7^a \frac{1}{4} dx\right)^3 = \left(\frac{a-7}{4}\right)^3.$$

设 Y 为甲的收益, 则 Y 的概率分布为

Y	$10-a$	0
p	$\left(\frac{a-7}{4}\right)^3$	$1-\left(\frac{a-7}{4}\right)^3$

则

$$EY = (10-a) \times \left(\frac{a-7}{4}\right)^3.$$

令

$$\frac{dEY}{da} = \frac{d}{da}\left[\left(\frac{a-7}{4}\right)^3 \times (10-a)\right] = 0,$$

解得 $a=9.25$ 和 $a=7$(该竞价不可能中标, 故舍去). 且

$$\left.\frac{d^2 EY}{da^2}\right|_{a=9.25} < 0,$$

所以, 当甲报价为 $a=9.25$(万元) 时能使其收益的数学期望最大.

2. 指数分布 Exp(λ)

指数分布的随机变量 X 密度函数如下

$$f(x) = \begin{cases} \lambda e^{-\lambda x}, & x \geqslant 0, \\ 0, & x < 0, \end{cases}$$

其中参数 $\lambda > 0$. 该分布的数学期望和分别方差为

$$EX = \int_0^{+\infty} x\lambda e^{-\lambda x} dx = -\int_0^{+\infty} x de^{-\lambda x} = \left(-xe^{-\lambda x}\right)\Big|_0^{+\infty} + \int_0^{+\infty} e^{-\lambda x} dx = \frac{1}{\lambda},$$

$$EX^2 = \frac{2}{\lambda^2}, \quad DX = EX^2 - (EX)^2 = \frac{2}{\lambda^2} - \frac{1}{\lambda^2} = \frac{1}{\lambda^2}.$$

指数分布通常用来描述等待某一事件发生的时间, 参数 λ 的倒数正好表示该事件发生的平均等待时间. 例如, 某品牌热水器首次发生故障前的使用时间 (单位: h)$X \sim $ Exp(0.001), 则 $1/\lambda = 1000$(h) 表示该热水器首次发生故障前平均使用时间.

例 4.3.4 设某顾客到某商业银行办理业务时的等待时间 $X \sim $ Exp(0.1)(单位: min), 服务人员给他办理业务的时间 $Y \sim $ Exp(0.25)(单位: min); 他一个月需要到该银行办理业务 5 次, 每次之间相互独立, 求一个月他到该银行办理业务平均花费时间.

解 设随机变量 Z_i $(i = 1, 2, \cdots, 5)$ 表示该顾客第 i 次到银行办理业务所需时间, 则

$$Z_i = X + Y \quad (i = 1, 2, \cdots, 5),$$

每一次去办业务的平均花费时间为

$$EZ_i = E(X+Y) = EX + EY = 10 + 4 = 14(\text{min}) \quad (i = 1, 2, \cdots, 5),$$

则一个月他 5 次到银行办理业务的平均花费时间为

$$\sum_{i=1}^{5} EZ_i = 5 \times 14 = 70(\text{min}).$$

3. 正态分布 $N(\mu, \sigma^2)$

正态分布随机变量 X 的概率密度为

$$f(x) = \frac{1}{\sqrt{2\pi}\sigma} e^{-\frac{(x-\mu)^2}{2\sigma^2}} \quad (-\infty < x < +\infty),$$

其中 $-\infty < \mu < +\infty, \sigma > 0$ 为参数.

首先计算标准正态分布的期望和方差. 若 $X \sim N(0,1)$, 则其期望和方差计算如下:

$$EX = \int_{-\infty}^{+\infty} x \frac{1}{\sqrt{2\pi}} e^{-\frac{x^2}{2}} dx = -\frac{1}{\sqrt{2\pi}} \int_{-\infty}^{+\infty} de^{-\frac{x^2}{2}} = 0,$$

$$DX = E(X - EX)^2 = \int_{-\infty}^{+\infty} x^2 \frac{1}{\sqrt{2\pi}} e^{-\frac{x^2}{2}} dx$$

$$= \frac{1}{\sqrt{2\pi}} \left[-x e^{-\frac{x^2}{2}} \Big|_{-\infty}^{+\infty} + \int_{-\infty}^{+\infty} e^{-\frac{x^2}{2}} dx \right]$$

$$= \frac{1}{\sqrt{2\pi}} \sqrt{2\pi} = 1.$$

即标准正态分布 $X \sim N(0,1)$ 的参数 $\mu = 0, \sigma^2 = 1$ 正好分别对应该分布的期望和方差.

对于一般的正态分布, 可根据期望和方差的定义直接计算, 但利用期望和方差性质来计算更为简便.

若 $X \sim N(\mu, \sigma^2)$, 则 $Y = \dfrac{X-\mu}{\sigma} \sim N(0,1)$, 且已知 $EY = 0, DY = 1$, 则

$$EX = E(\sigma Y + \mu) = \mu,$$

$$DX = D(\sigma Y + \mu) = \sigma^2 DY = \sigma^2,$$

即正态分布 $X \sim N(\mu, \sigma^2)$ 的两个参数 μ 和 σ^2 正好分别对应该分布的数学期望和方差.

与 2.2.3 节中所讨论的正态分布密度曲线特征一致, 数学期望 μ 和方差 σ^2 分别描述了正态分布的中心位置和离散程度. 若固定 σ, 改变 μ, 则曲线沿 x 轴平行移动, 而曲线形状不变, 期望 μ 决定了曲线的对称轴位置; 若固定 μ, 改变标准差 σ 的值, 则 σ 越小时, 曲线越陡峭, X 落在 μ 附近的概率就越大; 反之, 标准差 σ 越大时, 曲线越平缓. 标准差 σ 反映了正态随机变量取值的离散程度.

正态分布可加性也可以利用期望和方差的性质给出证明. 若已知 $X_i \sim N(\mu_i, \sigma_i^2)$ $(i = 1, 2, \cdots, n)$, 且 $X_1, X_2, \cdots, X_n$ 相互独立, 则它们的线性组合 $C_1 X_1 + C_2 X_2 + \cdots + C_n X_n$ ($C_1, C_2, \cdots, C_n$ 是不全为零的常数) 仍然服从正态分布, 且由期望和方差性质可知

$$\sum_{i=1}^{n} C_i X_i \sim N\left(\sum_{i=1}^{n} C_i \mu_i, \sum_{i=1}^{n} C_i^2 \sigma_i^2\right).$$

例 4.3.5 甲乙两家商店联营, 它们每周售出的某种农产品的数量 (单位: kg) 分别为 X_1, X_2, 已知 $X_1 \sim N(200, 225)$, $X_2 \sim N(240, 400)$, 且 X_1, X_2 相互独立.

(1) 求甲乙两家商店两周的总销售量均值和方差;

(2) 两家商店每周共同进货一次,为了使新的供货到达前,商店不脱销的概率大于 0.99,且不计原有库存,问两家商店应为新一周至少储备多少产品？

解 (1) 已知

$$EX_1 = 200, \quad EX_2 = 240, \quad DX_1 = 225, \quad DX_2 = 400,$$

令

$$Y = \sum_{i=1}^{2} X_i$$

表示一周内两家商店总的销售量,由 X_1 与 X_2 的独立性可知

$$Y \sim N(440, 625),$$

则两家商店两周总销售量 Y 的均值和方差分别为

$$E(2Y) = 2EX_1 + 2EX_2 = 880,$$

$$D(2Y) = 4DX_1 + 4DX_2 = 2500.$$

(2) 设两家商店为新的一周储备 $a$kg 该产品,则 a 应满足

$$p\{Y \leqslant a\} = \Phi\left(\frac{a - 440}{\sqrt{625}}\right) > 0.99,$$

查标准正态分布表知

$$\frac{a - 440}{\sqrt{625}} > 2.33, \quad a > 498.25,$$

则 a 至少取 499kg.

4.4 协方差与相关系数

多维随机变量的概率分布,不仅包含了单个分量自身的分布规律,还包含了各分量之间相互关系的信息. 除了讨论单个分量的数字特征以外,本节讨论反映随机变量之间相互关系的一些数字特征.

4.4.1 协方差

在方差性质 (3) 证明过程中可以看到,如果两个随机变量 X 与 Y 相互独立,则

$$E[(X - EX)(Y - EY)] = 0,$$

这意味着当 $E[(X-EX)(Y-EY)] \neq 0$ 时, X 与 Y 并不相互独立, 而是存在一定的关系.

定义 4.4.1 (X,Y) 是二维随机变量, 且 EX 和 EY 都存在, 若 $E[(X-EX)(Y-EY)]$ 存在, 则称此数学期望为随机变量 X 与 Y 的**协方差**, 记作 $\text{cov}(X,Y)$, 即

$$\text{cov}(X,Y) = E[(X-EX)(Y-EY)]. \tag{4.4.1}$$

从定义直观来看, 协方差是 X 的偏差 $(X-EX)$ 与 Y 的偏差 $(Y-EY)$ 相乘之后的数学期望. 由于偏差可正可负, 故协方差也可正可负. 当 $\text{cov}(X,Y) > 0$ 时, 两个偏差 $(X-EX)$ 与 $(Y-EY)$ 同号, 此时称 X 与 Y 正相关; 当 $\text{cov}(X,Y) < 0$ 时, 两个偏差 $X-EX$ 与 $Y-EY$ 异号, 此时称 X 与 Y 负相关; 当 $\text{cov}(X,Y) = 0$ 时, 称 X 与 Y 不相关.

利用协方差定义可推得

$$\text{cov}(X,Y) = EXY - EX \cdot EY,$$

这是计算协方差常用的式子.

协方差具有以下性质:

(1) $\text{cov}(X,Y) = \text{cov}(Y,X)$;

(2) $\text{cov}(aX,bY) = ab\,\text{cov}(X,Y)$, 其中 a,b 为任意常数;

(3) $\text{cov}(C,X) = 0$ 其中 C 为任意常数;

(4) $\text{cov}(X_1+X_2,Y) = \text{cov}(X_1,Y) + \text{cov}(X_2,Y)$;

(5) 若随机变量 X 与 Y 相互独立, 则 $\text{cov}(X,Y) = 0$.

同时, 对于随机变量之和的方差, 具有以下一般结论.

推论 设 X 和 Y 为任意两个随机变量, 若方差 DX 和 DY 都存在, 则 $X \pm Y$ 的方差也存在, 且

$$D(X \pm Y) = DX + DY \pm 2\text{cov}(X,Y).$$

4.4.2 相关系数

协方差 $\text{cov}(X,Y)$ 反映了两个随机变量的协同变化程度, 但协方差的值受到随机变量量纲的影响. 比如, 由于量纲的变化, X 和 Y 的取值同时扩大到原来的 $k\,(k>0)$ 倍, 即 $X_1 = kX, Y_1 = kY$, 此时 X_1 与 Y_1 之间的协同变化程度应该与之前保持一样, 但此时协方差却扩大到原来的 k^2 倍, 即

$$\text{cov}(X_1,Y_1) = k^2\text{cov}(X,Y),$$

为了避免随机变量的量纲变化造成的影响, 可先将两个随机变量标准化, 即取

$$X^* = \frac{X-EX}{\sqrt{DX}}, \quad Y^* = \frac{Y-EY}{\sqrt{DY}}.$$

4.4 协方差与相关系数

再计算协方差 $\text{cov}(X^*, Y^*)$. 若将 $\text{cov}(X^*, Y^*)$ 作为 X 与 Y 之间相互关系的一种度量, 可以推得

$$\text{cov}(X^*, Y^*) = \frac{\text{cov}(X, Y)}{\sqrt{DX}\sqrt{DY}},$$

这一数字特征称为 X 与 Y 相关系数.

定义 4.4.2 (X, Y) 是二维随机变量, 设 X 和 Y 的方差均存在, 且都不为零, 则称

$$\rho_{XY} = \frac{\text{cov}(X, Y)}{\sqrt{DX}\sqrt{DY}} \tag{4.4.2}$$

为 X 与 Y 的 (线性)**相关系数**.

由于

$$|\text{cov}(X, Y)| \leqslant E|(X - EX)(Y - EY)| \leqslant \sqrt{DX} \cdot \sqrt{DY},$$

所以 $|\rho_{XY}| \leqslant 1$. ρ_{XY} 与协方差 $\text{cov}(X, Y)$ 同号, 当 $\rho_{XY} > 0$ 时, 称 X 与 Y 之间正相关; 当 $\rho_{XY} < 0$ 时, 称 X 与 Y 之间为负相关, 当 $\rho_{XY} = 0$ 时, 称 X 与 Y 不相关.

例 4.4.1 设 X 和 Y 是两个随机变量, $Y = aX + b$ ($a \neq 0, a$、b 为常数), DX 存在且不为零, 求 ρ_{XY}.

解 据协方差的性质, 有

$$\text{cov}(X, Y) = \text{cov}(X, aX + b) = a\text{cov}(X, X) = aDX,$$

$$DY = D(aX + b) = a^2 DX,$$

于是

$$\rho_{XY} = \frac{\text{cov}(X, Y)}{\sqrt{DX}\sqrt{DY}} = \frac{aDX}{\sqrt{DX}\sqrt{a^2 DX}} = \frac{a}{|a|}.$$

故当 $a > 0$ 时, $\rho_{XY} = 1$; $a < 0$ 时, $\rho_{XY} = -1$.

例 4.4.3 表明, 当 X 与 Y 之间具有线性函数关系 $Y = aX + b$ ($a \neq 0$) 时, 相关系数的绝对值 $|\rho_{XY}|$ 达到最大值 1. 事实上, 若 $p\{Y = aX + b\} = 1$, 即除了零概率事件 $\{Y \neq aX + b\}$ 以外, X 与 Y 之间具有线性函数关系, 则必有 $|\rho_{XY}| = 1$.

定理 4.4.1 设 (X, Y) 是二维随机变量, DX, DY 均存在且为正, 则 $|\rho_{XY}| = 1$ 的充要条件是存在常数 a, b ($a \neq 0$), 使得

$$p\{Y = aX + b\} = 1,$$

且当 $a > 0$ 时, $\rho_{XY} = 1$; 当 $a < 0$ 时, $\rho_{XY} = -1$.

与 $|\rho_{XY}| = 1$ 完全相反的情形是 $\rho_{XY} = 0$, 根据相关系数的定义, 此时有 $\text{cov}(X, Y) = 0$. 综上, 可推得以下五个等价的命题:

(1) $\text{cov}(X,Y) = 0$;
(2) $EXY = EXEY$;
(3) X 与 Y 不相关;
(4) $D(X \pm Y) = DX + DY$;
(5) $\rho_{XY} = 0$.

例 4.4.2 学生高等数学成绩与线性代数成绩的相关性分析. 某高校对全校 2683 名大二学生的高等数学和线性代数考试成绩进行统计分析, 分别用 X 与 Y 表示学生的高等数学成绩和线性代数成绩, 其中 0—45, 46—59, 60—74, 75—89, 90—100 各个分数段分别用 1, 2, 3, 4, 5 表示, 得到如下联合分布列, 求 X 与 Y 的协方差和相关系数.

X \ Y	1	2	3	4	5
1	0.045	0.033	0.014	0.002	0.001
2	0.046	0.073	0.045	0.008	0.001
3	0.037	0.085	0.103	0.065	0.004
4	0.011	0.036	0.101	0.129	0.027
5	0.002	0.005	0.022	0.063	0.042

解

$$EX = \sum_{i=1}^{5} x_i p_i = 3.029, \quad EX^2 = \sum_{i=1}^{5} x_i^2 p_i = 11.647, \quad DX = EX^2 - (EX)^2 = 1.349;$$

$$EY = \sum_{i=1}^{5} y_j p_j = 2.901, \quad EY^2 = \sum_{i=1}^{5} y_j^2 p_j = 93.781, \quad DY = EY^2 - (EY)^2 = 1.354;$$

$$E(XY) = \sum_{i=1}^{5}\sum_{i=1}^{5} x_i y_j p_{ij} = 10.13, \quad \text{cov}(X,Y) = E(XY) - EXEY = 0.821;$$

$$\rho_{XY} = \frac{\text{cov}(X,Y)}{\sqrt{DX}\sqrt{DY}} = 0.607.$$

相关系数 $\rho_{XY} > 0$, 说明由表中的统计数据看, 这两门课程的成绩具有一定的正相关性.

例 4.4.3 设 θ 服从 $[-\pi,\pi]$ 上的均匀分布, 令 $X = \sin\theta, Y = \cos\theta$, 判断 X 与 Y 是否相关, 是否独立.

解 由被积函数的奇偶性可得

$$EX = \frac{1}{2\pi}\int_{-\pi}^{\pi} \sin\theta \mathrm{d}\theta = 0, \quad EY = \frac{1}{2\pi}\int_{-\pi}^{\pi} \cos\theta \mathrm{d}\theta = 0,$$

$$EXY = \frac{1}{2\pi}\int_{-\pi}^{\pi}\sin\theta\cos\theta\,\mathrm{d}\theta = 0,$$

则

$$DX = EX^2 - (EX)^2 = EX^2 = \frac{1}{2\pi}\int_{-\pi}^{\pi}(\sin\theta)^2\mathrm{d}\theta = \frac{1}{2},$$

$$DY = EY^2 - (EY)^2 = EY^2 = \frac{1}{2\pi}\int_{-\pi}^{\pi}(\cos\theta)^2\mathrm{d}\theta = \frac{1}{2},$$

所以

$$\mathrm{cov}(X,Y) = EXY - EXEY = 0, \quad \rho_{XY} = \frac{\mathrm{cov}(X,Y)}{\sqrt{DX}\sqrt{DY}} = 0.$$

X 与 Y 不相关; 但另一方面, 显然有 $X^2+Y^2=1$, 即 X 与 Y 并不独立.

由此可见, X 与 Y 不相关仅仅说明两者之间无线性相关关系, 若 X 与 Y 存在其他非线性关系, 则 X 与 Y 并不独立. X 与 Y 独立, 则 X 与 Y 一定不相关, 反之不然.

4.4.3 矩与协方差阵

定义 4.4.3 设 X 与 Y 为随机变量, k 为正整数, 若 EX^k $(k=1,2,\cdots)$ 存在, 则称 EX^k 为 X 的 k**阶原点矩**, 记为 μ_k; 若 $E(X-EX)^k$ $(k=1,2,\cdots)$ 存在, 则称 $E(X-EX)^k$ 为 X 的 k**阶中心矩**, 记为 v_k; 若 $E[(X-EX)^k(Y-EY)^l]$ $(k,l=1,2,\cdots)$ 存在, 则称之为 X 与 Y 的 $k+l$**阶混合中心矩.**

显然, X 的数学期望 EX 就是 X 的一阶原点矩, 方差 DX 是 X 的二阶中心矩, 协方差 $\mathrm{cov}(X,Y)$ 是 X 与 Y 的二阶混合中心矩.

二维随机变量 (X_1,X_2) 有四个二阶中心矩, 分别记为

$$\sigma_{11} = E(X_1-EX_1)^2, \quad \sigma_{12} = E[(X_1-EX_1)(X_2-EX_2)],$$

$$\sigma_{21} = E[(X_2-EX_2)(X_1-EX_1)], \quad \sigma_{22} = E(X_2-EX_2)^2,$$

将它们写成矩阵形式

$$\boldsymbol{\Sigma} = \left[\begin{array}{cc}\sigma_{11} & \sigma_{12} \\ \sigma_{21} & \sigma_{22}\end{array}\right],$$

称该矩阵为二维随机变量 (X_1,X_2) 的**协方差阵**.

同理, 对于 n 维随机变量 $(X_1,X_2,\cdots,X_n)$, 若每个分量 X_i 的数学期望 EX_i $(i=1,2,\cdots)$ 都存在, 且任意两个随机变量 X_i 与 X_j 的协方差

$$\sigma_{ij} = E[(X_i-EX_i)(X_j-EX_j)] \quad (i,j=1,2,\cdots,n)$$

都存在, 则称矩阵

$$\boldsymbol{\Sigma} = \begin{bmatrix} \sigma_{11} & \sigma_{12} & \cdots & \sigma_{1n} \\ \sigma_{21} & \sigma_{22} & \cdots & \sigma_{2n} \\ \vdots & \vdots & & \vdots \\ \sigma_{n1} & \sigma_{n2} & \cdots & \sigma_{nn} \end{bmatrix} \quad (4.4.3)$$

为 n 维随机变量 $(X_1, X_2, \cdots, X_n)$ 的协方差阵.

根据协方差的性质, 有 $\sigma_{ij} = \sigma_{ji}$ $(i, j = 1, 2, \cdots, n; i \neq j)$, 因而协方差阵是对称方阵. 记

$$\rho_{ij} = \frac{\sigma_{ij}}{\sigma_i \sigma_j} \quad (i, j = 1, 2, \cdots, n),$$

称 ρ_{ij} 为 X_i 与 X_j 的相关系数, 其中 $\sigma_i = \sqrt{DX_i} = \sqrt{\sigma_{ii}}$, 则矩阵

$$\boldsymbol{R} = \begin{bmatrix} \rho_{11} & \rho_{12} & \cdots & \rho_{1n} \\ \rho_{21} & \rho_{22} & \cdots & \rho_{2n} \\ \vdots & \vdots & & \vdots \\ \rho_{n1} & \rho_{n2} & \cdots & \rho_{nn} \end{bmatrix} \quad (4.4.4)$$

称为 n 维随机变量 $(X_1, X_2, \cdots, X_n)$ 的相关阵.

容易看出, 相关阵 R 是主对角元素都是 1 的对称方阵.

特别地, 对于 n 维正态分布的随机变量 $(X_1, X_2, \cdots, X_n)$, 具有以下重要的性质:

(1) n 维正态随机变量 $(X_1, X_2, \cdots, X_n)$ 中每个分量 $X_i(i = 1, 2, \cdots, n)$ 都是正态随机变量; 反之, 若 $X_1, X_2, \cdots, X_n$ 是相互独立的正态随机变量, 则 $(X_1, X_2, \cdots, X_n)$ 是 n 维正态随机变量.

(2) 若 $(X_1, X_2, \cdots, X_n)$ 是 n 维正态随机变量, 设随机变量 $Y_1, Y_2, \cdots, Y_k$ 是 $X_i(i = 1, 2, \cdots,)$ 的线性函数, 则 $(Y_1, Y_2, \cdots, Y_k)$ 也服从 k 维正态分布.

(3) 若 $(X_1, X_2, \cdots, X_n)$ 是 n 维正态随机变量, 则 "$X_1, X_2, \cdots, X_n$ 相互独立" 与 "$X_1, X_2, \cdots, X_n$ 两两不相关" 是等价的.

*4.5 拓展与应用

4.5.1 拓展阅读: 分赌资问题

1654 年, 法国一个叫梅勒的遇到这样一个问题: 梅勒和一个朋友每人出 30 个金币进行游戏, 每局两人各自取胜的概率均为 1/2. 游戏规则为谁先赢满 3 局谁就得到全部赌注 60 个金币. 在游戏进行了一会儿后, 梅勒赢了 2 局, 他的朋友赢了 1 局. 这时, 梅勒由于一个紧急事情必须离开, 游戏不得不停止. 他们该如何分配赌

桌上的 60 个金币呢？梅勒的朋友认为, 既然他接下来赢的机会是梅勒的一半, 那么他该拿到梅勒所得的一半, 即他拿 20 个金币, 梅勒拿 40 个金币. 然而梅勒争执道: 再掷一次骰子, 即使他输了, 游戏是平局, 他最少也能得到 30 个金币; 但如果他赢了, 就可拿走全部的 60 个金币. 在下一次掷骰子之前, 他实际上已经拥有了 30 个金币, 他还有一半的机会赢得另外 30 个金币, 所以, 他应分得 45 个金币.

究竟如何分配才合理呢？后来梅勒就这个问题请教了当时法国著名的数学家帕斯卡, 帕斯卡又写信告诉了另一位著名的数学家费马, 于是在这两位伟大的法国数学家之间开始了具有划时代意义的通信, 在通信中, 他们最终正确地解决了这个问题. 他们设想: 如果继续玩下去, 梅勒 (设为甲) 和他朋友 (设为乙) 最终获胜的机会如何呢？

在甲已赢二次而乙只赢一次时, 他们两个至多需要再玩两局即可分出胜负, 这两局有 4 种可能的结果:

次数 \ 结果	ω_1	ω_2	ω_3	ω_4
1	甲	甲	乙	乙
2	甲	乙	甲	乙

其中前三种结果 $\omega_1, \omega_2, \omega_3$ 中任一个发生都使甲先赢了 3 局, 得到 60 金币. 只有当 ω_4 发生, 甲得 0 金币, 乙得 60 金币. 由于这四种结果是等可能的, 故甲得 60 金币的概率为 $\frac{3}{4}$, 而得 0 金币的概率为 $\frac{1}{4}$. 从而甲、乙应得到的金币数分别为

$$甲: 60 \times \frac{3}{4} + 0 \times \frac{1}{4} = 45, \quad 乙: 60 \times \frac{1}{4} + 0 \times \frac{3}{4} = 15,$$

所以梅勒应该分得 45 个金币, 他的朋友分应该得 15 个金币.

帕斯卡的解法引出了数学期望的概念, 从概率分布的观点看, 梅勒赢得的金币数是一个随机变量 X, 其概率分布为

$$p\{X = 60\} = p_1 = \frac{3}{4}, \quad p\{X = 0\} = p_2 = \frac{1}{4},$$

此时梅勒应该赢得的金币数的期望值为 $EX = 60 \times \frac{3}{4} + 0 \times \frac{1}{4} = 45.$

4.5.2 拓展应用

1. 报童的策略

假设报童销售报纸每份 0.4 元, 其成本为 0.25 元. 报社规定销售者不能将卖不完的报纸退回. 如果报童每日的报纸销售量服从区间 [200, 400] 上的均匀分

布,假设一天只定购一次,为使他的期望利润达到最大,则他每天应预定多少份报纸?

设报童每天定购 a 份报纸,销售的份数为 X,据题意 X 的概率密度为

$$f_X(x) = \begin{cases} \dfrac{1}{200}, & 200 \leqslant x \leqslant 400, \\ 0, & \text{其他}, \end{cases}$$

用 Y 表示每日所获得的销售利润,则 Y 是 X 的函数,有

$$Y = g(X) = \begin{cases} 0.15a, & X \geqslant a, \\ 0.4X - 0.25a, & X < a, \end{cases}$$

利润期望值为

$$EY = Eg(X) = \int_{200}^{400} g(x)f(x)\mathrm{d}x$$

$$= \frac{1}{200}\int_a^{400} 0.15a\mathrm{d}x + \frac{1}{200}\int_{200}^a (0.4x - 0.25a)\mathrm{d}x$$

$$= -\frac{a^2}{1000} + 0.55a - 40.$$

令

$$\frac{\mathrm{d}EY}{\mathrm{d}a} = -\frac{a}{500} + 0.55 = 0,$$

解得 $a = 275$.

又因为

$$\left.\frac{\mathrm{d}^2 EY}{\mathrm{d}a^2}\right|_{a=275} = -\frac{1}{500} < 0,$$

所以,当 $a = 275$(份) 时,期望利润最大,且最大利润约为 35.6 元.

2. 证券投资组合问题

在证券投资中,如果投资者持有多种不同风险的证券,可以减少风险所带来的损失,这里我们仅以投资者持有两种证券为例. 假设现有 A, B 两种证券,每投资 1 万元时收益分别为 X, Y(单位: 万元),其概率分布如下所示:

X	−0.3	0.3
p	1/3	2/3

Y	−0.3	0.3
p	1/3	2/3

若 X, Y 不相关,试问投资者应如何确定投资比例,才能使投资风险最小.

容易得出：
$$EX = EY = 0.1, \quad DX = DY = 0.08.$$

假设投资者分别投资 A, B 证券 a 万元和 b 万元，则收益 $R = aX + bY$ 的平均值和方差分别为
$$ER = aEX + bEY = 0.1(a+b),$$
$$DR = a^2 DX + b^2 DY = 0.08(a^2 + b^2).$$

若投资总额一定，易知期望收益不变，当 $a = b$ 时，收益的方差最小，即投资风险最小.

正态分布及其应用

费马

习 题 4

(A)

1. 设某汽车销售中心每日汽车销售量的概率分布如下表：

X	0	1	2	3	4
p	0.3	0.2	0.1	0.15	0.25

试求每日汽车销售量的期望和方差.

2. 据统计某地区成年劳动力的失业率是 4.6%，假设随机选择 100 名成年劳动力者，问其中失业人数的期望、方差是多少？

3. 某保险公司制订某种保险的赔偿方案：如果在一年内一个顾客投保的事件 A 发生，则该公司就赔偿顾客 a 元. 若已知一年内事件 A 发生的概率为 p，为保证保险公司对于该顾客期望收益值不低于赔偿金额 a 的 5%，则该公司应该要求顾客至少缴纳多少保险费？

4. 假设通过以往数据可知，一天内光顾某服装商场的顾客数量服从 $n=1000$ 的二项分布，并且每位顾客购买服装的概率均为 0.30. 试计算一天内在该商场购买服装的顾客数量期望值方差.

5. 某批产品的次品率为 10%，检验员每天检验 4 次. 每次随机地抽取 10 件产品进行检验，如果发现其中的次品数多于 1 个，就需要去调整设备. 以 X 表示一天中调整设备的次数，试求 EX.

6. 某车间生产的圆盘零件的直径服从区间 $[a, b]$ 上的均匀分布. 试求该零件圆面面积的数学期望.

7. 设随机变量 (X,Y) 的联合概率分布为

X \ Y	-1	0	1
-1	$\frac{1}{8}$	$\frac{1}{8}$	$\frac{1}{8}$
0	$\frac{1}{8}$	0	$\frac{1}{8}$
1	$\frac{1}{8}$	$\frac{1}{8}$	$\frac{1}{8}$

讨论 X 和 Y 独立性和相关性.

8. 设 (X,Y) 的分布律为

X \ Y	-1	0	1
1	0.2	0.1	0
2	0.1	0	0.3
3	0.1	0.1	0.1

(1) 求 $E(X), E(Y)$.
(2) 设 $Z = Y/X$, 求 $E(Z)$.
(3) 设 $Z = (X-Y)^2$, 求 $E(Z)$.

9. 设 (X,Y) 的概率密度为

$$f(x,y) = \begin{cases} 12y^2, & 0 \leqslant y \leqslant x \leqslant 1, \\ 0, & \text{其他}, \end{cases}$$

求 $EX, EY, EXY, E(X^2+Y^2)$.

10. 设随机变量 X_1, X_2, X_3, X_4 相互独立, 且 $EX_i = i, DX_i = 5-i$ ($i=1,2,3,4$), 设

$$Y = 2X_1 - X_2 + 3X_3 - \frac{1}{2}X_4,$$

求 EY, DY.

11. 设 (X,Y) 的联合概率密度为 $f(x,y) = \begin{cases} \dfrac{1}{2}\sin(x+y), & (x,y) \in D, \\ 0, & \text{其他}, \end{cases}$
其中 D 为矩形区域 $0 \leqslant x \leqslant \dfrac{\pi}{2}, 0 \leqslant y \leqslant \dfrac{\pi}{2}$, 求 EX, EY.

12. 已知 $X \sim N(1,9), Y \sim N(0,16), \rho_{XY} = -\dfrac{1}{2}$, 设随机变量 $Z = \dfrac{X}{3} + \dfrac{Y}{2}$, 求:
(1) EZ, DZ, (2) ρ_{XZ}.

13. 一辆卡车装运水泥, 设每袋水泥的重量 X(单位: kg) 服从正态分布 $N(50, 2.5^2)$, 求最多装多少袋水泥, 才能使总重量超过 2000kg 的概率不大于 0.05.

习 题 4

14. 一家商店销售某品牌服装,每周进货的数量与顾客对该品牌服装的需求量是相互独立的随机变量,且均服从区间 [10,20] 上的均匀分布. 商店每出售一件可获利 100 元; 若需求量超过进货量, 商店可从其他商店调剂供应, 这时每件获利 50 元, 求此商店经销该品牌服装每周所获利的期望.

(B)

1. 设二维随机变量 (X,Y) 服从 $N(\mu,\mu;\sigma^2,\sigma^2;0)$, 求 $E(XY^2)$.
2. 在长度为 a 的线段上任取两点, 求两点距离的均值和方差.
3. 设二维连续型随机变量 (X,Y) 的联合密度函数为

$$f(x,y) = \begin{cases} \dfrac{1}{3}(x+y), & 0 \leqslant x \leqslant 1, \quad 0 \leqslant y \leqslant 2, \\ 0, & \text{其他}, \end{cases}$$

求 $\mathrm{cov}(X,Y)$.

4. 假设某工厂生产的某种设备的寿命 X(单位: y) 服从指数分布, 概率密度为

$$f(x) = \begin{cases} \dfrac{1}{4}\mathrm{e}^{-\frac{1}{4}x}, & x > 0, \\ 0, & x \leqslant 0, \end{cases}$$

工厂规定出售的设备若在一年内损坏, 可予以免费调换. 若工厂出售一台该设备可赢利 100 元, 调换一台设备损失 300 元. 求该厂家每出售一台该设备的收益期望值.

5. 公司计划开发一种新产品市场, 并试图确定该产品的合理产量. 他们估计出售一件该产品可获利 m 元, 而积压一件产品将导致 n 元的损失, 假设该产品预计销售量 Y 服从指数分布, 其概率密度为

$$f_Y(y) = \begin{cases} \dfrac{1}{\theta}\mathrm{e}^{-y/\theta}, & y > 0, \\ 0, & y \leqslant 0, \end{cases} \quad (\theta > 0),$$

m,n,θ 均为已知参数. 若要使得期望利润达到最大, 应生产多少件该产品?

6. 共有 n 把看上去样子相同的钥匙, 其中只有一把能打开门上的锁, 用它们去试开门上的锁. 假设每次随机抽取一把钥匙试开一次, 若不能打开门就去除该钥匙. X 表示直到打开门时总的试开次数, 求 X 的概率分布和数学期望.

第5章 大数定律与中心极限定理

概率论与数理统计是研究随机现象统计规律性的学科,而随机现象的统计规律性是在大量重复试验中呈现出来的. 例如, 在概率的统计学定义中我们了解到, 随机事件发生的频率具有稳定性, 即当试验的次数足够多时, 频率稳定地在该事件发生的概率值附近摆动, 这是说明频率在一定的收敛意义下收敛于事件发生的概率, 这就是最早的大数定律研究的内容. 事实上, 许多随机试验的平均结果也具有相同的性质, 大数定律将通过理论推导论述随机现象的这一统计规律性. 中心极限定理则在此基础上进一步给出了大量独立随机变量之和的概率分布.

大数定律和中心极限定理是概率论中的基本理论之一, 在理论研究和实际应用方面都十分重要, 是许多数理统计方法的基础. 本章介绍几个常用的大数定律和中心极限定理.

5.1 大 数 定 律

首先介绍一个证明大数定律主要的数学工具 —— 切比雪夫不等式.

5.1.1 切比雪夫 (Chebyshev) 不等式

定理 5.1.1(切比雪夫不等式)   设随机变量 X 具有数学期望 $EX = \mu$ 和方差 $DX = \sigma^2 (\sigma^2$ 有限$)$, 则对任意给定的正数 ε, 恒有

$$p\{|X - \mu| \geqslant \varepsilon\} \leqslant \frac{\sigma^2}{\varepsilon^2}. \tag{5.1.1}$$

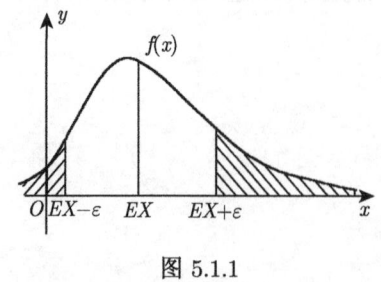

图 5.1.1

切比雪夫不等式对于连续型和离散型随机变量都成立. 对于连续型随机变量情形 (图 5.1.1), 不等式左端的概率对应密度曲线下两侧尾部阴影部分面积之和. 这里只给出 X 为连续型随机变量情形的证明.

证明   设随机变量 X 的分布密度函数为 $f(x)$, 则

$$p\{|X - \mu| \geqslant \varepsilon\} = \int_{|X - \mu| \geqslant \varepsilon} f(x) \mathrm{d}x.$$

5.1 大 数 定 律

在上式积分区域中有 $(x-\mu)^2 \geqslant \varepsilon^2$, 即 $\dfrac{(x-\mu)^2}{\varepsilon^2} \geqslant 1$, 将上式右侧积分函数放大为 $\dfrac{(x-\mu)^2}{\varepsilon^2} f(x)$, 有

$$p\{|X-\mu| \geqslant \varepsilon\} \leqslant \int_{|X-\mu|\geqslant\varepsilon} \dfrac{(x-\mu)^2}{\varepsilon^2} f(x)\mathrm{d}x$$

$$\leqslant \dfrac{1}{\varepsilon^2} \int_{-\infty}^{+\infty} (x-\mu)^2 f(x) \mathrm{d}x$$

$$= \dfrac{DX}{\varepsilon^2} = \dfrac{\sigma^2}{\varepsilon^2}.$$

切比雪夫不等式表明, 当 ε 给定时, 随机变量 X 的方差 σ^2 越小, 则事件 $\{|X-\mu|\geqslant\varepsilon\}$ 发生的概率越小, 即 X 的取值集中地分布在其期望 μ 附近. 可见方差 σ^2 刻画了随机变量取值的离散程度.

在随机变量 X 的方差已知情况下, 切比雪夫不等式给出了 X 与其期望 μ 的偏差不小于 ε 的概率估计方法. 如取 $\varepsilon = 3\sigma$, 则有

$$p\{|X-\mu|\geqslant 3\sigma\} \leqslant \dfrac{\sigma^2}{9\sigma^2} \approx 0.111,$$

回顾例 2.2.11 可知, 当 X 为正态分布时, 有

$$p\{|X-\mu|\geqslant 3\sigma\} \approx 0.003 < \dfrac{1}{9}.$$

可见, 切比雪夫不等式只是粗略地给出了事件 $\{|X-\mu|\geqslant\varepsilon\}$ 发生概率的一个上限, 但该不等式中对 X 的概率分布未做任何要求, 只要求其期望和方差存在, 适用范围比较广泛. 在实际应用中, 是一个常用的概率估算理论工具.

例 5.1.1 设每日到某商场进行购物的顾客人数为随机变量 X, 其概率分布未知, 据以往统计数据, 已知 X 的期望值为 200, 标准差为 40, 试估计每日到该商场的顾客人数多于 120 但少于 180 的概率?

解 X 的概率分布未知, 现用切比雪夫不等式对概率 $p\{120<X<280\}$ 进行估算. 已知 $\mu=200, \sigma=40$, 则

$$p\{120<X<280\} = p\{|X-200|<80\} = 1-p\{|X-200|\geqslant 80\}$$

$$= 1-p\{|X-\mu|\geqslant 2\sigma\} \geqslant 1-\dfrac{1}{4} = \dfrac{3}{4},$$

即每日到该商场的顾客人数多于 120 但少于 180 的概率不小于 0.75.

例 5.1.2 由切比雪夫不等式证明, 若随机变量 X 满足 $DX=0$, 则有 $p\{X=EX\}=1$.

证明 任意给定 $\varepsilon > 0$, 由切比雪夫不等式有

$$p\{|X - EX| \geqslant \varepsilon\} \leqslant \frac{DX}{\varepsilon^2} = 0,$$

则对于其对立事件, 有

$$p\{|X - EX| < \varepsilon\} = 1.$$

由 ε 的任意性, 有

$$p\{X = EX\} = 1.$$

上述结论表明, 若随机变量 X 的方差为零, 则除去一个零概率事件 $\{X \neq EX\}$ 外, X 退化成仅仅取 EX 一个值的随机变量.

5.1.2 切比雪夫大数定律

定理 5.1.2 (切比雪夫大数定律) 设随机变量 $X_1, X_2, \cdots, X_n, \cdots$ 相互独立, 都具有有限的方差, 且方差有共同的上界, 即 $DX_i \leqslant K, i = 1, 2, \cdots$, 则对任意的 $\varepsilon > 0$, 有

$$\lim_{n \to \infty} p\left\{\left|\frac{1}{n}\sum_{i=1}^{n} X_i - \frac{1}{n}\sum_{i=1}^{n} EX_i\right| < \varepsilon\right\} = 1. \tag{5.1.2}$$

证明 由期望和方差的性质, 有

$$E\left(\frac{1}{n}\sum_{i=1}^{n} X_i\right) = \frac{1}{n}\sum_{i=1}^{n} EX_i, \quad D\left(\frac{1}{n}\sum_{i=1}^{n} DX_i\right) = \frac{1}{n^2}\sum_{i=1}^{n} DX_i \leqslant \frac{K}{n}.$$

由切比雪夫不等式, 对任意 $\varepsilon > 0$, 有

$$p\left\{\left|\frac{1}{n}\sum_{i=1}^{n} X_i - \frac{1}{n}\sum_{i=1}^{n} EX_i\right| \geqslant \varepsilon\right\} \leqslant \frac{K}{n\varepsilon^2},$$

其对立事件

$$p\left\{\left|\frac{1}{n}\sum_{i=1}^{n} X_i - \frac{1}{n}\sum_{i=1}^{n} EX_i\right| < \varepsilon\right\} \geqslant 1 - \frac{K}{n\varepsilon^2},$$

令 $n \to \infty$, 则有

$$\lim_{n \to \infty} p\left\{\left|\frac{1}{n}\sum_{i=1}^{n} X_i - \frac{1}{n}\sum_{i=1}^{n} EX_i\right| < \varepsilon\right\} = 1.$$

这一结论是 1866 年由切比雪夫提出的, 它是关于大数定理的一个相当普遍的结论. 该定律表明, 如果独立随机变量序列 $X_1, X_2, \cdots, X_n, \cdots$ 具有共同的方差上界, 则当 n 无限增大时, 其算术平均值 $\overline{X_n} = \frac{1}{n}\sum_{i=1}^{n} X_i$ 收敛于它的数学期望

$E\left(\frac{1}{n}\sum_{i=1}^{n}X_i\right)$, 即此时随机事件 $\left\{\frac{1}{n}\sum_{i=1}^{n}X_i = E\left(\frac{1}{n}\sum_{i=1}^{n}X_i\right)\right\}$ 几乎是必定发生. 该定理给出了平均值稳定性的科学描述, 也为统计方法的实践应用中, 利用样本均值估计总体均值的方法提供了理论依据.

作为切比雪夫大数定律的特殊情况, 还有以下定理.

定理 5.1.3 设 $X_1, X_2, \cdots, X_n, \cdots$ 是独立同分布的随机变量序列, 且 $EX_i = \mu, X_i = \sigma^2 (i = 1, 2, \cdots)$, 记 $\overline{X_n} = \frac{1}{n}\sum_{i=1}^{n}X_i$, 则对任意的 $\varepsilon > 0$, 有

$$\lim_{n\to\infty} p\left\{\left|\overline{X_n} - \mu\right| < \varepsilon\right\} = 1. \tag{5.1.3}$$

该定律是切比雪夫大数定律的特殊情况, 证明略.

例 5.1.3 设 $X_1, X_2, \cdots, X_n, \cdots$ 相互独立, 且均服从正态分布 $N(2, 4)$, 记前 n 个 X_i 的平均 $\overline{X_n} = \frac{1}{n}\sum_{i=1}^{n}X_i$, 试估计概率 $p\left\{\left|\overline{X_n} - 2\right| < 0.5\right\}$ 的值.

解 利用切比雪夫不等式, 取 $\varepsilon = 0.5, E\overline{X_n} = \mu = 2, \overline{X_n} = \frac{\sigma^2}{n} = \frac{4}{n}$, 有

$$p\left\{\left|\overline{X_n} - 2\right| < 0.5\right\} \geqslant 1 - \frac{4}{0.25n}.$$

$n = 100$ 时,
$$p\left\{\left|\overline{X_n} - 2\right| < 0.5\right\} \geqslant 1 - \frac{4}{25} = 0.84;$$

$n = 1000$ 时,
$$p\left\{\left|\overline{X_n} - 2\right| < 0.5\right\} \geqslant 1 - \frac{4}{250} = 0.984;$$

$n = 10000$ 时,
$$p\left\{\left|\overline{X_n} - 2\right| < 0.5\right\} \geqslant 1 - \frac{4}{2500} = 0.9984,$$

可以直观地看到, 事件 $p\left\{\left|\overline{X_n} - 2\right| < 0.5\right\}$ 的概率随着 n 增大越来越接近于 1, 即随着 n 的增大, $\overline{X_n}$ 越来越集中地分布在均值 μ 附近.

作为定理 5.1.3 的一个重要特例, 当随机变量 $X_i(i = 1, 2, \cdots)$ 表示在第 i 次伯努利试验中事件 A 发生的次数, 即

$$X_i = \begin{cases} 1, & \text{第 } i \text{ 次试验 } A \text{ 发生}, \\ 0, & \text{第 } i \text{ 次试验 } A \text{ 不发生} \end{cases} (i = 1, 2, \cdots),$$

频数 $k_n = \sum_{i=1}^{n}X_i$, 可得到下面的伯努利大数定律.

5.1.3 伯努利大数定律

定理 5.1.4 (伯努利大数定律) 设 k_n 表示 n 重伯努利试验中事件 A 发生的频数, p 为事件 A 发生的概率, 则对任意的 $\varepsilon > 0$, 有

$$\lim_{n \to \infty} p\left\{\left|\frac{k_n}{n} - p\right| < \varepsilon\right\} = 1.$$

证明 设随机变量 $X_i(i=1,2,\cdots)$ 表示第 i 次独立试验中事件 A 发生的次数, 则频数 $k_n = \sum_{i=1}^{n} X_i$, 对于频率 $\frac{k_n}{n} = \frac{1}{n}\sum_{i=1}^{n} X_i$, 有

$$E\left(\frac{k_n}{n}\right) = \frac{1}{n}(EX_1 + \cdots + EX_n) = p, \quad D\left(\frac{k_n}{n}\right) = \frac{1}{n^2}(DX_1 + \cdots + DX_n) = \frac{p(1-p)}{n}.$$

由切比雪夫不等式, 有

$$p\left\{\left|\frac{k_n}{n} - p\right| \geqslant \varepsilon\right\} \leqslant \frac{p(1-p)}{\varepsilon^2 n},$$

其对立事件

$$p\left\{\left|\frac{k_n}{n} - p\right| < \varepsilon\right\} \geqslant 1 - \frac{p(1-p)}{\varepsilon^2 n},$$

令 $n \to \infty$ 其, 则有

$$\lim_{n \to \infty} p\left\{\left|\frac{k_n}{n} - p\right| < \varepsilon\right\} = 1.$$

从上述结论可看到, 大数定律以严格的数学形式表达了随机现象最根本的性质之一: 即平均结果的稳定性. 它是随机现象统计规律性的具体表现, 也为我们提供了通过试验来确定事件概率的方法.

5.2 中心极限定理

在实际问题中, 许多随机现象是由大量相互独立的随机因素综合影响所形成的. 例如, 炮弹的弹着点与目标的偏差, 受到诸如大炮自身结构导致的误差、瞄准时的误差以及风速、风向等许多随机因素的干扰, 人们关心的是这些随机因素造成的总的影响.

我们已经了解到正态分布在自然界中极为常见. 研究表明, 当一个量是由大量相互独立的随机因素共同影响所造成的, 而每一个因素在总影响中所起的作用都是微小的, 则这个量一般都服从或近似服从正态分布. 现在我们就来研究独立随机变量之和所特有的规律性. 当随机变量的个数无限增大时, 它们之和的极限分布是什

么呢? 在什么条件下和的极限分布会是正态分布? 中心极限定理就是针对这些问题得出的一类定理, 先通过一个例子来理解中心极限定理的意义.

例 5.2.1 设 $X_1, X_2, \cdots, X_n, \cdots$ 是独立且具有相同 0—1 分布的随机变量序列, 设 $p\{X=1\}=0.5$. 现考察随机变量序列前 n 项和 $Y_n = X_1 + X_2 + \cdots + X_n$ 的分布情况.

当 $n=2$ 时, $Y_2 = X_1 + X_2$, 其分布列如下

Y_2	0	1	2
p	$\frac{1}{4}$	$\frac{1}{2}$	$\frac{1}{4}$

且 $EY_2 = 1, DY_2 = \dfrac{1}{2}$;

当 $n=5$ 时, $Y_5 = X_1 + X_2 + \cdots + X_5$, $EY_5 = 2.5, DY_5 = 1.25$;

Y_5	0	1	2	3	4	5
p	$\frac{1}{32}$	$\frac{5}{32}$	$\frac{10}{32}$	$\frac{10}{32}$	$\frac{5}{32}$	$\frac{1}{32}$

当 $n=10$ 时, $Y_{10} = \sum\limits_{i=1}^{10} X_i$, $EY_{10} = 5, DY_{10} = 2.5$;

Y_{10}	0	1	2	3	4	5	6	7	8	9	10
p	$\frac{1}{1024}$	$\frac{10}{1024}$	$\frac{45}{1024}$	$\frac{120}{1024}$	$\frac{210}{1024}$	$\frac{252}{1024}$	$\frac{210}{1024}$	$\frac{120}{1024}$	$\frac{45}{1024}$	$\frac{10}{1024}$	$\frac{1}{1024}$

当 $n=20$ 时, $Y_{20} = \sum\limits_{i=1}^{20} X_i$, $EY_{20} = 10, DY_{20} = 5$;

Y_{20}	0	1	2	3	4	5	6
p	9.54×10^{-7}	1.91×10^{-5}	1.81×10^{-4}	1.09×10^{-3}	4.62×10^{-3}	1.48×10^{-2}	3.70×10^{-2}
Y_{20}	7	8	9	10	11	12	13
p	0.074	0.12	0.16	0.18	0.16	0.12	0.074
Y_{20}	14	15	16	17	18	19	20
p	3.70×10^{-2}	1.48×10^{-2}	4.62×10^{-3}	1.09×10^{-3}	1.81×10^{-4}	1.91×10^{-5}	9.54×10^{-7}

对 $n=2,5,10,20$ 时, 随机变量和 Y_n 的分布条形图如图 5.2.1(a)—(d) 所示. 可见, 随着 n 的增大, 其分布逐渐趋于对称, 正态分布的中间高、两边低, 左右对称的钟形线特征越来越明显. 中心极限定理针对这一统计规律性给出了理论证明.

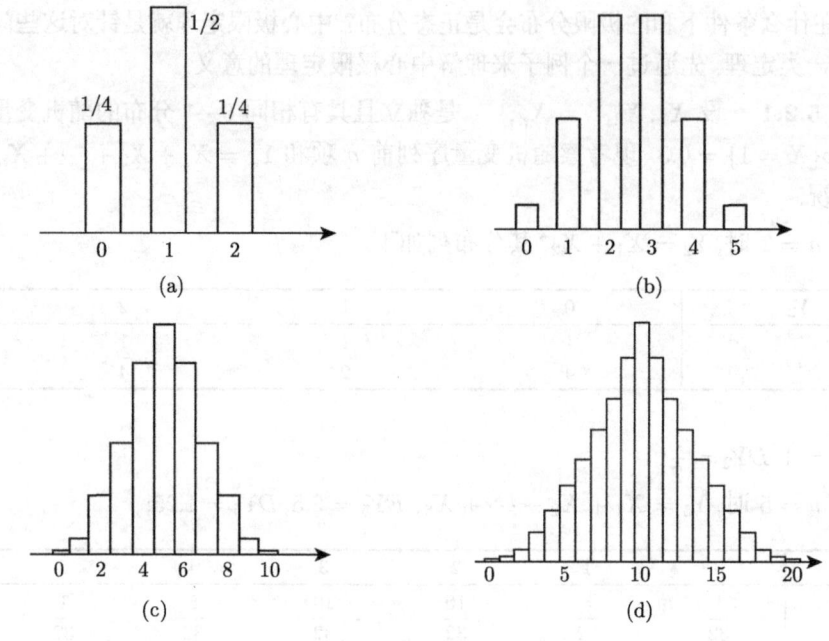

图 5.2.1

定理 5.2.1 (独立同分布的中心极限定理) 设 $X_1, X_2, \cdots, X_n, \cdots$ 是独立同分布随机变量序列, 且 $EX_i = \mu, X_i = \sigma^2$ (σ^2 有限且不为零), $i = 1, 2, \cdots$, 则前 n 个随机变量之和为

$$Y_n = X_1 + X_2 + \cdots + X_n = \sum_{i=1}^{n} X_i,$$

当 $n \to \infty$ 时, Y_n 的分布函数将收敛于正态分布 $N(n\mu, n\sigma^2)$, 即

$$\frac{Y_n - n\mu}{\sqrt{n}\sigma} \stackrel{\text{a.d}}{\sim} N(0,1).$$

该中心极限定理是在 1920 年由林德伯格 (Lindeberg) 和列维 (Levy) 独立地发现的, 又称**林德伯格–列维中心极限定理**. 该定理表明, 任何一个具有非零有限方差的独立同分布随机变量序列, 当 $n \to \infty$ 时, 它们的和都近似服从正态分布.

当独立随机变量序列服从 0—1 分布时, 就得到以下的中心极限定理.

定理 5.2.2 (棣莫佛–拉普拉斯定理) 设随机变量序列 $X_1, X_2, \cdots, X_n, \cdots$ 相互独立, 且都服从参数为 p 的 0—1 分布, 设 $Y_n = \sum_{i=1}^{n} X_i$, 则对于任何实数 y, 有

$$\lim_{n \to \infty} p\left\{\frac{Y_n - np}{\sqrt{np(1-p)}} \leqslant y\right\} = \Phi(y), \qquad (5.2.1)$$

5.2 中心极限定理

其中 $\Phi(y)$ 为标准正态分布 $N(0,1)$ 的分布函数.

定理中 Y_n 为二项分布 $B(n,p)$, 该定理说明二项分布的极限分布是正态分布.

例 5.2.2 某公司有 200 名员工参加一项资格证书考试, 按以往的经验, 该项考试通过率为 80%, 试计算这 200 名员工至少有 150 人通过该项考试的概率.

解 将每位员工参加该项考试视为一次伯努利试验, 令

$$X_i = \begin{cases} 1, & \text{第 } i \text{ 位员工通过考试}, \\ 0, & \text{第 } i \text{ 位员工未通过考试} \end{cases} \quad (i = 1, 2, \cdots, 200).$$

据题意有

$$p = 0.8, \quad np = 160, \quad np(1-p) = 32.$$

令

$$Y_{200} = \sum_{i=1}^{200} X_i$$

表示这 200 人中通过该项考试的总人数, 据定理 5.2.2, 有

$$\begin{aligned} p\{Y_{200} \geqslant 150\} &= 1 - p\{Y_n < 150\} \\ &= 1 - p\left\{\frac{Y_{200} - 160}{\sqrt{32}} < \frac{150 - 160}{\sqrt{32}}\right\} \\ &\approx 1 - \Phi(-1.77) = 0.96. \end{aligned}$$

即这 200 名员工至少有 150 人通过该项考试的概率约为 0.96.

例 5.2.3 某城市规划部门在设计某住宅小区时需估算小区电负荷, 假设该小区有 300 户居民, 每晚 5:30~7:30 每户居民使用电器的总功率 $X_i \sim U[1,3]$ ($i = 1, 2, \cdots, 300$)(单位: kW), 则这一时段该小区总用电负荷设计至少多大, 才能保证居民正常用电的概率不低于 0.99?

解 设这一时段该小区总电器功率为 $Y_{300} = \sum_{i=1}^{300} X_i$, 而设计的总电负荷为 k (kW), 则 k 值需满足 $p\{Y \leqslant k\} \geqslant 0.99$. 已知 $X_i \sim U[1,3]$ ($i = 1, 2, \cdots, 300$), 可计算得

$$EX_i = 2, \quad DX_i = \frac{1}{3}, \quad EY = E\left(\sum_{i=1}^{300} X_i\right) = 600, \quad DY = 10^2.$$

由林德伯格–列维中心极限定理, 有 $Y = \sum_{i=1}^{300} X_i \stackrel{\text{a.d}}{\sim} N(600, 10^2)$, 则 k 值需满足

$$p\{Y \leqslant k\} = p\left\{\frac{Y - 600}{10} \leqslant \frac{k - 600}{10}\right\}$$

$$\approx \Phi\left(\frac{k-600}{10}\right) \geqslant 0.99,$$

查标准正态分布附表, 可得 $\Phi(2.33) = 0.9901$, 由 $\frac{k-600}{10} \geqslant 2.33$, 解出 $k \geqslant 623.3$.

即这一时段该小区总电负荷设计至少为 623.3 kW, 才能保证居民正常用电的概率不低于 0.99.

例 5.2.4 假设某种电子元件使用寿命 (单位: h) 服从参数为 λ 的指数分布, 其平均使用寿命为 20h, 若使用中一个元件损坏便立即更换另一个新的元件. 已知每个元件进价为 a 元, 假定一年中这种元件总的工作时间为 2000h, 则应该为购买这种元件作多少预算, 才能使这一年内购买该元件的费用够用的概率不低于 95%.

解 设 X_i 表示第 i 个元件的寿命, 则 $X_i \sim \text{Exp}(\lambda)$ $(i=1,2,\cdots)$ 有

$$EX_i = \frac{1}{\lambda} = 20, \quad DX_i = \frac{1}{\lambda^2} = 400 \quad (i=1,2,\cdots).$$

设这一年总共需要 n 个元件, 则预算经费为 na 元. n 个元件总的使用寿命为

$$X = \sum_{i=1}^{n} X_i,$$

有

$$EX = E\sum_{i=1}^{n} X_i = 20n, \quad DX = D\sum_{i=1}^{n} X_i = 400n.$$

当 n 足够大时, 根据定理 5.2.1, 有

$$\frac{X-20n}{\sqrt{400n}} \stackrel{\text{a.d}}{\sim} N(0,1).$$

n 应该满足 $p\{X \geqslant 2000\} \geqslant 0.95$, 即

$$p\{X < 2000\} < 0.05,$$

计算得

$$p\{X < 2000\} \approx \Phi\left(\frac{2000-20n}{\sqrt{400n}}\right) = \Phi\left(\frac{100-n}{\sqrt{n}}\right) < 0.05,$$

即

$$\Phi\left(\frac{n-100}{\sqrt{n}}\right) \geqslant 0.95,$$

查标准正态附表得 $\frac{n-100}{\sqrt{n}} \geqslant 1.65$, 即 $n \geqslant 118$, 此时, 为这一年购买该种元件的预算金额至少应为 $na = 118a$ 元.

*5.3 拓展与应用

5.3.1 拓展阅读

1. 中心极限定理的发展历史

中心极限定理 (central limit theorem) 是概率论中讨论随机变量序列部分和分布渐近于正态分布的一类定理. 这组定理是数理统计学和误差分析的理论基础, 指出了大量随机变量积累分布函数收敛到正态分布的条件. 它是概率论中最重要的一类定理, 有广泛的实际应用背景.

中心极限定理有着有趣的历史. 最早的中心极限定理是讨论 n 重伯努利试验中, 事件 A 出现的次数渐近于正态分布的问题. 1716 年前后, 棣莫弗对 n 重伯努利试验中每次试验事件 A 出现的概率为 $1/2$ 的情况进行了讨论, 他在 1733 年发表的论文中使用正态分布去估计大量抛硬币试验中正面出现次数的分布. 这个超越时代的成果险些被历史遗忘, 所幸著名法国数学家拉普拉斯在 1812 年发表的巨著 Théorie Analytique des Probabilités 《概率分析理论》中拯救了这个默默无名的理论. 拉普拉斯扩展了棣莫弗的理论, 指出二项分布可用正态分布逼近. 但同棣莫弗一样, 拉普拉斯的发现在当时并未引起很大的反响. 直到 19 世纪末中心极限定理的重要性才被世人所知. 1901 年, 俄国数学家李雅普诺夫用更普通的随机变量定义中心极限定理, 并在数学上进行精确的证明. 数学家前后用了近 200 年的时间研究有关独立随机变量和的极限分布的问题, 该问题是概率论研究和发展过程中的一个中心议题, 因此这一系列定理被称为中心极限定理.

极限定理是概率论的重要内容, 也是数理统计学的基石之一. 中心极限定理被认为是概率论中的首席定理. 长期以来, 对于极限定理的研究所形成的概率论分析方法, 影响着概率论的发展. 同时新的极限理论问题也在实际中不断产生.

2. 高尔顿钉板实验

英国生物统计学家高尔顿曾设计一个用来研究随机现象的模型, 称为高尔顿钉板 (或高尔顿板). 如图 5.3.1 所示, 每一黑点表示钉在板上的一颗钉子, 它们彼此的距离均相等, 上一层的每一颗的水平位置恰好位于下一层的两颗正中间.

从入口处放进一个直径略小于两颗钉子之间的距离的小圆玻璃球, 当小圆球向下降落过程中, 碰到钉子后向左或向右落下, 于是又碰到下一层钉子. 如此继续下去, 直到滚到底板的一个格子内为止. 把许许多多同样大小的小球不断从入口处放下, 只要球的数目相当大, 它们在底板将堆成近似于正态分布函数图形 (即: 中间高、两头低, 呈左右对称的钟型曲线).

下面用中心极限定理解释高尔顿钉板实验所显示的实验结果.

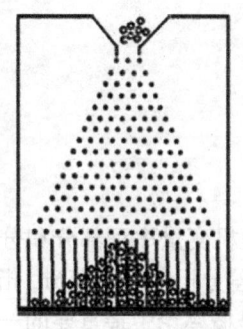

图 5.3.1 高尔顿钉板

设 n 是钉板上钉子的横排的排数,令

$$X_i = \begin{cases} 1, & \text{第 } i \text{ 次碰钉后小球向左} \\ -1, & \text{第 } i \text{ 次碰钉后小球向右} \end{cases} \quad (i=1,2,\cdots,n),$$

由于小球下落过程中碰到钉子时,从钉子左侧或右侧落下的机会相等,因此有

$$p\{X_i=1\} = p\{X_i=-1\} = \frac{1}{2},$$
$$EX_i = 0, DX_i = 1 \quad (i=1,2,\cdots,n).$$

令 $Y_n = \sum_{i=1}^{n} X_i$ 表示经过 n 次碰钉以后小球落下的位置,由中心极限定理可知,当 n 充分大时,Y_n 近似服从正态分布 $N(0,n)$.

5.3.2 拓展应用

例 5.3.1 (民意调查问题) 某大城市为了缓解交通拥堵,准备采取一项新的交通管制措施. 主管部门希望通过抽样调查了解市民对该项措施的支持率 p. 如果直接用被调查的部分市民中赞成者的比例 $\hat{p}$ 作为全市的支持率 p 的估计,问至少需要调查多少人,才能保证估计值 $\hat{p}$ 与真实值 p 之间的差异不超过 0.05 的概率不低于 90%?

解 设共随机调查 n 个市民,令

$$X_i = \begin{cases} 1, & \text{第 } i \text{ 个被调查者赞成该措施}, \\ 0, & \text{第 } i \text{ 个被调查者不赞成该措施} \end{cases} \quad (i=1,2,\cdots,n),$$

则

$$p = p\{X_i = 1\}, \quad \hat{p} = \frac{1}{n}\sum_{i=1}^{n} X_i.$$

按题意,被调查的人数 n 应满足 $p\{|\hat{p}-p| \leqslant 0.05\} \geqslant 0.90$. 据棣莫弗–拉普拉斯定理,有

$$Z_n = \frac{\sum_{i=1}^{n} X_i - np}{\sqrt{np(1-p)}} \stackrel{\text{a.d}}{\sim} N(0,1),$$

即

$$Z_n = \frac{\frac{1}{n}\sum_{i=1}^{n} X_i - p}{\sqrt{p(1-p)}/\sqrt{n}} = \frac{(\hat{p}-p)\sqrt{n}}{\sqrt{p(1-p)}} \stackrel{\text{a.d}}{\sim} N(0,1),$$

则

$$p\{|\hat{p}-p|\leqslant 0.05\}=p\left\{|Z_n|\leqslant 0.05\times\sqrt{\frac{n}{p(1-p)}}\right\}$$
$$\approx 2\Phi\left(0.05\sqrt{\frac{n}{p(1-p)}}\right)-1\geqslant 0.90,$$

得 $\Phi\left(0.05\sqrt{\dfrac{n}{p(1-p)}}\right)\geqslant 0.95$,查标准正态附表得 $0.05\sqrt{\dfrac{n}{p(1-p)}}\geqslant 1.65$,解出 $n\geqslant 270.6$,即此时至少需要调查 271 个市民.

例 5.3.2 (商业保险公司的中盈亏问题) 假设某市保险公司开办一年期重大人身事故保险业务,被保险人每年交付保险费 100 元,若一年内发生重大人身事故,则其本人或家属可获 1 万元赔偿金. 现有 5000 人独立地参加此项保险,假设每一位参保人员一年内发生重大人身事故的概率均为 0.005,试求保险公司一年内从此项业务所得总收益在 20 万 —40 万的概率及保险公司亏本的概率.

解 令

$$X_i=\begin{cases}1,& \text{第 }i\text{ 名参保人员发生人身事故},\\ 0,& \text{第 }i\text{ 名参保人员未发生人身事故}\end{cases}(i=1,2,\cdots,5000).$$

$X=\sum\limits_{i=1}^{5000}X_i$ 表示在这 5000 个参保人员中,这一年内发生重大事故的人数,则有

$$X\sim B(5000,0.005),\quad np=25,\quad np(1-p)=24.875.$$

此处不考虑保险公司其他费用,则这项业务的总收益 (单位:万元) 为

$$0.01\times 5000-X=50-X,$$

据定理 5.2.2,有

$$p\{20\leqslant 50-X\leqslant 40\}=p\{-15\leqslant X-25\leqslant 5\}$$
$$\approx\Phi\left(\frac{30-25}{\sqrt{24.875}}\right)-\Phi\left(\frac{10-25}{\sqrt{24.875}}\right)$$
$$\approx\Phi(1.003)-\Phi(-3.008)$$
$$\approx 0.8403,$$

而保险公司亏本的概率为

$$p\{50-X<0\}=1-p\{X\leqslant 50\}$$

$$\approx 1 - \Phi\left(\frac{50-25}{\sqrt{24.875}}\right)$$
$$\approx 1 - \Phi(5.013)$$
$$\approx 0.000000269.$$

可见, 在参保的人数很多, 且每位参保人这一年内发生重大人身事故的概率足够小 (本例仅为 0.005) 的情况下, 保险公司的这项保险业务几乎是稳赚不赔的. 当然, 作为投保人, 以较少的保险费用来抵御可能的意外事故造成的巨大风险也具有重要的现实意义.

例 5.3.3(座位数的合理设置问题) 电影院、航空公司等都需要根据一定条件下顾客的需求来合理的设置或安排座位数, 在满足客户需求的同时尽量减少空座数, 降低成本, 提高收益. 本例中讨论某线路航班座位设置问题.

假设甲地与乙地之间有两个不同航空公司的两个航班, 两个航班的机型、出发时间、到达时间以及机票价格等条件均相同. 现假定有 600 位乘客, 他们独立地、等可能地选择其中某一个航班. 试讨论其中一个航班的飞机应设置多少个座位, 才能使该航班因满员而造成损失的概率不超过 0.01.

解 令 $X_i = \begin{cases} 1, & \text{第 } i \text{ 名乘客选择该航班}, \\ 0, & \text{第 } i \text{ 名乘客未选择该航班} \end{cases}$ $(i = 1, 2, \cdots, 600)$.

$X = \sum_{i=1}^{600} X_i$ 表示在这 600 名乘客中选择该航班的人数, 则

$$X \sim B(600, 0.5), \quad EX = 300, \quad DX = 150.$$

由定理 5.22 有 $X \xrightarrow{\text{a.d}} N(300, 150)$. 设该航班飞机设有 $s(s < 600)$ 个座位, 则数值 s 应满足 $p\{X > s\} \leqslant 0.01$, 即

$$p(X > s) \approx 1 - \Phi\left(\frac{s-300}{\sqrt{150}}\right) \leqslant 0.01,$$

查标准正态附表有 $\Phi(2.33) = 0.99$, 解得 $s = 329$, 即其中一个航班的飞机至少应设置 329 个座位, 才能使该航班因满员而造成损失的概率不超过 0.01.

进一步思考, 如果同一航线有多个航空公司竞争, 应如何合理设置飞机座位?

设某一航线上同时有 m 个航班竞争 $n(m < n)$ 个相互独立的乘客. 随机变量 X 表示中 n 个乘客中选乘某一航班的人数, 则 $X \sim B\left(n, \dfrac{1}{m}\right)$. 航空公司给定一个因满员而造成损失的风险上限 α $(0 < \alpha < 1)$, 并假设执行航班的飞机设置有 $s(s < n)$ 个座位, 需要求出满足 $p\{X > s\} \leqslant \alpha$ 的数值 s. 由定理 5.2.2, 有

$X \stackrel{\text{a.d}}{\sim} N\left(\dfrac{n}{m}, \dfrac{n}{m}\left(1-\dfrac{1}{m}\right)\right)$，则

$$p\{X>s\} \approx 1-\Phi\left(\dfrac{s-n/m}{\dfrac{\sqrt{n(m-1)}}{m}}\right) \leqslant \alpha,$$

解得 $s \geqslant \dfrac{\sqrt{n(m-1)}}{m} Z_\alpha + \dfrac{n}{m}$.

可以通过取几组具体数据进行演算，当 n 给定时，航班数航线数 (m)、座位数 (s) 以及空座位数的变化如表 5.3.1 所示.

表 5.3.1

航线数 (m)	座位数 (s)	空座位数
2	537	74
3	368	105
4	281	128
5	229	147

由表 5.3.1 可看出，当同一航线可选择的航班数增多时，每一名乘客的选择更灵活，因而每个航班的乘客数变化不确定性也随之增加. 此时，如果仅仅追求因满坐无法售票的损失最小化而增加座位数，将导致出现较多空座的可能性增大，同样会降低运营效率和收益.

切比雪夫

习 题 5

(A)

1. 试回答下面问题并给出说明

(1) 将一枚质地均匀的硬币独立地抛掷 n 次，对于 $n=10$ 和 $n=100$，你认为哪一种情况出现正面朝上和反面朝上次数相同的可能性大？

(2) 将一枚质地均匀的硬币独立地抛掷 n 次，对于 $n=10$ 和 $n=100$，你认为哪一种情况下正面朝上的比例为 40%—60% 的可能性大？

2. 现有一个罐子，装有 10 个编号分别为 0～9 的同样的球，从罐子中有放回地随机抽取球若干次，每次取一个，并记下编号.

(1) 设 $X_i = \begin{cases} 1, & \text{若第 } i \text{ 次取到编号 } 0 \\ 0, & \text{否则} \end{cases}$ $(i=1,2,\cdots)$，则随机变量序列 $\{X_i\}$ 是否服从大数定理？

(2) 问至少应取球多少次才能使 "0" 出现的频率为 0.09～0.11 的概率不小于 0.95？

3. 一批产品的废品率为 0.03,利用切比雪夫不等式估计 1000 个同类产品中废品数多于 20 且少于 40 的概率.

4. 据以往的经验,某种电气元件的寿命(单位:h)服从均值为 100 h 的指数分布. 先随机抽取这种元件 36 个,设它们的寿命是相互独立的,求这 36 个元件的寿命总和大于 3920h 的概率.

5. 一位职员每天乘坐某线路公交车上班. 如果每天用于等车的时间(单位:min)服从均匀分布 $U[0, 10]$,估算她在一年 303 个工作日中用于上班等车的时间之和大于 24h 的概率.

6. 已知仪器上装有某型号的电子元件 10000 只,每只在使用期内报废的概率均为 0.3,对使用期内报废元件个数 x 做出估计,该得使用期内废数元件个数不超过 x 的概率不低于 99%.

7. 某保险公司的统计资料表明,在索赔客户中被盗盗窃的客户占 20%,用 X 表示在随机抽查的 100 个索赔客户中因被盗窃向公司索赔的客户数,求:

(1) X 的概率分布;

(2) 利用棣莫弗—拉普拉斯定理,求其中被盗窃客户数为 14~30 的概率.

8. 假设现有 1000 名观众随机地选择甲或乙两个影院中的一个观看某一场电影,并假定观众之间的选择是彼此独立的. 求每家电影院至少应该设置的坐位数 a,使得观众由于坐位售空而离去的概率小于 1%.

(B)

1. (保险公司盈利问题) 一家保险公司在某城市开展交通事故保险业务,每个投保人每年缴付 18 元保险费,一旦发生交通事故,保险公司赔偿 1 万元. 现有 10 万人购买了本年度的这项保险,假设每位投保人本年内遭受交通事故的概率均为千分之一,而保险公司该项保险的其他成本总计 40 万元.

(1) 本年度保险公司此项业务亏本的概率有多大?

(2) 本年度此项业务平均利润是多少?

2. 一家食品店有三种小面包出售,每一种的售价分别为 1 元,1.2 元和 1.5 元每块,据以往经验,顾客中选择购买这三种面包的比例分别为 30%,20% 和 50%. 假设某一天该食品店一共出售了 300 块小面包.

(1) 问这一天这三种面包的销售额至少为 380 元的概率;

(2) 求这一天出售价格为 1.2 元每块的面包多于 60 块的概率.

3. (系统可靠性问题) (1) 一个复杂的系统由 100 个相互独立的部件组成,在整个运行期间每个部件损坏的概率均为 0.10. 为了使整个系统正常工作,必须保证至少 85 个部件正常工作,求整个系统正常工作的概率.

(2) 一个复杂系统由 n 个相互独立的部件组成. 每个部件正常工作的概率为 0.90,且必须至少有 80% 的部件正常工作才能使整个系统正常,求 n 至少为多少时才能使系统的可靠性不低于 0.975.

4. (产品检验问题) 工厂检验员逐个地检查产品,每次检查一个的时间为 10s,若怀疑产品有问题,则需要重复检验一次再用去 10s. 假定每个产品需要重复检查的概率为 0.5,求在一天工作 8h 时间内检验员检查的产品多于 1900 个的概率.

习 题 5

5. (供电问题) 某车间有 200 台同样的车床, 每台车床的工作是独立的. 在生产期间每一台车床处于工作的概率为 0.6, 工作时时需要电力 1000W. 为了能以 99.9% 的概率保证该车间不会因电力不足而影响生产, 问同一时间内至少应该供应多少瓦电力才?

6. (印刷错误与校对问题) 设有一本书共 300 页, 该书第一稿中每页的打印错误数均服从参数为 6 的泊松分布, 且每一页打印错误数量不相互影响. 在第二稿中, 每个打印错误且均以 0.8 的概率被修正; 在第三稿中, 每个打印错误均以 0.9 的概率被修正. 估算第三稿中全书打印错误数不小于 30 个的概率.

7. (水房拥挤问题) 假设某高校有学生 5000 人, 只有一个开水房, 由于每天傍晚打开水的人较多, 经常出现同学排长队的现象, 为此校学生会特向学校后勤集团公司提议增设水龙头. 假设在傍晚时分的每一时刻, 每个学生占用一个水龙头的概率为 1%, 现有水龙头数量为 45 个, 讨论下面的问题:

(1) 未安装新水龙头之前, 出现排队的概率是多少?

(2) 需至少要装多少个水龙头, 才能以 95% 以上的概率保证不出现排队?

第6章 描述性统计分析

前五章中主要介绍了概率论的基本内容. 概率论是在已知随机变量概率分布的条件下来研究其性质、数字特征及相关应用的. 从本章开始将介绍数理统计的基本内容. 数理统计作为一门学科诞生于19世纪末20世纪初, 它以概率论为理论基础, 根据试验或观测得到的数据来研究随机现象, 并对研究对象的统计规律性做出合理地估计和推断. 根据统计分析的主要目的, 通常将数理统计分为描述性统计和统计推断两大部分. 描述性统计就是把数据资料本身包含的信息, 加以总结、概括、浓缩和简化, 并以特征数或图、表等形式表现出来, 使研究的问题变得更加清晰、易于理解和处理. 本章主要讲述描述性统计分析的基本内容, 介绍总体、随机样本及统计量等基本概念, 并着重讲解几个常用统计量及抽样分布.

6.1 描述性统计基本概念

6.1.1 总体与样本

我们已经知道, 很多实际问题中的随机现象或随机试验的结果都可以用随机变量来描述. 要全面了解一个随机变量, 就需要知道它的概率分布, 或者至少要知道它的某些数字特征 (如数学期望、方差等), 而在实际问题中, 这些信息往往是未知的. 怎样才能确定或推断一个随机变量的概率分布以及数字特征呢? 这常常是实际应用面临的重要问题. 例如, 检验一批灯泡, 通常以使用寿命作为衡量质量高低的重要指标, 若规定寿命低于 1000h 为次品, 如何测算这批灯泡的次品率? 如果用随机变量 X 表示灯泡的寿命 (单位: h), 当 X 的分布函数 $F(x)$ 已知时, 次品率 $p\{X<1000\}$ 很容易计算出来, 但实际应用中, $F(x)$ 一般是未知的. 此时, 通常是抽取其中一小部分进行测试后, 再根据这部分测试灯泡的数据对所有整批灯泡的次品率进行合理的估计.

在实际应用中我们经常遇到类似的问题, 由于试验具有破坏性, 或因为人力、物力和时间等方面的限制条件, 通常只能在所研究的对象中随机抽取一部分进行测试, 利用所得到的部分数据来推断整个研究对象的情况. 一般地, 在对研究对象的某项数量指标进行考察时, 将该项指标试验或观测的全部可能的值称为**总体**, 组成总体的每一个基本单位 (成员) 称为**个体**. 譬如上例中, 总体就是灯泡的使用寿命, 它可以取大于等于零的不同数值, 所以**总体是一个具有一定概率分布的随机变量**.

而此例中个体就是每一只灯泡的使用寿命, 每一个个体都是一次随机试验对应的结果, 所以, 个体是与总体具有同样分布的随机变量. 通常用随机变量 X, Y, Z 来表示总体, 其理论分布函数记为 $F(x)$; 用随机变量 X_i $(i = 1, 2, \cdots)$ 来表示该总体中的个体.

总体的性质是由其个体的性质综合得到的. 为了了解总体, 需要从总体中随机抽取一部分个体进行观测或试验, 这一抽取个体的过程称为**抽样**. 若总体记为 X, 从该总体中随机抽取的 $n(n \geqslant 1)$ 个个体组成该总体的一个**样本**, 记为 $(X_1, X_2, \cdots, X_n)$, 它是一个 n 维随机变量. 一个样本中所含的个体数目 n 称为**样本容量**.

为了使样本能充分地代表总体的性质, 要求抽样必须满足下列两个条件:

(1) **同分布性** 每个个体 X_i $(i = 1, 2, \cdots)$ 都是对总体 X 进行一次观测或试验, 所以每个个体都具有与总体 X 相同的概率分布;

(2) **独立性** 每次观测或试验都是在相同的条件下独立进行的, 所以每个个体之间是相互独立的.

满足上述条件的 n 个个体 $X_1, X_2, \cdots, X_n$ 是相互独立且与总体具有相同分布的随机变量, 构成的样本 $(X_1, X_2, \cdots, X_n)$ 称为**简单随机样本**, 简称为**样本**.

对总体 X 作重复、独立的随机试验或观测, 就是获取简单随机样本的**简单随机抽样**过程. 在一次观测或试验之后, 样本 $(X_1, X_2, \cdots, X_n)$ 中个体所对应的取值 $(x_1, x_2, \cdots, x_n)$ 称为该样本的一个观察值 (样本值).

当总体 X 中所包含个体总数 N 有限时, 采用放回抽样就能得到简单随机样本. 实际应用中, 如果个体总数 N 值很大, 而样本容量 n 与 N 的比值很小, 比如 $\dfrac{n}{N} \leqslant 0.1$, 可将不放回抽样近似地当作放回抽样处理.

当总体 X 中所包含个体数目无限时, 因为抽取的有限个个体不会影响总体 X 的分布, 所以总是采用不放回抽样.

样本容量 n 通常是根据实际需要来确定的, 一般来说, 样本容量越大, 用其来推断总体的分布和性质时, 可靠性和准确性也会相应的有所提高.

根据简单随机样本的性质, 若总体 X 的分布函数为 $F(x)$, 则样本 $(X_1, X_2, \cdots, X_n)$ 的**联合分布函数**(也称为样本的分布) 为

$$F(x_1, x_2, \cdots, x_n) = \prod_{i=1}^{n} F(x_i).$$

按总体 X 的类型, 样本的分布可具体描述如下:

(1) 若总体 X 为离散型随机变量, 其分布列为 $p\{X = x_i\} = p(x_i)$, 则样本 $(X_1, X_2, \cdots, X_n)$ 的联合分布为

$$p\{X_1 = x_1, X_2 = x_2, \cdots X_n = x_n\} = \prod_{i=1}^{n} p(x_i). \tag{6.1.1}$$

(2) 若总体 X 为连型机变量, 其概率密度为 $f(x)$, 则样本 $(X_1, X_2, \cdots, X_n)$ 的联合密度函数为

$$f(x_1, x_2, \cdots, x_n) = \prod_{i=1}^{n} f(x_i). \tag{6.1.2}$$

例 6.1.1 设总体服从参数为 λ 的泊松分布, 即 $X \sim p(\lambda)$, $X_1, X_2, \cdots, X_n$ 是取自该总体的简单随机样本. 求样本 $(X_1, X_2, \cdots, X_n)$ 的联合分布.

解 已知 $p\{X = x\} = \dfrac{\lambda^x}{x!} \mathrm{e}^{-\lambda}$ $(x = 0, 1, 2, \cdots)$, 个体 X_i $(i = 1, 2, \cdots, n)$ 与总体同分布, 有

$$p\{X_i = x_i\} = \frac{\lambda^{x_i}}{x_i!} \mathrm{e}^{-\lambda}, \quad x_i = 0, 1, 2, \cdots; \; i = 1, 2, \cdots, n,$$

且 $X_1, X_2, \cdots, X_n$ 之间相互独立, 则样本 $(X_1, X_2, \cdots, X_n)$ 的联合分布为

$$p\{X_1 = x_1, X_2 = x_2, \cdots, X_n = x_n\} = \prod_{i=1}^{n} \frac{\lambda^{x_i}}{x_i!} \mathrm{e}^{-\lambda} = \frac{\lambda^{\sum_{i=1}^{n} x_i}}{\prod_{i=1}^{n} x_i!} \mathrm{e}^{-n\lambda}, \quad x_i = 0, 1, 2, \cdots.$$

6.1.2 样本的经验分布函数

实际应用中总体 X 的概率分布 $F(x)$ 往往是未知的, 需要通过随机样本 $(X_1, X_2, \cdots, X_n)$ 的实际抽样结果来构造经验分布, 用来描述总体分布函数的大致形状.

定义 6.1.1 (经验分布函数) 设总体为 X, 从该总体随机抽取的样本 $(X_1, X_2, \cdots, X_n)$ 的一个观察值为 $x_1, x_2, \cdots, x_n$, 按大小排序为 $x_1^* \leqslant x_2^* \leqslant \cdots \leqslant x_n^*$, 令

$$F_n(x) = \begin{cases} 0, & x < x_1^*, \\ \vdots & \\ \dfrac{k}{n}, & x_k^* \leqslant x < x_{k+1}^*, \quad (k = 1, 2, \cdots, n-1), \\ \vdots & \\ 1, & x \geqslant x_n^* \end{cases} \tag{6.1.3}$$

称 $F_n(x)$ 为该样本的**经验分布函数**.

经验分布函数 $F_n(x)$ 就是在抽取样本 $(X_1, X_2, \cdots, X_n)$ 的试验中, 随机事件 $\{X \leqslant x\}$ $(x \in \mathbf{R})$ 发生的频率. $F_n(x)$ 具有与分布函数相似的性质, 其主要性质有

(1) $0 \leqslant F_n(x) \leqslant 1$ $(x \in \mathbf{R})$;

(2) $F_n(x)$ 是右连续的单调非减函数;

(3) $F_n(-\infty) = 0, F_n(+\infty) = 1$.

根据频率与概率的近似关系, 随着样本容量的增大, 经验分布函数将在概率意义下越来越 "靠近" 总体分布函数 $F(x)$. 1933 年, 格里汶科 (Glivenko) 通过以下定理证明了这一结论.

定理 6.1.1 (格里汶科定理) 对于任意实数 x, 当样本容量 $n \to +\infty$ 时, 样本的经验分布 $F_n(x)$ 将收敛于总体 X 的分布函数 $F(x)$, 即

$$p\left\{\lim_{n\to\infty} \sup_{-\infty<x<+\infty} |F_n(x) - F(x)| = 0\right\} = 1.$$

因此, 当样本容量足够大时, 可以用经验分布 $F_n(x)$ 近似的代替理论分布 $F(x)$.

例 6.1.2 某射击选手独立地进行 20 次打靶射击试验, 射击命中的环数统计如下, 若用 X 表示该射手射击一次击中的环数, 求 X 的经验分布函数.

| 击中环数: | 10 | 9 | 8 | 7 | 6 | 5 |
| 击中次数: | 4 | 4 | 6 | 4 | 0 | 2 |

解 根据公式 (6.1.3), 可计算得该总体的经验分布函数 $F_{20}(x)$ 为

$$F_{20}(x) = \begin{cases} 0, & x < 5, \\ 2/20, & 5 \leqslant x < 6, \\ 2/20, & 6 \leqslant x < 7, \\ 6/20, & 7 \leqslant x < 8, \\ 12/20, & 8 \leqslant x < 9, \\ 16/20, & 9 \leqslant x < 10, \\ 1, & x \geqslant 10. \end{cases}$$

6.1.3 统计量 (样本数字特征)

样本是对总体进行统计分析和推断的依据, 但抽取样本得到的数据并不能直接用于推断总体的性质, 需要对数据进行 "加工" 和 "提炼", 把样本中所包含的体现总体分布特征的信息提炼出来. 此时, 需要针对不同的问题构造适当的样本函数, 这样的函数在数理统计中称为**统计量**.

定义 6.1.2 设 $(X_1, X_2, \cdots, X_n)$ 是来自总体 X 的样本. $\theta(X_1, X_2, \cdots, X_n)$ 是一个不含有任何未知参数的 n 元函数, 则称 $\theta(X_1, X_2, \cdots, X_n)$ 为一个**统计量** (statistic). 若有样本的一个观察值 $(x_1, x_2, \cdots, x_n)$, 则 $\theta(x_1, x_2, \cdots, x_n)$ 称为该统计量的一个观察值 (统计值).

统计量是随机变量 $(X_1, X_2, \cdots, X_n)$ 的函数, 所以也是一个随机变量, 也有对应的概率分布. 通常称统计量的分布为**抽样分布**. 下面先介绍一些能够体现样本数据分布特征的常用统计量.

1. 刻画数据分布位置的统计量 (特征数)

样本均值   样本数据的算术平均值.

$$\overline{X} = \frac{1}{n}\sum_{i=1}^{n} X_i \tag{6.1.4}$$

称为样本均值. 统计量 $\overline{X}$ 的取值随着样本取不同的观察值而变化, 通常都在总体均值 EX 的附近摆动. 若总体分布未知, 常用样本均值来估计总体均值.

中位数   样本数据的中间值称为中位数 M_d (median).

若 $(X_1, X_2, \cdots, X_n)$ 是取自总体 X 的样本, 将样本数据按从小到大的顺序排列得到: $X_1^* \leqslant X_2^* \leqslant \cdots \leqslant X_n^*$, 排列后的样本称为**次序统计量**. 则中位数定义为

$$M_d = \begin{cases} X_{\frac{n+1}{2}}^*, & n \text{ 为奇数}, \\ \frac{1}{2}(X_{\frac{n}{2}}^* + X_{\frac{n}{2}+1}^*), & n \text{ 为偶数}. \end{cases} \tag{6.1.5}$$

众数   样本数据中出现频率最高的数称为众数 M_0(mode).

众数可以不唯一. 如果观测数据中有几个不同的数值出现次数相同, 且出现次数比别的数都多, 则这几个数都是众数. 众数还有可能不存在, 如果所有观测数据出现次数都相同, 则没有众数.

以上统计量都能在一定程度上体现数据分布的中心位置. 在对称数据分布中, 均值、中位数相同, 但一般情况下不同. 每个特征数具有不同的性质, 中位数只用到了样本序列的顺序而不是所有的数据, 因而所包含的样本信息较少, 其优点是受个别特异值 (特大或特小的值) 的影响比较小; 均值能够体现所有样本数据的平均取值状况, 但当数据中出现奇异值时, 均值难以客观反映数据分布平均情况.

2. 刻画数据分散和变异程度的统计量

极差是顺序统计量中最大值 X_n^* 与最小值 X_1^* 之差, 也是用来测量数据分散程度的最简单的特征数.

$$R = X_n^* - X_1^* \tag{6.1.6}$$

极差反映了样本数据的取值区间, R 的取值越大表明样本数据的分散程度越大, 但它比较粗糙, 只用到了样本中的两个极值, 显然受奇异值以及样本容量的影响比较大.

样本方差   考虑每个 X_i 与样本平均值 $\overline{X}$ 的差 $X_i - \overline{X}$, 称为**偏差**(deviates). 偏差有正、有负, 正负抵消将使得所有偏差的平均值总是为零, 无法刻画所有 X_i 与 $\overline{X}$ 的平均距离. 如果用绝对偏差的均值 $\frac{1}{n}\sum_{i=1}^{n}|X_i - \overline{X}|$ 来刻画, 往往计算比较麻

6.1 描述性统计基本概念

烦. 因此引进样本方差:

$$S^2 = \frac{1}{n-1}\sum_{i=1}^{n}(X_i - \overline{X})^2 \qquad (6.1.7)$$

来表示样本取值相对于均值的平均离散程度.

上式中分母为 $n-1$ 而不是 n, 主要原因有两个: 一是作为总体方差的估计, S^2 具有 "无偏性" 的优点 (见 7.2); 二是分母较小符合统计学家倾向于 "保守" 估计的做法 $\left(\text{注: 有的教材将 } \frac{1}{n-1}\sum_{i=1}^{n}(X_i - \overline{X})^2 \text{ 称为}\textbf{样本修正方差}\right)$.

样本标准差

$$S = \sqrt{S^2} = \sqrt{\frac{1}{n-1}\sum_{i=1}^{n}(X_i - \overline{X})^2}, \qquad (6.1.8)$$

样本标准差与 $\overline{X}$ 具有相同的量纲, 更易于解释数据的平均分散程度.

变异系数

$$\text{CV} = \frac{S}{\overline{X}}. \qquad (6.1.9)$$

变异系数能够刻画总体相对的变异程度, 更多地是用来客观地比较两个均值不等的样本的变异程度.

3. 样本矩

样本的 k 阶原点矩
$$A_k = \frac{1}{n}\sum_{i=1}^{n}X_i^k, \quad k=1,2,\cdots. \qquad (6.1.10)$$

样本的 k 阶中心矩
$$B_k = \frac{1}{n}\sum_{i=1}^{n}(X_i - \overline{X})^k, \quad k=1,2,\cdots. \qquad (6.1.11)$$

例 6.1.3 某调查公司通过随机抽样调查了甲、乙两家互联网公司职员的周薪 (单位: 千元), 分别将这两家公司职员的周薪记作总体 $X_{甲}$ 和 $X_{乙}$, 根据以下统计数据分别计算每家公司周薪数据的 $\overline{X}, S^2, S, \text{CV}$, 进行比较分析.

$X_{甲}$: 0.90 1.45 2.31 1.34 1.58 4.10 2.31 3.45 4.29 1.25 3.45 4.50
$X_{乙}$: 3.78 5.67 4.89 0.98 0.67 2.34 5.00 3.76 1.78 4.34

解 利用上述各公式可计算得甲、乙两组数据的 $\overline{X}, S^2, S, \text{CV}$ 分别为

甲组: 2.577 1.726 1.314 50.971%
乙组: 3.321 3.121 1.767 53.192%

以上统计量可以使用本书第 9 章中相关 SAS 实验程序求得.

*6.2 样本分布的图形表示

根据抽样得到的样本数据,还可以通过绘制统计图形来体现样本数据的分布特征,由此来了解并推断总体的分布特征. 本节介绍常用的几种统计图形.

6.2.1 直方图

数理统计中研究连续型总体的样本分布时,通常需要作样本的**频率直方图**(简称**直方图**). 下面通过例题来说明样本频率直方图的作法和具体步骤.

例 6.2.1   在药品散剂分装的产品中,随机抽取 100 包称重 (单位: g),得到 100 包的重量数据如下

```
0.89  0.89  0.86  0.95  0.90  0.95  0.97  0.92  0.88  0.87  0.86  0.91  0.94
0.87  0.89  0.86  0.87  0.85  0.92  0.92  0.97  0.92  0.87  0.90  0.88  0.89
0.92  0.92  0.87  1.06  0.99  0.86  0.92  0.84  0.96  0.95  0.87  0.86  0.90
0.84  0.92  0.85  0.92  0.98  0.89  0.98  0.94  0.93  0.78  0.98  0.93  0.90
0.89  0.87  0.89  1.00  0.89  0.89  0.91  0.93  0.82  0.95  0.84  0.82  0.90
0.91  0.94  0.92  0.87  0.94  0.91  0.84  0.92  0.87  1.03  0.93  0.95  0.90
0.87  0.92  0.90  0.92  0.80  0.95  0.98  0.93  0.91  0.85  0.86  0.91  0.87
0.92  0.92  0.94  0.86  0.88  0.81  0.88  0.96  0.91
```

作样本频率直方图的步骤如下:

(1) 观察所有样本观测值,找出该样本的最小值和最大值,分别记作 x_1^* 和 x_n^*(n 为数据个数). 本例中 $x_1^* = 0.78, x_{100}^* = 1.06$,样本数据位于区间 $[0.78, 1.06]$ 之内.

(2) 为计算方便可适当取小于等于 x_1^* 的数 a 和大于等于 x_n^* 的数 b,并用分点

$$a \leqslant x_1^* \leqslant t_0 < t_1 < \cdots < t_{k-1} < t_k \leqslant x_n^* \leqslant b$$

把区间 (a,b) 均分为 k 个组 (子区间), $\Delta t_i = \Delta = \dfrac{b-a}{k}$ 称为组距. 组数 k 的多少依样本容量而定,一般分为 8—15 组,若组数 k 过大,可能会出现某些小区间内样本点的频数过低的情况,使数据分布显得过于分散和杂乱;若 k 值过小,则会掩盖数据之间的差异,难以体现数据分布的特征.

通常,确定合理的组数 k 值可以参考以下两种常用的经验公式:

$$k = 1 + \frac{\ln n}{\ln 2} \approx 1 + 1.4427 \ln n, \tag{6.2.1}$$

$$k = 1 + 4 \lg n, \tag{6.2.2}$$

其中式 (6.2.1) 是由美国学者史特杰斯 (H.A. Sturges) 提出的.

*6.2 样本分布的图形表示

本例将数据取值区间放大为 $(0.76, 1.06]$，该区间等分为 10 组，组距为 $\Delta = 0.03$，各组规定为左开右闭区间.

(3) 记录每个子区间中所含数据的个数，即统计样本数据位于各子区间的频数 n_i $(i = 1, 2, \cdots, k)$，计算该区间的数据频率 $f_i = n_i/n$，亦可求出各个子区间的频率密度 $p_i = f_i/\Delta x_i$ $(i = 1, 2, \cdots, k)$. 将各区间的数据整理列入表 6.2.1.

(4) 根据表 6.2.1 中的数据，以每个小区间的长度为底，以该区间上相应的频率密度为高 (亦可以频率为高)，做出一系列小矩形，这样做出的所有小矩形构成样本频率密度直方图 (频率直方图). 如图 6.2.1 所示.

直方图的形态反映了当前样本数据的分布特征. 当样本容量 n 充分大时，分组的区间也随之增多，每个区间上数据的频率接近于随机变量 X 落在该区间的概率，所以连接频率直方图中各个子区间顶部的曲线接近于总体 X 的概率密度曲线，图 6.2.2 所示. 利用 SAS 程序绘制频率直方图的实验参见第 9 章演示与实验三.

表 6.2.1　各区间频率统计表

小区间	频数 n_i	频率 f_i	频率密度 $p_i = f_i/\Delta x_i$	积累频率 $F_n(x_i)$
(0.76, 0.79]	1	0.01	0.33	0.01
(0.79, 0.82]	4	0.04	1.33	0.05
(0.82, 0.85]	7	0.07	2.33	0.12
(0.85, 0.88]	22	0.22	7.33	0.34
(0.88, 0.91]	24	0.24	8.00	0.58
(0.91, 0.94]	24	0.24	8.00	0.82
(0.94, 0.97]	10	0.10	3.33	0.92
(0.97, 1.00]	6	0.06	2.00	0.98
(1.00, 1.03]	1	0.01	0.33	0.99
(1.03, 1.06]	1	0.01	0.33	1.00
$\sum$	100	1.00		

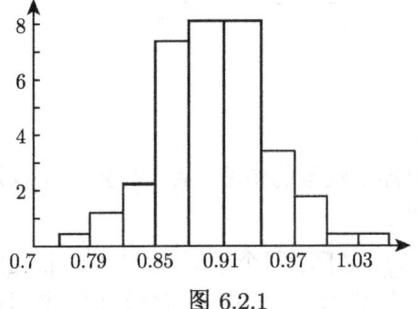

图 6.2.1

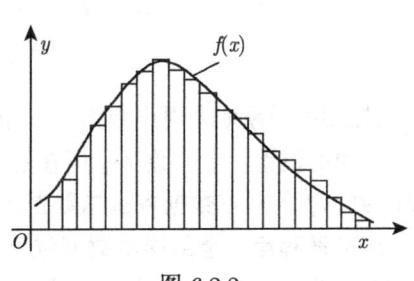

图 6.2.2

6.2.2 箱尾图

样本数据的箱尾图 (箱线图) 是由矩形和直线组成的简单图形, 绘图时一般需要用 5 个特殊的样本分位数, 下面先介绍样本分位数.

定义 6.2.1 设 $(X_1, X_2, \cdots, X_n)$ 是取自总体 X 的样本, 样本 $p(0 \leqslant p \leqslant 1)$ 分位数为

$$M_p = X^*_{[(n+1)p]},$$

其中 "[ ]" 表示取整. p 分位数 M_p 具有以下性质:

(1) 该样本中至少有 np 个样本观测值小于等于 M_p;

(2) 至少有 $(n-1)p$ 个观测值大于等于 M_p.

数值 p 就是样本数据中小于或等于 p 分位数 M_p 的数据所占比率.

描述样本数据分布特征时常用的 5 个分位数分别为: 0 分位数, 即次序统计量 X_1^*, 对应取值为样本的最小值 Min; 四分之一 (25%) 分位数, 记为 Q_1; 二分之一 (50%) 分位数为 M_d; 四分之三 (75%) 分位数, 记为 Q_3; 1 分位数, 即次序统计量 X_n^*, 对应取值为样本最大值 Max.

箱尾图中利用这五个分位数将样本数据平均分成了四部分, 结合数轴来体现各部分数据分布的特征. 以水平方向的箱尾图为例, 绘制过程主要包括以下两个步骤:

(1) 先在水平数轴上标出分位点 X_1^*, Q_1, M_d, Q_3 和 X_n^*. 然后在数轴上方画一个平行于数轴的矩形箱子, 箱子的左、右两条边的位置分别对应点 Q_1 和 Q_3. 对应分位点 M_d 画一条位于箱子内部的垂直线段.

(2) 自箱子左、右两条边各引一条水平线分别至最小值 X_1^* 和最大值 X_n^* (图 6.2.3).

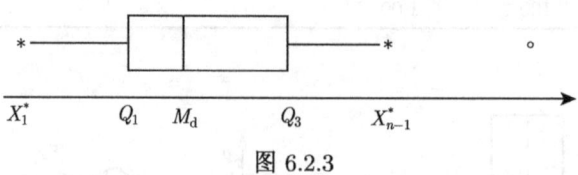

图 6.2.3

箱尾图可形象地表现出数据的分布特性:

(1) **中心位置** 中位数 M_d 所在的位置为样本数据的中心, 从 X_1^* 到 M_d 以及从 M_d 到 X_n^* 的样本数据各占总数据量的一半.

(2) **分散程度** 全部样本数据位于 $[X_1^*, X_n^*]$ 之间, 四个子区间 $[X_1^*, Q_1], (Q_1, M_d], (M_d, Q_3], (Q_3, X_n^*]$ 分别包含样本中 25% 的数据. 当区间长度较短时, 表明该区间上数据的分布比较集中, 反之, 则数据分布较为分散.

*6.2 样本分布的图形表示

(3) **对称性** 若矩形位于 X_1^* 与 X_n^* 的中间位置, 且中位数 M_d 位于矩形的中间位置, 表明数据分布具有对称性, 否则是偏态分布. 如果矩形偏左 (或右), 中位数亦偏左 (或右), 则数据分布为正偏 (负偏), 此时右尾 (左尾) 较长.

有时在样本数据中可能有某个 (些) 观察值不同寻常地大于或小于其他观测值, 这样的数据称为**疑似异常值**. 统计分析中检查疑似异常值并加以适当处理是十分必要的. 箱尾图只要稍加修改, 就能成为检查样本数据中是否存在疑似异常值的有效工具.

通常按以下公式给出样本数据的上、下限:

下限: $f_1 = Q_1 - 1.5(Q_3 - Q_1)$, 上限: $f_3 = Q_3 + 1.5(Q_3 - Q_1)$.

超出该限值的数可视为疑似异常值, 在箱尾图中单独用符号 "○" 标出. 此时, 箱子左右两侧的水平直线段两端分别对应除去疑似异常值之后的样本数据最小值和最大值, 在图中用 ∗ 表示. 这样做出的图形称为修正箱尾图 (图 6.2.3).

6.2.3 茎叶图 (枝叶图)

茎叶图是另一种整理样本数据常用的图形. 这类图形由数据的 "茎"(高位部分) 和 "叶"(低位部分) 两部分组成, 在绘制图形时, 首先要根据样本数据的取值情况确定 "茎" 和 "叶" 对应的取值. 以下通过一个例子说明其作图方法.

例 6.2.2 某个公司对 50 名应聘人员的业务能力进行测试, 测试总分为 150 分, 以下是这 50 名应聘人员的测试成绩, 根据这批数据制作箱尾图和茎叶图, 并观察数据的分布特征.

```
64   67   70   72   74   76   76   79   80   81   82   82   83   85
91   91   92   93   93   93   95   95   95   97   97   99   100  100
104  106  107  107  108  112  112  114  116  118  119  119  122  123
126  128  133  134  88   86   102  125
```

解 先计算绘制箱尾图的基本统计量 (参见第 9 章演示与实验三), 得

$$X_1^* = 64, \quad Q_1 = 83, \quad M_d = 96, \quad Q_3 = 112, \quad X_{50}^* = 134.$$

数据范围为 64—134, 均为整数, 可将数据的十位和百位部分的数作为 "茎", 代表数据前两位, 把个位的数作为 "叶", 把每个数据分解为两部分, 例如:

数据		分开		茎	叶
112	→	11/2	→	11	2

画茎叶图时,先把 "茎" 部分的数据按从小到大排列起来,标注在一条竖线的左侧,然后将每个数据对应 "叶" 部分的个位数标注在与它的茎相对应的右侧. 一个茎的多个叶按从小到大的顺序排列. 本例数据的茎叶图和箱尾图如图 6.2.4 所示.

茎	叶	频数	箱尾图
13	3 4	2	
12	2 3 5 6 8	5	
11	2 2 4 9 8 9 9	7	
10	0 0 2 4 6 7 7 8	8	
9	1 1 2 3 3 3 5 5 5 7 7 9	12	
8	0 1 2 3 5 6 8	8	
7	0 2 4 6 6 9	6	
6	4 7	2	

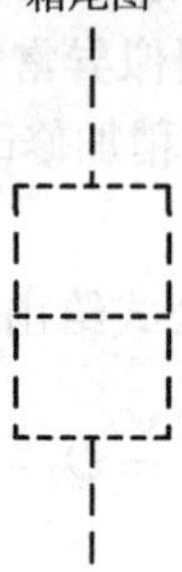

图 6.2.4

从茎叶图可以看出数据分布的主要特征,如对称性、离散程度等. 由图 6.2.4 可看出,本例中数据分布基本上是对称的,中间高两边低,中位数为 96.

6.3 常用统计分布

对总体 X 进行随机抽样以后,通常需要借助一些样本的统计量对总体的分布特征进行合理推断. 为此,需要进一步确定常用统计量的概率分布和数字特征. 本节介绍在数理统计中常用的概率分布,主要包括 χ^2 分布、t 分布和 F 分布.

6.3.1 分位数 (点)

在绘制箱尾图时,介绍了几个常用的样本分位数. 此处给出分位数的一般定义.

定义 6.3.1 设随机变量 X 的分布函数为 $F(x)$,对于任意给定的实数 $\alpha(0 < \alpha < 1)$,若实数 U_α 满足

$$p\{X > U_\alpha\} = \alpha, \tag{6.3.1}$$

则称 U_α 为随机变量 X 的上侧 α 分位数 (点).

若 X 是对称分布,当实数 $U_{\alpha/2}$ 满足

$$p\{|X| > U_{\alpha/2}\} = \alpha, \tag{6.3.2}$$

则称 $U_{\alpha/2}$ 为随机变量 X 的双侧 α 分位数 (点).

以标准正态分布为例,其上侧 α 分位数和双侧 α 分位数分别如图 6.3.1、图 6.3.2 所示.

6.3 常用统计分布

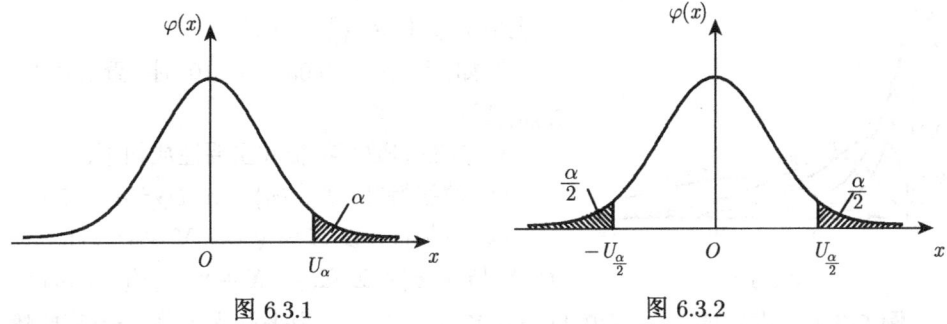

图 6.3.1　　　　　　　　图 6.3.2

为了使用方便, 附表中给出了常用统计分布的分布函数值, 可通过查表得到相应的分位数. 例如 $\alpha = 0.05$ 时, 通过标准正态附表可以查得对应的上侧分位数和双侧分位数分别为 $U_{0.05} = 1.645, U_{0.025} = 1.96$.

6.3.2　χ^2 分布

定义 6.3.2　设 $X_1, X_2, \cdots, X_n$ 为来自标准正态总体 $X \sim N(0,1)$ 的样本, 则称统计量

$$\chi^2 = X_1^2 + X_2^2 + \cdots + X_n^2 = \sum_{i=1}^{n} X_i^2$$

服从**自由度为**n**的**χ^2**分布**, 记作 $\chi^2 \sim \chi^2(n)$.

其中 n 为正整数, 称为自由度. 这里, 自由度是指构造该分布时独立变量的个数.

χ^2 分布是海尔墨特 (Hermert) 和皮尔逊 (K. Pearson) 分别于 1875 年和 1890 年推导出的. 该分布主要用于对总体方差的估计和检验, 以及分布的拟合检验问题.

$\chi^2(n)$ 分布的概率密度函数为

$$f(x) = \begin{cases} \dfrac{1}{2^{\frac{n}{2}} \Gamma\left(\dfrac{n}{2}\right)} x^{\frac{n}{2}-1} e^{-\frac{x}{2}}, & x > 0, \\ 0, & x \leqslant 0, \end{cases} \quad (6.3.3)$$

其中 $\Gamma(t) = \int_0^{+\infty} x^{t-1} e^{-x} dx (t > 0)$ 称为 Γ(Gamma) 函数.

χ^2 分布的密度曲线随自由度 n 的不同而变化. 当 n 的值不断增大时, 分布曲线逐渐呈现出对称性, 当 n 很大时密度曲线接近于正态分布, 如图 6.3.3 所示. $\chi^2(n)$ 分布的附表中针对不同的自由度 n 和 $\alpha(0 < \alpha < 1)$, 给出了满足等式

$$p\{\chi^2(n) > \chi_\alpha^2(n)\} = \int_{\chi_\alpha^2(n)}^{+\infty} f(x) dx = \alpha$$

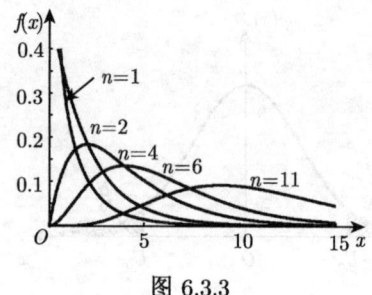

图 6.3.3

的上侧 α 分位数 $\chi_\alpha^2(n)$ 的值.

例如, 当 $\alpha = 0.05, n = 10$ 时, 查表可得 $\chi_{0.05}^2(10) = 18.307$.

χ^2 分布的数字特征和主要性质如下:

(1) 数字特征: $E\chi^2(n) = n, D\chi^2(n) = 2n$;

(2) 可加性: 设 $X \sim \chi^2(n), Y \sim \chi^2(m)$, 且 X 与 Y 相互独立, 则 $X+Y \sim \chi^2(n+m)$.

例 6.3.1 设总体 $X \sim N(0,1), X_1, X_2, \cdots, X_{m+n}$ 为来总体 X 的一个简单随机样本, 令

$$Y = \frac{1}{m}\left(\sum_{i=1}^{m} X_i\right)^2 + \frac{1}{n}\left(\sum_{i=m+1}^{m+n} X_i\right)^2 \quad (m, n > 1),$$

讨论 Y 的分布.

解 由正态分布的性质有

$$\sum_{i=1}^{m} X_i \sim N(0,m), \quad \sum_{i=1}^{m} X_i \Big/ \sqrt{m} \sim N(0,1),$$

进而有

$$\left(\sum_{i=1}^{m} X_i \Big/ \sqrt{m}\right)^2 \sim \chi^2(1),$$

同理可得

$$\sum_{i=m+1}^{m+n} X_i \sim N(0,n), \quad \left(\sum_{i=m+1}^{m+n} X_i \Big/ \sqrt{n}\right)^2 \sim \chi^2(1),$$

且两者相互独立, 于是

$$Y = \frac{1}{m}\left(\sum_{i=1}^{m} X_i\right)^2 + \frac{1}{n}\left(\sum_{i=m+1}^{m+n} X_i\right)^2 \sim \chi^2(2).$$

6.3.3 t 分布

定义 6.3.3 设随机变量 $X \sim N(0,1), Y \sim \chi^2(n)$, 且 X 与 Y 相互独立, 则随机变量

$$T = \frac{X}{\sqrt{Y/n}}$$

服从自由度为 n 的 t 分布 (学生氏分布), 记作 $T \sim t(n)$. 该分布密度函数为

$$f(x) = \frac{\Gamma\left(\dfrac{n+1}{2}\right)}{\sqrt{n\pi}\,\Gamma\left(\dfrac{n}{2}\right)} \left(1 + \frac{x^2}{n}\right)^{-\frac{n+1}{2}}, \quad -\infty < x < +\infty. \tag{6.3.4}$$

如图 6.3.4 所示, t 分布的密度曲线与标准正态分布曲线很相似, 呈现出中间高、两边低, 关于 y 轴对称的分布特征. 一般情况下, t 分布的密度曲线比标准正态曲线相对平坦一些, 当自由度 n 比较大时 (比如 $n \geqslant 30$), t 分布与标准正态分布就非常接近.

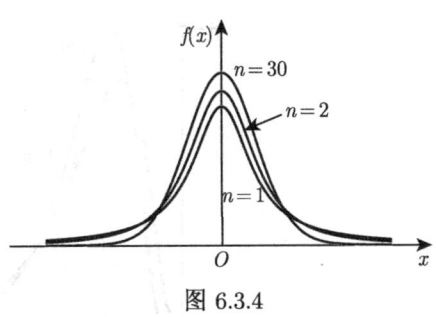

图 6.3.4

t 分布是统计学中一个重要的分布, 它与标准正态分布 $N(0,1)$ 的微小差别是由戈赛特 (W. S. Gosset) 提出的. 他是 20 世纪初英国一家酿酒厂的化学技师, 在长期从事实验数据的分析工作中发现了 t 分布, 并在 1908 年以 "Student" 为笔名发表了此项结果, 故该分布又称为 **学生氏分布**".

t 分布附表中针对不同的自由度 n 及 $\alpha(0 < \alpha < 1)$, 给出了满足等式

$$p\{t(n) > t_\alpha(n)\} = \int_{t_\alpha(n)}^{+\infty} f(x) \mathrm{d}x = \alpha$$

的分位数 $t_\alpha(n)$ 的值. 例如, 当 $\alpha = 0.05$, $n = 10$ 时, $t_{0.05}(10) = 1.8125$.

6.3.4 F 分布

定义 6.3.4 设随机变量 $X \sim \chi^2(m), Y \sim \chi^2(n)$, 且 X, Y 相互独立, 则随机变量

$$F = \frac{X/m}{Y/n}$$

服从自由度为 m, n 的 F 分布, 记作 $F \sim F(m, n)$, 其分布密度函数为

$$f(x) = \begin{cases} \dfrac{\Gamma\left(\dfrac{m+n}{2}\right)}{\Gamma\left(\dfrac{m}{2}\right) \cdot \Gamma\left(\dfrac{n}{2}\right)} \left(\dfrac{m}{n}\right) \left(\dfrac{m}{n}x\right)^{\frac{m}{2}-1} \left(1 + \dfrac{m}{n}x\right)^{-\frac{m+n}{2}}, & x > 0, \\ 0, & x \geqslant 0. \end{cases} \quad (6.3.5)$$

如图 6.3.5 所示, F 分布的密度函数是一条单峰的偏态曲线, 其形状随着自由度的改变而变化. 当自由度 m, n 都不断增大时, 该曲线越来越趋于对称.

$F(m, n)$ 分布附表中, 针对不同的自由度 m, n 以及 $\alpha(0 < \alpha < 1)$, 给出了满足等式

$$p\{F(m, n) > F_\alpha(m, n)\} = \int_{F_\alpha(m, n)}^{+\infty} f(x) \mathrm{d}x = \alpha$$

的分位数 $F_\alpha(m,n)$ 的值.

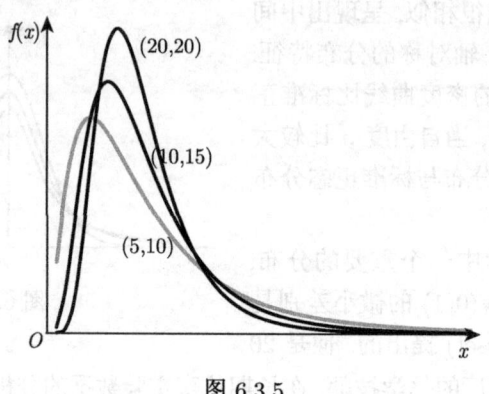

图 6.3.5

例如, 当 $m=10, n=15, \alpha=0.05$ 时, 查表得

$$F_{0.05}(10,15)=2.54, \quad 即 \quad p\{F(10,15)>2.54\}=0.05.$$

另外, 由 F 分布的定义可知, 若 $F \sim F(m,n)$, 则 $\dfrac{1}{F} \sim F(n,m)$, 由此可得

$$F_{1-\alpha}(n,m)=\dfrac{1}{F_\alpha(m,n)},$$

因此, 在计算分位数 $F_{1-\alpha}(n,m)$ 值时, 可利用 $F_\alpha(m,n)$ 求得. 例如,

$$F_{0.95}(15,10)=\dfrac{1}{F_{0.05}(10,15)}=\dfrac{1}{2.54}\approx 0.394.$$

6.4 抽样分布

统计学中泛称统计量的分布为**抽样分布**. 了解和掌握常用统计量的分布, 有助于探究抽样误差的规律, 进而对总体分布进行合理的推断.

一般而言, 即使总体 X 分布的表达式很简单, 但统计量 $\theta(X_1, X_2, \cdots, X_n)$ 的分布往往涉及 n 重积分等复杂计算, 确定统计量的理论分布实际上是比较困难的. 通常, 我们主要研究样本均值 $\overline{X}$、样本方差 S^2 等一些常用统计量的数字特征, 并针对总体为正态分布的情形, 进一步探究上述统计量的概率分布.

6.4.1 样本均值、样本方差的数字特征

1. 样本均值的数字特征

$X_1, X_2, \cdots, X_n$ 是来自总体 X 的简单随机样本, 设总体期望和方差都存在, 分别记为 $EX=\mu, DX=\sigma^2$. 由于 $X_i\ (i=1,2,\cdots,n)$ 与总体 X 同分布, 有

$$EX_i=\mu, \quad DX_i=\sigma^2 \quad (i=1,2,\cdots,n).$$

6.4 抽样分布

据数学期望和方差的性质有：

$$E(\overline{X}) = E\left(\frac{1}{n}\sum_{i=1}^{n} X_i\right) = \frac{1}{n}\sum_{i=1}^{n} EX_i = \frac{1}{n}\sum_{i=1}^{n} \mu = \mu, \quad (6.4.1)$$

$$D(\overline{X}) = D\left(\frac{1}{n}\sum_{i=1}^{n} X_i\right) = \frac{1}{n^2}\sum_{i=1}^{n} DX_i = \frac{1}{n^2} \cdot n\sigma^2 = \frac{\sigma^2}{n}. \quad (6.4.2)$$

由上式可看出 $\overline{X}$ 的期望与总体均值相同，而方差只是总体方差的 n 分之一. 这一性质很重要，它在理论上解释了用样本均值 $\overline{X}$ 去估计总体均值的优越性. 即当我们进行重复抽样时，尽管每次抽样计算出的 $\overline{X}$ 并不一定等于总体均值 μ，但这些值都在 μ 的附近摆动，并且它们的平均值 $E(\overline{X})$ 理论上恰好等于 μ，即满足参数估计中的**无偏性**(见第 7 章). 而且，随着 n 的增加, $\overline{X}$ 与 μ 的偏差将越来越小.

2. *样本方差的数字特征*

样本方差 S^2 的数字特征推导比较复杂，以下只给出其数学期望 ES^2 的推导过程.

$$\begin{aligned}
E(S^2) &= E\left[\frac{1}{n-1}\sum_{i=1}^{n}(X_i - \overline{X})^2\right] \\
&= \frac{1}{n-1} E\left[\sum_{i=1}^{n}(X_i - \mu)^2 - n(\overline{X} - \mu)^2\right] \\
&= \frac{1}{n-1}\sum_{i=1}^{n} E(X_i - \mu)^2 - \frac{n}{n-1} E(\overline{X} - \mu)^2 \\
&= \frac{1}{n-1}\sum_{i=1}^{n} \sigma^2 - \frac{n}{n-1} \cdot \frac{\sigma^2}{n} \\
&= \sigma^2. \quad (6.4.3)
\end{aligned}$$

与 $\overline{X}$ 的性质类似，用样本方差 S^2 来估计总体方差 σ^2 同样满足无偏性的优良性质.

6.4.2 正态总体统计量的分布

1. *单个正态总体情形*

以上仅仅讨论了 $\overline{X}$ 和 S^2 的数字特征，而这些统计量的概率分布与总体 X 的分布有关，而且表达形式往往很复杂. 以下给出总体为正态分布时，抽样分布的有关结论.

定理 6.4.1 (费歇定理) 设 $X_1, X_2, \cdots, X_n$ 是来自正态总体 $X \sim N(\mu, \sigma^2)$ 的样本，则有

(i) $\overline{X} \sim N\left(\mu, \dfrac{\sigma^2}{n}\right)$ 或 $\dfrac{\overline{X} - \mu}{\sigma/\sqrt{n}} \sim N(0,1);$ (6.4.4)

(ii) $\dfrac{(n-1)S^2}{\sigma^2} = \dfrac{\sum\limits_{i=1}^{n}(X_i - \overline{X})^2}{\sigma^2} \sim \chi^2(n-1);$

(iii) 样本均值 $\overline{X}$ 与样本方差 S^2 相互独立.

证明略.

推论 1 设 $(X_1, X_2, \cdots, X_n)$ 是来自正态总体 $X \sim N(\mu, \sigma^2)$ 的简单随机样本, 则有
$$T = \dfrac{\overline{X} - \mu}{S/\sqrt{n}} \sim t(n-1). \tag{6.4.5}$$

上述结论可以通过 (6.4.4) 式及 t 分布的构成得到, 请读者自己推导, 其中分母 $\dfrac{S}{\sqrt{n}}$ 通常称为样本的标准误, 记为 $S_{\overline{X}} = \dfrac{S}{\sqrt{n}}$.

2. 两个正态总体情形

有时需要同时对两个正态总体进行随机抽样, 对两个总体的均值、方差等进行比较和推断. 对于来自两个正态总体的样本, 主要有下列结论.

定理 6.4.2 设 $X_1, X_2, \cdots, X_{n_1}$ 和 $Y_1, Y_2, \cdots, X_{n_2}$ 分别是来自正态总体 $X \sim N(\mu_1, \sigma_1^2)$ 和 $Y \sim N(\mu_2, \sigma_2^2)$ 的两个样本, 且两个样本相互独立, 则有

(i) $\dfrac{\overline{X} - \overline{Y} - (\mu_1 - \mu_2)}{\sqrt{\sigma_1^2/n_1 + \sigma_2^2/n_2}} \sim N(0,1);$

(ii) 当两个总体方差相等, 即 $\sigma_1^2 = \sigma_2^2 = \sigma^2$ 时,
$$T = \dfrac{\overline{X} - \overline{Y} - (\mu_1 - \mu_2)}{\sqrt{\dfrac{(n_1-1)S_1^2 + (n_2-1)S_2^2}{n_1+n_2-2}\left(\dfrac{1}{n_1} + \dfrac{1}{n_2}\right)}} \sim t(n_1+n_2-2); \tag{6.4.6}$$

(iii) $$F = \dfrac{S_1^2/S_2^2}{\sigma_1^2/\sigma_2^2} \sim F(n_1-1, n_2-1), \tag{6.4.7}$$

其中
$$\overline{X} = \dfrac{1}{n_1}\sum_{i=1}^{n_1} X_i, \quad \overline{Y} = \dfrac{1}{n_2}\sum_{i=1}^{n_2} Y_i,$$
$$S_1^2 = \dfrac{1}{n_1-1}\sum_{i=1}^{n_1}(X_i - \overline{X})^2, \quad S_2^2 = \dfrac{1}{n_2-1}\sum_{i=1}^{n_2}(Y_i - \overline{Y})^2$$

分别是两个正态总体各自的样本均值和样本方差.

例 6.4.1 某种品牌的汽水采用 32 盎司的易拉罐罐装,假设每罐的汽水净重 X(单位:oz)是服从正态分布的随机变量,其均值为 32.2,标准差 0.3.

(1) 如果某顾客买了 1 罐该种汽水,则罐中汽水净重超过 32 盎司的概率是多少?

(2) 若该顾客买了 4 罐同样的汽水,则这 4 罐的汽水净重平均量大于 32 盎司的概率是多少?

解 (1) 已知每罐中汽水净重 $X \sim N(32.2, 0.3^2)$,则

$$p\{X > 32\} = p\left\{\frac{X - 32.2}{0.3} > \frac{32 - 32.2}{0.3}\right\} = p\left\{\frac{X - 32.2}{0.3} > -0.67\right\}$$
$$= 1 - \Phi(-0.67) = \Phi(0.67) = 0.7486.$$

(2) 由费歇定理知

$$\overline{X} = \frac{1}{4}\sum_{i=1}^{4} X_i \sim N(32.2, 0.15^2),$$

因此,

$$p\{\overline{X} > 32\} = p\left\{\frac{\overline{X} - 32.2}{0.15} > \frac{32 - 32.2}{0.15}\right\} = p\left\{\frac{\overline{X} - 32.2}{0.15} > -1.33\right\}$$
$$= 1 - \Phi(-1.33) = \Phi(1.33) = 0.9082.$$

例 6.4.2 假设某高校图书馆每天借出的图书数量 X 服从正态分布,据以往统计数据可知每天平均借出 320 本,标准差为 75. 现以某个月 30 天的借书数量为样本进行统计分析. 试求:

(1) 样本均值 $\overline{X}$ 的分布;

(2) 平均每天借出的书在 300 至 340 本之间的概率;

(3) 平均每天借出数量超过 330 本的概率.

解 (1) 已知 $X \sim N(320, 75^2)$,由费歇定理可知

$$\overline{X} = \frac{1}{30}\sum_{i=1}^{30} X_i \sim N\left(320, \frac{75^2}{30}\right).$$

(2) $p\{300 < \overline{X} < 340\} = \Phi\left(\frac{340 - 320}{75/\sqrt{30}}\right) - \Phi\left(\frac{300 - 320}{75/\sqrt{30}}\right)$
$$\approx 2\Phi(1.46) - 1 = 0.8558.$$

(3) $p\{\overline{X} > 330\} = 1 - p\{\overline{X} \leqslant 330\} = 1 - \Phi\left(\frac{330 - 320}{75/\sqrt{30}}\right) \approx 1 - \Phi(0.73) = 0.2327.$

例 6.4.3 设某厂家生产的灯泡的使用寿命 $X \sim N(1000, \sigma^2)$(单位: h). 从一批产品中随机抽取 9 个同样的灯泡进行检验,并计算得样本均值及样本方差. 但由于工作上的失误,事后丢失了该试验结果,只记得样本方差为 $S^2 = 10000$, 试求其样本均值大于 1062 h 的概率.

解 由费歇定理可知统计量 $T = \dfrac{\overline{X} - \mu}{S}\sqrt{n} \sim t(n-1)$, 已知 $\mu = 1000$, 样本方差 $S^2 = 10000, n = 9$, 则

$$T = \frac{\overline{X} - 1000}{100}\sqrt{9} \sim t(8),$$

于是

$$p\{\overline{X} > 1062\} = p\left\{\frac{\overline{X} - 1000}{100/3} > \frac{1062 - 1000}{100/3}\right\} = p\{T > 1.86\}.$$

查 t 分布附表可知, $t_{0.05}(8) = 1.8595 \approx 1.86$, 即

$$p\{T > 1.86\} = p\{T > t_{0.05}(8)\} = 0.05.$$

因此 $p\{\overline{X} > 1062\} = 0.05$, 即由现有数据信息可推断这 9 只灯泡寿命的样本均值大于 1062h 的概率为 0.05.

例 6.4.4 假设某大学 A 的 MBA 毕业生初始年收入为 X (单位: 元), $X \sim N(62000, 14500)$, 大学 B 的 MBA 毕业生初始年收入为 Y, $Y \sim N(60000, 18300)$, 且假设 X 与 Y 相互独立. 现随机选取 50 名 A 校 MBA 毕业生和 60 名 B 校 MBA 毕业生分别作为总体 X 和 Y 的样本, 试求 A 校初始年收入的平均值超过 B 校的概率是多少?

解 由定理 6.4.2 可知, 两个样本的样本均值之差 $\overline{X} - \overline{Y}$ 服从正态分布, 其均值为 $\mu_1 - \mu_2 = 62000 - 60000 = 2000$, 标准差为

$$\sqrt{\sigma_1^2/n_1 + \sigma_2^2/n_2} = \sqrt{14500^2/50 + 18300^2/60} \approx 3128,$$

有

$$U = \frac{\overline{X} - \overline{Y} - (\mu_1 - \mu_2)}{\sqrt{\sigma_1^2/n_1 + \sigma_2^2/n_2}} \sim N(0,1),$$

则

$$p\{\overline{X} - \overline{Y} > 0\} = p\left\{U > \frac{0 - 2000}{3128}\right\} = p\{U > -0.64\}$$
$$= 1 - \Phi(-0.64) = \Phi(0.64) = 0.7389,$$

即可推断 A 校 MBA 毕业生初始年收入的平均值超过 B 校 MBA 毕业生的概率约为 0.7389.

6.4.3 非正态总体统计量的分布

正态总体样本统计量的分布已有明确的结论. 但总体 X 不服从正态分布时, 抽样分布要复杂得多. 实际应用中针对大样本情形 $(n \geqslant 30)$, 往往借助于中心极限定理得到常用统计量的近似分布, 我们有如下常用的结论.

1. 样本均值的近似分布

设总体 X 分布未知, 但已知总体期望 $EX = \mu$, 方差 $DX = \sigma^2 > 0$, $X_1, X_2, \cdots, X_n$ 是来自总体 X 的一个样本, 则当 n 充分大时, 有

$$\overline{X} = \frac{1}{n}\sum_{i=1}^{n} X_i \overset{\text{a.d}}{\sim} N\left(\mu, \frac{\sigma^2}{n}\right), \quad 即 \quad \frac{\overline{X} - \mu}{\sigma/\sqrt{n}} \overset{\text{a.d}}{\sim} N(0,1), \tag{6.4.8}$$

即无论总体的分布如何, 根据中心极限定理, 其样本均值都近似地服从正态分布.

2. 样本比例的分布

在实际问题中经常需要研究总体或样本中具有某种属性的个体所占百分比问题, 此时需要考虑样本比例的分布问题. 设总体的分布为

$$X = \begin{cases} 1, & \text{具有某种属性}, \\ 0, & \text{不具有该种属性}. \end{cases}$$

则总体 X 为 $0-1$ 分布, 有

$$p = p\{X = 1\}, \quad q = p\{X = 0\} = 1 - p,$$

其中 p 称为**比例** (或**总体频率**).

设 $X_1, X_2, \cdots, X_n$ 为来自总体 X 的样本, 则对于**样本比例** $\overline{X} = \frac{1}{n}\sum_{i=1}^{n} X_i$ 有

$$n\overline{X} = X_1 + X_2 + \cdots + X_n \sim B(n, p),$$

因此

$$p\{n\overline{X} = k\} = C_n^k p^k (1-p)^{n-k}, \quad k = 0, 1, 2, \cdots, n,$$

即

$$p\left\{\overline{X} = \frac{k}{n}\right\} = C_n^k p^k (1-p)^{n-k}, \quad k = 0, 1, 2, \cdots, n.$$

且

$$E(\overline{X}) = EX = p, \quad D(\overline{X}) = \frac{1}{n}DX = \frac{p(1-p)}{n}.$$

对于大样本情形，由中心极限定理可知样本比例同样近似地服从正态分布，即

$$\overline{X} = \frac{1}{n}\sum_{i=1}^{n} X_i \stackrel{\text{a.d}}{\sim} N\left(p, \frac{p(1-p)}{n}\right). \tag{6.4.9}$$

实际应用中，即使对总体 X 的了解甚少，总体分布未知，且总体的期望、方差均未知，当样本容量 n 充分大时 $(n \geqslant 30)$，根据中心极限定理，样本均值也近似服从正态分布. 即

$$\overline{X} \stackrel{\text{a.d}}{\sim} N(E\overline{X}, D\overline{X}) \quad \text{或} \quad \frac{\overline{X} - E\overline{X}}{\sqrt{D\overline{X}}} \stackrel{\text{a.d}}{\sim} N(0,1).$$

例 6.4.5 一所商学院的院长声称该学院的工商管理学士 (BBA) 在毕业后的一年内的平均周薪 (单位：元) 是 600，标准差为 120.

(1) 先随机选取了该专业 36 名 BBA 毕业生做调查，如果该院长的说法正确，则他们的平均周薪少于 550 元的概率是多少？

(2) 如果经过调查这 36 名毕业生的平均周薪是 540 元，那么对于该院长的说法的可信度又应该如何看待？

解 (1) 设该学院 BBA 毕业生的周薪为随机变量 X，X 的分布未知，样本容量 $n=36$. 若院长的说法正确，则 $EX=600, \sigma=120$，则有

$$\overline{X} = \frac{1}{36}\sum_{i=1}^{36} X_i \stackrel{\text{a.d}}{\sim} N(600, 20^2),$$

所以

$$p\{\overline{X} < 550\} = p\left\{\frac{\overline{X}-600}{20} < \frac{550-600}{20}\right\} = p\left\{\frac{\overline{X}-600}{20} < -2.5\right\}$$
$$= \Phi(-2.5) = 1 - \Phi(2.5) = 0.0062.$$

(2) 由上述计算结果可知，如果该院长的说法属实，则在实际观测中该院毕业生周薪的样本均值低于 550 元的概率为 0.0062，是一个概率非常小的事件，在一次观测中该事件几乎不可能发生. 但当前调查数据说明该事件发生了，所以我们有理论认为该院长的说法是不可信的.

例 6.4.6 在某市政府代表委员的上一届选举中，一位代表获得了 52% 选民的支持而当选. 选举结束后，该代表组织了一次民意调查，随机选取 300 名民众询问他们是否愿意在下一届选举中为他投票. 试求在该调查中其支持比例超过 0.5 的概率是多少？

解 根据上一届的选举情况，可认为当地选民对该代表的支持率为 $p=0.52$. 该代表组织的调查中，样本容量 $n=300$，可认为样本比例 $\overline{X}$ 近似服从正态分布，均值

为 $p=0.52$, 标准差为

$$\sqrt{p(1-p)/n} = \sqrt{0.52 \times 0.48/300} \approx 0.0288,$$

则

$$p\{\overline{X} > 0.5\} = 1 - p\left\{\frac{\overline{X} - 0.52}{0.0288} < \frac{0.5 - 0.52}{0.0288}\right\}$$
$$\approx 1 - \Phi(-0.69) = \Phi(0.69) \approx 0.755.$$

可以估算出此次调查的 300 人中超过半数会支持该代表的概率为 75.5%.

*6.5 拓展与应用

6.5.1 拓展阅读：统计学中的盐

1974 年印度刚独立, 马德里就发生了一系列公共暴乱. 一个少数民族团体中的大多数人到一个被称为红色堡垒的地方避难, 政府负责提供食物给这些避难者. 当时这个任务委托给了承包商, 由于没有任何关于避难者人数的信息, 政府被迫接受和支付承包商所提出的为避难者购买生活保证品的各种账单. 由于这项开支非常大, 因而有必要请统计学家对红色城堡中避难者的人数作出合理估计.

当时治安情况非常混乱, 红色城堡内以及周边民众的敌对情绪使得这个简单的问题并不能直接通过实地调查来解决. 统计学家面临的问题是: 在没有任何避难者人数的先验信息、没有任何机会直接了解那个地区人口密度, 也不能使用其他人口统计调查抽样技术的条件下, 合理地估计这一避难区域的人口数量.

统计学家们只能利用承包商交给政府的账单, 这些账单记录了提供给避难者的不同的生活用品, 如所购入的米、盐以及豆类等蔬菜, 如何利用这些资料呢?

假设全体避难者一天所需要的米、豆和盐的总量分别是 R, P, S. 由以往的消费调查, 每人每天对这些食物的需求量分别为 r, p, s. 因而比值 $R/r, P/p, S/s$ 提供了一个团体中人数的平行估计量, 也就是说, 这三个值作为团体人数的估计都是等价有效的. 统计学家利用承包商账单计算出 R, P, S 这三个数值, 发现对应盐的比值 S/s 最小, 而对应大米的比值 R/r 最大. 当时在印度, 盐的价格非常低, 显然, 这三种商品中最贵的大米的购买量很有可能被夸大了, 而价格低廉的盐的购买量应该更符合实际需求量. 因此, 统计学家提出用比值 S/s 做为红色城堡中避难者人数的估计值. 事后证明, 统计学家的这一估计值的确与实际的避难者人数非常接近. 统计方法的一个简单应用为当时的印度政府节省了大量不必要的支出.

6.5.2 拓展应用：莎士比亚的新诗

1985 年 11 月，研究莎士比亚的学者泰勒 (Gary Taylor) 在从 1775 年以来就保存在 Bodelian 图书馆的收藏中发现了写在纸片上的九节新诗. 新诗只有 429 个字，没有记载谁是诗的作者. 这首诗会是莎士比亚的作品吗？1987 年，两个统计学者 Thisted 和 Efron 利用统计方法研究了这个问题，得出结论是：这首诗用词的风格与莎士比亚的风格非常一致. 这个研究纯粹基于统计学分析，其大致的过程可描述如下.

已知莎士比亚所有著作的用词总数为 884 647 个，其中 31 534 个是不同的. 这些词出现的频数如表 6.5.1 所示. 表 6.5.1 中所包含的信息可用来回答有关其创作风格的问题. 比如假设莎士比亚写一个含有一定数量单词的新作品，他会使用多少在以前作品中未使用过的新单词？

表 6.5.1 莎士比亚著作用词统计

单词使用的频数	不同的单词数
1	14 376
2	4 343
3	2 292
4	1 463
5	1 043
6	837
7	638
⋮	⋮
> 100	846
总数	31 534

在莎士比亚已有的所有作品中出现的单词数为 884 647，若他采用同样的单词量来写他的新作品，则估计他将使用约 35 000 个新词. 在这种情形下，莎士比亚的总词汇量估计至少有 66 000 个单词 (在莎士比亚时代，英语语言的总词汇约有 100 000 个，目前约有 500 000 个).

现在回到新发现的九节诗上，其包含的 429 个单词中有 258 个是不同的，新诗中不同单词的观测值和基于莎士比亚作品风格的预测值如表 6.5.2 所示. 从表 6.5.2 可看到，这两组数据基本一致，这表示了新发现的诗的作者很可能就是莎士比亚.

表 6.5.2 中也给出了与莎士比亚同时代的本·约翰逊 (B.Johnson)、马洛 (C. Marlowe)、多恩 (J.Donne) 三位诗人长度几乎相同的作品中不同单词使用的频数，进行不同创作者用词风格的对比分析. 可以看出与其他作品相比，新发现的诗中不同单词的使用频数与基于莎士比亚用词风格的期望频数之间相似程度更高.

另一个与其类似的故事是 —— 有争议的作者权：《联邦主义者论文集》作者是谁？

表 6.5.2 莎翁等著作单词使用频率比较

莎士比亚作品中单词使用的次数	不同单词使用的频数				基于莎士比亚作品的期望值
	本·约翰逊 (哀歌)	马洛 (四首诗)	多恩 (狂喜)	新发现的诗	
0	8	10	17	9	6.97
1	2	8	5	7	4.21
2	1	8	6	5	3.33
3—4	6	16	5	8	5.36
5—9	9	22	12	11	10.24
10—19	9	20	17	10	13.96
20—29	12	13	14	21	10.77
30—39	12	9	6	16	8.87
40—59	13	14	12	18	13.77
60—79	10	9	3	8	9.99
80—99	13	13	10	5	7.48
不同单词数单词总数	243	272	252	258	258
	411	495	487	429	⋯

这是一个与上一故事密切相关的验明作者问题, 或者是根据一些作者不明确的作品, 从多个可能的作者中去识别一个最可能的作者. 首先来考察联邦主义者论文集的情形. 这是在 1787—1788 年由哈密顿 (A.Hamilton)、杰伊 (J.Jay) 和马德森 (J.Madison) 等为了劝说纽约市民批准宪法所著的论文集.

这个论文集共含有 77 篇论文, 全部署名为笔名 "民众 (publics)". 这个论文集的大多数文章的真正作者已经判明了, 但有 12 篇文章仍存在争议, 到底作者是汉密尔顿, 还是马德森. 两个统计学者, 莫斯特雷 (F.Mosteller) 和华莱士 (D.Wallance) 利用了类似上一问题的用词风格及词频统计等方法解决了这个问题, 得出的结论是: 12 篇有争议的文章最可能的作者是马德森. 这些成功的案例有力地推动了统计分析方法在文学研究领域的创新应用.

数理统计发展简史

数理统计的学科性质

习 题 6

(A)

1. 设总体 $X \sim U[a,b]$, $(X_1, X_2, \cdots, X_n)$ 是一个来自该总体的随机样本, 求样本的联合分布密度函数.

2. 设总体 X 服从参数为 $\lambda(\lambda > 0)$ 的指数分布，$(X_1, X_2, \cdots, X_n)$ 是来自该总体的一个简单随机样本，求：

(1) 该样本的联合分布密度函数；

(2) 若该样本的一个观测值为 10, 9, 10, 7, 19, 8, 9, 10, 11, 19, 写出该样本对应的经验分布函数 $F_{10}(x)$.

3. 下面是四个实验的样本观测值，计算各组对应的样本均值、中位数、众数和变异系数.

a: 3 4 4 5 5 5 6 6 7

b: 3 4 4 5 5 5 6 6 70

c: -50 -49 0 1 49 50

d: -50 -50 0 9 9 81

4. 根据以往统计数据，某市消协收到大量顾客投诉某品牌空调的质量缺陷数 X 的分布列如下：

X	0	1	2	3	4	5
p	0.04	0.15	0.26	0.3	0.15	0.1

现该消协就该品牌空调的质量问题，随机对 200 个顾客进行了调查，其中投诉缺陷数为 0, 1, 2, 3, 4, 5 的人数分别为 10, 37, 49, 55, 36, 13. 分别求总体 X 的分布函数及此次抽样调查的样本经验分布函数，并进行对比.

5. 某市质检监察部门对其所管理的企业进行产品质量抽样调查，随机抽取并记录了 404 家企业中不合格产品的种数. 试从下列数据中求不合格产品种数的平均值、样本方差和样本标准差.

不合格产品种数: 0 1 2 3 4 5 6 7 8 9 10 11 12

频数: 53 110 82 58 35 20 18 12 9 3 1 2 1

6. 一厂方想了解本厂出品的某种罐头糖果的货架滞留期 (单位: 天), 从超市销售数据进行随机抽样得到以下数据:

4   21   13   25   15   18   7   16   17

16   14   15   16   29   24   13   16   20

求: (1) 滞留天数的数学期望及样本方差;

(2) 区间 $(\overline{X} - 2S, \overline{X} + 2S)$ 中含有样本数的百分比.

7. 下面资料记载的是某船运公司 39 只油槽的吨位数，求: 样本极差、上、下四分位数 Q_1, Q_3, 中位数, 并画出样本分布的箱尾图和茎叶图.

363 363 367 372 372 380 380 380 387 387 387 388 389

392 393 393 406 407 407 410 410 413 413 413 414 414

414 422 424 446 454 484 484 484 516 517 550 554 555

习 题 6

8. 上海证券交易所将每天各种股票的交易价格概括为一个综合指数, 称为 "上证综合指数"; 将前后两天交易日上证指数 y 和 y' 的差 $x = y - y'$ 称为上证指数的涨跌值. 以下数据是上证所某年连续 50 个交易日的上证综合指数涨跌值的观测值 (摘自新民晚报):

13.93	-6.92	-6.13	-14.79	-15.70	-2.83	-11.01	-4.28	-9.03	-0.87
5.70	-9.30	-0.48	-17.80	-5.87	8.20	-2.67	-28.87	-1.23	1.26
19.61	-21.92	7.46	-0.73	-5.27	-4.47	-4.61	1.20	6.18	53.50
-5.51	-11.98	2.84	-12.01	7.70	3.89	16.37	39.08	16.66	-12.15
15.22	-30.70	-0.06	2.01	-15.64	7.28	13.64	-8.07	6.50	21.75

试根据数据画出上证指数涨跌值的频率直方图, 观察其是否近似服从正态分布?

9. 设总体 $X \sim N(60, 15^2)$, 从总体 X 中抽取一个容量为 100 的样本, 求样本均值与总体均值之差的绝对值大于 3 的概率.

10. 设 $X_1, X_2, \cdots, X_n$ 是来自总体 $X \sim \chi^2(m)$ 的简单随机样本, 求 $E(\overline{X}), D(\overline{X})$.

11. 设总体 $X \sim N(0, 1)$, $X_1, X_2, \cdots, X_5$ 是来自该总体的一个样本, 求常数 C, 使统计量 $\dfrac{C(X_1 + X_2)}{\sqrt{X_3^2 + X_4^2 + X_5^2}}$ 服从 t 分布.

12. 设 X_1, X_2 是取自总体 $X \sim N(0, \sigma^2)$ 的一个样本, 求概率 $p\left\{\dfrac{(X_1 + X_2)^2}{(X_1 - X_2)^2} < 4\right\}$ 的值.

13. 设总体 X 服从参数为 λ 的指数分布, 求 $E(\overline{X}), D(\overline{X})$ 和 $E(S^2)$.

14. 从装有一个白球、两个黑球的口袋中随机地有放回取球, 每次取一个, 令 $X = 0$ 表示取到白球, $X = 1$ 表示取到黑球. $X_1, X_2, \cdots, X_5$ 是来自总体 X 的样本, 求样本 $X_1, X_2, \cdots, X_5$ 的样本均值和样本方差的期望, 并求统计量 $Z = X_1 + X_2 + \cdots + X_5$ 的分布.

(B)

1. X_1, X_2, X_3, X_4 是取自总体 $X \sim N(0, 2^2)$ 的一个样本, $Y = a(X_1 - 2X_2)^2 + b(3X_3 - 4X_4)^2$, 求系数 a 和 b, 使得 Y 服从 χ^2 分布, 并确定自由度.

2. 从正态总体 $N(4.2, 25)$ 中抽取容量为 n 的样本, 若要使其样本均值位于区间 $(2.2, 6.2)$ 内的概率不小于 0.95, 则样本容量 n 至少应取多大?

3. 从正态总体 $N(\mu, 0.25)$ 中抽取一简单随机样本 $X_1, X_2, \cdots, X_{10}$, 若

(1) 已知 $\mu = 0$, 求概率 $p\left\{\sum\limits_{i=1}^{10} X_i^2 \geqslant 4\right\}$; (2) 未知 μ, 求概率 $p\left\{\sum\limits_{i=1}^{10} (X_i - \overline{X})^2 \geqslant 2.85\right\}$.

4. 在设计导弹发射装置时, 弹着点偏离目标中心距离的方差是一项重要的性能指标. 假设弹着点偏离目标中心的距离 X(单位: m) 服从正态分布 $N(\mu_1, \sigma_1^2)$, 已知 $\sigma^2 = 100$. 现进行 25 次发射实验, 求样本方差超过 250 的概率.

5. 总体 $X \sim N(\mu, 4)$, $X_1, X_2, \cdots, X_n$ 为来自总体 X 的简单随机样本, 当 n 至少取多大时, 才能使 $p\{|\overline{X} - \mu| < 0.1\} \geqslant 0.95$.

6. 设一种轴承能够承受的压强 X(单位: g/cm^2)服从正态分布 $N(60000, \sigma^2)$, 从中取出容

量为 16 的一个样本, 测得 $\overline{X} = 59600$, $S = 3600$, 令 $T = \dfrac{\overline{X} - 60000}{900}$. 在下列情况下分别求 λ 的值:

(1) 若 $p\{|T| \geqslant \lambda\} = 0.05$; (2) 若 $p\{T \geqslant \lambda\} = 0.05$; (3) 若 $p\{\overline{X} \geqslant \lambda\} = 0.05$.

7. 盒子中装有 3 件产品, 其中一件次品两件正品. 每次从中随机抽取 1 件, 记次品的件数为 X, 进行有放回地抽取 10 次, 得到样本容量为 10 的样本 $X_1, X_2, \cdots, X_{10}$, 求:

(1) 样本均值和样本方差的期望; (2) $Z = \sum\limits_{i=1}^{10} X_i$ 的分布.

8. 设总体 $X \sim N(\mu_1, \sigma_1^2)$, $Y \sim N(\mu_2, \sigma_2^2)$, 从总体 X 和 Y 中分别抽取容量为 $n_1 = 8$ 和 $n_2 = 10$ 的样本, 计算得 $S_1^2 = 8.75$, $S_2^2 = 2.66$. 求 $p\{\sigma_1^2 > \sigma_2^2\}$.

9. 总体 X 的分布密度函数为 $f(x) = \begin{cases} \mathrm{e}^{-x}, & x \geqslant 0, \\ 0, & x < 0, \end{cases}$ $X_1, X_2, \cdots, X_n$ 为来自总体 X 的简单随机样本, 试求 $Y = \min\{X_1, X_2, \cdots, X_n\}$ 的期望与方差.

10. 设总体 X 和 Y 相互独立, 且都服从正态分布 $N(30, 3^2)$, 从这两个总体中分别抽取容量为 $n_1 = 20$ 和 $n_2 = 25$ 的两个样本, 计算 $p\{|\overline{X} - \overline{Y}|\} > 0.4$ 的概率.

第7章 参数估计

数理统计学的核心内容之一是统计推断,即根据样本所提供的信息,对总体的某些参数及总体的分布类型作出推断.统计推断主要包括参数估计和假设检验两方面内容.参数估计是根据对总体的抽样获取信息,针对实际需求对总体分布中的未知参数或参数的某些函数作出合理估计的统计推断方法.本章主要介绍点估计和区间估计,进而讨论评价估计量优良性的方法.

参数估计中讨论的参数,既可以是总体分布函数 $F(x,\theta)$ 中的未知参数 θ(θ 可以是向量),也可以是总体分布的各种特征数,如均值、方差以及有关的矩等.

例如,灯泡厂生产某一型号灯泡,由于各种随机因素的影响,每个灯泡的使用寿命是一个随机变量 X.假设灯泡的寿命 X 服从正态分布 $N(\mu,\sigma^2)$,但对于不同批次的灯泡,正态分布中参数 μ,σ^2 可能取不同的值.现有一批灯泡,要估计其平均使用寿命 $EX = \mu$ 或寿命的方差 σ^2,一般方法是从该批灯泡中抽取一部分作为样本 $X_1, X_2, \cdots, X_n$,根据样本的试验数据来估计 μ 或 σ^2,即为一般的参数估计问题.以下首先介绍点估计的基本原理和方法.

7.1 参数的点估计

所谓的点估计,就是以来自总体的样本 $X_1, X_2, \cdots, X_n$ 为基础,针对未知参数 θ 构造一个 (或一些) 适当的统计量 $\hat{\theta}(X_1, X_2, \cdots, X_n)$,用 $\hat{\theta}$ 估计相应的参数或特征数.这个统计量 $\hat{\theta}$ 就称为 θ 的**估计量**.若有样本的一组观察值 $(x_1, x_2, \cdots, x_n)$,代入 $\hat{\theta}$ 可得参数 θ 的一个**估计值** $\hat{\theta}(x_1, x_2, \cdots, x_n)$.

根据统计量 $\hat{\theta}(X_1, X_2, \cdots, X_n)$ 的构造方法不同,对总体的同一个未知参数有多种不同的点估计方法.本节中,主要介绍两种常见点估计方法:矩估计法和极大似然估计法.

7.1.1 矩估计法

在实际应用中,人们常常用抽样数据的样本均值替代总体的均值.比如,想要估计一批数量很大的灯泡的平均使用寿命,通常是先随机抽取出适当数量的灯泡做试验,用这部分灯泡的平均寿命估计整批灯泡的平均寿命,即用样本一阶原点矩 $\overline{X}$ 作为总体一阶原点矩 EX 的估计量.事实上,这体现了矩估计法的基本思想:以样本矩作为相应的总体矩的估计.

矩估计法是一种古老的点估计方法,最早由英国统计学家皮尔逊 (K·Pearson) 提出. 1900 年皮尔逊提出了一个**替换原则**: 用样本矩去替换总体矩. 如果总体 X 的 k (k 为正整数) 阶原点矩存在, 则对任意给定的 $\varepsilon > 0$, 当样本容量 n 趋于无穷大时, 有

$$\lim_{n\to\infty} p\left\{\left|\frac{1}{n}\sum_{i=1}^{n} X_i^k - EX^k\right| < \varepsilon\right\} = 1,$$

即样本的 k 阶原点矩依概率 1 收敛于总体 k 阶原点矩. 矩估计法的基本思想就是替换原则. 若已知总体的 k 阶原点矩存在, 则用样本的 k 阶原点矩 $A_k = \frac{1}{n}\sum_{i=1}^{n} X_i^k$ 作为总体 k 阶原点矩 $\mu_k = EX^k$ 的估计, 即

$$\hat{\mu}_k = A_k \quad (k = 1, 2, \cdots). \tag{7.1.1}$$

对于不同的 k 值, 可以得到若干个等式 (一般所需等式的个数等于待估计的未知参数个数). 从上述等式中求出参数 θ 的**矩估计量** $\hat{\theta}(X_1, X_2, \cdots, X_n)$. 若给定该样本的观测值 $(x_1, x_2, \cdots, x_n)$, 代入 $\hat{\theta}$ 可得 θ 的一个**矩估计值**. 显然, 每个参数的矩估计量 $\hat{\theta}$ 都是样本的函数, 即是一个统计量, 而矩估计值是该统计量对应一个样本观察值的函数值.

同样, 也可以用样本原点矩的连续函数去估计相应的总体矩的函数. 因此, 当总体 k 阶中心矩存在时, 用样本的 k 阶中心矩估计相应的总体 k 阶中心矩也是合理的. 但通常情况下, 由于中心矩比原点矩计算复杂, 一般不优先采纳.

可见, 同一个未知参数的矩估计量可能不唯一, 一般根据待估参数或特征数, 按替换原则选择比较容易计算的样本矩进行参数估计.

例 7.1.1 假设某城市将出台一项新的交通管制措施, 管理人员需要估计该市市民对该项措施的支持率 p. 现随机地选取一部分市民进行调查, 根据调查结果估计全体市民的支持率 p.

解 假设该市市民对该项措施只有"支持"和"反对"两种态度. 令

$$X = \begin{cases} 1, & \text{某一市民支持该措施,} \\ 0, & \text{某一市民反对该措施,} \end{cases}$$

则总体 X 服从两点分布:

$$p\{X = x\} = (1-p)^{1-x} p^x, \quad x = 0, 1.$$

随机调查的市民构成该总体的一个样本 $(X_1, X_2, \cdots, X_n)$. 要估计参数 p, 只需用样本一阶原点矩 (样本均值) $\overline{X}$ 代替总体均值 EX, 即

$$\hat{p} = \overline{X} = \frac{1}{n}\sum_{i=1}^{n} X_i.$$

假设随机抽取了 200 位市民进行调查, 其中有 125 人支持该措施, 则可得全市市民支持率 p 的一个估计值为 62.5%.

例 7.1.2 设总体 X 服从泊松分布, 即 $X \sim p(\lambda)$, 其中 $\lambda > 0$ 为未知参数, 用矩估计法来估计 λ.

解 已知总体 X 的分布列为

$$p\{X = k\} = \frac{\lambda^k}{k!} e^{-\lambda}, \quad k = 0, 1, 2, \cdots,$$

且 $EX = DX = \lambda$.

用样本均值代替总体均值就得到 λ 的一个矩估计量, 即

$$\hat{\lambda} = \overline{X} = \frac{1}{n}\sum_{i=1}^n X_i.$$

同时, 也可以用样本二阶中心矩代替总体的方差, 得到 λ 的另一个矩估计量

$$\hat{\lambda} = \frac{1}{n}\sum_{i=1}^n (X_i - \overline{X})^2.$$

显然, 对于同一个样本观测值 $(x_1, x_2, \cdots, x_n)$, 上述两个 λ 的估计量对应的两个矩估计值一般不同, 这表明矩估计量 (值) 并不是唯一的.

例 7.1.3 总体 X 服从区间 $[a,b]$ 上的均匀分布, $X_1, X_2, \cdots, X_n$ 是取自该总体的样本. 试求参数 a, b 的矩估计.

解 已知总体 $X \sim U[a,b]$, 有

$$EX = \frac{a+b}{2}, \quad EX^2 = \frac{(b-a)^2}{12} + \frac{(a+b)^2}{4} = \frac{1}{3}(b^2 + ab + a^2),$$

令

$$\begin{cases} A_1 = \overline{X} = \dfrac{a+b}{2}, \\ A_2 = \dfrac{1}{n}\sum_{i=1}^n X_i^2 = \dfrac{1}{3}(b^2 + ab + a^2), \end{cases}$$

计算得

$$a + b = 2A_1,$$
$$b - a = 2\sqrt{3B_2},$$

解得

$$\hat{a} = A_1 - \sqrt{3B_2} = \overline{X} - \sqrt{3B_2},$$
$$\hat{b} = A_1 + \sqrt{3B_2} = \overline{X} + \sqrt{3B_2},$$

其中 A_1 和 B_2 分别为样本 1 阶原点矩和 2 阶中心距.

7.1.2 极大似然估计法

矩估计法的优点是简单易行, 因此在工程技术上矩估计法的应用相当广泛. 其不足之处是不能充分利用总体分布提供的信息. 当总体分布类型已知时, 还有另一种常用的点估计法 —— 极大似然估计法可以充分利用总体分布信息.

1. 极大似然估计法的基本原理

极大似然估计 (Maximum Likelihood Estimate, MLE) 的思想, 始于德国数学家高斯的误差理论. 1912 年英国统计学家费希尔再一次提出, 证明了该方法的一些性质, 并给出 "极大似然估计" 这一名称. 这一点估计方法的基本原理可直观解释为: 试验 (观测的) 结果是在使该结果出现可能性最大的那种条件 (或原因) 下发生的. 这样的实例很常见, 比如当汽车发生故障时, 有经验的修理工总是先从易损部件或薄弱环节查起. 下面再给出一个具体的例子.

例 7.1.4 设有两个同样的口袋, 甲袋中有 8 个白球, 2 个红球, 乙袋中有 8 个红球, 2 个白球. 先随机选择一个口袋, 进行 4 次有放回地抽取, 一次取 1 个, 结果抽得 3 个红球, 1 个白球, 根据这一试验结果推测, 这些球是从哪个口袋中抽取的?

解 设总体 $X = \begin{cases} 1, & \text{从袋中任取一个是红球}, \\ 0, & \text{从袋中任取一个是白球}, \end{cases}$ 则

$$p\{X = x\} = (1-p)^{1-x} p^x, \quad x = 0, 1.$$

未知参数为 $p = p\{\text{从袋中任取一个球为红色}\}$.

根据试验结果, 样本 (X_1, X_2, X_3, X_4) 的观测值中出现 3 个 1, 1 个 0. 若是从甲袋中抽取球, 则该样本出现的概率为

$$p_1 = \left(\frac{1}{5}\right)^3 \cdot \frac{4}{5} = \frac{4}{625},$$

若是从乙袋中抽取, 则该样本出现的概率为

$$p_2 = \left(\frac{4}{5}\right)^3 \cdot \frac{1}{5} = \frac{64}{625},$$

显然 $p_2 > p_1$, 自然会认为这些球是从乙袋中抽取的, 即认为参数 p 的估计值是 $\hat{p} = \frac{4}{5}$.

本例中, 采用使样本观测值出现可能性最大的参数值 4/5 作为参数 p 的估计, 就是应用了极大似然估计法的基本思想.

2. 极大似然估计的基本步骤

以下分别针对总体为离散型和连续型两种情形, 给出求解未知参数极大似然估计的基本步骤.

设总体 X 是离散型随机变量, 其分布列为

$$p\{X = x\} = p(x; \theta),$$

其中 θ 为分布中含有的未知参数. 设 $X_1, X_2, \cdots, X_n$ 是来自该总体的样本, 则个体 X_i 与总体 X 具有相同的分布, 即

$$p\{X_i = x_i\} = p(x_i, \theta), \quad i = 1, 2, \cdots, n.$$

样本 $X_1, X_2, \cdots, X_n$ 的联合分布为

$$p\{X_1 = x_1, X_2 = x_2, \cdots, X_n = x_n\} = \prod_{i=1}^{n} p(x_i; \theta).$$

显然, 对于给定的样本观测值, 样本联合分布的值取决于参数 θ, 是参数 θ 的函数, 此处称为**似然函数**, 记作

$$L(\theta) = \prod_{i=1}^{n} p(x_i; \theta).$$

根据极大似然估计法的基本思想, θ 的估计值 $\hat{\theta}$ 应该使该样本出现的概率 $L(\theta)$ 达到最大, 即

$$L(\hat{\theta}) = \max_{\theta \in \Theta} L(\theta)$$

(其中 $\theta \in \Theta$, Θ 是参数 θ 所有可能取值的范围). 若这样的 $\hat{\theta}$ 存在, 则称其为 θ 的极大似然估计量 (值).

当总体 X 是连续型随机变量时, 已知其分布密度函数 $f(x; \theta)$(或分布函数 $F(x; \theta)$), 设 $X_1, X_2, \cdots, X_n$ 是取自该总体的样本. 由于 X_i 与总体 X 同分布, 其密度函数为 $f(x_i; \theta)$, $X_1, X_2, \cdots, X_n$ 的联合分布密度函数

$$f(x_1, x_2, \cdots, x_n; \theta) = \prod_{i=1}^{n} f(x_i; \theta)$$

称为**似然函数**, 记为

$$L(\theta) = \prod_{i=1}^{n} f(x_i; \theta),$$

同样取参数 θ 的估计值 $\hat{\theta}$, 使得 $L(\hat{\theta}) = \max\limits_{\theta \in \Theta} L(\theta)$.

这样，求极大似然估计量的问题就可归结为求似然函数 $L(\theta)$ 的最大值问题，可以利用微积分学中求极值的方法进行求解. 大多数情形下，似然函数 $L(\theta)$ 关于参数 θ 可导，此时可从方程 (组)

$$\frac{\partial L(\theta)}{\partial \theta} = 0$$

求解 θ 的估计值 $\hat{\theta}$(需根据具体情况讨论极大值的充分条件).

又因 $L(\theta)$ 和 $\ln L(\theta)$ 在同样的 θ 值处取得极值，为简化计算，通常利用方程 (组)

$$\frac{\partial \ln L(\theta)}{\partial \theta} = 0 \tag{7.1.2}$$

求解 θ 的极大似然估计 $\hat{\theta}$. 式 (7.1.2) 的方程 (组) 称为**对数似然方程**(组).

例 7.1.5 设总体 X 为泊松分布 $p(\lambda)$，其中 λ 是未知参数. $X_1, X_2, \cdots, X_n$ 为来自总体 X 的样本, 求参数 λ 的极大似然估计量.

解 样本中每个个体 X_i 与总体 X 同分布, 其分布为

$$p\{X_i = x_i\} = \frac{\lambda^{x_i}}{x_i!} \mathrm{e}^{-\lambda}, \quad x_i = 0, 1, 2, \cdots, \quad i = 1, 2, \cdots, n,$$

则似然函数为

$$L(\lambda) = \prod_{i=1}^{n} p\{X_i = x_i\} = \prod_{i=1}^{n} \frac{\lambda^{x_i}}{x_i!} \mathrm{e}^{-\lambda} = \frac{1}{\prod_{i=1}^{n} x_i!} \lambda^{\sum_{i=1}^{n} x_i} \cdot \mathrm{e}^{-n\lambda},$$

两边取对数得

$$\ln L(\lambda) = \left(\sum_{i=1}^{n} x_i\right) \ln \lambda - n\lambda - \ln \prod_{i=1}^{n} x_i!,$$

令

$$\frac{\mathrm{d} \ln L(\lambda)}{\mathrm{d}\lambda} = \frac{1}{\lambda} \sum_{i=1}^{n} x_i - n = 0,$$

解得

$$\hat{\lambda} = \frac{1}{n} \sum_{i=1}^{n} x_i = \overline{x},$$

即泊松分布中参数 λ 的极大似然估计量为 $\overline{X}$(极大似然估计值为 $\overline{x}$).

例 7.1.6 设正态总体 $X \sim N(\mu, \sigma^2)$，$X_1, X_2, \cdots, X_n$ 是来自该总体的样本，求总体分布中未知参数 μ, σ^2 的极大似然估计量. 设 8, 9, 10, 10, 11, 12, 14, 15, 15, 16 是 $n=10$ 的一个样本观测值, 求参数 μ 和 σ^2 对应的极大似然估计值.

解 已知总体 $X \sim N(\mu, \sigma^2)$, 则样本中每个个体 X_i 的分布密度为

$$f(x_i) = \frac{1}{\sqrt{2\pi}\sigma} e^{-\frac{(x_i - \mu)^2}{2\sigma^2}}, -\infty < x_i < +\infty, \quad i = 1, 2, \cdots, n.$$

似然函数为

$$L(\mu, \sigma^2) = \prod_{i=1}^{n} f(x_i) = \prod_{i=1}^{n} \frac{1}{\sqrt{2\pi}\sigma} e^{-\frac{(x_i - \mu)^2}{2\sigma^2}} = (2\pi)^{-\frac{n}{2}} \cdot \sigma^{-n} e^{-\frac{1}{2\sigma^2} \sum_{i=1}^{n}(x_i - \mu)^2},$$

取自然对数得

$$\ln L(\mu, \sigma^2) = -\frac{n}{2} \ln 2\pi - \frac{n}{2} \ln \sigma^2 - \frac{1}{2\sigma^2} \sum_{i=1}^{n}(x_i - \mu)^2.$$

令

$$\begin{cases} \dfrac{\partial \ln L(\mu, \sigma^2)}{\partial \mu} = \dfrac{1}{\sigma^2} \sum_{i=1}^{n}(x_i - \mu) = 0, \\ \dfrac{\partial \ln L(\mu, \sigma^2)}{\partial \sigma^2} = -\dfrac{n}{2\sigma^2} + \dfrac{1}{2\sigma^4} \sum_{i=1}^{n}(x_i - \mu)^2 = 0, \end{cases}$$

解得参数 μ, σ^2 的极大似然估计量分别为

$$\begin{cases} \hat{\mu} = \overline{X}, \\ \hat{\sigma}^2 = \dfrac{1}{n} \sum_{i=1}^{n}(X_i - \overline{X})^2. \end{cases}$$

代入所给的样本观察值,计算得对应的极大似然估计值分别为

$$\begin{cases} \hat{\mu} = 12, \\ \hat{\sigma}^2 = 7.2. \end{cases}$$

例 7.1.7 设总体 X 为区间 $[0, \theta]$ 上的均匀分布,$X_1, X_2, \cdots, X_n$ 是从总体 X 中取得的样本. 求参数 θ 的极大似然估计量.

解 已知总体 $X \sim U[0, \theta]$,则样本的联合密度函数为

$$L(\theta) = \begin{cases} \dfrac{1}{\theta^n}, & 0 \leqslant x_i \leqslant \theta, \quad i = 1, 2, \cdots, n, \\ 0, & \text{其他}. \end{cases}$$

显然,对数似然方程 $\dfrac{\partial \ln L(\theta)}{\partial \theta} = 0$ 无解,不能通过该方法得到 θ 的极大似然估计量.

此时应从极大似然估计的定义出发. 显然, θ 的值越小,似然函数 $L(\theta)$ 的值越大,同时又必须满足 $0 \leqslant x_i \leqslant \theta (i = 1, 2, \cdots, n)$. 因此, 取 $\hat{\theta} = \max\{x_1, x_2, \cdots, x_n\}$, 即极大似然估计量为 $\hat{\theta} = X_n^*$ (即 $X_1, X_2, \cdots, X_n$ 的次序统计量中的最大值).

同理, 若总体 X 服从区间 $[\theta_1, \theta_2]$ 上的均匀分布, 则参数 θ_1, θ_2 的极大似然估计量分别为

$$\hat{\theta}_1 = X_1^*, \quad \hat{\theta}_2 = X_n^*,$$

即分别取样本 $X_1, X_2, \cdots, X_n$ 对应的次序统计量中最小值 X_1^* 和最大值 X_n^* 作为参数 θ_1 和 θ_2 的极大似然估计量.

假设给定该总体的一个样本观测值为 1.2, 3.4, 0, −1, 2.2, 2.8, 3.1, 4, 则对应的极大似然估计值为 $\hat{\theta}_1 = -1, \hat{\theta}_2 = 4$.

本质上, 极大似然估计法与矩估计法都是从样本 $X_1, X_2, \cdots, X_n$ 出发, 构造适当的统计量 $\hat{\theta}(X_1, X_2, \cdots, X_n)$ 作为总体参数 θ 的估计量.

两种方法不同之处是矩估计法不需要总体概率分布, 但要求总体相应阶数的矩存在, 计算相对简单; 极大似然估计法需要已知总体分布类型, 计算比较麻烦, 但能够充分利用总体分布信息. 极大似然估计法在回归分析、方差分析、风险管理、计量经济学中有广泛的应用.

7.2 点估计的优良性评价

通过 7.1 中的讨论可发现, 对于总体中同一个未知参数, 采用不同点估计方法得到的估计量可能不相同. 例如, 通过样本 $X_1, X_2, \cdots, X_n$ 去估计总体均值 μ, 点估计量可以用 $\overline{X}$, 也可以用样本中位数 M_d, 甚至用任一个 X_i. 这就需要对这些不同的估计量做相对优良性评价, 以下给出三个常用的点估计评估标准: 无偏性、有效性、相合性 (一致性).

7.2.1 无偏性

以总体均值 μ 的点估计为例, 估计量 $\overline{X}$ 是一个随机变量, 其取值随着观测值的变化而变化. 当进行多次抽样时, 可得到估计量 $\overline{X}$ 对应的多个估计值, 每一个值不一定恰好等于总体平均值 μ, 我们希望这些值的平均值能更接近总体平均值, 即估计量的无偏性.

定义 7.2.1 设 θ 是总体分布中未知参数, $\hat{\theta}(X_1, X_2, \cdots, X_n)$ 是 θ 的点估计量, 若满足 $E\hat{\theta} = \theta$, 则称 $\hat{\theta}$ 为 θ 的**无偏估计 (量)**, 或称 $\hat{\theta}$ 作为 θ 的点估计量满足无偏性; 若 $E\hat{\theta} \neq \theta$, 但 $\lim\limits_{n \to \infty} E\hat{\theta} = \theta$, 则称 $\hat{\theta}$ 为 θ 的**渐近无偏估计**.

通过图示进一步解释无偏性 (图 7.2.1). 设 $\hat{\theta}_1, \hat{\theta}_2$ 是 θ 的两个点估计量, 显然 $\hat{\theta}_1, \hat{\theta}_2$ 都是样本 $X_1, X_2, \cdots, X_n$ 的函数, 都是随机变量. 设 $\hat{\theta}_1, \hat{\theta}_2$ 的分布密度曲线分别为 $f_1(x), f_2(x)$. 如图 7.2.1 所示, $\hat{\theta}_1$ 的取值分布在 θ 的两侧且 $E\hat{\theta}_1 = \theta$, 即 $\hat{\theta}_1$ 是 θ 的无偏估计量. 说明估计量 $\hat{\theta}_1$ 作为 θ 的估计, 虽然会随着样本观测值的变化

7.2 点估计的优良性评价

与 θ 的真值有一定的偏差,但平均来看偏差为 0(即没有系统偏差);估计量 $\hat{\theta}_2$ 的取值相对于 θ 的真值也有正负偏差,但总的来说 $\hat{\theta}_2$ 偏小,即 $E\hat{\theta}_2 < \theta$. 此时用 $\hat{\theta}_2$ 估计 θ 平均来说就会偏小,但并不意味着每个 $\hat{\theta}_2$ 的估计值都小于 θ.

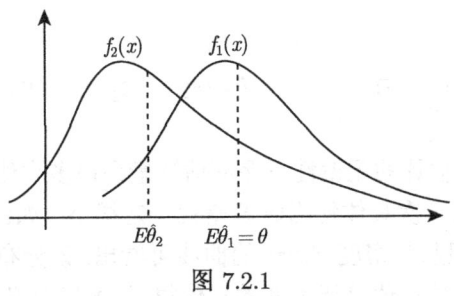

图 7.2.1

例 7.2.1 分别取

$$\overline{X}, \quad X_i, \quad \frac{1}{4}X_1 + \frac{1}{2}X_2, \quad \frac{1}{3}X_1 + \frac{2}{3}X_2$$

作为总体 X 的均值 μ 的点估计,讨论哪些估计满足无偏性.

解 总体均值为 $EX = \mu$,有 $EX_i = \mu$,且

$$E\overline{X} = E\left(\frac{1}{n}\sum_{i=1}^{n}X_i\right) = \mu,$$

$$E\left(\frac{1}{4}X_1 + \frac{1}{2}X_2\right) = \frac{1}{4}EX_1 + \frac{1}{2}EX_2 \neq \mu,$$

$$E\left(\frac{1}{3}X_1 + \frac{2}{3}X_2\right) = \frac{1}{3}EX_1 + \frac{2}{3}EX_2 = \mu.$$

即 $\overline{X}, X_i, \frac{1}{3}X_1 + \frac{2}{3}X_2$ 都是 μ 的无偏估计,而 $\frac{1}{4}X_1 + \frac{1}{2}X_2$ 不满足无偏性.

例 7.2.2 证明:作为总体方差 σ^2 的两个点估计,样本方差 S^2 满足无偏性,而样本的二阶中心矩 B_2 不满足无偏性.

证明 设总体为 X,且 $EX = \mu, DX = \sigma^2, B_2 = \frac{1}{n}\sum_{i=1}^{n}(X_i - \overline{X})^2$,由 (6.5.3) 式的证明可知

$$ES^2 = E\left(\frac{1}{n-1}\sum_{i=1}^{n}(X_i - \overline{X})^2\right) = \sigma^2,$$

由此进一步得到

$$EB_2 = E\left(\frac{1}{n}\sum_{i=1}^{n}(X_i - \overline{X})^2\right) = \frac{n-1}{n}ES^2 = \frac{n-1}{n}\sigma^2 \neq \sigma^2,$$

即 B_2 不是 σ^2 的无偏估计, 而 S^2 是 σ^2 的无偏估计. 这也是将样本方差定义成

$$S^2 = \frac{1}{n-1} \sum_{i=1}^{n} (X_i - \overline{X})^2$$

的原因.

另一方面, 由于 $\lim\limits_{n\to\infty} EB_2 = \sigma^2$, 二阶中心矩 B_2 为总体方差 σ^2 的渐近无偏估计.

值得注意的是, 点估计的无偏性只保证估计量在很多次使用时, 平均来说无系统偏差, 但不能保证在一次具体使用时偏差就一定很小. 如图 7.2.2 所示, 估计量 $\hat{\theta}_2$ 虽然满足无偏性, 但从其密度 $f_2(x)$ 的曲线可看出, 该分布的离散性比较大, 在一次使用中, $\hat{\theta}_2$ 对应的估计值可能离 θ 的真值很远, 所以有必要对无偏估计作进一步比较和评价.

7.2.2 有效性

设 $\hat{\theta}_1, \hat{\theta}_2$ 都是未知参数 θ 的无偏估计, 二者哪一个更有效? 显然, 方差小的估计量其取值相对集中地分布在 θ 的附近, 因此方差小的无偏估计稳定性好, 这就是有效性评价标准.

定义 7.2.2 设 $\hat{\theta}_1, \hat{\theta}_2$ 都是参数 θ 的无偏估计, 若 $D\hat{\theta}_1 < D\hat{\theta}_2$, 则称 $\hat{\theta}_1$ 是比 $\hat{\theta}_2$ 更有效的估计量.

如图 7.2.2 所示, 总体未知参数 θ 的两个无偏估计量为 $\hat{\theta}_1$ 和 $\hat{\theta}_2$, 其密度分别为 $f_1(x), f_2(x)$. 由图中可看出 $\hat{\theta}_1$ 的密度曲线更陡峭, 说明其分布比较集中, 方差较小; 而 $\hat{\theta}_2$ 的密度曲线比较平缓, 说明其分布比较分散, 方差较大; 可见, $\hat{\theta}_1$ 比 $\hat{\theta}_2$ 有效.

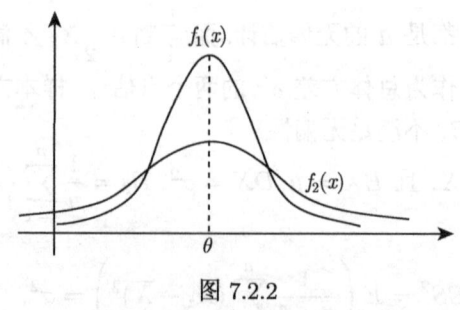

图 7.2.2

例 7.2.3 例 7.2.1 中, 对于总体期望 μ 有三个无偏估计, 试比较其有效性.

解 分别计算三个无偏估计的方差, 有

$$D\overline{X} = \frac{\sigma^2}{n}, \quad DX_i = \sigma^2,$$

$$D\left(\frac{1}{3}X_1 + \frac{2}{3}X_2\right) = \frac{1}{9}DX_1 + \frac{4}{9}DX_2 = \frac{5}{9}\sigma^2.$$

当 $n \geqslant 2$ 时, $D\overline{X} < DX_i$, 且 $D\overline{X} < \frac{5}{9}\sigma^2$, 即作为 μ 的无偏估计, $\overline{X}$ 更有效.

7.2.3 相合性

在参数估计中, 样本的容量越大, 样本所包含的总体信息就应该越多, 对总体未知参数的估计也应该越精确. 对于无限总体, 随着样本容量 n 的无限增大, 一个好的点估计与被估计参数的真值之间任意接近的可能性会越来越大. 对于有限总体, 若将所有个体全部抽出, 则其估计值应与待估参数的实值一致. 估计量的这一性质称为相合性 (或称一致性).

定义 7.2.3 设 $\hat{\theta}(X_1, X_2, \cdots, X_n)$ 是未知参数 θ 的估计量, 若对于任意给定的 $\varepsilon > 0$ 都有

$$\lim_{n \to \infty} p\left\{\left|\hat{\theta} - \theta\right| < \varepsilon\right\} = 1, \tag{7.2.1}$$

则称 $\hat{\theta}$ 是 θ 的**一致估计**或**相合估计**.

相合性是对一个优良估计量的基本要求, 若估计量不具有该性质, 那么无论样本容量取多大, 都不能将参数 θ 估计得足够精确. 这样的估计量显然是不可取的.

可以证明, 对一般总体 X, 其样本均值 $\overline{X}$ 和样本方差 S^2 分别是总体均值 μ 和方差 σ^2 的无偏估计和相合估计.

7.3 正态总体参数的区间估计

7.3.1 区间估计基本概念

点估计能给出未知参数的一个明确的估计值, 但不能控制这个估计值与未知参数真值之间的近似程度. 针对这一局限性, 著名的统计学家奈曼在 20 世纪 30 年代提出了区间估计方法.

顾名思义, 区间估计就是针对一个总体分布的未知参数 θ, 需构造一个区间来估计其取值. 具体来说, 就是构造关于样本的两个统计量 $\hat{\theta}_1, \hat{\theta}_2$, 使得对任一组样本观察值 $x_1, x_2, \cdots, x_n$, 都有 $\hat{\theta}_1 < \hat{\theta}_2$, 形成区间 $[\hat{\theta}_1, \hat{\theta}_2]$, 使得区间 $[\hat{\theta}_1, \hat{\theta}_2]$ 以一定的概率包含未知参数 θ.

评价一个区间估计量 $[\hat{\theta}_1, \hat{\theta}_2]$ 的好坏主要有两个要素: 其一是 "**精度**", 可以用区间长度 $(\hat{\theta}_2 - \hat{\theta}_1)$ 来衡量, 区间长度越大, 精度越低; 其二是 "**信度**", 即用 $[\hat{\theta}_1, \hat{\theta}_2]$ 这个区间来估计 θ 有多大的可靠性, "信度" 可以用概率 $p\left\{\hat{\theta}_1 \leqslant \theta \leqslant \hat{\theta}_2\right\}$ 的大小来衡量, 这个概率也称为区间估计的 "置信度".

精度和信度是一对矛盾关系,当样本容量一定时,其中一个增大,另一个将会减小. 例如估计一个在校大学生的年龄时,若估计其在 20 岁到 23 岁之间,则精度较高而正确的可能性 (置信度) 不一定很大; 若估计他的年龄在 15 岁到 30 岁之间,可靠性很大,但精度很差. 在实际应用中,需要根据所研究问题的要求来确定信度和精度. 统计学家奈曼提出了一种处理上述矛盾的区间估计原则: 先保证较高的可靠性, 在这一前提下再选出精度高的置信区间. 所以实际应用中一般采用信度优先原则.

若要同时提高一个区间估计的信度和精度, 就必须增加样本容量.

定义 7.3.1 设 θ 是总体分布 X 的未知参数, 若有由样本 $X_1, X_2, \cdots, X_n$ 确定的两个统计量 $\theta_1(X_1, X_2, \cdots, X_n)$ 和 $\theta_2(X_1, X_2, \cdots, X_n)$, 使得对任一组样本观察值 $x_1, x_2, \cdots, x_n$, 都有 $\hat{\theta}_1 < \hat{\theta}_2$, 且对于给定的 $\alpha(0 < \alpha < 1)$, 满足

$$p\left\{\hat{\theta}_1 \leqslant \theta \leqslant \hat{\theta}_2\right\} \geqslant 1 - \alpha,$$

则称随机区间 $[\hat{\theta}_1, \hat{\theta}_2]$ 为未知参数 θ 的**置信度**为 $(1-\alpha)\%$ 的**置信区间**, α 称为**显著性水平**, $\hat{\theta}_1$ 称为**置信下限**, $\hat{\theta}_2$ 称为**置信上限**. 置信度 $1-\alpha$ 又称为**置信水平**、**置信概率**.

事先给定显著性水平 α 就体现了信度优先的原则, 决定了置信区间的置信度不低于 $1-\alpha$. 实际应用中 α 一般取为 0.05, 0.01, 0.1 等值.

值得注意的是, 置信区间的两个端点以及区间长度都是样本的函数, 都是统计量, 所以由样本构造的置信区间是随机区间, 其具体取值随着样本观测值的不同而变化. 而总体未知参数 θ 的真值是固定的, 所以用区间 $[\hat{\theta}_1, \hat{\theta}_2]$ 去估计 θ 时, 应该理解为区间 $[\hat{\theta}_1, \hat{\theta}_2]$ 以 $(1-\alpha)$ 的概率包含未知参数 θ, 而置信度为 $(1-\alpha)$ 的意义可以解释如下: 若进行 $m(m$ 一般比较大) 次重复抽样, 且每次抽样的样本容量不变, 则可以得到 m 个置信区间 $[\hat{\theta}_{1k}, \hat{\theta}_{2k}]$ $(k = 1, 2, \cdots, m)$. 这 m 个区间中包含参数 θ 的真值的区间大约占 $100(1-\alpha)\%$. 比如 $m=100$, $1-\alpha = 0.95$, 则得到的 100 个随机区间中大约有 95 个包含未知参数.

对于给定的置信度, 一般采用**枢轴量法**来求得未知参数的区间估计. 其中**枢轴量**也是样本的函数, 与统计量不同, 枢轴量含有未知的参数, 但其分布却不含未知参数. 例如总体 $X \sim N(\mu, \sigma^2)$, 其中 σ^2 已知, 均值 μ 未知. $X_1, X_2, \cdots, X_n$ 是来自 X 的样本, 可知 $\overline{X}$ 是统计量, 不含未知参数, 但其分布 $N\left(\mu, \dfrac{\sigma^2}{n}\right)$ 含有未知参数. $\dfrac{\overline{X} - \mu}{\sigma/\sqrt{n}}$ 为枢轴量, 含有未知参数 μ, 但其分布 $N(0,1)$ 不含未知参数. 另外, 区间估计中构造的含未知参数的枢轴量, 通常要求是关于该参数的严格单调函数.

以下通过具体实例说明当总体为正态分布时, 针对不同参数的区间估计方法.

7.3.2 单个正态总体参数的区间估计

1. 均值 μ 的区间估计

设正态总体 $X \sim N(\mu, \sigma^2)$, $X_1, X_2, \cdots, X_n$ 是来自该正态总体的简单随机样本, 对总体均值 μ 进行区间估计. 此时, 根据总体方差是否已知又分为两种不同情况.

(1) 总体 X 为正态分布 $X \sim N(\mu, \sigma^2)$, 且 σ^2 已知.

根据抽样分布定理 6.5.1, 有

$$Z = \frac{\overline{X} - \mu}{\sigma/\sqrt{n}} \sim N(0, 1),$$

对于给定的显著性水平 α, 由标准正态分布表可查得分位点值 $Z_{\alpha/2}$, 使得

$$p\left\{-Z_{\alpha/2} \leqslant \frac{\overline{X} - \mu}{\sigma/\sqrt{n}} \leqslant Z_{\alpha/2}\right\} = 1 - \alpha,$$

则有

$$p\left\{\overline{X} - \frac{\sigma}{\sqrt{n}} Z_{\alpha/2} \leqslant \mu \leqslant \overline{X} + \frac{\sigma}{\sqrt{n}} Z_{\alpha/2}\right\} = 1 - \alpha, \tag{7.3.1}$$

其中 σ 及 $Z_{\alpha/2}$ 均已知, $\overline{X} - \frac{\sigma}{\sqrt{n}} Z_{\alpha/2}$ 和 $\overline{X} + \frac{\sigma}{\sqrt{n}} Z_{\alpha/2}$ 都仅仅是样本的函数, 令

$$\hat{\theta}_1 = \overline{X} - \frac{\sigma}{\sqrt{n}} Z_{\alpha/2}, \quad \hat{\theta}_2 = \overline{X} + \frac{\sigma}{\sqrt{n}} Z_{\alpha/2},$$

由

$$p\left\{\hat{\theta}_1 \leqslant \mu \leqslant \hat{\theta}_2\right\} = 1 - \alpha,$$

即有

$$\left[\overline{X} - \frac{\sigma}{\sqrt{n}} Z_{\alpha/2}, \quad \overline{X} + \frac{\sigma}{\sqrt{n}} Z_{\alpha/2}\right] \tag{7.3.2}$$

为总体均值 μ 的一个置信度为 $1 - \alpha$ 的置信区间.

该区间的长度为 $\frac{2\sigma}{\sqrt{n}} Z_{\alpha/2}$, 区间长度反映了区间估计的精度. 区间估计的精度与置信度之间具有以下关系:

(i) α 越小, 置信度 $1 - \alpha$ 越大, 此时分位点 $Z_{\alpha/2}$ 将增大, 区间长度增长, 估计的精度下降. 即可靠性提高, 精度变低;

(ii) 总体方差 σ^2 越大, 精度越低. 总体方差大, 说明随机因素影响较大, 估计的精度自然会降低;

(iii) 样本容量 n 增大, 区间长度变短, 精度提高, 但要注意区间长度是与 $\sqrt{n}$ 成反比而不是 n.

式 (7.3.2) 的区间估计也记为 $\overline{X} \pm \frac{\sigma}{\sqrt{n}} Z_{\alpha/2}$, 此时可将 $\frac{\sigma}{\sqrt{n}} Z_{\alpha/2}$ 看作是用样本均值 $\overline{X}$ 估计总体均值 μ 的误差. 即用 $\overline{X}$ 估计总体均值 μ 时, 能够以 $100(1-\alpha)\%$ 的概率保证估计的误差不超过 $\frac{\sigma}{\sqrt{n}} Z_{\alpha/2}$.

例 7.3.1 一家食品生产企业生产某种袋装食品, 设每一袋的重量 X (单位: g) 服从正态分布, 且总体标准差 $\sigma = 10$. 现有质检部门进行抽检, 从该企业生产的该种食品中任意抽取 25 袋, 测得其重量如下:

112.5	101.0	103.0	102.0	100.5	102.6	107.5	95.0	108.0	115.6	100.0
123.5	102.0	101.6	102.2	116.6	95.4	97.8	108.6	105.0	136.8	102.9
101.5	98.4	93.3

试求该袋装食品平均重量的置信区间, 置信度为 95%.

解 已知总体 $X \sim N(\mu, \sigma^2)$, $\sigma = 10$, $n = 25$, $Z_{0.025} = 1.96$, 计算得 $\overline{X} = 105.33$, 据式 (7.3.2), 计算得 μ 的置信区间的上、下限分别为

$$\hat{\mu}_1 = 105.33 - \frac{10}{\sqrt{25}} \times 1.96 = 101.41,$$

$$\hat{\mu}_2 = 105.33 + \frac{10}{\sqrt{25}} \times 1.96 = 109.25,$$

即该袋装食品平均重量 μ 的一个置信度为 95% 的置信区间为 $[101.41, 109.25]$.

(2) 总体 X 为正态分布 $X \sim N(\mu, \sigma^2)$, 但 σ^2 未知.

由于总体方差未知, 据点估计方法, 用样本标准差 S 代替总体标准差 σ. 构造枢轴变量 $T = \frac{\overline{X} - \mu}{S/\sqrt{n}}$, 有 $T = \frac{\overline{X} - \mu}{S/\sqrt{n}} \sim t(n-1)$. 对于给定的显著性水平 α, 通过查附表中 t 分布表, 得分位点值 $t_{\alpha/2}(n-1)$, 则有

$$p\left\{-t_{\alpha/2}(n-1) \leqslant \frac{\overline{X} - \mu}{S/\sqrt{n}} \leqslant t_{\alpha/2}(n-1)\right\} = 1 - \alpha,$$

均值 μ 的 $100(1-\alpha)\%$ 置信区间为

$$\left[\overline{X} - \frac{S}{\sqrt{n}} t_{\alpha/2}(n-1),\quad \overline{X} + \frac{S}{\sqrt{n}} t_{\alpha/2}(n-1)\right]. \tag{7.3.3}$$

例 7.3.2 例 7.3.1 中, 若未知总体方差 σ^2, 试求该袋装食品平均重量 μ 的置信区间, 置信度为 95%.

解 总体 $X \sim N(\mu, \sigma^2)$, $n = 25$, $t_{0.025}(24) = 2.064$, 计算得 $\overline{X} = 105.33$, $S = 9.643$, 据式 (7.3.3), 置信区间的上、下限分别为

$$\hat{\mu}_1 = 105.33 - \frac{9.643}{\sqrt{25}} \times 2.064 = 101.349,$$

$$\hat{\mu}_2 = 105.33 + \frac{9.643}{\sqrt{25}} \times 2.064 = 109.311,$$

此时,该袋装食品平均重量 μ 的一个置信度为 95% 的置信区间为 [101.352, 109.312].

2. 总体方差 σ^2 的区间估计

设 $X_1, X_2, \cdots, X_n$ 来自正态总体 $X \sim N(\mu, \sigma^2)$,对总体方差 σ^2 进行区间估计. 此时,根据总体均值是否已知分为两种不同情况.

(1) 总体均值 μ 已知.

简单随机样本中每个个体与总体同分布,即 $X_i \sim N(\mu, \sigma^2)(i = 1, 2, \cdots, n)$,则

$$\frac{X_i - \mu}{\sigma} \sim N(0, 1) \quad (i = 1, 2, \cdots, n).$$

根据 χ^2 的构造方法可知:

$$\chi^2 = \frac{\sum\limits_{i=1}^{n}(X_i - \mu)^2}{\sigma^2} \sim \chi^2(n).$$

虽然 $\chi^2(n)$ 分布不具备对称性,但对于给定的显著性水平 α,一般也选择对应的双侧 α 分位点 $\chi^2_{\alpha/2}(n)$ 和 $\chi^2_{1-\alpha/2}(n)$ 来构造置信区间,使得

$$p\left\{\chi^2_{1-\alpha/2}(n) \leqslant \frac{\sum\limits_{i=1}^{n}(X_i - \mu)^2}{\sigma^2} \leqslant \chi^2_{\alpha/2}(n)\right\} = 1 - \alpha$$

成立,得到总体方差 σ^2 的置信度为 $100(1-\alpha)\%$ 的置信区间为

$$\left[\frac{\sum\limits_{i=1}^{n}(X_i - \mu)^2}{\chi^2_{\frac{\alpha}{2}}(n)}, \frac{\sum\limits_{i=1}^{n}(X_i - \mu)^2}{\chi^2_{1-\frac{\alpha}{2}}(n)}\right]. \tag{7.3.4}$$

实际应用中,更多的情况是总体均值也未知,此时应该采用以下方法进行总体方差的区间估计.

(2) 总体均值 μ 未知.

设 $X_1, X_2, \cdots, X_n$ 来自正态总体 $X \sim N(\mu, \sigma^2)$,由定理 6.5.1 可知

$$\chi^2 = \frac{(n-1)S^2}{\sigma^2} \sim \chi^2(n-1),$$

其中 $S^2 = \dfrac{1}{n-1} \sum\limits_{i=1}^{n}(X_i - \overline{X})^2$ 是样本方差. 对于给定的显著性水平 α, 选择对应的双侧 α 分位点 $\chi^2_{\alpha/2}(n-1)$ 和 $\chi^2_{1-\alpha/2}(n-1)$, 使得

$$p\left\{\chi^2_{1-\alpha/2}(n-1) \leqslant \frac{(n-1)S^2}{\sigma^2} \leqslant \chi^2_{\alpha/2}(n-1)\right\} = 1 - \alpha,$$

整理得

$$p\left\{\frac{(n-1)S^2}{\chi^2_{\alpha/2}(n-1)} \leqslant \sigma^2 \leqslant \frac{(n-1)S^2}{\chi^2_{1-\alpha/2}(n-1)}\right\} = 1 - \alpha,$$

可得 σ^2 的 $100(1-\alpha)\%$ 置信区间为

$$\left[\frac{(n-1)S^2}{\chi^2_{\alpha/2}(n-1)}, \frac{(n-1)S^2}{\chi^2_{1-\alpha/2}(n-1)}\right], \tag{7.3.5}$$

从而总体标准差 σ 的 $100(1-\alpha)\%$ 置信区间为

$$\left[\sqrt{\frac{(n-1)S^2}{\chi^2_{\alpha/2}(n-1)}}, \sqrt{\frac{(n-1)S^2}{\chi^2_{1-\alpha/2}(n-1)}}\right].$$

例 7.3.3 一家保险公司收集了 36 个投保人组成的随机样本, 统计每个投保人的年龄得到数据如下, 假设投保人年龄服从正态分布, 通过统计数据对投保人年龄的标准差进行区间估计 ($\alpha = 0.05$).

23 35 39 27 36 44 36 42 46 43 31 33 42 53 44 54 47 24
34 28 39 36 44 40 39 49 38 34 48 50 34 39 45 48 45 32

解 已知投保人年龄 $X \sim N(\mu, \sigma^2)$, $n = 36$, 计算得 $S^2 = 60.142$, 查表得 $\chi^2_{0.025}(35) = 53.203$, $\chi^2_{0.975}(35) = 20.569$, 由式 (7.3.5), 计算出方差 σ^2 的置信区间上、下限分别为

$$\hat{\sigma}_1^2 = \frac{(n-1)S^2}{\chi^2_{\alpha/2}(n-1)} = \frac{35 \times 60.142}{53.203} = 39.565,$$

$$\hat{\sigma}_2^2 = \frac{(n-1)S^2}{\chi^2_{1-\alpha/2}(n-1)} = \frac{35 \times 60.142}{20.569} = 102.335,$$

总体方差 σ^2 的一个置信度为 95% 的置信区间是 $[39.565, 102.335]$, 标准差 σ 的置信度为 95% 的置信区间是 $[6.290, 10.116]$.

7.3.3 两个正态总体参数的区间估计

在实际生产中, 常遇到由于工艺、原料、设备及操作人员的变化而引起产品某项质量指标的变化, 假设产品的该项指标服从正态分布, 若想要比较前后该指标是否有显著变化, 就需要对两个正态总体的均值差、方差比进行区间估计.

设有两个正态总体分别为 $X \sim N(\mu_1, \sigma_1^2)$, $Y \sim N(\mu_2, \sigma_2^2)$, $X_1, X_2, \cdots, X_{n_1}$ 和 $Y_1, Y_2, \cdots, Y_{n_2}$ 分别是来自这两个总体的相互独立的样本, 记各自的样本均值分别为 $\overline{X}$ 和 $\overline{Y}$, 样本方差分别为 S_1^2 和 S_2^2, 样本容量分别为 n_1 和 n_2. 针对两个正态总体的参数, 主要有均值差的区间估计和方差比的区间估计两种情况.

1. 两个正态总体均值差 $\mu_1 - \mu_2$ 的区间估计

(1) σ_1^2 和 σ_2^2 都已知时, $\mu_1 - \mu_2$ 的区间估计.

因为 $\overline{X}$ 和 $\overline{Y}$ 分别是两个总体均值 μ_1 和 μ_2 的无偏估计, 故 $\overline{X} - \overline{Y}$ 是 $\mu_1 - \mu_2$ 的无偏估计. 同时, 由两个总体的独立性及定理 6.5.2 有

$$U = \frac{\overline{X} - \overline{Y} - (\mu_1 - \mu_2)}{\sqrt{\sigma_1^2/n_1 + \sigma_2^2/n_2}} \sim N(0,1),$$

对于给定的显著性水平 α, 由标准正态分布表可查得分位点值 $Z_{\alpha/2}$, 即得到 $\mu_1 - \mu_2$ 的一个置信区间为

$$\left[\overline{X} - \overline{Y} - Z_{\alpha/2} \sqrt{\frac{\sigma_1^2}{n_1} + \frac{\sigma_2^2}{n_2}}, \quad \overline{X} - \overline{Y} + Z_{\alpha/2} \sqrt{\frac{\sigma_1^2}{n_1} + \frac{\sigma_2^2}{n_2}} \right]. \tag{7.3.6}$$

例 7.3.4 一家银行的负责人想要调查储户存入此银行的某两个支行的金额是否有显著的不同, 他从每家银行各抽取了由 25 个账户构成抽样样本. 计算得第一家支行与第二家支行的账户存款样本均值分别为 45000 元和 32500 元, 假定两个支行账户的存款金额相互独立, 且均服从正态分布, 方差分别为 $\sigma_1^2 = 18400$ 和 $\sigma_2^2 = 24750$. 求两家支行账户存款金额均值之差 $\mu_1 - \mu_2$ 的置信区间 ($\alpha = 0.01$).

解 由题知, $n_1 = n_2 = 25$, $\sigma_1^2 = 18400$, $\sigma_2^2 = 24750$, $\overline{X} = 45000$, $\overline{Y} = 32500$, 分位点值 $Z_{0.005} = 2.58$, 由 (7.3.6) 式可计算得 $\mu_1 - \mu_2$ 的一个置信度为 99% 的置信区间为

$$[12401.014, \quad 12598.986].$$

(2) $\sigma_1^2 = \sigma_2^2 = \sigma^2$, 但 σ^2 未知时, $\mu_1 - \mu_2$ 的区间估计.

此时根据定理 6.5.2 有

$$T = \frac{\overline{X} - \overline{Y} - (\mu_1 - \mu_2)}{\sqrt{\frac{(n_1-1)S_1^2 + (n_2-1)S_2^2}{n_1 + n_2 - 2}\left(\frac{1}{n_1} + \frac{1}{n_2}\right)}} \sim t(n_1 + n_2 - 2).$$

对于给定的显著性水平 α, 由 t 分布表可查得分位点值 $t_{\alpha/2}(n_1+n_2-2)$, 可得到均值差 $\mu_1-\mu_2$ 的一个置信度为 $1-\alpha$ 的置信区间为

$$\left[\overline{X}-\overline{Y}-t_{\alpha/2}(n_1+n_2-2)S_w\sqrt{\frac{1}{n_1}+\frac{1}{n_2}},\overline{X}-\overline{Y}+t_{\alpha/2}(n_1+n_2-2)S_w\sqrt{\frac{1}{n_1}+\frac{1}{n_2}}\right], \tag{7.3.7}$$

其中 $S_w=\sqrt{\dfrac{(n_1-1)S_1^2+(n_2-1)S_2^2}{n_1+n_2-2}}$.

例 7.3.5 某个厂商为估计其生产线两种商品组装方法工人所需时间的差异,分别对两种组装方法各安排 12 名工人进行试验. 每个工人组装一件产品的时间(单位: min) 如下所示. 假定两种组装方法所需时间均服从正态分布, 且方差相同. 试以 95% 的置信度对两种方法所需时间的均值差进行区间估计.

方法 1: 28.3 36.0 30.1 37.2 29.0 38.5 37.6 34.4 32.1 28.0 28.8 30.0
方法 2: 27.6 31.7 22.2 26.0 31.0 32.0 33.8 31.2 27.0 33.4 30.2 26.5

解 将两种组装方法所需时间分别记为总体 X 和 Y, 由样本数据计算得:

$$n_1=n_2=12,\quad \overline{X}=32.5,\quad \overline{Y}=28.8,\quad S_1^2=15.996,\quad S_2^2=19.358,$$

从而得到

$$S_w=\sqrt{\frac{(12-1)\times 15.996+(12-1)\times 19.358}{12+12-2}}\approx 4.204.$$

分位点值 $t_{0.025}(22)=2.0739$, 由 (7.3.7) 式可计算得 $\mu_1-\mu_2$ 的一个置信度为 95% 的置信区间为 [0.14, 7.26], 即有 95% 的把握估计两种组装方法所需平均时间之差在 0.14~7.26min. 本例中置信度较高, 而置信区间的精度较低.

2. 两个正态总体方差比 σ_1^2/σ_2^2 的区间估计

这里仅讨论两个总体的均值 μ_1 和 μ_2 为未知的情况, 由定理 6.5.2 可知

$$F=\frac{S_1^2/S_2^2}{\sigma_1^2/\sigma_2^2}\sim F(n_1-1,n_2-1),$$

F 分布不具有对称性, 但对于给定的显著性水平 α, 一般选择对应的 F 分布双侧 α 分位点 $F_{\alpha/2}(n_1-1,n_2-1)$ 和 $F_{1-\alpha/2}(n_1-1,n_2-1)$, 使得

$$p\left\{F_{1-\alpha/2}(n_1-1,n_2-1)\leqslant \frac{S_1^2/S_2^2}{\sigma_1^2/\sigma_2^2}\leqslant F_{\alpha/2}(n_1-1,n_2-1)\right\}=1-\alpha,$$

整理得到方差比 σ_1^2/σ_2^2 的一个置信度为 $1-\alpha$ 的置信区间为

$$\left[\frac{S_1^2}{S_2^2}\frac{1}{F_{\alpha/2}(n_1-1,n_2-1)},\;\frac{S_1^2}{S_2^2}\frac{1}{F_{1-\alpha/2}(n_1-1,n_2-1)}\right] \tag{7.3.8}$$

例 7.3.6 某高校为了研究男女学生在一周生活费用支出 (单位: 元) 上的差异, 在学生中各随机抽取 25 名男同学和 25 名女同学, 统计其一周生活费用支出金额, 得到以下统计结果:

$$\text{男同学}: \overline{X} = 520, \quad S_1^2 = 260; \quad \text{女同学}: \overline{Y} = 480, \quad S_2^2 = 280.$$

假设该校男、女同学一周生活费用支出均服从正态分布, 试以 90% 的置信度, 求男女同学一周生活费支出方差比的置信区间.

解 根据已知有 $n_1 = n_2 = 25, F_{0.05}(24,24) = 1.98, F_{0.95}(24,24) = 1/1.98 = 0.505$. 由式 (7.3.8), 可得到方差比 σ_1^2/σ_2^2 的置信度为 90% 的置信区间为 $[0.47, 1.84]$.

在上述各种情况的区间估计中, 都采用了信度优先原则, 在给定置信水平的条件下尽可能得到精度最高 (区间长度最短) 的区间估计, 这实际上是最短区间估计问题. 但在针对正态总体方差、两个总体方差比的区间估计中, 其区间长度并不是最短的, 原因是构造置信区间时采用的枢轴量的分布 (χ^2 分布、F 分布) 不是对称的. 而求正态总体均值 μ 或两个总体均值差的区间估计时, 所采用的枢轴量的分布 (正态分布、t 分布) 是对称的, 对应置信区间长度能够保证是最短的. 读者可查阅相关书籍得到上述结论的证明.

7.4 非正态总体参数的区间估计

当总体 X 并非正态分布或者总体分布未知时, 对总体分布中某些参数或特征数的区间估计通常是在大样本情况下进行的, 即要求对总体进行抽样的样本容量足够大 (一般要求 $n \geqslant 30$). 此时, 根据中心极限定理, 对于相应的枢轴量可以采用正态分布作为近似分布, 这一方法统称为正态逼近法.

7.4.1 大样本情形, 总体均值的区间估计

设总体 X 未知, 但期望和方差均存在, 分别记为 $EX = \mu, DX = \sigma^2$, 求均值 μ 的置信区间. 设 $\overline{X}$ 为样本均值, 当样本容量 n 较大时, 根据中心极限定理有

$$\frac{\overline{X} - \mu}{\sqrt{\sigma^2/n}} \stackrel{\text{a.d}}{\sim} N(0,1),$$

其中总体方差 σ^2 未知, 采用其无偏估计量样本方差 S^2 代替上式中 σ^2, 于是有

$$\frac{\overline{X} - \mu}{S/\sqrt{n}} \stackrel{\text{a.d}}{\sim} N(0,1).$$

对于给定的显著性水平 α, 可以得到总体均值 μ 的一个信度为 $1-\alpha$ 的置信区间为

$$\left[\overline{X} - \frac{S}{\sqrt{n}} Z_{\alpha/2}, \quad \overline{X} + \frac{S}{\sqrt{n}} Z_{\alpha/2}\right]. \tag{7.4.1}$$

(7.4.1) 式是针对大样本情形,利用中心极限定理的相关结论得到的近似置信区间,其近似程度与样本容量 n 有关,样本容量 n 越大,近似度越高.

例 7.4.1 一面粉制造厂采用自动流水线灌装面粉,每袋的标准重量为 250(单位: kg). 现随机地从一批灌装完毕的面粉袋中随机抽取 50 袋,测量结果如下:

253	247	250	249	251	250	252	248	254	253	231	254	248
249	250	246	250	251	253	249	248	246	251	254	249	253
253	250	251	247	250	247	253	252	248	251	247	250	
249	250	250	253	250	251	247	253	251	249	252	251	

求这一批袋装面粉每袋平均重量 μ 的置信区间 ($\alpha = 0.05$).

解 $n = 50$, 可按大样本处理, 计算得 $\overline{X} = 249.9, S = 3.5$, 正态分布分位点 $Z_{0.025} = 1.96$, 根据 (7.4.1) 式, 计算得每袋平均重量 μ 的一个置信度为 95% 的置信区间为 [248.93, 250.87].

7.4.2 0—1 分布总体参数的区间估计

上述非正态总体均值的区间估计问题中, 有一种典型类型是总体为 0—1 分布. 即总体 X 的分布为

$$p\{X = 1\} = p, \quad p\{X = 0\} = 1 - p,$$

此时, 总体 X 往往描述一种非此即彼的状态, 比如产品检验中某件产品是否合格, 种子发芽试验中某一粒种子是否发芽等, 其分布中的参数 p 称为**比率**(或比例), 比如产品的不合格率, 种子的发芽率等. 以下讨论大样本情形, 比率 p 的区间估计问题.

根据总体分布, 有

$$EX = p, \quad DX = p(1-p).$$

设 $X_1, X_2, \cdots, X_n$ 是从该总体抽得的样本容量为 n 的样本, 对于给定的显著性水平 α, 求比率 p 的置信区间.

由于二项分布是离散型概率分布, 一般不能直接找出 p 的区间估计使其置信度严格等于 $1 - \alpha$, 但样本容量足够大的情形下, 同样可以采用正态近似方法, 即

$$E\overline{X} = p, \quad D\overline{X} = \frac{p(1-p)}{n},$$

$$\frac{\overline{X} - p}{\sqrt{\dfrac{p(1-p)}{n}}} \overset{\text{a.d}}{\sim} N(0, 1).$$

7.4 非正态总体参数的区间估计

上式中的方差 $\dfrac{p(1-p)}{n}$ 未知，可采用点估计 $\hat{p}=\overline{X}$ 来估计其中的 p，得到

$$\dfrac{\overline{X}-p}{\sqrt{\dfrac{\hat{p}(1-\hat{p})}{n}}} \overset{\text{a.d}}{\sim} N(0,1),$$

从而得到比率 p 的置信区间为

$$\left[\overline{X}-\sqrt{\dfrac{\hat{p}(1-\hat{p})}{n}}\cdot Z_{\alpha/2},\ \overline{X}+\sqrt{\dfrac{\hat{p}(1-\hat{p})}{n}}\cdot Z_{\alpha/2}\right]. \tag{7.4.2}$$

例 7.4.2 某学院预组织一项新的课外活动，需要了解学生对此项活动的支持率，随机对 100 名学生进行了解，其中有 22 名支持者，以 p 表示全院学生的支持率，并设该学院的学生数远大于 100，求 p 的区间估计 ($\alpha=0.01$).

解 可知 $\hat{p}=\overline{X}=22/100$，据式 (7.4.2) 分别计算支持率 p 的置信区间上、下限分别为

$$\hat{p}_1=\overline{X}-\sqrt{\dfrac{\hat{p}(1-\hat{p})}{n}}Z_{\alpha/2}=0.1133,\quad \hat{p}_2=\overline{X}+\sqrt{\dfrac{\hat{p}(1-\hat{p})}{n}}Z_{\alpha/2}=0.3267.$$

即 p 的一个置信区间为 $[0.1133, 0.3267]$，抽样调查说明，能够以 99% 的把握认为全院支持此项活动的学生比例在 11.33%~32.67% 之间。

例 7.4.3 某个传媒公司欲调查电视台某个综艺节目的收视率 p，为了使得 p 的 $(1-\alpha)$ 置信区间的长度不超过给定的阈值 d_0，问至少应该调查多少用户？

解 据式 (7.4.2)，收视率 p 的置信度为 $1-\alpha$ 的置信区间长度为 $2\sqrt{\dfrac{\hat{p}(1-\hat{p})}{n}}Z_{\alpha/2}$，其中 $\hat{p}=\overline{X}$，由于对于任意的样本观测值有 $0<\overline{x}<1$，即 $0<\hat{p}<1$，所以 $\hat{p}(1-\hat{p})\leqslant 0.5^2=0.25$. 可推出 p 的置信区间长度不超过 $Z_{\alpha/2}/\sqrt{n}$，因此样本容量 n 需满足 $Z_{\alpha/2}/\sqrt{n}\leqslant d_0$，从而

$$n\geqslant \left(\dfrac{Z_{\alpha/2}}{d_0}\right)^2.$$

这是一类常见的确定样本容量的问题，比如 $d_0=0.04$，$\alpha=0.05$，则有

$$n\geqslant \left(\dfrac{1.96}{0.04}\right)^2=2401.$$

这表明，要使收视率 p 的 95% 置信区间长度不超过 0.04，则至少需要对 2401 个用户进行调查。

7.4.3 比率 p 的单侧置信限

在很多实际问题中,可能关心的是某些参数的置信下限或置信上限. 例如,对于设备、元件的使用寿命问题,往往更关注平均使用寿命的下限;检验某种食品中的某种添加剂的含量时,更注重其平均含量的上限;而产品检验时更关心不合格率的上限,等等. 这就引出了参数的单侧置信限问题.

总体的未知参数为 θ,对于给定的显著性水平 α,若由总体的样本 $X_1, X_2, \cdots, X_n$,构造统计量 $\theta_1(X_1, X_2, \cdots, X_n)$,满足

$$p\left\{\theta \geqslant \hat{\theta}_1\right\} = 1 - \alpha \quad \text{或} \quad p\left\{\theta < \hat{\theta}_1\right\} = \alpha,$$

则称 $\hat{\theta}_1$ 为未知参数 θ 的置信下限.

同理,若统计量 $\theta_2(X_1, X_2, \cdots, X_n)$ 满足

$$p\left\{\theta \leqslant \hat{\theta}_2\right\} = 1 - \alpha \quad \text{或} \quad p\left\{\theta > \hat{\theta}_2\right\} = \alpha,$$

则称 $\hat{\theta}_2$ 为未知参数 θ 的置信上限.

对于0—1分布总体的比率 p,根据上述两个式子,很容易得到比率 p 的 $100(1-\alpha)\%$ 置信上限和置信下限分别为

$$\hat{p}_2 = \hat{p} + \sqrt{\frac{\hat{p}(1-\hat{p})}{n}} Z_\alpha, \quad \hat{p}_1 = \hat{p} - \sqrt{\frac{\hat{p}(1-\hat{p})}{n}} Z_\alpha.$$

例 7.4.4 对某个厂家的产品进行检验,从该厂生产的一大批产品中,随机抽取 100 件进行检测,检测出 10 件不合格品,求该批产品不合格率 p 的置信上限 ($\alpha = 0.05$).

解 已知 $\hat{p} = \overline{X} = \dfrac{10}{100}$,$n = 100$,不合格率 p 的置信上限为

$$\hat{p}_2 = \hat{p} + \sqrt{\frac{\hat{p}(1-\hat{p})}{n}} Z_\alpha = 0.14935 \approx 0.15,$$

即有 95% 的把握认为该厂这批产品的不合格率不超过 15%.

*7.5 拓展与应用

7.5.1 拓展阅读:保险公司保费的确定及其稳定性分析

我国人口老龄化的加剧,给医疗保险制度的持续稳健运行带来了挑战,也给保险公司带来了新的商机. 对于保险公司来说,需要科学估计承担风险的大小,根据人身保险事故造成损失的分布及损失的概率,计算出被保险人应该缴纳的保费,从而保证公司财务经营的稳定性.

*7.5 拓展与应用

由于意外风险导致的事故赔款额是不确定的，可以将 n 个被保险人发生损失时得到的赔偿款额记为随机变量 $X_1, X_2, \cdots, X_n$，对应的平均赔款额为 $\frac{1}{n}\sum_{i=1}^{n} X_i$。一般假设每个人之间相互独立，保险期内发生损失的概率都是相等的，且保险金额、赔款条件是相同的，记 $EX_i = \mu$ $(i = 1, 2, \cdots,)$，由大数定律 5.1.3 知，$\frac{1}{n}\sum_{i=1}^{n} X_i$ 依概率收敛于 $EX = \mu$。这就是收取合理保费的基本理论依据，即如果我们掌握了总体 X 的概率分布，那么保费收取在 $EX = \mu$ 左右比较合理，能够达到收支平衡。

大数定律揭示了风险转移到保险公司后，虽然损失仍然存在，但是不确定性却分散了。保险公司就是利用大量客户的集结来实现风险不确定性分散的。

一般来说，保险除了在数量方面分散风险，还要兼顾保险公司财政的稳定性。单纯靠增加客户承担的保险费来提高财政稳定性的方法是不可行的，一般情况下，我们可以借用参数估计的方法，证明增加客户量是提高财政稳定性的可行方法。

比如针对某类养老保险，假设每个客户发生损失的概率为 p，一般情况下各个参保客户是相互独立的，现抽查 100 个客户，其中 20 个客户发生损失，已知比率 p 的置信度为 95% 的近似置信区间为

$$\left[\overline{X} - Z_{\alpha/2}\sqrt{\frac{\hat{p}(1-\hat{p})}{n}},\ \overline{X} + Z_{\alpha/2}\sqrt{\frac{\hat{p}(1-\hat{p})}{n}}\right],$$

将 $n = 100, \hat{p} = \overline{X} = \frac{20}{100}, Z_{0.025} = 1.96$ 代入，得到比率 p 的置信区间为 $[0.1216, 0.2784]$，此时比率 p 的置信区间长度为 0.1568。如果抽查 10000 个客户，其中 2000 个客户发生损失，按照上述的方法得到比率 p 的置信区间为 $[0.19212, 0.20784]$，此时比率 p 的置信区间长度仅为 0.01564，区间估计的精度明显提高，这说明增加客户人数对提高公司财政的稳定性的确有好处。

7.5.2 应用案例

1. 捕鱼问题

设湖中有 N (N 值很大) 条鱼，为了对 N 进行合理的估计，现从湖中先捕得 r 条鱼做上标记，然后放回这些鱼，一段时间后在从湖中捕出 s ($s \geqslant r$) 条，发现其中有 t 条带有标记，试根据此信息对湖中鱼的总数 N 进行估计。

这是一个典型的估计问题，以下采用三种方法进行 N 的点估计。

(1) 以频率代替概率。

湖中有标记的鱼所占比例是 $\frac{r}{N}$（即任一条鱼带有标记的概率 p），而在捕出的 s 条鱼中带有标记的鱼的比例为 $\frac{t}{s}$（频率）。假设捕鱼是完全随机的，每条鱼被捕到的

可能性均等, 根据伯努利大数定律, 可用频率估计概率, 即令 $\dfrac{r}{N} = \dfrac{t}{s}$, 得 $N = \dfrac{sr}{t}$, 因此鱼的总数 N 的一个点估计为 $\hat{N} = \left[\dfrac{sr}{t}\right]$ (取最大整数部分). 这是一种最直观的估计方法.

(2) 矩估计法.

设随机变量 X 为第二次捕出的 s 条鱼中带有标记的鱼的数量, 则 X 服从超几何分布, 该超几何分布的数学期望为 $EX = \dfrac{rs}{N}$, 该期望表示在捕出的 s 条鱼中带有标记的鱼的总体平均数. 现对含有标记鱼的鱼群进行了一次抽样, 发现捕出的 s 条中有 t 条带有标记, 由矩法估计, 令总体的一阶原点矩等于样本的一阶原点矩, 即 $\dfrac{rs}{N} = t$, 得 $\hat{N} = \left[\dfrac{sr}{t}\right]$.

(3) 极大似然估计.

若假定捕出的鱼的数量 s 占湖中鱼的总数量 N 的比例很小, 此时, 可认为放回抽样与不放回抽样没有区别, 即认为每捕一条鱼, 其带有标记的概率均为 $p = \dfrac{r}{N}$. 捕出 s 条鱼可近似看作是 s 重伯努利试验, 根据二项分布, s 条鱼中恰好有 t 条带有标记的概率为

$$p_s(t) = C_s^t p^t (1-p)^{s-t} = \dfrac{1}{N^s} C_s^t r^t (N-r)^{s-t},$$

需要求出 N 的估计值, 使得上述概率达到最大, 取自然对数得

$$\ln p_s(t) = -s \ln N + \ln C_s^t r^t + (s-t) \ln(N-r),$$

令 $\dfrac{\mathrm{d} \ln p_s(t)}{\mathrm{d} N} = \dfrac{-s}{N} + \dfrac{s-t}{N-r} = 0$, 得 $\hat{N} = \left[\dfrac{sr}{t}\right]$.

以上运用不同的点估计方法, 得到了相同的结论, 这体现了某种数学上的统一性, 也反映出各种统计方法内在的合理性.

2. 民意调查问题

2009 年 3 月, 有政协委员建议逐步恢复繁体字的提案, 引发了广泛关注和争议. 为广泛了解民意, 需要对于该提案的总体支持率 p 进行估计. 试解决以下问题:

(1) 为得到 p 的置信水平为 0.95 的置信区间, 且置信区间长度不超过 0.01, 应当随机抽样调查多少人?

(2) 如果随机抽样调查的 4 万人中有 5600 人支持该提案, 计算 p 的置信度为 95% 的置信区间; 并计算置信区间的长度.

解 (1) 本例中区间长度 $d \leqslant 0.01$, $\alpha = 0.05$, $Z_{\alpha/2} = 1.96$, 由 (7.4.2) 式可计算出

$$n \geqslant \dfrac{1.96^2}{0.01^2} = 38416,$$

即至少应当调查 38416 个人.

(2) 当 4 万人中有 5600 个人同意支持该提案时, 可计算出

$$\overline{X}_n = \frac{5600}{40000} = 0.14,$$

$n = 40000$ 为大样本, 故用正态逼近法, 根据 (7.4.2) 式可计算得总体支持率 p 的置信区间为 $[0.1366, 0.1434]$, 即以 95% 的把握认为, 对该提案的支持率在 13.66%～14.34%, 该置信区间的长度为 $0.1434 - 0.1366 = 0.0068$, 可见, 由于抽样的样本容量很大, 所以该估计的置信度和精度都比较高.

区间估计微课视频

区间估计

乔治·奈曼

信度与精度的关系

习 题 7

(A)

1. 设总体 X 服从 $[0, \theta]$ 上的均匀分布, θ 未知, $X_1, X_2, \cdots, X_n$ 为 X 的一个样本, 试求 θ 的矩法估计量.

2. 某公司出售某款手机, 需要估计其平均使用寿命 (单位: 年). 设该款手机使用寿命 X 服从参数为 λ 的指数分布, 现对 7 只该款手机的使用寿命进行跟踪调查, 得到如下数据:

手机编号	1	2	3	4	5	6	7
寿命/年	3	1.5	2	3.5	2.5	2	3

分别用矩估计和极大似然估计法估计未知参数 λ.

3. 若总体 X 的分布密度函数为 $f(x) = \begin{cases} (\alpha+1)x^\alpha, & 0 < x < 1 \\ 0, & \text{其他} \end{cases}$ $(\alpha > 1)$, 求 α 的矩估计和极大似然估计.

4. X_1, X_2, X_3 是总体的 $X \sim N(\mu, \sigma^2)$ 一个样本, 试验证: $\hat{\mu}_1 = \frac{1}{5}X_1 + \frac{3}{10}X_2 + \frac{1}{2}X_3$, $\hat{\mu}_2 = \frac{1}{3}X_1 + \frac{1}{4}X_2 + \frac{5}{12}X_3$, $\hat{\mu}_3 = \frac{1}{3}X_1 + \frac{1}{6}X_2 + \frac{1}{2}X_3$ 都是 μ 的无偏估计量, 并分析哪一个更好.

5. 设 $X_1, X_2, \cdots, X_n$ 是来自总体 $X \sim p(\lambda)$ 的样本, 证明样本均值 $\overline{X}$ 和样本方差 S^2 都是参数 λ 的无偏估计, 并对任意 $\alpha(0 < \alpha < 1)$, 证明 $\alpha\overline{X} + (1-\alpha)S^2$ 也是 λ 的无偏估计.

6. 假设总体 $X \sim N(\mu, \sigma^2)$, μ, σ 均未知, 从总体中抽取容量为 $n = 9$ 的样本, 算得样本均值和样本标准差分别为 $\overline{X} = 2, S = 2.3$, 当置信度取 0.95 和 0.99 时, 分别求总体均值 μ 的

置信区间.

7. 对一批种子抽取 100 粒进行发芽实验, 发现有 88 粒发芽, 试求发芽率的置信度为 95% 的置信区间.

8. 为了解灯泡使用寿命 (单位: h) 的均值 μ 及标准差 σ, 随机抽样测量了 10 个灯泡, 得 $\overline{X} = 1650$ 小时, $S=20$ 小时. 若已知灯泡使用寿命服从正态分布, 分别求 μ 和 σ 的 95% 的置信区间.

9. 一家面粉厂, 采用自动流水线灌装面粉, 按每袋 250kg 出售. 现随机从中抽取 50 袋, 测得平均每袋重 249.9kg, 均方差 $S = 3.5$, 若每袋面粉重量 X 的分布未知, 求每袋面粉的平均重量 μ 的区间估计 ($\alpha = 0.05$).

10. 设随机变量 X 的分布函数: $F(x) = \begin{cases} 1 - e^{-x/\theta}, & x > 0, \\ 0, & x \leqslant 0, \end{cases}$ 求参数 $\theta(\theta > 0)$ 的矩估计和极大似然估计量.

11. 一家公司从国外购进一批新设备, 开始试用期间, 工程技术人员从产品中抽取 100 件进行考察, 发现有 96 件合格, 求该设备的产品合格率的 95% 置信区间.

12. 为了研究我国生产的真丝被面的销路, 在纽约举办的中国纺织商品展销会上, 对 100 名顾客进行调查, 得知其中有 22 人喜欢这种产品. 试以 90% 的置信度, 求纽约市民中喜欢该产品的比率 p 的置信区间.

(B)

1. 设总体的概率密度为

$$f(x) = \begin{cases} \dfrac{6x}{\theta^3}(\theta - x), & 0 < x < \theta, \\ 0, & 其他, \end{cases}$$

$X_1, X_2, \cdots, X_n$ 是取自总体 X 的简单随机样本.
(1) 求 θ 的矩估计量 $\hat{\theta}$; (2) 求 $\hat{\theta}$ 的方差 $D\hat{\theta}$; (3) 讨论 $\hat{\theta}$ 的无偏性、一致性.

2. 设某种元件的使用寿命 X 的概率密度为

$$f(x;\theta) = \begin{cases} 2e^{-2(x-\theta)}, & x > \theta, \\ 0, & x \leqslant \theta, \end{cases}$$

其中 $\theta > 0$ 为未知参数. 又设 $x_1, x_2, \cdots, x_n$ 是对应样本 $X_1, X_2, \cdots, X_n$ 的一个样本观测值. 求参数 θ 的极大似然估计量 $\hat{\theta}$.

3. 设总体的概率分布为

X	0	1	2	3
p	θ^2	$2\theta(1-\theta)$	θ^2	$1-2\theta$

其中 $\theta \left(0 < \theta < \dfrac{1}{2}\right)$ 是未知参数, 利用来自总体 X 的如下样本观察值

3 1 3 0 3 1 2 3

求 θ 的矩估计值和极大似然估计值.

4. 设 $X_1, X_2, \cdots, X_n$ 是取自总体 X 的样本, $a_i > 0$ $(i = 1, 2, \cdots, n)$, $\sum_{i=1}^{n} a_i = 1$,

(1) 试证 $\sum_{i=1}^{n} a_i X_i$ 是 $EX = \mu$ 的无偏估计量;

(2) 试证在 μ 的一切形如 $\sum_{i=1}^{n} a_i X_i$ $\left(a_i > 0, \sum_{i=1}^{n} a_i = 1\right)$ 的估计中, $\overline{X}$ 最为有效.

5. 设随机变量 X 服从正态分布 $N(\mu, 8)$, 其中 μ 未知. 现有样本容量为 10 的样本, 且 $\overline{X} = \frac{1}{10} \sum_{i=1}^{10} x_i = 1500$.

(1) 求 μ 的置信度为 0.95 的置信区间及其长度;

(2) 要想使 μ 的置信度为 0.95 的置信区间长度不超过 1, 观察值个数 n 最少应取多少?

(3) 如果 $n = 100$, 那么区间 $[\overline{X} - 0.5, \overline{X} + 0.5]$ 作为 μ 置信区间时, 置信度是多少?

6. 对某种型号飞机的飞行速度进行了 15 次试验, 测得最大飞行速度如下

$$\begin{array}{ccccccc} 422.2 & 417.2 & 425.6 & 420.3 & 425.8 & 423.1 & 418.7 \\ 428.2 & 438.3 & 434.0 & 412.3 & 431.5 & 413.5 & 441.3 & 423.0, \end{array}$$

根据长期经验, 最大飞行速度可以认为是服从正态分布的.

(1) 取置信水平 $\alpha = 0.05$, 求最大飞行速度期望值的置信区间;

(2) 求最大飞行速度标准差的置信度为 95% 的置信区间.

第 8 章 假设检验

第 7 章讨论了参数估计的问题. 参数估计是在已知总体分布类型, 但总体中某些参数未知时, 根据样本数据得到合理的参数估计值, 以确定相应的总体分布. 而当我们对总体参数的信息有所了解, 但又存在某些怀疑或猜测需要通过样本资料来做出合理判断时, 则应用假设检验的方法来处理.

8.1 假设检验基本概念

8.1.1 假设检验基本思想及基本概念

1. 假设检验问题的引入

统计假设, 实质上是针对一个或多个总体的概率分布或其参数作出的假设, 该假设可能是正确的, 也可能是不正确的. 检验的目的就是要通过样本资料对该假设的正确与否作出判断. 假设检验是统计推断中另一类重要的问题.

所谓**假设检验** (hypothesis testing), 是先对总体的分布形式或分布中的某些参数作出某些可能的假设, 然后根据所得的样本数据, 对该假设作出接受或拒绝的判断.

例 8.1.1 假设成年人的身高 X(单位: cm) 服从均值为 167(cm), 标准差为 10 的正态分布. 某高校大一新生入学体检时, 第一天参加体检的同学平均身高为 $\overline{X} = 170$. 体检人员想知道大一新生的平均身高是否仍然是 "$\mu = 167$", 或是增高了, 即 "$\mu > 167$". 利用第一天得到的部分身高数据对上述假设作出 "接受" 或 "拒绝" 的判断就是一个假设检验问题.

例 8.1.2 判断一枚硬币是否均匀, 即任意投掷时出现正面 (或反面) 的概率是否为 $1/2$, 把 "$p = 1/2$" 作为一个假设, 将硬币任意抛掷 100 次, X 表示正面出现的次数. 显然, 若频率 $\dfrac{X}{100}$ 与 $\dfrac{1}{2}$ 的距离足够小, 则接受该假设, 即认为该硬币均匀, 否则拒绝该假设.

在统计学中, 把需要检验的统计假设称为 "**原假设**"(null hypothesis)(或 "**零假设**"), 记为 H_0, 与其对立的假设称为 "**备择假设**"(alternative hypothesis), 记为 H_1.

以上例子的原假设和备择假设可表示为

例 8.1.1 $H_0 : \mu = \mu_0 = 167 \leftrightarrow H_1 : \mu > 167$.

例 8.1.2 $H_0 : p = \dfrac{1}{2} \leftrightarrow H_1 : p \neq \dfrac{1}{2}$.

2. 假设检验的基本思想

在假设检验中是接受还是拒绝假设, 通常是根据 **"小概率原理"** 来确定. 所谓小概率原理是指概率很小的随机事件在一次试验 (或观测) 中几乎是不可能发生的. 小概率原理体现了 "反证法" 的思想. 设有某个原假设 H_0 需要检验, 先假定 H_0 正确, 在此假定的前提下构造一个小概事件 A, 即在假定 H_0 正确的条件下, 事件 A 发生的概率为

$$p\{A \mid H_0 \text{ 正确}\} = \alpha,$$

其中 $\alpha(0 < \alpha < 1)$ 很小. 再根据样本观测数据以及其他已知条件, 检验该小概率事件在一次试验中是否发生. 如果事件 A 居然发生了, 则与小概事件原理矛盾, 这就不能不使人怀疑 H_0 的正确性, 从而做出否定 H_0 的判断. 如果事件 A 没有发生, 则没有充足的理由拒绝 H_0. 下面通过两个例子来说明这一思想.

例 8.1.3 某个家庭有 4 个小女孩, 某一天她们去洗碗共打破了 4 个碗, 其中有 3 个是最小的女孩打破的, 因此家人责备她太不小心, 请问她是否有充足的理由申辩这完全是碰巧 (即她打破碗的概率不大于其他姐妹)?

解 设 $B=\{$最小的女孩打破了一个碗$\}$, 记 $p(B) = p(0 < p < 1)$, 若假设小女孩的申辩是正确的, 即她打破碗的概率不大于其他姐妹, 原假设和备择假设可表示为

$$H_0 : p \leqslant 0.25 \leftrightarrow H_1 : p > 0.25.$$

令 $A=\{4$ 个破碗中至少 3 个是最小的女孩打破的$\}$, 有

$$p(A) = C_4^3 p^3 (1-p) + C_4^4 p^4 = p^3(4 - 3p),$$

容易验证概率 $p(A)$ 是 p 的单调递增函数. 现假定 H_0 正确, 则有

$$p(A) = p^3(4 - 3p) \leqslant 0.25^3(4 - 3 \times 0.25) \approx 0.0508.$$

假定 H_0 正确, 则事件 A 是一个小概率事件, 在一次试验中几乎不可能发生, 然而现在一次试验中 A 事件竟然发生了, 这与小概率事件原理相矛盾, 因此小女孩并没有理由申辩打破 3 个碗完全是碰巧的.

例 8.1.4 例 8.1.1 中, 已知该校新生第一天参加体检的人数为 100, 这些同学平均身高为 $\overline{X} = 170$, 需要根据这些数据判断全校大一新生的平均身高是否仍然是 167cm. 原假设和备择假设可表示为

$$H_0 : \mu = \mu_0 = 167 \leftrightarrow H_1 : \mu > 167,$$

如何来判别这一假设是否可以接受呢?

根据已知条件，成年人身高这一总体服从正态分布 $N(167, 10^2)$，样本容量为 $n = 100$. 若原假设 H_0 是正确的，由费歇定理可知 $\overline{X} \sim N(167, 1)$，则

$$p(A) = p\{\overline{X} \geqslant 170\} = 1 - \Phi\left(\frac{170 - 167}{1}\right) = 1 - \Phi(3) = 0.0013.$$

若 H_0 为真时，一次随机抽样得到 $\overline{X}$ 不小于 170cm 的概率只有 0.0013. 由小概率原理，事件 A 在一次观测中几乎是不会发生的. 现在既然它发生了，我们就有理由怀疑原假设是不正确的，即认为该校大一新生的平均身高大于 167cm.

根据上面两例子我们看到，假设检验的基本方法，就是在假定 H_0 成立的条件下构造一个关于样本的小概率事件，若根据抽样观测值，发现该小概率事件发生了，则拒绝原假设 H_0，否则接受 H_0，由此引出假设检验拒绝域、接受域的概念.

定义 8.1.1 使原假设 H_0 被拒绝的样本观测值所在的区域称为**拒绝域** (rejection area)，一般用 W 表示，它是样本空间的一个子集；而拒绝域 W 的补集称为**接受域**(acceptance area) 或**保留域**.

当拒绝域 W 确定了，检验的判断准则也就确定了：如果观测值 $(x_1, x_2, \cdots, x_n) \in W$，则拒绝原假设 H_0；如果观测值 $(x_1, x_2, \cdots, x_n) \notin W$，则接受 H_0.

3. 两类错误及检验的水平

由于我们是根据样本观测值对原假设的真伪进行判断，而样本数据具有随机性，这样作出的判断可能会犯两类错误：一是可能会错误地拒绝原本正确的原假设 H_0，二是可能会错误地接受原本不正确的原假设 H_0.

由例 8.1.4 可以看到，根据小概率原理我们拒绝了原假设 $H_0 : \mu = 167$，但对于样本均值大于等于 170cm 这一事件 $\{\overline{X} \geqslant 170\}$ 来说，在原假设为真的情况下，毕竟有发生的可能性，概率 $\alpha = p\{\overline{X} \geqslant 170\} = 0.0013$ 就是在原假设 H_0 确实为真时，做出拒绝 H_0 这一错误判断的可能性大小. 这类错误称为**第一类错误**(弃真错误). 犯第一类错误的可能性就是条件概率

$$\alpha = p\{拒绝\ H_0\,|\,H_0\ 为真\}.$$

α 也就是假设检验过程中所构造的小概率事件发生的可能性大小，称为检验的**显著性水平**. α 必须在原假设 H_0 成立的条件下来计算.

另一种可能犯的错误是实际上 H_0 不真 (H_1 为真)，但根据样本观测数据却错误地接受了 H_0，这类错误称为**第二类错误**(取伪错误)，其概率用 β 来表示，即

$$\beta = p\{接受\ H_0\,|\,H_0\ 不真\}.$$

$1 - \beta$ 就是 "不犯第二类错误" 的概率，在假设检验中称为检验的 "**功效**".

8.1 假设检验基本概念

α 与 β 之间一般没有明确的解析关系. 显然, 在假设检验中, 我们总是希望犯两类错误的可能性都尽可能的小, 即 α 和 β 都尽量的小. 但一般来说, 这两类错误是矛盾的, 当样本容量给定时, 它们不可能同时减少, 若减少其中一个, 另一个会相应的有所增加. 再来看一个例子.

例 8.1.5 某厂生产的一种螺钉, 要求标准长度为 68mm. 实际生产中会有一定误差, 假定生产出的螺钉长度 X(单位: mm) 服从正态分布 $N(\mu, 3.6^2)$. 现从一批螺钉中抽取了容量 $n = 36$ 的样本 $X_1, X_2, \cdots, X_{36}$, 需要检验这批螺钉长度的均值 μ 是否等于 68mm, 需要检验的假设为

$$H_0 : \mu = 68 \leftrightarrow H_1 : \mu \neq 68,$$

我们来讨论两类错误之间的关系.

由费歇定理可知

$$\overline{X} \sim N\left(\mu, \frac{3.6^2}{36}\right) = N(\mu, 0.6^2).$$

同时, $\overline{X}$ 是 μ 的无偏估计量. 若原假设 H_0 正确, 则 $\overline{X}$ 与 68 的距离不应相差太远, 假定取 $|\overline{X} - 68| \leqslant 1$, 即当 $\overline{X}$ 与 68 的距离不超过 1 时, 就接受 H_0, 否则拒绝 H_0. 按第一类错误的定义, α 就是 H_0 正确时, $|\overline{X} - 68|$ 却大于 1 的概率, 即

$$\alpha = p\{|\overline{X} - 68| > 1\} = p\{\overline{X} > 69\} + p\{\overline{X} < 67\}$$
$$= 1 - \Phi\left(\frac{69 - 68}{0.6}\right) + \Phi\left(\frac{67 - 68}{0.6}\right) = 2\left[1 - \Phi\left(\frac{5}{3}\right)\right] \approx 0.0950,$$

此时, 约有 10% 的可能性犯第一类错误.

在其他条件不变的情况下, 可以通过增大样本容量 n 来减小 α. 若样本容量增加到 $n = 64$, 其他条件不变, 则

$$\overline{X} \sim N\left(\mu, \frac{3.6^2}{64}\right) = N(\mu, 0.45^2),$$

此时

$$\alpha = p\{|\overline{X} - 68| > 1\} = p\{\overline{X} > 69\} + p\{\overline{X} < 67\} \approx 2(1 - \Phi(2.22)) = 0.0264.$$

与 $n = 36$ 时相比, α 缩小到小于 3%.

再来考虑该假设检验问题中犯第二类错误的概率 β. 当 H_0 不成立时, 只知道 $\mu \neq 68$, 这里取两个有代表性的值 $\mu = 66$ 和 $\mu = 70$ 进行验算, 取 $n = 64$.

当 $\mu = 66$ 时, $\overline{X} \sim N(66, 0.45^2)$, 则 H_0 不真而接受 H_0 的概率为

$$\beta_{(66)} = p\{|\overline{X} - 68| \leqslant 1\} = \Phi\left(\frac{69 - 66}{0.45}\right) - \Phi\left(\frac{67 - 66}{0.45}\right) \approx 0.0132.$$

当 $\mu = 70$ 时,$\overline{X} \sim N(70, 0.45^2)$,则

$$\beta_{(70)} = p\left\{\left|\overline{X} - 68\right| \leqslant 1\right\} = \Phi\left(\frac{69 - 70}{0.45}\right) - \Phi\left(\frac{67 - 70}{0.45}\right) \approx 0.0132.$$

从以上计算结果可以看出,若均值 μ 的实际值与 68 的距离为 2 时,被误判为 $\mu = 68$ 的可能性很小,只有 0.0132,即这种情况下取伪错误的概率为 0.0132.

但是,如果 $\mu \neq 68$,但与 68 很近时,如 $\mu = 68.5$,则 $\overline{X} \sim N(68.5, 0.45^2)$,此时取伪错误的概率

$$\beta_{(68.5)} = p\left\{67 \leqslant \overline{X} \leqslant 69\right\} = 0.8661$$

就相当大了. 这两种情况可分别由图 8.1.1 和图 8.1.2 表示. 图中阴影部分面积为概率 β.

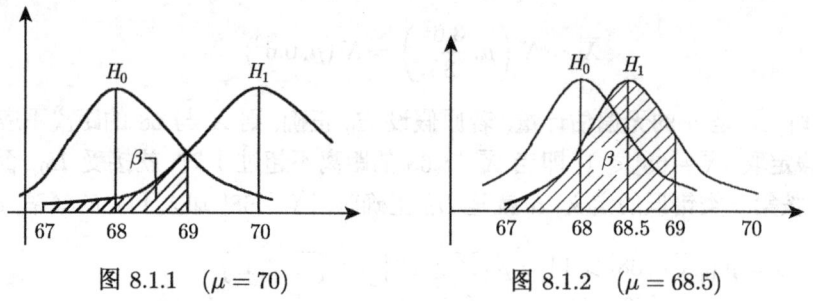

图 8.1.1 $(\mu = 70)$ 　　　　图 8.1.2 $(\mu = 68.5)$

若保持 $n = 64$,同时使 α 减少,如例 8.1.5 中取 $\alpha = 0.01 (< 0.0264)$ $(n = 64)$,就要求 $\overline{X}$ 与 68 之间的距离增大,可计算得

$$p\left\{\left|\overline{X} - 68\right| > 1.161\right\} \approx 0.01.$$

而此时

$$\beta_{(70)} = p\left\{68 - 1.161 \leqslant \overline{X} \leqslant 68 + 1.161\right\} = p\left\{66.839 \leqslant \overline{X} \leqslant 69.161\right\}$$
$$= \Phi\left(\frac{69.161 - 70}{0.45}\right) - \Phi\left(\frac{66.839 - 70}{0.45}\right) \approx 0.1997 > 0.0132,$$

可见,样本容量一定时,当 α 减小,β 就会增大.

由上面的例子,可总结出假设检验两类错误之间的关系.

(1) 两类错误的概率是相互关联的,当样本容量固定时,一类错误的概率减少将导致另一类错误的概率增加.

(2) 第一类错误的概率 (即显著性水平 α) 与假设问题的接受域相关,两者可以互相调整.

(3) 要同时降低两类错误的概率, 或保持一个不变而降低另一个, 只能增加样本容量.

(4) 当原假设不真时, 参数的真值越接近原假设中的值时, 概率 β 的值就越大.

检验过程中, 如果 α 取得很小, 则相应的拒绝域就会很小, 从而使得 H_0 难于被拒绝. 如果在 α 很小时 (如 $\alpha = 0.05$)H_0 仍被拒绝, 则说明实际情况的确很有可能与 H_0 有显著差异. 基于这个理由, 常把 $\alpha = 0.05$ 时拒绝 H_0 称为是 "**显著**" 的, 即认为实际情况与 H_0 有显著差异. 而把 $\alpha = 0.01$ 时拒绝 H_0 称为 "**极显著**" 或 "高度显著" 的. 总之, 当 α 愈小时拒绝 H_0, 我们愈有理由相信 H_0 是不真的; 而当 H_0 被接受时, 只能说明在当前检验水平下没有充分的理由拒绝 H_0, 并非表示 H_0 一定是正确的.

实际应用中经常取检验水平为 $\alpha = 0.05$ 和 $\alpha = 0.01$, 这样也利于标准化和制表.

4. 如何确定原假设 H_0 和备择假设 H_1

针对一个具体的检验问题, 首先要确定原假设和备择假设. 在没有其他信息的情况下原假设被看作可接受的真实状态, 另外, 原假设是提供与观察到的结果进行比较的基准, 有助于分析观察到的数据间的差异是由偶然性引起的 (这是原假设的论点), 还是由偶然性之外的其他因素引起的.

由于假设检验的方法是概率意义下的反证法, 所以作出拒绝原假设的判断是有说服力的, 而接受原假设是无可奈何的. 因此, 应把已经产生怀疑、希望否定的假设放在原假设. 另外, 有的结果已经经历了长时间的考验不应轻易否定, 也可以放在原假设. 比如, 若要检验新提出的方法 (新材料、新工艺、新技术等) 是否比原方法好, 往往将原方法不比新方法差作为原假设, 而将新方法优于原方法作为备择假设.

很多情况下, 备择假设可能是我们真正感兴趣的, 接受备择假设可能意味着得到某种有意义的结论, 或意味着某种重要的决断. 因此在处理原假设 H_0 时往往偏于保守, 在没有充足的证据和理由时不应轻易拒绝. 例如, 要检验一种新药的疗效是否好于原来的药品, 通常取 "新药不优于原来的药" 为原假设. 只有当试验结果提供充分的证据证明新药的效果显著优于旧药时, 才能拒绝原假设, 接受备择假设, 即接受新药.

此外, 还应该注意根据样本信息提示的迹象来辅助设定原假设. 比如某厂家声称其生产的机器平均消耗电流不超过 0.8A, 现随机抽样检测得到该种机器的平均消耗电流为 0.92A. 此时若将 "平均消耗电流 $\mu \geqslant 0.8$" 作为原假设, 备择假设为 "$\mu < 0.8$", 显然 $0.92 > 0.8$ 这个抽样事实不可能提供任何支持, 即使不做计算也可以推知检验的结果是 "不拒绝原假设", 因此这样的检验过程是徒劳的. 当然, 建立原假设和备择假设还与检验时的着眼点有关. 有时交换原假设与备择假设可能会得到截然相反的检验结论.

8.2 单个总体参数的假设检验

在实际应用中, 很多现象可以近似地用正态分布去描述. 因此关于正态分布参数的假设检验, 是最常见的检验问题. 本节首先讨论单个正态总体均值和方差的假设检验, 接着讨论非正态总体、大样本情形的参数检验问题.

8.2.1 正态总体方差 σ^2 已知时, 均值 μ 的假设检验

设总体 $X \sim N(\mu, \sigma^2)$, 且方差 σ^2 已知, $X_1, X_2, \cdots, X_n$ 是来自该总体的样本. 给定显著性水平 α, 可以得到如下检验问题的拒绝域, 这一类统称为 U-**检验法**.

1. **双侧检验** $H_0 : \mu = \mu_0 \leftrightarrow H_1 : \mu \neq \mu_0$

根据已知条件, 若 H_0 成立, 则 $U = \dfrac{\overline{X} - \mu_0}{\sigma/\sqrt{n}} \sim N(0, 1)$, 给定显著性水平 α, 则有

$$p\{|U| > Z_{\alpha/2}\} = p\left\{\left|\frac{\overline{X} - \mu_0}{\sigma/\sqrt{n}}\right| > Z_{\alpha/2}\right\} = \alpha. \tag{8.2.1}$$

式 (8.2.1) 是在假定 H_0 成立的条件下构造的小概率事件. 若抽样使该小概率事件发生, 就拒绝 H_0, 否则接受 H_0. 因此, 该问题的拒绝域为

$$\left\{\frac{\overline{X} - \mu_0}{\sigma/\sqrt{n}} < -Z_{\alpha/2}\right\} \cup \left\{\frac{\overline{X} - \mu_0}{\sigma/\sqrt{n}} > Z_{\alpha/2}\right\}. \tag{8.2.2}$$

此时, 拒绝域是位于 y 轴两侧的两个对称区间, 因此该检验属于**双侧检验**.

例 8.2.1 近年来, 很多通信公司在通话业务上与中国电信公司竞争. 这些公司广告宣传中的通话费率明显低于中国电信, 中国电信对其广告提出质疑, 认为客户的话费并没有明显区别. 假设根据统计数据已知中国电信客户每月话费 $X \sim N(26.09, 5.4^2)$(单位: 元), 现随机抽取了 36 名客户上个月话费信息, 用竞争对手广告中的资费标准重新计算得 $\overline{X} = 24.47$, 假定总体的标准差不变, 在 $\alpha = 0.05$ 的水平下, 我们能否认为中国电信与其他公司的通话资费有区别?

解 要检验按广告计算的每月话费均值是否与 26.09 有明显区别, 统计假设如下

$$H_0 : \mu = \mu_0 = 26.09 \leftrightarrow H_1 : \mu \neq \mu_0,$$

已知 $n = 36, \sigma = 5.4, \overline{X} = 24.47, \alpha = 0.05, Z_{0.025} = 1.960$, 则

$$|U| = \left|\frac{\overline{X} - \mu_0}{\sigma/\sqrt{n}}\right| = \left|\frac{24.47 - 26.09}{5.4/\sqrt{36}}\right| = 1.8 < Z_{0.025} = 1.960.$$

所以, 不能拒绝原假设 H_0, 即根据抽样数据没有充足的理由认为其他公司每月资费与中国电信有明显区别.

此时接受 H_0, 并不意味着中国电信通话费用一定与其他公司一样, 只是从统计检验的角度没有足够的理由否定这一说法, 即此时抽样得到的均值与总体均值之间 1.62 元的偏离在统计上并不显著, 可以用随机误差来解释.

2. 单侧检验 $H_0 : \mu \leqslant \mu_0 \leftrightarrow H_1 : \mu > \mu_0$

仍使用检验统计量 U, 在 H_0 成立时, $\overline{X} - \mu_0$ 不应该太大, 构造小概率事件

$$p\{U > Z_\alpha\} = p\left\{\frac{\overline{X} - \mu_0}{\sigma/\sqrt{n}} > Z_\alpha\right\} \leqslant \alpha,$$

拒绝域为

$$\left\{\frac{\overline{X} - \mu_0}{\sigma/\sqrt{n}} > Z_\alpha\right\}. \tag{8.2.3}$$

由于在 H_0 成立时 μ 可以有不同的值, 对应的犯第一类错误的概率 α 也不相同. 此时 (8.2.3) 式的拒绝域是由 $\mu = \mu_0$ 推导得出的; 而对于其他使得 H_0 成立的 μ 的取值, 对应的第一类错误的概率都不超过 α.

例 8.2.2 假设某厂生产的灯泡寿命 X(单位: h) 服从正态分布 $N(\mu, 40000)$, 根据以往经验灯泡的平均寿命不超过 1500h. 工厂采用了新工艺以提高灯泡使用寿命, 通过对新工艺生产的 25 只灯泡进行测试, 测得平均寿命为 1575h. 试检验新工艺是否显著地提高了灯泡的寿命 ($\alpha = 0.05$)?

解 $H_0 : \mu \leqslant \mu_0 = 1500 \leftrightarrow H_1 : \mu > \mu_0 = 1500.$

$$n = 25, \quad \sigma = \sqrt{40000} = 200, \quad \overline{X} = 1575, \quad \alpha = 0.05, \quad Z_{0.05} = 1.645.$$

$$U = \frac{\overline{X} - \mu_0}{\sigma/\sqrt{n}} = \frac{1575 - 1500}{200/\sqrt{25}} = 1.875 > Z_{0.05} = 1.645.$$

拒绝 H_0, 接受 H_1, 可以认为新工艺的确提高了灯泡的寿命, 即从统计检验的角度看, 新工艺生产的灯泡的平均寿命与原平均寿命之间的偏差达到了显著的程度.

同理, 对于单侧检验问题 $H_0 : \mu \geqslant \mu_0 \leftrightarrow H_1 : \mu < \mu_0$, 对应的拒绝域为

$$\left\{\frac{\overline{X} - \mu_0}{\sigma/\sqrt{n}} < -Z_\alpha\right\}. \tag{8.2.4}$$

上述两种情形的单侧检验, 也可以根据实际问题的需要去掉原假设中的不等号, 例如:

$$H_0 : \mu = \mu_0 \leftrightarrow H_1 : \mu > \mu_0 \quad (\text{或 } \mu < \mu_0).$$

例 8.2.3 某印刷厂工程师声称使用新机器印刷贺年片,在不降低卡片质量和数量的同时可节省机器运行成本. 假定新、旧机器每星期运行成本 X (单位:元) 均服从标准差为 300 元的正态分布, 且旧机器每星期运作成本的均值是 10000 元. 新机器试用 9 个星期后计算得每周平均运行成本为 9650 元. 假设方差不变, 在 $\alpha = 0.01$ 水平下检验工程师所述是否符合实际, 即新机器是否确实能节省开支.

解 将"新机器不节省运行成本"作为原假设 H_0, 提出统计假设:

$$H_0 : \mu = \mu_0 = 10000 \leftrightarrow H_1 : \mu < \mu_0 = 10000,$$

$$n = 9, \quad \sigma = 300, \quad \overline{X} = 9650, \quad \alpha = 0.01, \quad Z_{0.01} = 2.326,$$

$$U = \frac{\overline{X} - \mu_0}{\sigma/\sqrt{n}} = \frac{9650 - 10000}{300/\sqrt{9}} = -3.5 < -Z_{0.01} = -2.326.$$

此时拒绝 H_0, 接受 H_1, 可以认为工程师所述符合实际.

这里将 "$\mu = 10000$" 作为原假设, 而不是 $\mu \leqslant 10000$ 作为原假设体现了决策的保守性. 采用新机器或改变工艺等都是重要的决策, 除非有充分的证据表明这样做有益, 否则不宜冒险采纳. 同时显著水平 α 取较小的值 0.01, 也进一步加强了拒绝 H_0 时理由的充分性.

例 8.2.4 某影院准备新引进一部 3D 电影, 若放映该新片平均每天的收入超过 9600 元, 就继续放映. 经理决定先试映 4 天, 假设该电影放映一天的收入 X 服从正态分布 $N(\mu_0, 2000^2)$, 那么这部影片试映的这四天, 平均每天收入达到多少才能认为 $\mu > 9600$ ($\alpha = 0.05$)?

解 据题意, 只有新片的日平均收入明显高于 9600 元, 经理才会决定继续放映该新片, 所以检验问题如下:

$$H_0 : \mu \leqslant 9600 \leftrightarrow H_1 : \mu > 9600.$$

求解能够支持"拒绝原假设, 接受备择假设"这一结论的最小样本均值 $\overline{X}$.

已知 $n = 4$, $\sigma = 2000$, $\mu_0 = 9600$, $\alpha = 0.05$, $Z_{0.05} = 1.64$. 由 (8.2.3) 式给出的假设检验拒绝域, 可求得

$$\overline{X} > \mu_0 + Z_\alpha \frac{\sigma}{\sqrt{n}} = 9600 + 1.64 \times \frac{2000}{2} = 11240 (\text{元}).$$

即试映这四天平均每天的收入不低于 11240 元时, 经理才会认为放映新片平均每天的收入超过 9600 元.

8.2.2 正态总体方差 σ^2 未知时, 均值 μ 的假设检验

在实际问题中, 更多的情况是已知总体 X 分布是 $N(\mu, \sigma^2)$, 而 σ^2 未知. 在这种情况下, 对总体均值的检验需采用统计量 $T = \dfrac{\overline{X} - \mu}{S/\sqrt{n}} \sim t(n-1)$, 称为 t-检验.

此时上述各种情形的统计假设及其对应的拒绝域如表 8.2.1 所示.

表 8.2.1 单个正态总体均值的假设检验

原假设 H_0	备择假设 H_1	σ^2	拒绝域
$\mu = \mu_0$	$\mu \neq \mu_0$	已知	$\left\{\left|\dfrac{\overline{X}-\mu_0}{\sigma/\sqrt{n}}\right| > Z_{\alpha/2}\right\}$
		未知	$\left\{\left|\dfrac{\overline{X}-\mu_0}{S/\sqrt{n}}\right| > t_{\alpha/2}(n-1)\right\}$
$\mu = \mu_0$ 或 $\mu \leqslant \mu_0$	$\mu > \mu_0$	已知	$\left\{\dfrac{\overline{X}-\mu_0}{\sigma/\sqrt{n}} > Z_\alpha\right\}$
		未知	$\left\{\dfrac{\overline{X}-\mu_0}{S/\sqrt{n}} > t_\alpha(n-1)\right\}$
$\mu = \mu_0$ 或 $\mu \geqslant \mu_0$	$\mu < \mu_0$	已知	$\left\{\dfrac{\overline{X}-\mu_0}{\sigma/\sqrt{n}} < -Z_\alpha\right\}$
		未知	$\left\{\dfrac{\overline{X}-\mu_0}{S/\sqrt{n}} < -t_\alpha(n-1)\right\}$

例 8.2.5 假设某市居民每月的人均餐饮费用 X(单位: 元) 服从正态分布 $N(780, \sigma^2)$, σ^2 未知. 现进行随机抽样调查得到 36 个居民的上月餐饮费数据, 计算得平均值为 817 元, 标准差 $S = 102$, 试在 $\alpha = 0.05$ 水平下检验该市居民上月餐饮费的均值是否有显著变化?

解 本题是正态总体方差未知情况下的均值检验问题, 统计假设为

$$H_0: \mu = \mu_0 = 780 \leftrightarrow H_1: \mu \neq 780.$$

$$n = 36, \quad \overline{X} = 817, \quad S = 102, \quad t_{0.025}(35) = 2.0301.$$

$$T = \dfrac{\overline{X} - \mu_0}{S/\sqrt{n}} = \dfrac{817 - 780}{102/\sqrt{36}} = 2.176 > t_{0.05}(15) = 2.0301.$$

应拒绝 H_0, 接受 H_1, 即认为该市居民上月餐饮费的均值有显著的变化.

例 8.2.6 某厂家声称该厂生产的小型电动机在正常负载下平均电流不会超过 0.8A(安培), 随机抽取该型号电动机 16 台, 发现其平均电流为 0.92A, 样本的标准差为 $S = 0.32$A. 假定这种电动机的工作电流 X 服从正态分布, 取 $\alpha = 0.05$, 根据这一抽样结果是否可以否定该厂家的声明?

解 (1) 已知 $X \sim N(\mu, \sigma^2)$, σ^2 未知, 若将厂家的声明作为原假设, 则检验问题为

$$H_0: \mu \leqslant 0.8 \leftrightarrow H_1: \mu > 0.8.$$

$$n = 16, \quad \overline{X} = 0.92, \quad S = 0.32, \quad t_{0.05}(15) = 1.753.$$

$$T = \frac{\overline{X} - \mu_0}{S/\sqrt{n}} = \frac{0.92 - 0.8}{0.32/\sqrt{16}} = 1.5 < t_{0.05}(15) = 1.753.$$

此时不应当拒绝原假设 H_0, 即在当前样本数据和显著性水平下, 没有充分理由否定厂家的声明.

(2) 若将厂家声明的对立面作为原假设, 则检验问题为

$$H_0: \mu \geqslant 0.8 \leftrightarrow H_1: \mu < 0.8.$$

$$T = \frac{\overline{X} - \mu_0}{S/\sqrt{n}} = \frac{0.92 - 0.8}{0.32/\sqrt{16}} = 1.5 > -t_{0.05}(15) = -1.753.$$

同样不应当拒绝原假设 H_0, 即不接受厂家声明.

由此例可以看到, 假设检验问题提法的不同, 得出了截然相反的结论. 这是因为问题的着眼点不同. 当把"厂家声明正确"作为原假设时, 我们是根据该厂以往的表现和信誉, 对其声明比较信任, 只有出现很不利于该声明的观察结果才会改变原来的看法, 因而一般难以拒绝该声明; 反之, 当把"厂家声明不正确"作为原假设时, 说明一开始就对该厂的声明持怀疑态度, 只有出现很有利于该厂的观察结果时才能接受该声明. 因此在观测数据并非决定性地偏向于某一方时, 我们的着眼点决定了检验的结果.

8.2.3 大样本情形总体均值的检验

设总体 X 的分布未知, 而一阶和二阶矩都存在, 记 $EX = \mu, DX = \sigma^2$ (σ^2 未知), 当 n 很大时, 检验统计量

$$U = \frac{\overline{X} - \mu_0}{S/\sqrt{n}} \overset{\text{a.d}}{\sim} N(0, 1),$$

各种检验问题同于 U-**检验法**.

例 8.2.7 根据一家物流快递公司以往的统计数据, 其承揽的快递小包裹平均重量 (单位: kg) 为 1.75, 原本该公司对所有小包裹实行统一价格收费制度. 但近期出现邮费亏损现象, 该公司管理人员认为原因是近期的小包裹平均重量有所增加, 应该改变统一收费标准. 为此随机抽取了 100 件小包裹进行称重, 计算得平均重量为 1.84kg, 标准差为 0.36kg, 问根据该抽样结果是否应该支持该管理人员的观点 ($\alpha = 0.05$)?

8.2 单个总体参数的假设检验

解 假设检验问题为

$$H_0: \mu \leqslant 1.75 \leftrightarrow H_1: \mu > 1.75.$$

$n = 100$ 是大样本, 故用 U-检验法. 总体方差未知, 用样本标准差 S 代替 σ, $\overline{X} = 1.84$, $S = 0.36$, $\alpha = 0.05$, $Z_{0.05} = 1.645$, 则

$$U = \frac{\overline{X} - \mu_0}{S/\sqrt{n}} = \frac{1.84 - 1.75}{0.36/\sqrt{100}} = 2.5 > Z_{0.05} = 1.645.$$

故应当拒绝原假设, 即支持该管理员的观点, 应改变统一价格收费标准.

8.2.4 大样本情形总体比率 p 的假设检验

在实际问题中, 常常需要对一个事件 A 发生的概率 p 进行检验, 此时总体服从两点分布 $B(1,p)$, 其中 p 为未知参数. $X_1, X_2, \cdots, X_n$ 是来该总体的样本. 当样本容量充分大时, 根据中心极限定理, 在假定 H_0 成立的条件下, 假设检验量

$$U = \frac{\overline{X} - p_0}{\sqrt{\dfrac{p_0(1-p_0)}{n}}} \overset{\text{a.d}}{\sim} N(0,1),$$

于是, 针对以下不同的检验问题, 给定显著性水平 α, 可以得出对应的拒绝域:

$H_0: p = p_0 \leftrightarrow H_1: p \neq p_0$, 拒绝域为 $\{|U| > Z_{\alpha/2}\}$;

$H_0: p \leqslant p_0 \leftrightarrow H_1: p > p_0$, 拒绝域为 $\{U > Z_\alpha\}$;

$H_0: p \geqslant p_0 \leftrightarrow H_1: p < p_0$, 拒绝域为 $\{U < -Z_\alpha\}$.

例 8.2.8 某地区环保部门负责人收到一份报告说在该地区企业中严格执行环保条例的不足 60%, 但这位负责人却认为这一比例不低于 60%. 于是他在该地区众多企业中随机抽查了 60 家, 结果发现有 33 家严格执行了环保条例, 那么他本人的这一调查结果是否能支持他自己的想法 ($\alpha = 0.05$)?

解 $H_0: p \geqslant p_0 = 0.6 \leftrightarrow H_1: p < 0.6$.

$$\overline{X} = 33/60 = 0.55, \quad p_0 = 0.6, \quad n = 60, \quad Z_{0.05} = 1.645,$$

计算得统计量为

$$U = \frac{\overline{X} - p_0}{\sqrt{\dfrac{p_0(1-p_0)}{n}}} \approx -0.79 > -1.645.$$

故接受原假设, 即可以认为该地区企业严格执行环保条例的比例不低于 60%.

例 8.2.9 某俱乐部统计发现, 在过去的几个月中, 在高尔夫球场打球的人中仅有 20% 是女性. 为了提高这一比例, 该俱乐部采用了一些措施来吸引女性球手.

一个月后随机抽取 400 名球手的资料,发现其中 100 名是女性,请问该俱乐部的这些措施是否使得女性球手比例有所提高 ($\alpha = 0.05$)?

解 检验假设: $H_0 : p \leqslant p_0 = 0.2 \leftrightarrow H_1 : p > 0.2$.

$$\overline{X} = 100/400 = 0.25, \quad n = 400, \quad Z_{0.05} = 1.645,$$

计算得统计量为

$$U = \frac{\overline{X} - p_0}{\sqrt{\dfrac{p_0(1 - p_0)}{n}}} = 2.5 > 1.645.$$

故拒绝原假设,即认为该俱乐部的措施使得女性球手的比例有显著提高.

8.2.5 正态总体方差 σ^2 的假设检验

设 $X_1, X_2, \cdots, X_n$ 是来自正态总体 $X \sim N(\mu, \sigma^2)$ 的样本,一般情况下 μ 未知. 关于方差的假设检验有以下两种.

1. 双侧检验: $H_0 : \sigma^2 = \sigma_0^2 \leftrightarrow H_1 : \sigma^2 \neq \sigma_0^2$

在 H_0 成立的条件下,由费歇定理可知

$$\chi^2 = \frac{(n-1)S^2}{\sigma^2} = \frac{(n-1)S^2}{\sigma_0^2} \sim \chi^2(n-1).$$

构造小概率事件

$$p\left\{\left\{\frac{(n-1)S^2}{\sigma_0^2} < \chi^2_{1-\frac{\alpha}{2}}(n-1)\right\} \cup \left\{\frac{(n-1)S^2}{\sigma_0^2} > \chi^2_{\frac{\alpha}{2}}(n-1)\right\}\right\} = \alpha. \tag{8.2.5}$$

当 H_0 为真时,式 (8.2.5) 中小概率事件发生的概率为 α. 若抽样得到的样本使该事件发生,则有理由拒绝 H_0,该方法称为 χ^2-**检验**.

2. 单侧检验

对于许多实际问题,我们希望随机变量的方差不大于某个值或越小越好,即检验

$$H_0 : \sigma^2 \leqslant \sigma_0^2 \leftrightarrow H_1 : \sigma^2 > \sigma_0^2,$$

给定检验水平 α,对应的拒绝域为 $\dfrac{(n-1)S^2}{\sigma_0^2} > \chi^2_\alpha(n-1)$.

同理,对于

$$H_0 : \sigma^2 \geqslant \sigma_0^2 \leftrightarrow H_1 : \sigma^2 < \sigma_0^2,$$

对应的拒绝域为 $\dfrac{(n-1)S^2}{\sigma_0^2} < \chi^2_{1-\alpha}(n-1)$.

例 8.2.10 一家广告公司想估计某类商品所花的广告费用 (单位: 百万元) 与去年相比是否有显著变化. 经验表明, 该商品的广告费用近似服从正态分布, 总体方差为 $\sigma^2 = 1.8$, 现调查了 40 家厂商进行调查, 得知其广告费用的样本方差为 1.9, 试问能否认为这类商品今年广告费的方差与去年相比无显著变化 ($\alpha = 0.05$)?

解 以 "方差无显著变化" 为原假设, 即

$$H_0 : \sigma^2 = \sigma_0^2 = 1.8 \leftrightarrow H_1 : \sigma^2 \neq \sigma_0^2 = 1.8,$$

由题知

$$n = 40, \quad S^2 = 1.9, \quad \alpha = 0.05,$$

查表得

$$\chi_{0.025}^2(39) = 58.120, \quad \chi_{0.975}^2(39) = 23.654,$$

所以

$$\chi^2 = \frac{(n-1)S^2}{\sigma_0^2} = \frac{39 \times 1.9}{1.8} = 41.1667.$$

因为 $23.654 < 41.1667 < 58.120$, 接受 H_0, 即认为这类商品今年广告费的方差与去年相比无显著变化.

例 8.2.11 某公司的产品说明声称其生产的自动灌装新机器能连续稳定地灌装 1L(1000cm^3) 的饮料瓶, 灌装液体的方差低于 1 毫升 (1cm^3). 现随机抽取 25 罐由该种新机器灌装的饮料, 计算得液体的样本方差为 $S^2 = 0.8659$, 问在 $\alpha = 0.05$ 水平下能否认为该公司的广告是可信的?

解 检验假设问题 $H_0 : \sigma^2 = \sigma_0^2 = 1 \leftrightarrow H_1 : \sigma^2 < 1$.
$n = 25, S^2 = 0.8659, \chi_{0.95}^2(24) = 13.849$, 计算得检验统计量

$$\chi^2 = \frac{(n-1)S^2}{\sigma_0^2} \approx 20.78 > 13.849.$$

所以不能拒绝 H_0, 即没有足够理由相信公司的说明是可信的.

8.3 两个正态总体参数的假设检验

在应用中经常遇到两个总体参数比较的问题, 如生产相同产品的两个厂家产品的质量比较, 两种矿石含矿量的比较, 两个总体变异程度的比较等, 这就涉及两个总体参数的假设检验. 这类检验问题一般包括以下几种情形.

8.3.1 两个正态总体均值的假设检验

设总体 $X \sim N(\mu_1, \sigma_1^2)$, 总体 $Y \sim N(\mu_2, \sigma_2^2)$, 且 X 与 Y 相互独立. $X_1, X_2, \cdots, X_m$ 是取自正态总体 X 的样本, $Y_1, Y_2, \cdots, Y_n$ 是取自正态总体 Y 的样本. 关于两个总体均值的假设检验通常分以下几种情况.

1. 总体方差 σ_1^2, σ_2^2 已知

由已知条件可得抽样分布

$$\frac{\overline{X} - \overline{Y} - (\mu_1 - \mu_2)}{\sqrt{\frac{\sigma_1^2}{m} + \frac{\sigma_2^2}{n}}} \sim N(0, 1).$$

若假设检验问题为 $H_0: \mu_1 = \mu_2 \leftrightarrow H_1: \mu_1 \neq \mu_2$, 则当 H_0 成立时, 有

$$U = \frac{\overline{X} - \overline{Y}}{\sqrt{\frac{\sigma_1^2}{m} + \frac{\sigma_2^2}{n}}} \sim N(0, 1).$$

给定显著性水平为 α, 构造小概率事件

$$p\left\{\frac{|\overline{X} - \overline{Y}|}{\sqrt{\frac{\sigma_1^2}{m} + \frac{\sigma_2^2}{n}}} > Z_{\alpha/2}\right\} = \alpha. \tag{8.3.1}$$

若抽样得到的样本使 (8.3.1) 式中小概率事件发生, 则拒绝 H_0, 否则接受 H_0.

例 8.3.1 甲、乙两台车床生产同一种产品, 分别用 X 与 Y 表示这两台生产的产品的重量 (单位: g) 假设它们均服从正态分布, 且相互独立, 方差分别是 $\sigma_1^2 = 60, \sigma_2^2 = 80$. 现从甲、乙车床生产的产品中分别抽取 30 件和 40 件, 测得平均重量 $\overline{X} = 130$g, $\overline{Y} = 125$g. 检验两车床生产的产品重量的均值是否有显著差异 $(\alpha = 0.05)$?

解 $H_0: \mu_1 = \mu_2 \leftrightarrow H_1: \mu_1 \neq \mu_2.$

$m = 30$, $n = 40$, $\overline{X} = 130$, $\overline{Y} = 125$, $\sigma_1^2 = 60$, $\sigma_2^2 = 80$, $Z_{0.025} = 1.96$,

$$|U| = \frac{|\overline{X} - \overline{Y}|}{\sqrt{\frac{\sigma_1^2}{m} + \frac{\sigma_2^2}{n}}} = \frac{|130 - 125|}{\sqrt{\frac{60}{30} + \frac{80}{40}}} = 2.5 > Z_{0.025} = 1.96,$$

故拒绝 H_0, 接受 H_1, 即认为两车床生产的产品平均重量有显著差异.

8.3 两个正态总体参数的假设检验

2. 总体方差 σ_1^2, σ_2^2 未知, 但 $\sigma_1^2 = \sigma_2^2$

此时分别用 S_1^2, S_2^2 去估计 σ_1^2, σ_2^2, 有抽样分布

$$T = \frac{\overline{X} - \overline{Y} - (\mu_1 - \mu_2)}{\sqrt{\dfrac{(m-1)S_1^2 + (n-1)S_2^2}{m+n-2}\left(\dfrac{1}{m} + \dfrac{1}{n}\right)}} \sim t(m+n-2).$$

假设检验问题为: $H_0 : \mu_1 = \mu_2 \leftrightarrow H_1 : \mu_1 \neq \mu_2$, 则当 H_0 成立时, 有

$$T = \frac{\overline{X} - \overline{Y}}{\sqrt{\dfrac{(m-1)S_1^2 + (n-1)S_2^2}{m+n-2}\left(\dfrac{1}{m} + \dfrac{1}{n}\right)}} \sim t(m+n-2).$$

给定显著性水平 α, 构造小概率事件

$$p\left\{|T| > t_{\alpha/2}(m+n-2)\right\} = \alpha,$$

则 H_0 的拒绝域为 $|T| > t_{\alpha/2}(m+n-2)$.

若假设检验问题为 $H_0 : \mu_1 \leqslant \mu_2 \leftrightarrow H_1 : \mu_1 > \mu_2$, 则拒绝域为 $T > t_\alpha(m+n-2)$.

例 8.3.2 为测试新开发的一个计算机软件是否可以减少程序员的设计开发时间, 随机抽取 24 名程序员, 平均分成两组独立进行测试, 其中一组使用原来旧版软件, 另一组使用新软件. 分别用 X 与 Y 表示两组人员完成这一设计项目的时间 (单位: h), X 和 Y 均服从正态分布, 且相互独立, 并假设两个总体方差相等. 测试数据如下所示:

旧软件组: 300 280 344 385 372 360 288 321 376 290 301 283

新软件组: 276 222 310 338 200 302 317 260 320 312 334 265

试问是否能够说明新软件的确能够缩短完成该设计项目的时间 ($\alpha = 0.05$)?

解 $H_0 : \mu_1 \leqslant \mu_2 \leftrightarrow H_1 : \mu_1 > \mu_2$.

$$m = n = 12, \quad \overline{X} = 325, \quad S_1 = 40; \quad \overline{Y} = 288, \quad S_2 = 44, \quad t_{0.05}(22) = 1.717,$$

统计量为

$$T = \frac{\overline{X} - \overline{Y}}{\sqrt{\dfrac{(m-1)S_1^2 + (n-1)S_2^2}{m+n-2}\left(\dfrac{1}{m} + \dfrac{1}{n}\right)}} = 2.16 > 1.717.$$

所以拒绝 H_0, 接受 H_1, 即认为新软件能够缩短设计该项目所需的平均时间.

3. 总体方差 σ_1^2, σ_2^2 未知, 且不假定相等

这种情形的均值检验是统计学中一个比较困难的问题, 称为 Behrens Fisher 问题. 在此只介绍一个基于 t 分布的近似解法. 与第 1 种情形类似, 用 S_1^2, S_2^2 估计总体方差 σ_1^2, σ_2^2, 此时统计量的分布用 t 分布近似, 其自由度 l 可用下式估计

$$l = (A_1 + A_2)^2 \Big/ \left(\frac{A_1^2}{m-1} + \frac{A_2^2}{n-1} \right), \tag{8.3.2}$$

其中

$$A_1 = \frac{S_1^2}{m} = \frac{1}{m(m-1)} \sum_{i=1}^m (X_i - \overline{X})^2,$$

$$A_2 = \frac{S_2^2}{n} = \frac{1}{n(n-1)} \sum_{i=1}^n (Y_i - \overline{Y})^2,$$

l 一般不为整数, 取与 l 最接近的整数来代替. 在假定 $H_0: \mu_1 = \mu_2$ 成立时有

$$T = \frac{\overline{X} - \overline{Y}}{\sqrt{\dfrac{S_1^2}{m} + \dfrac{S_2^2}{n}}} \stackrel{\text{a.d}}{\sim} t(l),$$

给定显著性水平 α, 则拒绝域为 $|T| > t_{\alpha/2}(l)$.

同理, 如果检验问题为: $H_0: \mu_1 \geqslant \mu_2 \leftrightarrow H_1: \mu_1 < \mu_2$, 则拒绝域为 $T < -t_\alpha(m+n-2)$.

例 8.3.3 某一位营养学家提出食用高纤维谷物食品有助于减少卡路里的摄入, 为了验证这一说法是否可信, 现随机调查 150 人, 这些被访者中 43 人早餐食用高纤维谷物, 另外 107 人早餐食用非高纤维食品, 分别记录每人当天午餐所含的卡路里 (单位: J), 计算得第一组 $\overline{X} = 604, S_1^2 = 4103$; 第二组 $\overline{Y} = 633.23, S_2^2 = 10670$. 若假设每组人员午餐所含卡路里均服从正态分布, 是否可以认为第一组人的午餐平均摄入卡路里较少 $(\alpha = 0.05)$?

解 $H_0: \mu_1 = \mu_2 \leftrightarrow H_1: \mu_1 < \mu_2.$

已知第一组 $m = 43, \overline{X} = 604, S_1^2 = 4103$; 第二组: $n = 107, \overline{Y} = 633.23, S_2^2 = 10670$, 代入式 (8.3.2) 计算得 $l = 122.6 \approx 123, t_{0.05}(123) \approx Z_{0.05} = 1.645,$

$$T = \frac{\overline{X} - \overline{Y}}{\sqrt{\dfrac{S_1^2}{m} + \dfrac{S_2^2}{n}}} \approx -2.09 < -t_{0.05}(123) \approx -1.645,$$

故拒绝 H_0, 即可以认为第一组人的午餐平均摄入卡路里较少一些.

8.3.2 两个正态总体方差的假设检验 (方差齐性)

在前面的讨论中, 有时假定两个总体方差相等, 那么如何判断两总体的方差是否相等呢? 除非有充足的经验或知识可以预先作出判断, 否则就需要根据样本数据来检验假设 $H_0: \sigma_1^2 = \sigma_2^2$ 是否成立.

设有两个相互独立的总体 X 与 Y, $X_1, X_2, \cdots, X_m$ 是来自总体 $X \sim N(\mu_1, \sigma_1^2)$ 的样本; $Y_1, Y_2, \cdots, Y_n$ 是来自总体 $Y \sim N(\mu_2, \sigma_2^2)$ 的样本, 检验问题为

$$H_0: \sigma_1^2 = \sigma_2^2 \leftrightarrow H_1: \sigma_1^2 \neq \sigma_2^2,$$

由抽样分布可知

$$F = \frac{S_1^2/\sigma_1^2}{S_2^2/\sigma_2^2} \sim F(m-1, n-1),$$

若 H_0 成立, 则有

$$F = \frac{S_1^2}{S_2^2} \sim F(m-1, n-1),$$

给定检验水平 α, 构造小概率事件

$$p\left\{\{F > F_{\alpha/2}(m-1, n-1)\} \bigcup \{F < F_{1-\alpha/2}(m-1, n-1)\}\right\} = \alpha,$$

故 H_0 拒绝域为

$$\left\{\frac{S_1^2}{S_2^2} > F_{\alpha/2}(m-1, n-1)\right\} \bigcup \left\{\frac{S_1^2}{S_2^2} < F_{1-\alpha/2}(m-1, n-1)\right\}.$$

同理, 两个总体方差的检验问题还包括以下情况:

$H_0: \sigma_1^2 \leqslant \sigma_2^2 \leftrightarrow H_1: \sigma_1^2 > \sigma_2^2$, 拒绝域为 $\left\{\dfrac{S_1^2}{S_2^2} > F_\alpha(m-1, n-1)\right\}$;

$H_0: \sigma_1^2 \geqslant \sigma_2^2 \leftrightarrow H_1: \sigma_1^2 < \sigma_2^2$, 则拒绝域为 $\left\{\dfrac{S_1^2}{S_2^2} < F_{1-\alpha}(m-1, n-1)\right\}$.

例 8.3.4 根据例 8.3.2 中的数据, 在 $\alpha = 0.05$ 的水平下检验使用新、旧软件包的两个组对应的开发时间的方差是否存在显著差异?

解 $H_0: \sigma_1^2 = \sigma_2^2 \leftrightarrow H_1: \sigma_1^2 \neq \sigma_2^2.$

已知 $m = n = 12$, $\overline{X} = 325$, $S_1^2 = 40^2$; $\overline{Y} = 288$, $S_2^2 = 44^2$, $\alpha = 0.05$ 时, 查 F 分布附表可得 $F_{0.025}(11, 11) = 3.49$, $F_{0.975}(11, 11) = \dfrac{1}{F_{0.025}(11, 11)} \approx 0.287$, 统计量

$$F = \frac{S_1^2}{S_2^2} \approx 0.826.$$

因为 $F_{0.975}(11, 11) < F < F_{0.025}(11, 11)$, 故接受 H_0, 认为两个组的开发时间的总体方差无显著差异.

8.4 分布的假设检验

在前面所讨论的假设检验中,总是在假定总体分布形式已知的前提下,对总体参数提出相应的假设检验问题,而关于总体分布的假定往往是根据以前的经验作出的. 如果没有过去的经验或者对过去的经验有所怀疑,此时就涉及总体分布的假设检验问题.

在管理中为了利用统计资料作出推断,常常需要选择某种已知的概率分布来近似所研究的频率分布,但我们需要分析这种近似存在多大程度的误差. χ^2 检验能够检验观察到的频率分布是否服从某种理论上的概率分布,如二项分布、泊松分布或正态分布等,以便我们掌握这些频率分布的特性. 同时,这种检验反过来也就验证了某种理论分布来研究某一实际问题的适应性. χ^2 检验用于这方面的检验时称作拟合优度检验. 本节我们将介绍分类数据的 χ^2 检验、列联表和独立性检验.

8.4.1 分类数据的 χ^2 检验

1. 分类数据

所谓的分类数据就是将观测数据按某种 (些) 性质归入若干类中的一类. 如: 抛硬币可出现正面、反面; 天气情况分晴、阴、雨; 产品等级可分为一、二、三等品等, 都属于分类数据.

分类数据的检验思想: 一般地, 设一个包含很多个体 (总体中个体数 N 很大) 的总体, 每一个个体属于 $A_1, A_2, \cdots, A_k$ 这 k 个类中的某一类, 且只属于一类. 理论上 (或根据经验、假设) 已知各类所占比例为: $p_1^0, p_2^0, \cdots, p_k^0$. 为检验这一比例是否合理, 从该总体中随机抽取 $n(n/N \approx 0)$ 个个体进行观察, 将属于 A_i 类的个体数记为 $n_i(i=1,2,\cdots,k)$, 根据观察结果来检验

$$H_0: p_1 = p_1^0, p_2 = p_2^0, \cdots, p_k = p_k^0.$$

2. 卡·皮尔逊 $(K \cdot \text{pearson})$ 的 χ^2 检验法

把 $E_i = np_i^0$ 称为 "A_i 类所含个体数的理论频数"(简称理论值), 而 $n_i(i=1,2,\cdots,k)$ 是 "A_i 类所含个体数的观察频数"(或称实际值). 当上述原假设 H_0 成立时, E_i 应与 $n_i(i=1,2,\cdots,k)$ 较接近. 针对这一假设问题, 1900 年英国统计学家卡·皮尔逊 (K.pearson) 提出了以下的 χ^2 检验法, 并证明了当 H_0 成立, 且 n 充分大时

$$\chi^2 = \sum_{i=1}^{k} \frac{(E_i - n_i)^2}{E_i} \stackrel{a.d}{\sim} \chi^2(k-1).$$

当给定检验水平 α, 则该检验问题的拒绝域为 $\{\chi^2 > \chi_\alpha^2(k-1)\}$.

8.4 分布的假设检验

在实际应用中,卡·皮尔逊 χ^2 检验法要求 n 必须充分大,且每类中的观察频数 $n_i \geqslant 5$,若某个 n_i 不满足该条件,应适当合并相邻的小区间.

卡·皮尔逊 χ^2 检验法的基本步骤如下:

(1) 根据假设或经验给出各类所占的比例,提出原假设;

(2) 根据实际观察值,列出理论频数与观察频数表;

(3) 计算统计量 $\chi^2 = \sum_{i=1}^{k} \frac{(np_i^0 - n_i)^2}{np_i^0} = \sum_{i=1}^{k} \frac{(E_i - n_i)^2}{E_i}$;

(4) 给出检验水平 α,确定临界值 $\chi_\alpha^2(k-1)$,根据是否落在拒绝域内做出判断.

例 8.4.1 根据某个市场调研机构进行的调查,在过去一年里,某类商品的市场份额 A 公司产品占 30%,B 公司产品占 50%,C 公司产品占 20%. 最近 C 公司开发了新型产品后请该机构评估该新产品是否会改变当前市场份额. 该机构随机抽取 200 名该类商品的顾客调查其对三个公司产品的偏好,得到选择 A, B, C 公司产品的人数分别为:48,98,54,问是否可认为 C 公司开发的新产品将会改变当前市场份额 ($\alpha = 0.05$)?

解 原假设为 $H_0 : p_A = p_1 = 0.3, \quad p_B = p_2 = 0.5, \quad p_C = p_3 = 0.2$,在 H_0 成立条件下,

$$\chi^2 = \sum_{i=1}^{3} \frac{(E_i - n_i)^2}{E_i} \stackrel{\text{a.d}}{\sim} \chi^2(2),$$

计算得

$$\chi^2 = \frac{(48 - 200 \times 0.3)^2}{200 \times 0.3} + \frac{(98 - 200 \times 0.5)^2}{200 \times 0.5} + \frac{(54 - 200 \times 0.2)^2}{200 \times 0.2}$$

$$= 7.34 > \chi_{0.05}^2(2) = 5.991.$$

所以,拒绝 H_0,即认为 C 公司开发的新产品将会改变当前的市场份额.

例 8.4.2 χ^2 检验的一个著名的应用案例是用于孟德尔 (Mendel) 豌豆试验结果的检验,即近代遗传学上起决定作用的孟德尔遗传定律. 孟德尔用黄色圆形与绿色皱缩纯种豌豆作亲本,杂交后,将子一代进行严格自交,得到子二代 4 种类型的 556 粒豌豆种子,其中黄圆 (A 类)315 粒,黄皱 (B 类)101 粒,绿圆 (C 类)108 粒,绿皱 (D 类)32 粒. 利用这些观察值,检验孟德尔定律:H_0: 黄圆:黄皱:绿圆:绿皱 =9:3:3:1 的结论.

解 理论频数与观察频数及计算过程列于表 8.4.1 中.

由表 8.4.1 中的计算结果,当给定 $\alpha = 0.05$ 时,$\chi^2 = 0.4700 < \chi_{0.05}^2(3) = 7.81$,因此接受 H_0,即孟德尔定律成立.

表 8.4.1

种子	观察数 n_i	理论频数 E_i	$E_i - n_i$	$\dfrac{(E_i - n_i)^2}{E_i}$
黄圆	315	312.75	-2.25	0.0162
黄皱	101	104.25	3.25	0.1013
绿圆	108	104.25	-3.75	0.1349
绿皱	32	34.75	2.75	0.2176
$\sum$	556	556.00	0	$\chi^2 = 0.4700$

例 8.4.3 某人将一颗骰子掷了 120 次, 结果如下, 问这颗骰子是否均匀 ($\alpha = 0.05$)?

点数：1　2　3　4　5　6
频数：21　28　19　24　16　12

解 原假设为

$$H_0 : p_i^0 = 1/6 \quad (i = 1, 2, \cdots, 6).$$

代入已知数据可计算得

$$\chi^2 = \sum_{i=1}^{6} \frac{(E_i - n_i)^2}{E_i} = 8.1.$$

$\alpha = 0.05$ 时, $\chi^2 = 8.1 < \chi^2_{0.05}(5) = 11.07$, 故接受假设 H_0, 即不能否定骰子是均匀的.

8.4.2　分布中含有未知参数的 χ^2 检验

实际中还有一类常见的问题是检验总体分布是否具有某种确定的类型, 一般假设为 $H_0 : F(x) = F_0(x; \theta)$, 其中 θ 是未知参数 (或参数向量). 采用以下步骤进行检验:

(1) 在原假设成立条件下, 利用样本估计出未知参数的值 (一般采用极大似然法), 使 $F_0(x; \theta)$ 成为已知.

(2) 若分布是离散型随机变量, 可将随机变量所取的每一个值作为一类, 按分类数据情况进行检验; 若分布为连续型随机变量, 将随机变量的取值范围划分成 k 个互不相交的小区间 (可按第 6 章绘制数据直方图中方法进行分组), 并统计出每组观察频数 n_i, 在 H_0 成立的条件下, 计算每组理论概率 p_i 和理论频数 E_i, 其计算式为

$$p_i = F(a_i; \hat{\theta}) - F(a_{i-1}; \hat{\theta}), \quad i = 1, 2, \cdots, k,$$

其中 a_{i-1}, a_i 为第 i 个小区间的端点. 从而, 理论频数为

$$E_i = np_i \quad (i = 1, 2, \cdots, k).$$

8.4 分布的假设检验

(3) 以组为类计算 χ^2 统计量

$$\chi^2 = \sum_{i=1}^{k} \frac{(E_i - n_i)^2}{E_i} = \sum_{i=1}^{k} \frac{(np_i - n_i)^2}{np_i}.$$

(4) 给定检验水平 α, 取临界值 $\chi_\alpha^2(k-m-1)$(k 为组数, m 为被估计的参数个数); 当 $\chi^2 > \chi_\alpha^2(k-m-1)$ 时, 拒绝 H_0, 否则接受 H_0.

注 实际应用中 n 必须充分大, 一般要求 n 不小于 50, 同时每组的频数 n_i 不能太小, 一般不小于 5, 若小于 5 应与相邻的组合并.

例 8.4.4 对一个目标进行连续的射击试验, 每次连发 5 枚子弹, 用 X 表示每次射击中命中目标的次数. 现进行 100 次独立试验, 共打出 500 枚子弹, 记录 X 的频数分布数据如下:

每次命中次数 X:	0	1	2	3	4	5
频数 n_i:		5	16	29	31	14	5

问: X 是否服从二项分布 ($\alpha = 0.05$)?

解 原假设为:

$$H_0 : X \sim B(5, p).$$

未知参数 p 表示每一枚子弹的命中率, 由极大似然估计得 $\hat{p} = \overline{X} = \dfrac{1}{2}$, 则理论概率的估计值为

$$p_i = p(X = k) = C_5^k \hat{p}^k (1-\hat{p})^{5-k} = C_5^k \left(\frac{1}{2}\right)^5, \quad k = 0, 1, \cdots, 5.$$

检验统计量

$$\chi^2 = \sum_{k=1}^{5} \frac{(np_i - n_i)^2}{np_i} \approx 2.592 < \chi_{0.05}^2(4) = 9.488.$$

所以接受 H_0, 可以认为总体 X 服从二项分布 $B\left(5, \dfrac{1}{2}\right)$.

例 8.4.5 某飞机对地面同一个目标进行了 500 次独立重复的瞄准测量, 将每一次的误差 (单位:1^0 ‰) 数据整理后列于表 8.4.2 中, 试检验该飞机的瞄准误差是否服从正态分布 ($\alpha = 0.05$)?

解 用 X 表示瞄准误差 (单位:1^0 ‰), 原假设为

$$H_0: \quad X \sim N(\mu, \sigma^2).$$

总体均值 μ 和方差 σ^2 未知, 可以分别用样本均值和样本方差来估计, 可得

$$\hat{\mu} = \overline{X} = 0.168, \quad \hat{\sigma}^2 = S^2 = 1.448^2,$$

则原假设为
$$H_0 : X \sim N(0.168, 1.448^2),$$

按观察数据的分组区间, 计算每个小区间中的理论概率 $\hat{p}_i$ 及 $n\hat{p}_i$, 计算结果列于表 8.4.2 中.

表 8.4.2 误差数据的分组计算表

区间	n_i	$\hat{p}_i$	E_i	$E_i - n_i$	$\dfrac{(E_i - n_i)^2}{E_i}$
$-4 \sim -3$	6	0.0124	6.2	-0.2	0.00645
$-3 \sim -2$	25	0.0524	26.2	-1.2	0.05496
$-2 \sim -1$	72	0.1424	71.2	0.8	0.00899
$-1 \sim 0$	133	0.2444	122.2	10.8	0.95254
$0 \sim 1$	120	0.2636	131.8	-11.8	1.05645
$1 \sim 2$	88	0.1810	90.5	-2.5	0.06906
$2 \sim 3$	46	0.0764	38.2	7.8	1.59267
$3 \sim 4$	10	0.0210	10.5	-0.5	0.02381
$\sum$	500				3.84

这里 $k = 8$, $m = 2$, 取 $\alpha = 0.05$ 时, $\chi^2_{0.05}(8-2-1) = \chi^2_{0.05}(5) = 11.07$. 由表中数据可计算得

$$\chi^2 = \sum_{i=1}^{8} \frac{(E_i - n_i)^2}{E_i} = 3.84 < \chi^2_{0.05}(5) = 11.07.$$

接受 H_0, 认为瞄准误差服从正态分布 $N(0.168, 1.448^2)$.

8.4.3 列联表分析和独立性检验

在实际问题中, 经常要考察现象之间是否有联系, 可以通过构造适当的随机变量, 进而转化成检验随机变量之间是否独立的问题. 列联表分析是一种检验两个变量之间独立性的常用方法.

列联表是一种将数据按两种因素分类表示的表. 例如, 一种产品可以用三种不同的工艺来生产, 生产出的产品有合格品与废品之分, 我们所关心的是产品的合格率是否与生产工艺有关, 即检验产品合格率与生产工艺是否相互独立. 一般地, 设有 A 和 B 两因素, 各分 r 和 s 个类别 (水平), 交叉共可分为 $r \times s$ 类, 随机抽取 n 个个体, 其中属于 (i, j) 类 (即因素 A 取水平 i, 因素 B 取水平 j) 的有 n_{ij} 个, 这样列成的表称为 $r \times s$ 列联表 (表 8.4.3). 表中 $n_{i \cdot} = \sum\limits_{j=1}^{s} n_{ij} (i = 1, 2, \cdots, r)$ 表示 n 个个体中, 取 A 的第 i 个水平的个体数.

8.4 分布的假设检验

$n_{.j} = \sum_{i=1}^{r} n_{ij}(j=1,2,\cdots,s)$ 表示 n 个个体中，取 B 的第 j 个水平的个体数.

引入三个概率：

$p_{i.}(i=1,2,\cdots,r)$：表示取 A 的第 i 个水平的概率；

$p_{.j}(j=1,2,\cdots,s)$：表示取 B 的第 j 个水平的概率；

$p_{ij}(i=1,2,\cdots r; j=1,2,\cdots,s)$：同时取 A 的第 i 个水平和 B 的第 j 个水平的概率. 要考虑的假设为 $H_0: A$、B 两因素相互独立，即检验

$$H_0: p_{ij} = p_{i.} \cdot p_{.j} \quad i=1,2,\cdots,r; \; j=1,2,\cdots,s.$$

表 8.4.3 $r \times s$ **列联表**

A \ B	1	2	$\cdots$	j	$\cdots$	s	$\sum$
1	n_{11}	n_{12}	$\cdots$	n_{1j}	$\cdots$	n_{1s}	$n_{1.}$
2	n_{21}	n_{22}	$\cdots$	n_{2j}	$\cdots$	n_{2s}	$n_{2.}$
$\vdots$	$\vdots$	$\vdots$		$\vdots$		$\vdots$	$\vdots$
i	n_{i1}	n_{i2}	$\cdots$	n_{ij}	$\cdots$	n_{is}	$n_{i.}$
$\vdots$	$\vdots$	$\vdots$		$\vdots$		$\vdots$	$\vdots$
r	n_{r1}	n_{r2}	$\cdots$	n_{rj}	$\cdots$	n_{rs}	$n_{r.}$
$\sum$	$n_{.1}$	$n_{.2}$	$\cdots$	$n_{.j}$	$\cdots$	$n_{.s}$	n

此时 $p_{i.}$ 和 $p_{.j}$ 的理论值均未知，一般用频率来估计，即

$$\hat{p}_{i.} = \frac{n_{i.}}{n}, \quad \hat{p}_{.j} = \frac{n_{.j}}{n}.$$

又有 $\sum_{i=1}^{r} p_{i.} = 1$ 和 $\sum_{j=1}^{S} p_{.j} = 1$，因此被估计的参数共有 $m = r - 1 + s - 1$ 个. 同时可得到

$$\hat{p}_{ij} = \hat{p}_{i.} \cdot \hat{p}_{.j} = \frac{n_{i.} \cdot n_{.j}}{n^2} \quad (i=1,2,\cdots,r; \; j=1,2,\cdots,s).$$

从而求得理论频数为

$$E_{ij} = n\hat{p}_{ij} = n\hat{p}_{i.} \cdot \hat{p}_{.j} = n\frac{n_{i.} \cdot n_{.j}}{n^2} = \frac{n_{i.} \cdot n_{.j}}{n} \quad (i=1,2,\cdots,r; \; j=1,2,\cdots,s).$$

检验统计量为

$$\chi^2 = \sum_{i=1}^{r}\sum_{j=1}^{s} \frac{(E_{ij} - n_{ij})^2}{E_{ij}} = \sum_{i=1}^{r}\sum_{j=1}^{s} \frac{\left(\frac{n_i \cdot n_j}{n} - n_{ij}\right)^2}{\frac{n_i \cdot n_j}{n}}.$$

此时, χ^2 分布的自由度为 $rs-m-1 = rs-r-s+1 = (r-1)(s-1)$. 给定检验水平 α, 当 $\chi^2 > \chi_\alpha^2(k-m-1)$ 时, 拒绝 H_0, 否则接受 H_0.

例 8.4.6 某啤酒厂生产和销售三种类型的啤酒, 分别是淡啤酒、普通啤酒和黑啤酒. 公司营销部想要了解在啤酒饮用者中男性、女性消费者对三种啤酒的偏好是否存在差异. 现随机抽取了 150 名该厂家啤酒饮用者进行调查, 得到他们对啤酒的偏好统计数据, 列于表 8.4.4 中.

表 8.4.4　150 名啤酒饮用者的偏好数据

性别 \ 啤酒偏好	淡啤酒	普通啤酒	黑啤酒	总计
男性	20	40	20	80
女性	30	30	10	70
总计	50	70	30	150

试问啤酒的偏好与啤酒饮用者的性别是否相互独立? ($\alpha = 0.05$)

解 假设啤酒的偏好与啤酒饮用者的性别之间相互独立, 即原假设为

$$H_0 : p_{ij} = p_{i\cdot} p_{\cdot j}, \quad i=1,2; j=1,2,3.$$

$$\begin{aligned}\chi^2 &= \sum_{i=1}^r \sum_{j=1}^s \frac{(E_{ij} - n_{ij})^2}{E_{ij}} = \frac{(20 - 80 \times 50/150)^2}{80 \times 50/150} + \frac{(40 - 80 \times 70/150)^2}{80 \times 70/150} \\ &\quad + \frac{(20 - 80 \times 30/150)^2}{80 \times 30/150} + \frac{(30 - 70 \times 50/150)^2}{70 \times 50/150} + \frac{(30 - 70 \times 70/150)^2}{70 \times 70/150} \\ &\quad + \frac{(10 - 70 \times 30/150)^2}{70 \times 30/150} = 6.13.\end{aligned}$$

由于 $\chi^2 = 6.13 > \chi_{0.05}^2(2) = 5.99$, 所以拒绝 H_0, 即认为啤酒的偏好与啤酒饮用者的性别之间不相互独立.

*8.5　假设检验的 p-值法

在上述各种假设检验问题中, 根据检验统计量的值与相应的分位点值进行比较来判断的方法称为**临界值法**, 本节介绍另一种称为 **p-值法**的检验方法. 先来看一个例题.

例 8.5.1 设总体 $X \sim N(\mu, \sigma^2)$, μ 未知, $\sigma^2 = 100$, 现有一个来自该总体的样本 $X_1, X_2, \cdots, X_{49}$, 由抽样观测值计算得 $\overline{X} = 62.75$. 统计假设问题为

$$H_0 : \mu \leqslant \mu_0 = 60 \leftrightarrow H_1 : \mu > 60,$$

$n = 49$, $\overline{X} = 62.75$, 采用 U-检验, 检验统计量的值为

$$U_0 = \frac{\overline{X} - \mu_0}{\sigma/\sqrt{n}} = \frac{62.75 - 60}{10/\sqrt{49}} = 1.925,$$

则有

$$p\{U \geqslant U_0\} = p(U > 1.925) = 1 - \Phi(1.925) = 0.0231.$$

如图 8.5.1 所示, 该事件概率对应于标准正态曲线下位于点 U_0 右侧的尾部面积, 并把这一概率称为 U-检验法右侧检验的 p 值, 记为

$$p\text{值} = p\{U \geqslant U_0\} = 0.0231.$$

若检验水平 $\alpha \geqslant p = 0.0231$, 则对应的临界值 $Z_\alpha \leqslant 1.925$, 这表明观测值 $U_0 = 1.925$ 落在拒绝域内 (图 8.5.1), 因而拒绝 H_0; 若检验水平 $0 < \alpha < p = 0.0231$, 则对应的临界值 $U_\alpha > 1.925$, 此时观测值 $U_0 = 1.925$ 落在接受域内, 因而接受 H_0.

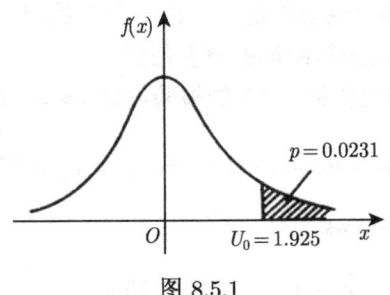

图 8.5.1

据此,

$$p\text{值} = p(U \geqslant U_0) = 0.0231$$

是原假设 H_0 可被拒绝的最小显著性水平.

定义 8.5.1 假设检验问题的 p 值 (probability value) 是根据样本观测值计算得出的检验统计量落入原假设拒绝域时, 对应的最小显著性水平.

检验问题的 p 值可根据检验统计量的样本观察值及该统计量在 H_0 成立条件下对应的分布来求得. 例如对正态总体的均值进行 t-检验时, 若检验统计量的计算结果为 T_0, 则检验问题 $H_0 : \mu \leqslant \mu_0 \leftrightarrow H_1 : \mu > \mu_0$ 的 p值 $= p\{T \geqslant T_0\}$. 此时, p 值与 $t(n-1)$ 分布密度曲线下点 T_0 右侧的尾部面积相等.

对于左侧检验问题 $H_0 : \mu \geqslant \mu_0 \leftrightarrow H_1 : \mu < \mu_0$,

$$p\text{值} = p\{T \leqslant T_0\}.$$

对于双侧检验问题

$$H_0 : \mu = \mu_0 \leftrightarrow H_1 : \mu \neq \mu_0.$$

(1) 当 $T_0 > 0$ 时, 有

$$p值 = p_{\mu=\mu_0}\{|T| \geqslant T_0\} = p\{(T \leqslant -T_0) \bigcup (T \geqslant T_0)\} = 2 \times (T_0 右侧尾部面积).$$

(2) 当 $T_0 < 0$ 时, 有

$$p值 = p_{\mu=\mu_0}\{|T| \geqslant -T_0\} = p\{(T \leqslant T_0) \bigcup (T \geqslant -T_0)\}.$$

现代统计软件如 SAS、SPSS 中, 一般都给出检验问题的 p 值. 按照 p 值的意义, 对于任意指定的显著性水平 α, 有:

(1) 若 p 值 $\leqslant \alpha$, 则在显著性水平 α 下拒绝 H_0;

(2) 若 p 值 $> \alpha$, 则在显著性水平 α 下接受 H_0.

这种利用 p 值来确定是否拒绝 H_0 的方法, 统称为 **p-值法**.

用临界法来确定 H_0 的的拒绝域时, 如果在当前的 α 水平下拒绝了 H_0, 并不能确定将 α 再降低一些是否也会拒绝 H_0; 而 p 值法给出了拒绝 H_0 的最小显著性水平, 因此 p 值法给出了有关拒绝域的更多信息.

例 8.5.2 用 p 值法检验例 8.2.2 的检验问题 ($\alpha = 0.05$)

$$H_0 : \mu \leqslant \mu_0 = 1500 \leftrightarrow H_1 : \mu > \mu_0 = 1500.$$

解 用 U-检验法, 计算得

$$U = \frac{\overline{X} - \mu_0}{\sigma/\sqrt{n}} = \frac{1575 - 1500}{200/\sqrt{25}} = 1.875.$$

$$p值 = p_{\mu_0}\{U \geqslant 1.875\} = 1 - \Phi(1.875) = 1 - 0.9696 = 0.0304.$$

p 值 $\leqslant \alpha = 0.05$, 故拒绝 H_0.

例 8.5.3 用 p 值法检验例 8.2.11 的检验假设问题

$$H_0 : \sigma^2 = \sigma_0^2 = 1 \leftrightarrow H_1 : \sigma^2 < 1.$$

解 已知 $n = 25, S = 0.8659, \chi_{0.05}^2(24) = 13.849$, 计算得检验统计量

$$\chi^2 = \frac{(n-1)S^2}{\sigma_0^2} = 20.78.$$

$$p值 = p_{\sigma_0^2}\{\chi^2(24) < 20.78\} = 0.34833.$$

p 值 $> \alpha = 0.05$, 故不能拒绝 H_0, 即没有足够理由相信公司的说明是可信的.

p 值表示拒绝原假设 H_0 的依据的强度, p 值越小, 拒绝 H_0 的依据越强、越充分. 一般地, 当 p 值 $\leqslant 0.01$, 称推断拒绝 H_0 的依据很强或称检验是极显著的;

$0.01 < p$ 值 $\leqslant 0.05$, 称推断拒绝 H_0 的依据是强的或称检验是显著的; 若 $0.05 < p$ 值 $\leqslant 0.1$, 称推断拒绝 H_0 的依据较弱或称检验是较显著的; 而 p 值 > 0.1 时, 一般没有理由拒绝 H_0. 基于 p 值, 研究者可以按其实际需要的显著性水平来做判断. 目前, 某些关于假设检验问题的研究中常常不明确论及显著性水平或临界值, 取而代之的引用假设检验的 p 值, 方便读者利用该 p 值来评价否定原假设的依据的强度.

*8.6 拓展与应用

8.6.1 拓展阅读: 假设检验与超感测试

几个世纪以来, 有关人类不通过正常感官而进行的认知体验时常见各类宣传媒体, 同时也不乏梦境、幻境最终在生活中真实再现的各种报道, 这种现象统一称为 "超感". 超感现象究竟是人类未知的奇妙本能, 还是纯属偶然凑巧呢? 科学家对此已经进行了几十年的实验与研究, 尽管实验的环境不一定与报道中的那样完全一致, 但其量化的实验结果则可用统计手段进行分析. 以下介绍一个此类研究中常用的 "全域实验".

1. 全域实验

该实验至少需要四个人, 其中两个是参与者, 包括信息 "发送者" 与 "接收者" 各一人; 另两个为研究者, 分别为 "实验师" 和 "助理". 实验过程如下: "发送者" 和 "接收者" 分别被送入两个隔音且电磁屏蔽的房间. "接收者" 头戴耳机, 耳机里一直发出嘶嘶的白噪声. 同时把切成两半的乒乓球粘在他的眼睛上方, 眼睛则盯住一个红灯. 这样, 一方面 "接收者" 的感官处于工作状态可以等待有意义的信息; 另一方面他不会被屋内任何其他信息干扰. 与此同时, 在另一个房间, "发送者" 在看电视里出现的一幅静止画面或者一段视频以后, 试着将该信息 "发送" 给 "接收者". "接收者" 虽然对 "发送者" 看到的影像一无所知, 但可以将所 "接收" 的信息用语言描述出来. "实验师" 在一旁监督整个过程并听取 "接收者" 的语言描述, "助理" 则通过计算机随机选择一个影像供 "发送者" 观察, 现场只有 "发送者" 能够看到影像.

2. 量化实验结果

由于 "接收者" 在实验过程中对某些图像的描述和实际图像中的局部区域非常接近, 但语言描述是难以进行定量分析的, 所以实验结束前, "实验师" 从备选的图像中随机选出三个与测试图像类型相似的图像, 与测试图像混在一起, 让 "接收者" 观察, 同时将 "发送者" 在测试时所作的描述重播一遍, 让 "接收者" 辨别哪个图像是 "发送者" 看到的. 如果辨认正确, 则视为该次测试成功, 否则就是失败. 由备选图像的组成可知,每次测试成功的概率为 25%,因此这个关于超感是否存在的假设检验的问题是:每次测试的成功率是否显著超过 25%?

3. 假设检验过程

原假设为:超感不存在,每次测试的成功率为 0.25,如果成功,纯属巧合.
备择假设:每次测试成功率大于 0.25. 即

$$H_0 : p = p_0 = 0.25 \leftrightarrow H_1 : p > 0.25.$$

设 X 表示 n 次重复测试中的成功次数,则 $X \sim B(n, p)$. 当 n 比较大时,由中心极限定理有

$$U = \frac{\overline{X} - p_0}{\sqrt{\dfrac{p_0(1 - p_0)}{n}}} \stackrel{a.d}{\sim} N(0, 1).$$

于是,给定显著性水平 α,可以得出对应的拒绝域为 $W = \{U > Z_\alpha\}$.

4. 实验结果分析

根据 1990 年《心理学》杂志报道,Honorton 和他的同事在 1983—1989 年采用上述实验前后进行了 355 次实验测试,其中有 122 次成功. 根据实验数据,有 $\overline{X} = 122/355$, $n=355$,计算得 $U = 4.0755 > Z_{0.01} = 2.33$,故拒绝原假设,即不能排除超感的存在.

另一方面,该检验的 p 值 $p(U > 4.0755) = 0.000023$,由此可见,若以上实验结果的出现仅仅是巧合的话,那么在每 10 万次这样的实验中这种巧合的情况出现的平均次数不超过 3 次,所有我们有理由认为上述检验的结果是具有统计显著性的,有充分理由拒绝原假设.

当然,关于超感是否真的存在,社会各界存在很大争议. 对于反对者来说,以上实验结果仍不足以提高他们关于"超感存在"的主观概率,但从科学实验的角度出发,该实验如此令人震惊的结果应该使人相信其中确实存在一些超常规的因素,这也从一个侧面说明人类还有很多奥秘需要去探索.

8.6.2 应用案例

例 8.6.1(地震发生规律及预报) 2008 年 5 月 12 日下午 2 点 28 分,在我国四川省汶川地区发生了里氏八级的大地震,这突出其来的灾难瞬间夺取了几万人的生命! 我们国家和人们遭受了重大人员伤亡和财产损失,直接财产损失高达 760 亿. 人们希望如果能准确的预报地震发生的时间那该多好啊! 但是,地震的准确预报仍是一个世界难题.

*8.6 拓展与应用

有研究者统计了从 1965 年 1 月 1 日到 1971 年 2 月 9 日期间 2231 天内, 全世界记录到的里氏四级及四级以上的地震共计 162 次, 这些地震发生的间隔时间及频数见表 8.6.1.

表 8.6.1 地震发生的间隔时间及频数

相继两次地震的间隔天数	0—4	5—9	10—14	15—19	20—24	25—29	30—34	35—39	$\geqslant 40$
频数	50	31	26	17	10	8	6	6	8

根据以往经验, 两次突发事件之间的时间间隔一般服从指数分布, 取检验水平 $\alpha = 0.05$, 检验相继两次地震间隔的天数 X 是否服从指数分布.

解 检验假设: $H_0 : X \sim \text{Exp}(\lambda)$.

其中 λ 未知, 取其极大似然估计 $\hat{\lambda} = \dfrac{1}{\overline{X}}$. 本例中, 2231 天共记录了 162 次地震, 故

$$\hat{\lambda} = \frac{1}{\overline{X}} = \frac{162}{2231} = \frac{1}{13.77},$$

即原假设为

$$H_0 : X \sim \text{Exp}\left(\frac{1}{13.77}\right),$$

该指数分布函数记为 $F(x, \lambda)$.

将 X 所有可能取值对应的区间 $[0, +\infty)$ 按记录时间划分成 $k = 9$ 个互不重叠的区间 $[a_i, a_{i+1})$ $(i = 1, 2, \cdots, 9)$, 其中 a_i 为各组区间的端点. 在 H_0 为真条件下, 计算得各个区间取值的理论概率 p_i 和理论频数 $E_i = np_i$ 如表 8.6.2 所示, 其中

$$p_i = p\{a_i \leqslant X < a_{i+1}\} = F(a_{i+1}) - F(a_i), \quad i = 1, 2, \cdots, 9.$$

计算得 $\chi^2 = 2.651$, 查表得 $\chi^2 < \chi^2_{0.05}(7) = 14.067$, 故接受原假设, 即认为相继两次地震发生的时间间隔 X 服从参数为 $\lambda = 1/13.77$ 的指数分布.

表 8.6.2 观察值的分组计算表

区间	n_i	p_i	np_i	$n_i - np_i$	$\dfrac{(n_i - np_i)^2}{np_i}$
[0, 4.5)	50	0.2788	45.166	4.834	0.517
[4.5, 9.5)	31	0.2196	35.575	-4.474	0.588
[9.5, 14.5)	26	0.1527	24.737	1.263	0.064
[14.5, 19.5)	17	0.1062	17.204	-0.204	0.002
[19.5, 24.5)	10	0.0739	11.972	-1.972	0.325
[24.5, 29.5)	8	0.0514	8.327	-0.327	0.013
[29.5, 34.5)	6	0.0358	5.800	0.200	0.007
[34.5, 39.5)	6	0.0248	4.018	1.982	0.978
$[39.5, +\infty)$	8	0.0568	9.202	-1.202	0.157

例 8.6.2(疾病与家族遗传) 有关医学研究专家指出, 某些疾病, 例如, 糖尿病、原发性高血压等的发生具有一定的遗传倾向, 这些遗传性的疾病由于致病基因的遗传使得患者的后代具有较高的患同类疾病的风险, 这提醒人们更应该从遗传的角度加强这些疾病的防控. 最近, 某医科大学研究人员到四川一乡村进行考察, 在那里有很多人患上了多指症, 即一只手上有六个或更多的手指. 他们随机抽取 200 户三口之家进行调查, 发现全家无此疾病的有 149 户, 家庭中有 1 名患病的 27 户, 2 人患病的 15 户, 3 人全患病的有 9 户, 问该疾病在该地区是否有家族聚集性或者说是家族遗传性?

解 设 X 表示任意一个三口之家中患有该疾病的人数, 如果当地区该疾病的发生不具有家族遗传性, 则三个家庭成员是否患病具有独立性, 即 $X \sim B(3, p)$, 提出假设:
$$H_0 : X \sim B(3, p) \leftrightarrow H_1 : X \text{ 不服从二项分布}.$$

参数 p 未知, 取其极大似然估计
$$\hat{p} = \overline{X} = \frac{0 \times 149 + 27 \times 1 + 2 \times 15 + 3 \times 9}{3 \times 200} = 0.14.$$

计算理论概率为
$$p_i = p\{X = i\} = C_3^i 0.14^i (1 - 0.14)^{3-i}, \quad i = 0, 1, 2, 3.$$

具体计算结果见表 8.6.3.

表 8.6.3 检验统计量的计算

每户患病人数	n_i	p_i	np_i	$\dfrac{(n_i - np_i)^2}{np_i}$
0	149	0.6391	127.2	3.736
1	27	0.3106	62.12	19.855
2	15	0.0505	10.1	2.377
3	9	0.0027	0.54	132.54

卡尔·皮尔逊

$\chi^2 = 158.508$, 自由度 $n = (4-1)(2-1) = 3$, $158.508 > \chi^2_{0.05}(3) = 7.815$, 拒绝原假设, 即认为该疾病在该地区具有家族聚集性.

习 题 8

(A)

1. 自动包装机装出的每袋食盐的重量服从正态分布, 规定每袋食盐重量的方差不超过 a. 为检验自动包装机的工作是否正常, 对它包装的产品进行抽样检验, 检验假设为 $H_0 : \sigma^2 \leqslant a$, $H_1 : \sigma^2 > a$, 给定 $\alpha = 0.05$, 则下列命题中正确的是 (   ).

(A) 如果生产正常, 则检验结果也认为生产正常的概率为 0.95;

(B) 如果生产不正常, 则检验结果也认为生产不正常的概率为 0.95;

(C) 如果检验的结果认为生产正常,则生产确实正常的概率等于 0.95;

(D) 如果检验的结果认为生产不正常,则生产确实不正常的概率等于 0.95.

2. 设 X_1, X_2, X_3 是来自泊松分布总体 $X \sim p(\lambda)$ 的样本, 对于假设 $H_0: \lambda = 1/3 \leftrightarrow H_1: \lambda = 1$ 的检验问题, 取检验拒绝域为 $C = \{x_1, x_2, x_3 | x_1 + x_2 + x_3 \geqslant 3\}$, 求犯第一类错误的概率 α 和第二类错误的概率 β.

3. 一台包装机包装食盐, 额定每袋标准净重为 0.5(单位: kg), 设包装后的食盐每袋重例服从正态分布, 其标准差为 0.015. 为检验某日包装机的工作是否正常, 随机抽取当日包装的食盐 9 袋, 称得净重为 0.497, 0.506, 0.518, 0.524, 0.488, 0.511, 0.510, 0.515, 0.512. 若每袋重量的标准差不变, 问当天包装出的食盐平均重量是 $0.5(\alpha = 0.05)$?

4. 某种钢筋的强度 (单位: kg/mm) 依赖于其中 C, Mn, Si 的含量所占的比例. 现炼了 6 炉钢, 测得含 C: 0.15%, Mn:1.20%, Si:0.40%, 其钢筋强度分别为: 48.5, 49.0, 53.5, 49.5, 56.0, 52.5. 假设钢筋强度服从正态分布, 问按这种配方生产出的钢筋强度能否认为其均值为 $52.0 \text{(kg/mm)}(\alpha = 0.05)$.

5. 某制药厂进行有关麻疹疫苗效果的研究, 用 X 表示一个人接种这种疫苗注后产生的抗体强度, 假设 $X \sim N(\mu, \sigma^2)$. 一般要求平均抗体强度不低于 1.9. 甲厂采用了新技术后为检验该疫苗的平均抗体强度是否有所提高, 从接种人群中随机抽取 16 人进行检验, 测得抗体强度如下:

1.2 2.5 1.9 1.5 2.7 1.7 2.2 2.2 3.0 2.4 1.8 2.6 3.1 2.3 2.4 2.1

问能否证实新技术所生产的疫苗平均抗体强度有所提高 $(\alpha = 0.05)$?

6. 长期观察认为, 服用 A 药后, 某疾病患者痊愈的概率为 0.85, 现给 900 名该病患者服用新药 B, 其中有 786 名患者痊愈. 在显著性水平 $\alpha = 0.05$ 下, 可否认为新药 B 比原来的药 A 更有效?

7. 某服装商场预对新引进的某品牌女式秋装市场销售情况进行估计, 以往销售数据表明到店的青年女性顾客约有 30% 会购买. 在该女装试销期间, 随机询问了 40 位到店的青年女性顾客, 其中有 10 位购买了. 在 $\alpha = 0.05$ 下, 是否可以认为该厂的估计是可信的?

8. 一名教师看到这样的报道: "这一城市的初中学生平均每周看 8h 电视", 他认为他所在的学校学生每周看电视时间明显小于该数字, 为此随机抽取 100 名学生进行调查, 计算得每周看电视时间的样本均值为 $\overline{X} = 6.5$, 样本标准差为 $S = 2$, 问是否可以同意该教师的看法 $(\alpha = 0.05)$?

9. 某蓄电池生产厂在出产的汽车蓄电池说明书上声称其使用寿命的标准差不超过 0.9 年. 现随机抽取 10 只该种蓄电池, 通过试验测得样本标准差是 1.2 年, 假设蓄电池的使用寿命服从正态分布, 检验厂方说明书上所写是否可信 $(\alpha = 0.05)$.

10. 为考察温度对某物体强度的影响, 在 70℃ 与 80℃ 下分别重复做了 8 次试验, 假设两种温度下的物体强度分别记为 X 与 Y, $X \sim N(\mu_1, \sigma_1^2)$, $Y \sim N(\mu_2, \sigma_2^2)$, 且 X 与 Y 相互独立, $\sigma_1^2 = \sigma_2^2$. 试验测得数据如下

$X(70℃):$ 20.5 18.8 19.8 20.9 21.5 19.5 21.0 21.2

$Y(80°C)$：　17.7　20.3　20.0　18.8　19.0　20.1　20.2　19.1

问 70°C 下与 80°C 下该物体强度有无差别 ($\alpha = 0.05$)?

11. 抛掷一枚硬币 6 次，每次都出现正面，我们能否用单侧和双侧检验在 $\alpha = 0.05$ 和 $\alpha = 0.01$ 水平下断定硬币不是均匀的？

12. 为了解当前社会对专业人才的需求情况，某大学生针对某些专业及当前社会对各专业的需求情况进行随机抽样调查，统计数据见下表。

社会需求 \ 专业	社会科学	生物学	物理学	艺术类
非常需要	12	27	43	16
一般	36	45	38	17
不需要	14	6	3	33

在水平 $\alpha = 0.01$ 之下，检验 "当前社会需求与专业之间有否独立？" 即几门专业的社会需求情况是否相同？

(B)

1. 设口袋中有 10 个球，其颜色有白与黑两种，p 为白球所占的比例。要检验的假设为

$$H_0 : p = 1/2 \leftrightarrow H_1 : p = 1/5.$$

检验的方法为从口袋中有放回地随机抽取 4 次球，每次取一个，若其中白球数少于 2 时，拒绝原假设 H_0，否则接受原假设。

试给出 (1) 总体及其分布; (2) 该检验方法的拒绝域和接受域; (3) 犯第一类错误及第二类错误的概率。

2. 在某城市随机抽取 400 个居民询问对某项措施的意见。如果其中有多于 220 人但少于 260 人同意的话，就接受 "全市居民有 60% 的人同意" 的假设。这样做犯第一类错误的概率是多少？如果全市仅有 48% 居民同意，那么用此检验法，问犯第二类错误的概率是多少？

3. 电池在货架上滞留的时间不能太长，某商店随机选取 8 个电池得到其货架滞留时间 (单位：天) 分别为：108，124，124，106，138，163，159，134。

设该种电池的货架滞留时间 X 服从正态分布 $N(\mu, \sigma^2)$，μ 和 σ 均未知，试在显著性水平 $\alpha = 0.05$ 下检验该商店电池的平均货架滞留时间是否大于 125 天？

4. 假设甲厂生产的灯泡使用寿命 (单位：h) $X \sim N(\mu_1, 95^2)$，乙厂生产的灯泡使用寿命 $Y \sim N(\mu_2, 120^2)$。现从甲、乙两个厂家生产的灯泡中各自随机地抽取 100 只和 75 只，测得灯泡的平均使用寿命分别为 1180h 和 1220h，问在显著性水平 $\alpha = 0.05$ 下，这两家生产的灯泡的平均寿命是否有显著差异。

5. 从旧工艺生产的零件中抽取 25 个样本，测量其长度 (单位：mm)，计算得样本方差为 $S_X^2 = 6.27$。采用新工艺后再随机抽取 25 个，计算得零件长度的样本方差为 $S_Y^2 = 3.19$。假设这两种工艺所生产的零件长度都服从正态分布，问新工艺与旧工艺的生产精度 (用方差衡量) 是否有显著差异 ($\alpha = 0.05$)。

习题 8

6. 从某锌矿的东、西两支矿脉中，各抽取容量为 9 和 8 的样本进行分析，计算得其样本含锌量 (%) 的平均值与方差分别为

东支: $n_1 = 9$; $\overline{X} = 0.230$, $S_1^2 = 0.1337$; 西支: $n_2 = 8$; $\overline{Y} = 0.242$, $S_2^2 = 0.1152$.

假设东、西两支矿脉的含锌量都服从正态分布，给定 $\alpha = 0.05$，问能否认为两支矿脉的含锌量相同？

7. 在分别有 40 人和 50 人的两个班级进行测验，其中一班的平均分为 74 分，标准差 8 分；二班的平均分是 78 分，标准差是 7 分，在 $\alpha = 0.05$ 和 $\alpha = 0.01$ 下分别检验两班的平均成绩是否有显著区别 (假定成绩服从正态分布)？

8. 在一批灯泡中抽取 300 只作寿命试验 (单位: h)，测试结果为

寿命 t	$t < 100$	$100 \leqslant t < 200$	$200 \leqslant t < 300$	$t \geqslant 300$
灯泡数	121	78	43	58

取 $\alpha = 0.05$，试检验假设 H_0: 灯泡的寿命 t 服从指数分布 $\mathrm{Exp}(0.005)$.

9. 从自动精密机床产品的传送带中取 200 个零件，进行零件尺寸精度的测量与检验，把测量值与额定标准尺寸的距离 (单位: μm) 按每隔 5μm 进行分组，得各组频数见下表.

组号	组限	n_i	组号	组限	n_i
1	−20— −15	7	6	5—10	41
2	−15— −10	11	7	10—15	26
3	−10— −5	15	8	15—20	17
4	−5—0	24	9	20—25	7
5	0—5	49	10	25—30	3

利用 χ^2 检验法检验尺寸偏差服从正态分布的假设 ($\alpha = 0.05$).

10. 某大学进行校学生会主席选举，最后一轮有 A 和 B 两名竞选者，为了调查本校学生的不同专业是否对候选者有不同的偏好，学生会随机调查了本校 200 名学生，得到如下统计数据:

学生专业 \ 选举偏好	竞选者 A	竞选者 B	未决定	总数
工程科学	24	23	12	59
自然科学	24	14	10	48
社会学、艺术	17	8	13	38
管理学校	27	19	9	55
总数	92	64	44	200

试问该校学生对竞选者的偏好是否与其所学专业相互独立 ($\alpha = 0.05$)？

第 9 章 演示与实验

在本章中，主要介绍 SAS 统计软件基本使用方法及其在概率统计中的基本应用，应用 SAS 统计软件解决随机变量分布规律探究、描述性统计分析、区间估计以及假设检验等问题。本章的演示与实验，是对教材基本理论知识的补充和拓展，有助于提高读者对理论知识的理解和掌握，同时也促进了理论与应用的有机结合，掌握国际通用标准统计软件的使用方法及其在数据统计分析中的实践应用。

本章包括 SAS 统计软件简介和四个演示与实验，每个实验均包括实验目的、实验例题以及实验习题等内容。实验例题与教材相应知识点的有关例题相对应，同时附有对应的 SAS 程序，方便读者使用。

9.1 SAS 简介

SAS(statistical analysis system 统计分析系统) 是由美国北卡罗来纳州立大学的 A. J. Barr 于 1966 年开发的统计软件，1972 年正式推出了 SAS 系统，起初只是一个用于分析农业数据的项目。随着对该软件需求的增长，SAS 公司于 1976 年正式成立，旨在为各种类型的客户提供服务，范围涵盖了医药企业、银行业以及政府机构。第一版的 SAS 只含一般线性模型的分析方法，而且只适用于 IBM 的主机；随后几十年 SAS 版本不断推陈出新；2007 年推出 SAS 系统 V9.2 版本；2012 年推出 SAS 系统 V9.3 版本；目前 SAS 最新版本（2016 年）为 V9.4 版本。

SAS 是用于决策支持的大型集成信息系统，功能包括数据访问、数据储存及管理、应用开发、图形处理、数据分析、报告编制、运筹学方法、计量经济学与预测等。统计分析功能目前仍是 SAS 重要组成部分和核心功能。在数据处理和统计分析领域，SAS 系统被誉为国际上的标准软件系统，并在 1996 年和 1997 年度被评选为建立数据库的首选产品。目前，SAS 的客户遍布全球 146 个国家，SAS 被广泛应用于金融、医疗卫生、生产、运输、通信、政府、科研和教育等领域。在 2015 年《财富》全球 500 强企业前 100 名企业中，有 91 家是 SAS 客户。

本书将以较稳定的版本 V9.3 为例介绍 SAS 工作界面以及基本操作。

9.1.1 SAS 工作界面

SAS 程序的输入、修改和运行是在其显示管理系统 DMS(Display Management System) 的控制下完成的。DMS 是联系用户的界面和桥梁。启动 SAS 后，显示管

9.1 SAS 简介

理系统将屏幕自动分成三个基本窗口. 各窗口的主要功能如下：

1. 程序编辑窗 PGM(Program Editor)

程序编辑窗 PGM 是 SAS 中最常用到的窗口, 是前景工作区, 当前的 [Program Editor] 未命名 (Untitle), 如图 9.1.1 所示. 其主要功能包括

(1) 键入数据、编写程序命令, 或读取某文字资料或文件;

(2) 执行 SAS 程序命令或执行部分程序语句;

(3) 保存程序文件 (系统默认的扩展名是：*.sas), 或调回已执行的 SAS 程序命令, 加以改正.

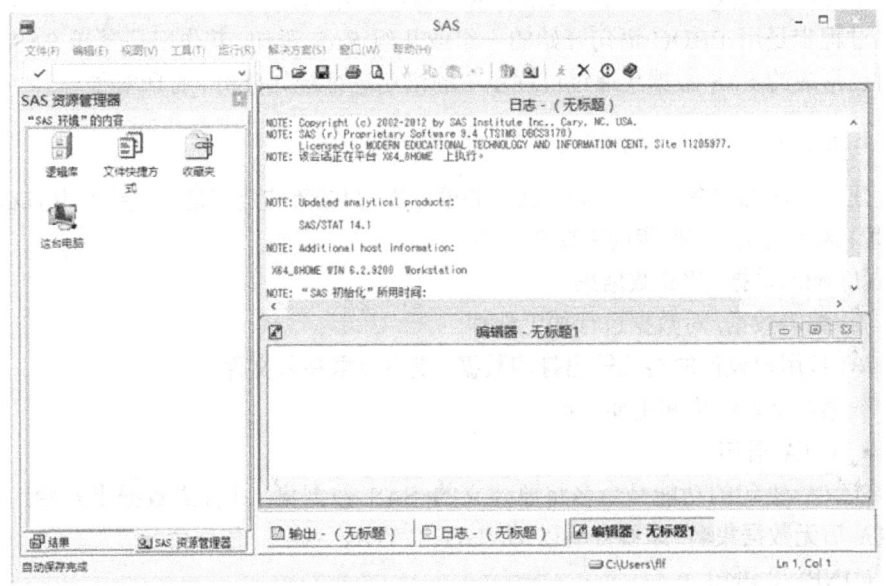

图 9.1.1 SAS 初始界面

2. 运行记载窗 (LOG)

运行记载窗 (LOG) 也是 SAS 系统界面的前景工作区, 其主要功能是

(1) 记录用户提交执行的 SAS 程序及执行后的有关详细说明 (NOTE)；

(2) 当出现程序语法错误或其他使用不当时, 此窗口会显示并记录错误并指出语法错误的原因, 或显示警告等信息;

(3) 保存记录 (LOG) 文件的扩展名是：*.log.

3. 结果输出窗口 (OUTPUT)

结果输出窗口 (OUTPUT) 是背景隐含工作区, 其主要功能是

(1) 显示各过程的分析结果,用户感觉到结果满意时,可将结果保存,还可以进行汉化编辑,增加可读性;

(2) 保存的结果 (OUTPUT) 文件扩展名是: *.lst.

9.1.2 SAS 程序一般结构

SAS 程序由 SAS 数据步(DATA Step)和过程步(Proc Step)组成. 数据步是用 DATA 语句开始的一组 SAS 语句,其作用为输入数据并建立 SAS 数据集. SAS 数据集的后缀名一律为.sd2,并不出现在程序中. SAS 系统只能分析 SAS 数据集的数据. SAS 数据步中的 input 和 cards 语句是数据步中的专用语句. 其中 input 语句用来生成变量, cards 语句用来指明数据输入的开始.

过程步是用 PROC 语句开始的一组或几组 SAS 语句,其作用是激活 SAS 程序对已形成的 SAS 数据集通过过程步中的语句进行统计分析、打印等处理.

1. 数据步 (DATA Step)

建立 SAS 数据集是使用 SAS 软件的第一步. 数据集的建立是使用数据步 (DATA STEP) 来实现的. 数据步的主要功能为

(1) 输入数据,建立数据集;

(2) 编辑数据,对数据进行加工处理;

(3) 按用户设计的格式输出打印数据,或将数据写入文件.

数据步基本结构和主要语句:

• DATA 语句

DATA 语句的功能是命名将要建立的 SAS 数据集,并标志数据步开始. 如 DATA 后无数据集名,系统自动以 DATA1, DATA2, …… 依次命名.

• INPUT 语句

INPUT 语句的功能包括读入由语句指定的数据项,并为相应的数据域定义变量名及描述变量的读入格式. 该语句主要用于读 CARDS 语句后面的数据或者一个外部文件中的数据. 对于已经存在的数据集,则使用 SET 等语句进行调用.

• CARDS 语句

该语句表明数据行的开始与数据步的结束. 如果数据在当前的作业流中,则必须在数据行之前使用 CARDS 语句,它表明下面是数据行的开始,一直到出现分号时,系统才确认数据行结束.

以下利用上述语句建立一个名为 "NEW" 的简单数据集.

DATA NEW;

INPUT X Y NAME$;

CARDS;

12 134 A
11 156 B
21 200 B
32 756 D
20 198 E
;

SAS 系统中建立数据集还有其他途径, 比如从外部数据文件中读入数据, 或从已建立的 SAS 数据集中获取部分变量和数据产生新的数据集等, 请读者参阅其他相关书籍.

2. 过程步 (Proc Step)

过程步是以关键字 "PROC" 开始的一个或多个 SAS 语句, 功能是调用一个要使用的 SAS 过程对已建立的数据集进行统计分析. 其调用基本格式为

PROC 过程名 [过程选项];

其他语句;

RUN.

过程步中常用的基本语句有

• BY 语句: BY 语句指明了对数据集进行排序的分组变量, 一般同 SORT 过程一起使用.

• CLASS 语句: 该语句用于定义分类变量. CLASS 语句对计算统计的作用与 BY 语句类似, 但输出的格式不同, 而且 BY 语句使用前必须先按其指定的变量进行排序.

• VAR 语句: 该语句中变量为要分析的变量, 当省略该语句时, 对数据集中所有的变量作统计分析.

•MODEL 语句: 该语句用以定义分析模式, 具体的分析模式与所使用的过程有关. 一般调用格式为

MODEL 因变量表 = 自变量/[选项].

•OUTPUT 语句: 该语句将过程计算结果输出到一个新的 SAS 数据集中. 一般调用格式为

OUTPUT OUT= 数据集名 [统计关键字 = 变量名].

在程序步中可多次应用 PROC 语句调用多个 SAS 程序对同一数据集进行不同的统计分析. 常用的过程将在具体的实验中逐一介绍.

9.1.3 SAS 主要内置函数介绍

SAS 系统的函数一般可分为九类. 常用函数及其主要功能见下表 (表 9.1.1).

表 9.1.1 SAS 常数函数表

类型	函数名及参数	功能	类型	函数名及参数	功能
算术函数	ABS(x)	计算 x 的绝对值	三角函数	COS(x)	计算余弦
	DIM(array)	返回数组中元素的个数		SIN(x)	计算正弦
	MAX(x,y,⋯)	返回 (x,y,⋯) 中最大值		TAN(x)	计算余切
	MIN(x,y,⋯)	返回 (x,y,⋯) 中最小值	样本统计函数	MEAN(x,y,⋯)	计算样本平均
	MODE(x,y)	计算 x/y 的余项		STD(x,y,⋯)	计算样本标准差
	SIGN(x)	返回 x 的符号或 0		SUM(x,y,⋯)	计算参数和
	SQRT(x)	计算 x 的平方根		VAR(x,y,⋯)	计算样本方差
数学函数	EXP(x)	求 e 的幂		CV($x_1,x_2,\cdots$)	计算变异系数
	SIN(x)	正弦函数	概率分布函数	PROBBNML(p,n,r)	二项分布函数
	COS(x)	余弦函数		PROBCHI(x,df)	χ^2 分布函数
	LOG(x)	产生自然对数		PROBF(x,ndf,mdf)	F 分布函数
	LOG2(x)	产生底为 2 的对数		PROBNORM(x)	标准正态分布函数
	LOG10(x)	产生底为 10 的对数		PROBT(p)	T 分布函数
	DIGAMMA(x)	计算 GAMMA 函数对数的导数		POISSON(λ,n)	泊松分布函数
时间日期函数	DATE()	返回今天日期作为 SAS 日期	字符函数	INDEX(a,b)	字符串 b 在 a 的位置
	DAY(date)	从 SAS 日期返回月份中的日数		LEFT(a)	左对齐一个字符串
	YEAR(date)	从 SAS 日期值返回年数		LENGTH(a)	返回字符串 a 的长度
分位数函数	CINV(p,df,nc)	χ^2 分布分位数		RIGHT(a)	右对齐一个字符串
	FINV(p,ndf,ddf,nc)	F 分布分位数		TRIM(a)	移走字符串尾部空格
	CAMINV(p,α)	伽马分布分位数	随机函数	RANUNI(seed)	均匀分布随机数
	TINV(p,df,nx)	T 分布分位数		RANNOR(seed)	标准正态分布随机数
	PROBIT(p)	标准正态分布分位数		RANEXP(seed)	指数分布随机数

9.2 演示与实验一

演示与实验一主要是常见概率分布的规律探究及相关概率计算. 学习 SAS 软件的基本使用方法, 并通过演示与实验进一步探究随机试验和随机变量的统计规律性, 熟悉常见概率分布函数的调用和相关概率计算.

9.2.1 实验目的

1. 了解 SAS 统计软件, 掌握 SAS 软件基础使用方法和编程的基本规则;
2. 掌握常见离散型随机变量概率分布函数调用方法及相关概率计算;
3. 通过实验演示理解几个常见离散型分布间的近似关系.

9.2.2 演示与实验例题

1. 二项分布 $X \sim B(n,p)$

二项分布分布列为 $p\{X = k\} = C_n^k (p)^k (1-p)^{n-k}$, SAS 中对应的概率分布函数是

$$\text{probbnml}(p, n, m),$$

该函数计算参数为 p 和 n 的二项分布随机变量 $X \leqslant m$ 的概率.

例 9.2.1 设 $X \sim B(10, 0.8)$, 求 $p\{X \leqslant 5\}$, $p\{X = 5\}$, 编写程序如下:

```
Data;
n=10;
p=0.8;
F1=probbnml(p, n, 5);
F2=probbnml(p, n, 5)- probbnml(p, n, 4);
Proc print;
Run;
```

输出结果为

Obs	n	p	F1	F2
1	10	0.8	0.032793	0.026424

若要计算二项分布随机变量在各点处取值的概率, 也可以调用循环语句.

例 9.2.2 设 $X \sim B(50, 0.43)$, 求 $p\{X = k\}, k = 0, 1, 2, \cdots, 50$. 编写程序如下:

```
Data;
n=50;
p=0.43;
```

```
array Prob(50);
Prob0= probbnml(p, n, 0);
Do x=0 to n-1 by 1;
Prob(x+1)=probbnml(p, n, x+1)-probbnml(p, n, x);
End;
Proc print;
Run;
```
输出结果略.

2. 泊松分布 $X \sim P(\lambda)$

泊松分布的分布列为 $p\{X=k\} = \dfrac{\lambda^k}{k!}\mathrm{e}^{-\lambda}$, 其对应的概率分布函数为

$$\mathrm{poisson}(u, n),$$

该函数计算参数为 u 的泊松分布随机变量 $X \leqslant n$ 的概率.

例 9.2.3 设 $X \sim P(5)$, 求 $p\{X=n\}, n=0,1,2,\cdots,20$. 编写程序如下:

```
Data;
u=5;
n=20;
array Prob(20);
Prob0=poisson(u, 0);
Do x=0 to n-1 by 1;
Prob(x+1)=poisson(u, x+1)-poisson(u, x);
End;
Proc print;
Run;
```
输出结果略.

3. 超几何分布 $X \sim H(n, M, N)$

超几何分布分布列为 $p\{X=k\} = \dfrac{C_M^k C_{N-M}^{n-k}}{C_N^n}\mathrm{e}^{-\lambda}$, 该分布对应的概率分布函数是

$$\mathrm{probhypr}(N, M, n, k,),$$

该函数计算参数分别为 N, M, n 的超几何分布的随机变量 $X \leqslant k$ 的概率.

例 9.2.4 已知随机变量 $X \sim H(3, 5, 10)$, 求如下概率:

$$p\{X \leqslant 0\},\ p\{X=1\},\ p\{X=2\},\ p\{X=3\}.$$

编写程序如下：

```
data;
array Prob(4);
Prob(1)= probhypr(10,5,3,0);
Prob(2)= probhypr(10,5,3,1)- probhypr(10,5,3,0);
Prob(3)= probhypr(10,5,3,2)- probhypr(10,5,3,1);
Prob(4)= probhypr(10,5,3,3)- probhypr(10,5,3,2);
run;
proc print;
run;
```

输出结果为

Obs	Prob(1)	Prob(2)	Prob(3)	Prob(4)
1	0.083333	0.41667	0.41667	0.083333

4. 二项分布与泊松分布的近似关系

针对二项分布中不同的 n 和 p 的值，通过 SAS 演示实验观察二项分布与泊松分布的近似程度的变化，对实际应用中泊松定理的适用情况进行讨论. 编写程序如下：

```
data;
n=40;
p=0.3;
do x=1 to n by 1;
y1=probbnml(p,n,x)-probbnml(p,n,x-1);
y2=poisson(n*p,x)-poisson(n*p,x-1);
output;
end;
run;
proc gplot;
plot y1*x y2*x/overlay;
symbol1 i=spline width=4;
run;
```

SAS 的 GRAPH 窗口显示的图形如图 9.2.1 所示. 读者可以根据需要修改上述程序中 n 和 p 的值，通过图像观察两种概率分布近似程度的动态变化.

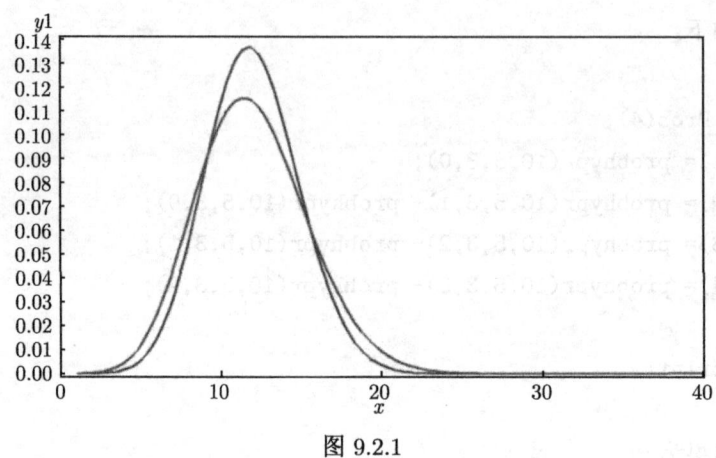

图 9.2.1

5. 二项分布、超几何分布与泊松分布的近似关系

根据超几何分布、二项分布中主要参数的不同取值，通过图像观察这两种分布及泊松分布之间的近似关系. 编写程序如下：

```
data;
n1=180;
m1=70;
n=30;
p=0.2;
Do x=0 to n by 1;
F1=probhypr(n1,m1,n,x);
y1=probhypr(n1,m1,n,x+1)-probhypr(n1,m1,n,x);
F2=probbnml(p,2*n,x);
y2=probbnml(p,2*n,x+1)-probbnml(p,2*n,x);
y3=poisson(2*n*p,x)-poisson(2*n*p,x-1); output;
end;
proc gplot;
plot y1*x y2*x y3*x/overlay;
symbol1 i=spline width=4;
run;
```

SAS 的 GRAPH 窗口显示的图形如图 9.2.2 所示. 读者页可以根据需要修改上述程序中几个主要参数的值，通过图像观察这三种概率分布之间近似程度的变化.

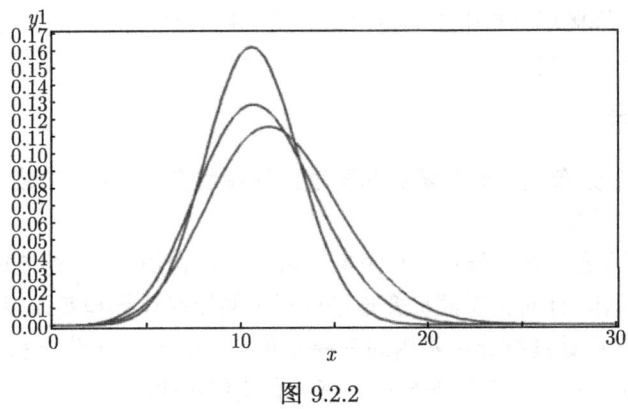

图 9.2.2

9.2.3 实验习题

根据以下各题的要求，编写 SAS 程序完成相关概率计算.

1. 已知随机变量 X 服从超几何分布 $H(3,5,10)$，求如下事件的概率：

$$p\{X \leqslant 0\}, \quad p\{X = 1\}, \quad p\{X = 2\}.$$

2. 已知一电话交换台每分钟接到的传唤次数服从参数为 $\lambda = 5$ 的泊松分布，求：(1) 每分钟恰有 8 次传唤的概率；(2) 每分钟传唤次数大于 8 次的概率.

3. 某种产品表面上疵点数服从泊松分布，平均一件上有 0.8 个疵点，若规定疵点数不超过 1 个为一等品，疵点数大于 1 但不超过 4 为二等品，4 个以上为废品，分别求：产品为一等品、二等品和废品的概率.

4. 某工厂有 200 台同类机器，各台机器发生故障的概率都是 0.04，假设各台机器工作是独立的，试计算出故障的台数小于 10 的概率.

5. 一家大型工厂聘用了 100 名新工进行上岗陪训，据以前的培训情况，估计大约有 4% 的培训者不能完成培训任务. 求：(1) 恰有 6 个人不能完成培训的概率；(2) 不能完成培训的人不多于 4 个的概率.

9.3 演示与实验二

演示与实验二主要进行常见连续型概率分布的图形绘制和相关概率计算，包括指数分布、正态分布以及数理统计中常用的卡方分布、t 分布和 F 分布等. 通过调用 SAS 系统中相应的概率分布函数、密度函数等进行概率分布图像绘制、分布特征分析以及相关的概率计算. 通过密度曲线的绘制，不仅可以直观地看出随机变量的分布规律，还可以观察密度曲线随着概率分布中参数取值的不同而变化的规律，从而更深刻的理解概率分布中不同参数的含义，并结合实际应用案例了解不同的概率分布在实践中的应用．

9.3.1 实验目的

1. 学习指数分布概率分布函数和密度函数调用方法，实现指数分布密度曲线绘制及相关概率计算；

2. 学习标准正态分布概率分布函数和密度函数调用方法，绘制密度函数曲线并讨论起变化规律；针对正态随机变量进行相关的概率计算和实践应用；

3. 学习并掌握数理统计中常用的三种分布：卡方分布、t 分布和 F 分布，并通过密度曲线的绘制讨论这些概率分布的特征和变化规律．

9.3.2 演示与实验例题

1. 连续型随机变量分布函数和密度函数调用方法

对于常见的连续型概率分布，SAS 提供了相应的概率分布函数 CDF 和密度函数 PDF 可以直接调用，其调用的命令格式一般为

分布函数值 =CDF(' 分布', x, < 参数表 >)

密度值 =PDF(' 分布', x, < 参数表 >)

其中，分布函数 CDF 计算指定分布的分布函数值，PDF 计算指定分布的密度函数值．分布类型可取为：NORMAL 或 GAUSSIAN(正态分布), EXPONENTIAL(指数分布), LOGNORMAL(对数正态分布), $F(F$ 分布), GAMMA(伽马分布), WEIBULL(威布尔分布) 等等, 在不混淆的情况下可以只写分布函数的前四个字母．

2. 指数分布 $X \sim \text{Exp}(\lambda)$ 密度函数曲线绘制及概率计算

指数分布的分布函数、密度函数调用格式如下：

分布函数值 =CDF('EXPONENTIAL', x , $1/\lambda$);

密度值 =PDF('EXPONENTIAL', x , $1/\lambda$);

例 9.3.1 指数分布密度曲线．

利用 SAS 的绘图功能可以绘制指数分布的密度函数图形，以下分别取 λ 为 0.1, 0.2, 0.05 时指数分布密度函数图形，通过图像变化讨论指数分布密度曲线随参数 λ 变化的规律．编制程序如下：

```
data;
Do x=1 to 50 by 0.5;
y1=PDF("EXPONENTIAL",x,10);
y2=PDF("EXPONENTIAL",x, 5);
y3=PDF("EXPONENTIAL",x,20);
```

9.3 演示与实验二

```
Output;
End;
run;
proc print;
run;
proc gplot;
plot y1*x y2*x y3*x/overlay;
 symbol1 i=spline width=4;
Run;
```

SAS 的 GRAPH 窗口显示的图形如图 9.3.1(其他输出结果略).

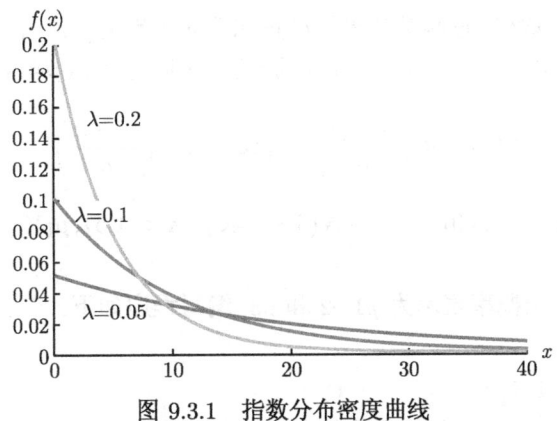

图 9.3.1　指数分布密度曲线

可见, 随着参数 λ 值的减小, 指数分布密度曲线变得越来越平缓, 其取值的变化幅度变小, 但分布的离散性却在增大. 事实上, 指数分布的方差为 $\dfrac{1}{\lambda^2}$, 参数 λ 的值变小, 其方差就会迅速增大, 随机变量取值的离散性就越大.

例 9.3.2　指数分布相关概率计算.

设某计算机在报废前的使用时间服从指数分布, 且平均使用时间为 5000h. 求: (1) 能够使用 1500h 以上的概率; (2) 使用时数在 4000~6000h 的概率.

编制程序如下:

```
Data A;
p1= CDF('EXPONENTIAL', 1500 , 5000 );
p2=1-p1;
p3=CDF('EXPONENTIAL', 6000 , 5000)
        -CDF('EXPONENTIAL', 4000 , 5000);
Run;
```

```
Proc print;
run;
```
输出结果如下：

Obs	p1	p2	p3
1	0.25918	0.74082	0.14813

3. 正态分布相关概率计算

SAS 中针对标准正态分布，还专门提供了一个概率分布函数

$$\text{probnorm}(x)$$

针对不同的 x 取值，该函数计算标准正态分布函数 $\Phi(x) = p\{X \leqslant x\}$ 的值. 而对于一般的正态分布 $X \sim N(\mu, \sigma^2)$，可经标准化变换后，得到相应分布函数值，即

$$F(x) = \Phi\left(\frac{x-\mu}{\sigma}\right) = \text{probnorm}\left(\frac{x-\mu}{\sigma}\right)$$

例 9.3.3 设 $X \sim N(0,1), Y \sim N(3,9)$，求 $p\{X \leqslant 1.5\}, p\{Y \leqslant 4\}, p\{-3 \leqslant Y \leqslant 3\}$.

分别将上述三个概率表示为 $p1, p2$ 和 $p3$，编写程序如下：

```
Data;
p1=probnorm(1.5);
u=3;              /*给定非标准正态分布的均值*/
s=3;              /*给定非标准正态分布的标准差*/
a=-3 ; b=3;
x=4;
y=(x-u)/s;
p2=probnorm(y);
p3=probnorm((b-u)/s) - probnorm((a-u)/s);
Proc print;
Run;
```

输出结果为：p1=0.93319, p2= 0.63056 , p3 =0.47725.

4. 正态分布 $X \sim N(\mu, \sigma^2)$ 密度曲线绘制

对于一般的正态分布，其概率分布函数、密度函数的调用格式分别为

分布函数值 =CDF('NORMAL', x , u, s);

密度值 = PDF('NORMAL', x , u, s);

其中 u 和 s 分别表示正态分布的数学期望和标准差.

例 9.3.4　固定标准差而变化数学期望 μ 的值时, 观察正态分布 $X \sim N(\mu, \sigma^2)$ 密度曲线的变化规律.

绘制期望分别为 -2、0、2, 标准差都是 1 的正态分布密度曲线. 编写程序如下:

```
Data new;
Do x= -5 to 5=10 by 0.01;
y1= PDF('NORMAL', x , -2, 1 );
y2= PDF('NORMAL', x , 0, 1 );
y3= PDF('NORMAL', x , 2, 1 );
Output;
End;
run;
proc print;
run;
proc gplot;
plot y1*x y2*x y3*x/overlay;
symbol1 i=spline width=4;
Run;
```

SAS 的 GRAPH 窗口显示的图形如图 9.3.2(其他输出结果略).

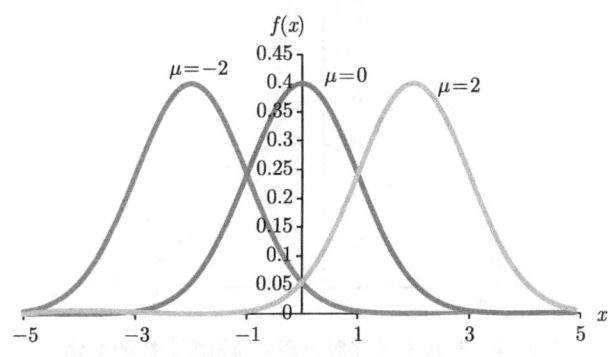

图 9.3.2　均值变化时正态分布密度曲线的变化

可见, 正态分布密度曲线关于其均值对称, 当固定其标准差而改变均值时, 密度曲线的形状不发生改变, 只是随均值的增大、减小沿 x 轴平移. 均值 μ 确定了其密度曲线的位置, 因此 μ 是该分布的位置参数.

例 9.3.5　固定 μ 而变化 σ 时, 观察正态分布 $X \sim N(\mu, \sigma^2)$ 曲线变化规律.

绘制标准差分别为 0.5、1 和 2，均值都为 0 的正态分布密度曲线. 编写程序如下：

```
Data new2;
Do x= -5 to 5=10 by 0.01;
y1= PDF('NORMAL', x , 0, 0.5 );
y2= PDF('NORMAL', x , 0, 1 );
y3= PDF('NORMAL', x , 0, 2);
Output;
End;
run;
proc print;
run;
proc gplot;
plot y1*x y2*x y3*x/overlay;
symbol1 i=spline width=4;
Run;
```

SAS 的 GRAPH 窗口显示的图形如图 9.3.3(其他输出结果略).

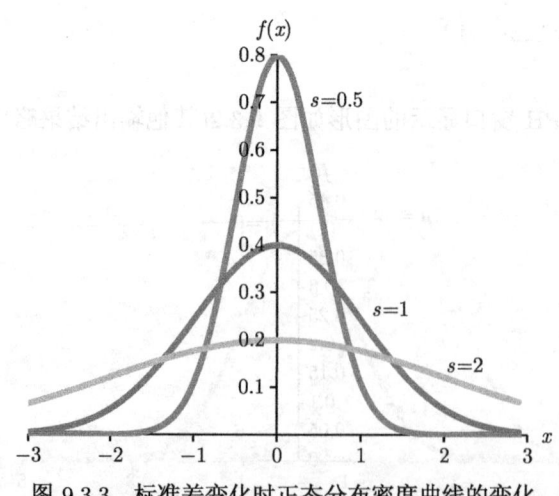

图 9.3.3　标准差变化时正态分布密度曲线的变化

当均值不变而标准差变化时，正态分布密度曲线对称轴所在位置没有改变，但曲线的陡峭程度发生了很大改变. 显然，标准差越小时，随机变量的离散程度就越小，其取值集中地分布在均值的附近，对应的密度曲线就比较陡峭. 反之，标准差增大时，随机变量的离散程度增大，对应的密度曲线就变得比较平缓. 标准差 σ 的大小决定了正态分布密度曲线的形状，所以 σ 也称为该分布的形状参数.

5. 数理统计中常见概率分布及其密度函数曲线的绘制

(1) χ^2 分布

SAS 中针对卡方分布的密度函数值命令

$$\text{PDF("CHISQUARED",x,n)}$$

例 9.3.6 绘制自由度为 5, 10, 30, 50, 70 的卡方分布图形.

```
data;
n1=5;n2=10;n3=30;n4=50;n5=70;
do x=1 to 140 by 1;
p1= PDF("CHISQUARED",x,n1);
p2= PDF("CHISQUARED",x,n2);
p3= PDF("CHISQUARED",x,n3);
p4= PDF("CHISQUARED",x,n4);
p5= PDF("CHISQUARED",x,n5);
Output; end;
proc gplot;
plot p1*x p2*x p3*x p4*x p5*x /overlay;
symbol1 i=spline width=3;
run;
```

SAS 的 GRAPH 窗口显示的图形如图 9.3.4(其他输出结果略).

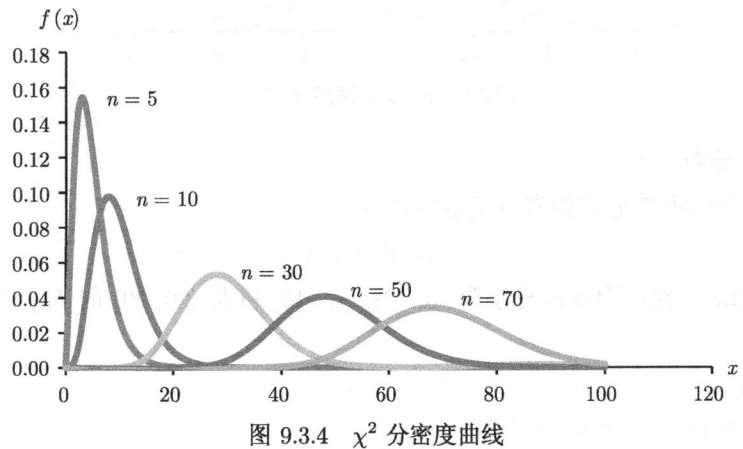

图 9.3.4 χ^2 分密度曲线

(2) t 分布

SAS 中针对 t 分布的密度函数值命令是

$$\text{PDF("T",x,n)}$$

例 9.3.7 绘制自由度分别为 1, 2, 5, 40 的 t 分布密度函数图形.

```
data;
n1=1;n3=2;n5=5;n7=40;
do x=-5 to 5 by 0.1;
p1=PDF("T",x,n1); p2=PDF("T",x,n3);
p3=PDF("T",x,n5); p4=PDF("T",x,n7);
output; end;
proc gplot;
plot p1*x p2*x p3*x p4*x /overlay;
symbol1 i=spline width=3;
run;
```

SAS 的 GRAPH 窗口显示的图形如图 9.3.5(其他输出结果略).

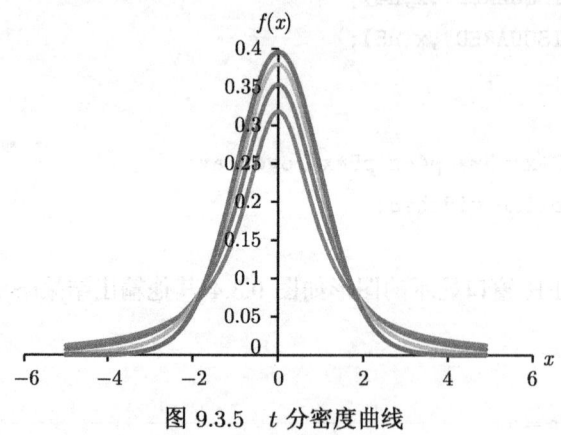

图 9.3.5 t 分密度曲线

(3) F 分布

SAS 中针对 F 分布的密度函数值命令是
$$\text{PDF}(\text{"F"},x,m,n)$$

例 9.3.8 绘制自由度分别为 (5, 10), (10, 15) 以及 (20, 20) 的 F 分布密度函数图形.

```
data;
do x=0 to 10 by 0.1;
p1=pdf("F",x,5,10);
p2=pdf("F",x,10,15);
p3=pdf("F",x,20,20);
output;
```

```
end;
proc gplot;
plot p1*x p2*x p3*x /overlay;
symbol1 i=spline width=3;
run;
```
SAS 的 GRAPH 窗口显示的图形如图 9.3.6(其他输出结果略).

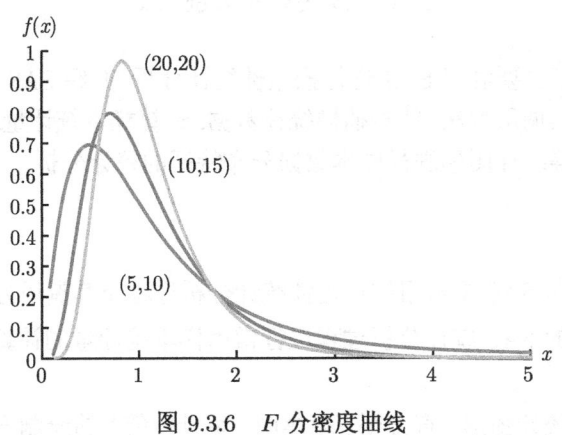

图 9.3.6 F 分密度曲线

9.3.3 实验习题

1. 设 $X \sim N(0,1)$, 利用 SAS 编程计算以下概率: $p\{1<X<2\}$, $p\{|X|<1\}$, 和 $p\{|X|>1.54\}$.

2. 设 $X \sim N(10,2^2)$, 利用 SAS 编程计算以下概率: $p\{10<X<13\}$, $p\{|X-10|<2\}$, $p\{X>13\}$.

3. 测量某一目标的距离时, 产生的随机误差 X(cm) 服从正态分布 $N(0,400)$, 求在 3 次测量中至少有 1 次误差的绝对值不超过 30cm 的概率.

4. 某批产品的长度服从正态分布 $N(50,0.252)$, 求任取一件该产品, 其长度在 49.5cm 和 50.5cm 之间的概率.

5. 设测量误差 $X \sim N(0,25)$, 试求: 在 50 次独立重复实验中, 至少有三次测量误差的绝对值大于 10.5 的概率.

6. 某药厂声称试制成功一种治疗某疾病的新药, 平均有效率达到 80%, 卫生部门为了检验此药的效果, 在 100 名患者中进行了试验, 决定若有 75 名或更多患者显示有效时, 即批准该厂投入生产. 求若该厂声称的治愈率 80%确是事实, 则该药品能通过这一检验的概率.

7. 设某计算机在报废前的使用时间服从指数分布, 且平均使用时间为 5000h.

若已知该计算机已使用了 1500h, 求它还能使用 1000h 的概率.

8. 设某种仪器装有 3 只独立的同型号电子元件, 其寿命 (单位: h) $X \sim \text{Exp}(1/600)$. 在仪器使用的最初的 200 h 内, 试求: (1) 恰有一件损坏的概率; (2) 至少有一件损坏的概率; (3) 最多有一件损坏的概率.

9.4 演示与实验三

演示与实验三主要利用 SAS 进行描述性统计分析. 介绍 SAS 中常用的描述性统计分析过程及其调用方法, 针对抽样统计数据, 计算样本统计量, 并绘制箱尾图、茎叶图及箱尾图等统计图形进行样本数据分布特征的统计分析.

9.4.1 实验目的

1. 学习并掌握 SAS 中常用的描述性统计分析过程及其调用方法;

2. 调用适当的 SAS 统计分析过程进行常用样本统计量的计算, 并分析样本数据分布特征;

3. 掌握常用统计图形 (直方图、箱尾图、茎叶图等) 的绘制方法, 并结合统计图形和统计量分析样本数据统计规律性.

9.4.2 演示与实验例题

计算基本统计量的 SAS 统计分析过程主要有: MEANS 过程、UNIVARIATE 过程、CAPABILITY 过程. 这些分析过程的主要统计量选项和输出结果包括

N 观察值个数 (样本容量)	NMISS 缺值个数	MIN 极小值
MAX 极大值	CV 变异系数	SUM 总和数
RANGE 极差	SKEWNESS 偏度系数	STD 标准差
MEAN 平均数	PRTT 值概率	KURTOSS 峰度系数
VAR 方差	MEDIUM 中位数	MODE 众数
USS 未校正平方和	CSS 校正平方和	
T Student's t 统计量值	STDERR 平均数标准误差	

以下结合教材例题和实际案例讲解这三个过程的调用方法.

1. MEANS 过程

MEANS 过程调用格式说明

9.4 演示与实验三

过程步主要语句	功能和作用
PROC MEANS 选项	选项用于指明分析所用的数据集, 如: DATA=NEW;
VAR 变量表	指明要分析的变量
CLASS 变量表	指明分类变量, 用于分组分析
WEIGHT 变量	指明加权变量, 计算时以该变量作为权数
OUTPUT=SAS 数据集	将分析结果存储到新定义的数据集中

例 9.4.1 某个调查公司通过随机抽样调查了甲、乙两家互联网公司职员的周薪 (单位: 千元), 分别将这两家公司职员的周薪记作总体 $X_甲$ 和 $X_乙$, 根据以下统计数据分别计算每家公司周薪数据的 $\overline{X}, S^2, S, \text{CV}$, 并进行比较分析.

$X_甲$: 0.90 1.45 2.31 1.34 1.58 4.10 2.31 3.45 4.29 1.25 3.45 4.50
$X_乙$: 3.78 5.67 4.89 0.98 0.67 2.34 5.00 3.76 1.78 4.34

编写程序如下:

```
Data No1;    /*建立针对甲公司的数据集 */
Input x @@;  /*@@表示连续读入数值,直到该行数据结束,转到下一行*/
Cards;
0.90 1.45 2.31 1.34 1.58 4.10 2.31 3.45 4.29 1.25 3.45 4.50
;
Data No2;    /*建立针对甲公司的数据集*/
Input y @@;
Cards;
3.78 5.67 4.89 0.98 0.67 2.34 5.00 3.76 1.78 4.34
;
Proc means data=no1 n mean var std cv; /*各选项指明要输出的统计量*/
Run;
Proc means data=no2 n mean var std cv; /*分别调用两次MEANS过程 */
Run;
```

程序运行结果如下:

甲公司: 变量 x:

N	均值	方差	标准偏差	偏差系数 (%)
12	2.5775000	1.7260205	1.3137810	50.9711339

乙公司: 变量 y:

N	均值	方差	标准偏差	偏差系数 (%)
10	3.3210000	3.1206100	1.7665248	53.1925576

MEANS 过程中 Proc means 语句后的选项可根据实际需要来设置,如果 Proc means 语句后没有选项,系统输出的是默认的几项数值: Mean, Std, Dev, Minimum, Maxlmum.

2. CAPABILITY 过程格式及使用说明

CAPABILITY 过程不但能计算常用的样本统计量,而且还能自动产生频数分布表,并按要求画出频率直方图,作经验分布曲线及拟合的分布曲线等. 该过程基本语句如下表所示.

CAPABILITY 过程调用格式

过程步主要语句	功能和作用
PROC CAPABILITY 选项	调用分析过程,选项用于指明分析所用的数据集
HISTOGRAM 变量名/选项	针对给定的变量作直方图,其中主要的选项有: MIDPOINTS=values 设置分组区间的组中值,此选项缺省时,系统将根据样本数据自动确定各组组中值. VSCALE=scale 规定直方图中纵坐标的标度,其中 "scale" 的可选项为 "COUNT"、"PERCENT" 和 "PROPORTION",分别表示纵坐标为各区间上数据频数、数据频率和比例. 此选项缺省时为 PERCENT. 选项 NORMAL(或 GAMMA、EXPONENTIAL 等),表示要求在直方图中拟合指定分布的概率密度函数曲线.
CDFPLOT 变量名/[选项]	针对给定变量绘制经验分布曲线,并按要求给出拟合的分布曲线.

例 9.4.2 在药品散剂分装的过程中,随机抽取 100 包称重,得到 100 个重量(单位: g)数据(教材例 6.2.1),作样本频率直方图,并分析数据分布特征.

编写程序如下:
Dm "LOG;CLEAR;OUTPUT;CLEAR;"; /*清屏命令,同时清空LOG、INPUT窗口*/
Data new;
Input weight@@;
Cards;
0.89 0.89 0.86 0.95 0.90 0.95 0.97 0.92 0.88 0.87 0.86 0.91 0.94
0.87 0.89 0.86 0.87 0.85 0.92 0.92 0.97 0.92 0.87 0.90 0.88 0.89
0.92 0.92 0.87 1.06 0.99 0.86 0.92 0.84 0.96 0.95 0.87 0.86 0.90
0.84 0.92 0.85 0.92 0.98 0.89 0.98 0.94 0.93 0.78 0.98 0.93 0.90
0.89 0.87 0.89 1.00 0.89 0.89 0.91 0.93 0.82 0.95 0.84 0.82 0.90
0.91 0.94 0.92 0.87 0.94 0.91 0.84 0.92 0.87 1.03 0.93 0.95 0.90

```
0.87 0.92 0.90 0.92 0.80 0.95 0.98 0.93 0.91 0.85 0.86 0.91 0.87
0.92 0.92 0.94 0.86 0.88 0.81 0.88 0.96 0.91
;
Proc capability data=new graphics;
Histogram weight /midpoints=0.78 to 1.05 by 0.03 normal (L=2);
        /*绘制以重量为横坐标、频率为纵坐标的直方图,
        给出第一个及最后一个分组的组中值,定义组距为0.03*/
Inset n mean std;    /*在图中插入均值及标准差值*/
Run;
```

主要分析结果如下:

N	100	权重总和	100
均值	0.9044	观测总和	90.44
标准偏差	0.04780685	方差	0.00228549
变异系数	5.28602946	标准误差均值	0.00478069

频率直方图如图 9.4.1 所示.

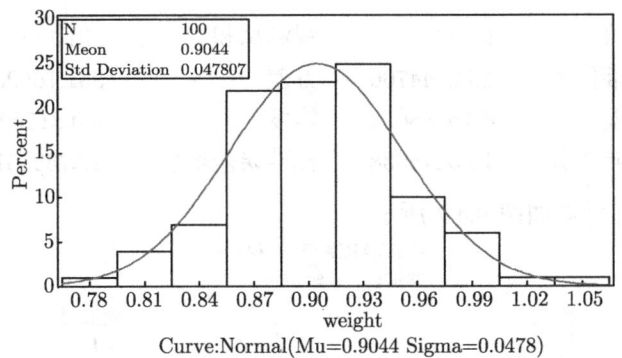

图 9.4.1 频率直方图

3. UNIVARIATE 过程

UNIVARIATE 过程格式及使用说明

UNIVARIATE 过程除了计算基本统计量以外,主要用于计算分位数、绘制箱尾图、茎叶图等,重点在于通过统计图形描述随机变量的分布. 其主要语句及使用格式类似于 MEANS 过程, 不同之处是在 PROC UNIVARIATE 语句中, 可用的选项主要有

PLOT 绘制三种统计图形(茎叶图、箱尾图、正态概率图);

FREQ 产生一个频数分布表;

NORMAL 检验数据资料的正态性,并给出检验结果.

例 9.4.3 某个公司对 50 名应聘人员的业务能力进行测试,测试总分为 150 分,下面是这 50 名应聘人员的测试成绩(教材例 6.2.2,数据已经过排序).根据这批数据制作箱尾图和茎叶图,并观察数据的分布特征.

编写程序如下:
```
Data exp3;
Input scores@@;
Cards;
64 67 70 72 74 76 76 79 80 81 82 82 83 85 86 88 91 91
92 93 93 93 95 95 95 97 97 99 100 100 102 104 106 107 107
108 112 112 114 116 118 119 119 122 123 125 126 128 133 134
;
Proc univariate plot normal freq;
            /*该句中plot选项产生茎叶图、箱尾图等*/
Run;
```

主要分析结果如下:

均值	98.22	观测总和	4911
标准偏差	18.2144706	方差	331.766939
偏度	0.15088653	峰度	−0.815993
变异系数	18.5445638	标准误差均值	2.57591513

箱尾图和茎叶图如图 9.4.2 所示.

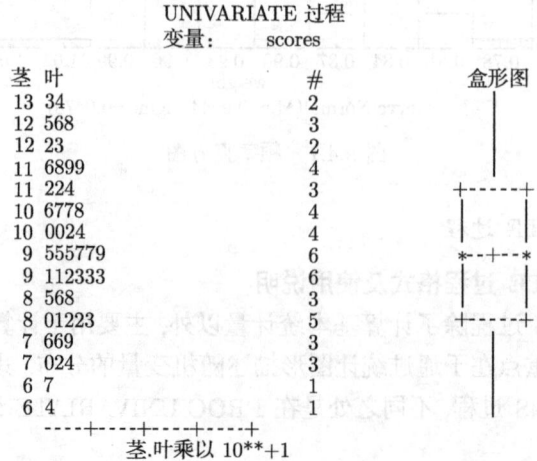

图 9.4.2 茎叶图、箱尾图

9.4.3 实验习题

1. 在某幼龄林中随机抽的 20 株林木, 测得它们的胸径 (单位: cm) 数据如下:
   15 12 16 17 20 19 16 23 15 18 15 18 18 16 22 23 16 18 25 19
   用 MEANS 过程计算其基本统计数.

2. 根据教材习题 6A 第 8 题数据, 绘制频率直方图, 并分析数据分布特征.

3. 下面记载的是 39 只油槽的吨位数如下, 求: 样本极差, 上、下四分位数 Q_1, Q_3, 中位数, 并画出样本分布的箱尾图和茎叶图.

   555 554 550 517 516 484 484 484 446 454 424 422 414
   414 414 413 413 413 410 407 407 406 393 393 392 389
   388 410 387 387 387 380 380 380 372 372 367 363 363

4. 要考察某品种玉米穗重的分布情况, 从中随机测得 100 个穗重数据如下, 将数据分组整理, 并画出频率直方图.

   248 272 251 250 274 232 219 261 330 287 308 212 242
   278 263 239 284 199 289 291 196 299 243 248 295 176
   187 253 247 243 248 295 176 236 313 221 836 256 236
   196 264 191 264 346 209 273 275 325 217 244 254 262
   280 303 230 229 242 166 268 274 329 220 260 275 312
   243 266 262 198 232 209 277 312 269 319 267 290 280
   228 303 285 258 202 252 260 245 251 262 282 293 259
   229 252 297 208 209 240 284 266 228

5. 统计某年级 120 名学生某次数学测试成绩如下:

   68 84 75 82 68 90 62 88 76 93 73 79 88 73 60 93
   71 59 85 75 61 65 75 87 74 62 95 78 63 72 66 78
   82 75 94 77 69 74 68 60 58 74 65 72 58 80 52 78
   66 83 63 69 88 73 60 93 71 59 85 65 61 65 65 77
   64 52 95 68 53 62 56 68 82 75 94 77 69 74 68 60
   71 75 74 77 85 53 71 83 79 65 76 75 76 62 76 60
   95 85 78 63 72 88 78 75 61 97 57 81 73 73 67 89
   78 62 80 67 86 65 79 96

试求最高分、极差、平均分、标准差和变异系数, 画出数据的茎叶图和箱尾图.

9.5 演示与实验四

演示与实验四主要利用 SAS 进行总体参数的区间估计和假设检验. 针对不同的情形, 通过编写 SAS 程序或调用 SAS 中描述性统计分析过程, 利用抽样数据实现对总体未知参数的区间估计或假设检验, 对总体的分布特征及其特征数进行合理的统计推断.

9.5.1 实验目的

1. 针对不同的总体和抽样数据, 编写 SAS 程序实现对总体未知参数的区间估计和假设检验;

2. 学习并掌握 SAS 中描述性统计分析过程在区间估计和假设检验中的使用方法.

9.5.2 演示与实验例题

SAS 中常用的描述性统计分析过程 MEANS、UNIVARIATE 以及 CAPABILITY 过程都能够完成总体未知参数的区间估计. 这三个过程都要求抽样总体是正态分布, 其中 MEANS 只能作总体方差未知情况下, 总体均值的区间估计; UNIVARIATE 过程可以同时作总体均值、总体标准差的区间估计, 而 CAPABILITY 过程不仅可以作总体均值、标准差的置信区间, 也能够按给定的置信度求出单侧置信上限或置信下限.

实际使用中, 当总体分布及其他已知条件符合上述各个分析过程的适用条件时, 可以直接调用相应的过程完成区间估计, 也可以按照实际需求编写 SAS 程序完成总体参数的区间估计.

1. 单个正态总体, 总体均值的区间估计

(1) 单个正态总体, 方差已知, 总体均值的区间估计.

例 9.5.1 一家食品生产企业生产某种袋装食品, 设每一袋的重量 (单位: g) X 服从正态分布, 且总体标准差 $\sigma = 10$. 现有质检部门进行抽检, 从该企业生产的该种食品中任意抽取 25 袋, 测得其重量如下:

112.5 101.0 103.0 102.0 100.5 102.6 107.5 95.0 108.0 115.6 100.0 123.5

102.0 101.6 102.2 116.6 95.4 97.8 108.6 105.0 136.8 102.9 101.5 98.4 93.3

试求该袋装食品平均重量的置信区间, 置信度为 95%.

编写程序如下:

```
Data exp1;
```

```
Input x@@;
Cards;
112.5 101.0 103.0 102.0 100.5 102.6 107.5 95.0
108.0 115.6 100.0 123.5
102.0 101.6 102.2 116.6 95.4 97.8 108.6 105.0
136.8 102.9 101.5 98.4 93.3
;
Proc means n mean;
Output out=outmean mean=mean n=n;
Proc print;
Data;
Set outmean;
Alf=0.05;                  /*给定显著性水平*/
Var=100 ;                  /*输入已知的方差*/
Zxd=1-alf;
Z=abs(probit(alf/2));
Left=mean-Z*sqrt(var/n);
Right=mean+Z*sqrt(var/n);  /*定义置信区间上、下限*/
Proc print;
Run;
```

程序运行结果如下：

Obs	TYPE_	FREQ_	mean	n	Alf	Var	Zxd	Z	Left	Right
1	0	25	105.332	25	0.05	100	0.95	1.95996	101.412	109.252

总体均值的 95% 置信区间为 [101.412 , 109.252].

(2) 单个正态总体，方差未知，总体均值的区间估计

在方差未知且样本容量较小时，构造置信区间时需采用 t 统计量. 此时，可利用 SAS 中 CAPABILITY 过程求总体均值和标准差的置信区间. 其基本使用格式如下：

PROC CAPABILITY 选项，该语句调用 CAPABILITY 过程；

INTERVALS 变量名/METHOD=4 (或 6)ALPHA=values;

其中，选项 METHOD=4，表示计算均值的置信区间，METHOD=6 表示计算标准差的置信区间；选项 ALPHA= values 根据要求输入给定的显著性水平，如 0.05，0.01 等.

例 9.5.2 例 9.5.1 中若总体标准差未知,求这种袋装食品平均重量的置信区间,置信度为 95%. SAS 程序和计算结果如下:

```
Data exp2;
Input x@@;
Cards;
112.5 101.0 103.0 102.0 100.5 102.6 107.5 95.0
108.0 115.6 100.0 123.5
102.0 101.6 102.2 116.6 95.4 97.8 108.6 105.0
136.8 102.9 101.5 98.4 93.3
;
Proc capability;
Intervals/method=4 alpha=0.05;
Run;
```

该程序计算得总体均值的 95% 置信区间为 [101.4, 109.3].

2. 单个正态总体,均值未知,总体标准差的区间估计

例 9.5.3 一家保险公司收集了 36 个投保人组成的随机样本,统计每个投保人的年龄得到数据如下,假设投标人年龄服从正态分布,通过统计数据对投保人年龄的标准差进行区间估计 ($\alpha = 0.05$).

23 35 39 27 36 44 36 42 46 43 31 33 42 53 44 54 47 24
34 28 39 36 44 40 39 49 38 34 48 50 34 39 45 48 45 32

编写程序如下:

```
Data exp3;
Input x@@;
Cards;
    23 35 39 27 36 44 36 42 46 43 31 33 42 53 44 54 47 24
    34 28 39 36 44 40 39 49 38 34 48 50 34 39 45 48 45 32
;
Proc capability;
Intervals /method=6 alpha=0.05;
Run;
```

计算得年龄标准差 σ 的置信度为 95% 的置信区间是 [6.290, 10.116].

9.5 演示与实验四

3. 总体分布未知, 大样本情况下, 总体均值的区间估计

在大样本情况下, 总体近似服从正态分布, 此时可将例 9.5.1 中的程序以样本方差代替总体方差, 依然用正态分布即可计算出总体均值的置信区间. 请读者自行编写程序. 以下进行大样本情形总体频率的区间估计.

例 9.5.4 (大样本总体频率 p 的区间估计) 某学院预组织一项新的课外活动, 需要了解学生对此项活动的支持率, 随机对 100 名学生进行了解, 其中有 22 名支持者, 以 p 表示全院学生的支持率, 并设该学院的学生数远大于 100, 求 p 的区间估计 ($\alpha = 0.01$).

编写程序如下:

```
Data exp4;
zs=100;         /*给出试验总次数*/
bs=22;          /*给出"表示支持"的频数*/
p=bs/zs;
Alf=0.01;
Zxd=100*(1-alf);
Z=abs(probit(alf/2));
Left=p-Z*sqrt(p*(1-p)/zs);
Right=p+Z*sqrt(p*(1-p)/zs);
Title' 总体频率的区间估计';
Proc print;
Run;
```

程序运行结果如下:

总体频率的区间估计

OBS	ZS	BS	P	ALF	ZXD	Z	LEFT	RIGHT
1	100	22	0.22	0.01	99	2.57583	0.11330	0.32670

即总体频率 p 的 99% 置信区间为 $[0.1133, 0.3267]$.

4. 总体参数的假设检验

SAS 中 MEANS、UNIVARIATE 和 CAPABILITY 这三个统计分析过程也能够完成对总体未知参数的假设检验, 均要求总体为正态分布, 且一般是针对总体均值是否为零进行检验, 需要事先对抽样数据进行处理. SAS 中还提供了一个专门进行均值 T-检验的过程: TTEST.

实际使用中, 当总体分布和已知条件符合上述分析过程的适用条件时, 可直接调用相应的过程进行参数的假设检验, 也可以按照实际需求编写 SAS 程序完成总

体参数的假设检验.

(1) 正态分布总体, 均值的假设检验.

总体为正态分布, 对其均值进行假设检验时, 若总体标准差未知, 可直接调用 MEANS、UNIVARIATE 和 CAPABILITY 过程, 若总体标准差已知, 需要根据实际条件编写相应的 SAS 程序完成假设检验.

例 9.5.5 假设某品种玉米穗长服从正态分布, 标准差为 1, 现随机抽取 16 穗进行测量, 数据如下. 问该品种玉米穗长的均值是否等于 $21(\alpha = 0.05)$.

20　23　22　24　21　25　24　21　22　21　24　26　27　20　19　21

编写程序如下:

```
* 单个正态总体, 方差已知, H₀ : μ = 21 ↔ H₁ : μ ≠ 21;
Data exp5;
Input x@@;
Cards;
20 23 22 24 21 25 24 21 22 21 24 26 27 20 19 21
;
Proc means n mean;
Var x;
Output out=outmean mean=mean n=n;
Proc print data=new1;
Title "正态总体均值的假设检验";
Data;
Set outmean;
Alf=0.05;
Z=abs(probit(alf/2));      /*给出正态分布分位点的值*/
Std=1;                      /*给出已知的标准差*/
U0=21;                      /*给出已知总体均值*/
Z1=(mean-U0)*sqrt(n)/Std;   /*定义统计量Z1的计算式*/
If abs(Z1)<Z then
Put "Z=" Z1", 接受原假设";
Else put "Z=" Z1 ",拒绝原假设";
Proc print;
Run;
```

程序运行结果如下:

正态总体均值的假设检验

OBS	TYPE	FREQ	MEAN	N	ALF	Z	STD	U0	Z1
1	0	16	22.5	16	0.05	1.95996	4	21	6

结果显示, 分位点的值为 1.95996, 而统计量 Z1 的值为 6, 应拒绝原假设. 此结论在 SAS 的 LOG 窗口也能查看, 即认为该品种玉米穗长的均值不等于 21.

对于单个正态总体, 在 MEANS 过程中, 用 t 检验来检验总体均值与 0 是否有显著差异, 所以在使用该过程时, 需要将原始数据都减去总体均值 μ_0, 即将检验 $\mu = \mu_0$ 的问题转化成检验 $\mu - \mu_0 = 0$ 是否成立.

例 9.5.6 例 9.5.5 中, 若未知总体标准差, 检验该品种玉米穗长的均值是否等于 $21(\alpha = 0.05)$?

编写程序如下:

```
Data exp6;
Input x@@;
x=x-21;                          /*将原观测值都减去总体均值21*/
Cards;
20 23 22 24 21 25 24 21 22 21 24 26 27 20 19 21
;
Proc means n mean stderr t prt;  /*输出选项包括值均、标准差等*/
Run;
```

程序运行结果如下:

N	均值	标准误差	t 值	Pr > |t|
16	1.5000	0.57735	2.60	0.0202

结果表明, $|T|=2.6$, prob $= p\{|T_0| > 2.6\} = 0.0202$, p 值与给定的 $\alpha = 0.05$ 比较, 有 prob $< \alpha$, 故拒绝原假设, 这与例 5 的结论相同.

(2) 两个正态总体均值的假设检验.

SAS 系统中 TTEST 过程是专门进行 T 检验的统计分析过程, 调用该过程的基本语句和格式如下:

PROC TTEST [选项], 该语句调用 TTEST 过程;

CLASS 分类变量, 指明分类变量, 该变量只能有两个取值, 分别对应两个总体;

VAR 分析变量, 指明要分析的变量.

例 9.5.7 为考察温度对某种物体强度的影响, 在 70℃ 与 80℃ 下分别重复做了 8 次试验, 测算得强度数据如下:

$X(70℃)$: 20.5 18.8 19.8 20.9 21.5 19.5 21.0 21.2
$Y(80℃)$: 17.7 20.3 20.0 18.8 19.0 20.1 20.2 19.1

假设两种情况下物体强度均为正态分布,即 $X \sim N(\mu_1, \sigma_1^2)$, $Y \sim N(\mu_2, \sigma_2^2)$, 且 X 与 Y 相互独立, $\sigma_1^2 = \sigma_2^2$. 问 70℃与 80℃条件下该物体强度的均值有无显著差别 ($\alpha = 0.05$)?

编写程序如下:

```
Data exp7;
Input tem$ x@@;
Cards;
a 20.5 a 18.8 a 19.8 a 20.9 a 21.5 a 19.5 a 21.0 a 21.2
b 17.7 b 20.3 b 20.0 b 18.8 b 19.0 b 20.1 b 20.2 b 19.1
;
Proc ttest;
Class tem;
Var x;
Run;
```

程序主要结果如下:

Variable	Method	Variances	DF	t Value	Pr > |t|
x	Pooled	Equal	14	2.16	0.0486

检验统计量 T=2.16, prob=0.0486<0.05, 达到显著, 即在两种温度下, 物体强度的均值有显著差异.

5. 正态分布总体, 方差的假设检验

例 9.5.8 根据长期的生产经验可知, 某工厂生产的铸件强度服从正态分布, 方差为 $\sigma^2 = 4$. 现进行生产工艺的改进, 然后从改进工艺后的产品中随机抽取 15 件进行强度测试, 得到以下数据:

59.5 51.9 58.2 53.0 54.1 52.6 54.8 60.3
52.5 59.6 53.2 52.9 54.7 60.3 51.8

试检验在改进工艺后, 铸件强度的方差是否有显著变化 ($\alpha = 0.05$)?

编写程序如下:

```
Data exp8;
Input x@@;
Cards;
59.5 51.9 58.2 53.0 54.1 52.6 54.8 60.3
```

9.5 演示与实验四

```
52.5 59.6 53.2 52.9 54.7 60.3 51.8
;
Proc means n mean css;
Var x;
Output out=outmean mean=meanx n=n css=css;
                          /*规定输出数据集中的统计量*/
Proc print;
Title "总体方差的假设检验";
Data;
Set outmean;
Alf=0.05;                 /*输入显著性水平*/
Var0=4;                   /*输入已知总体方差*/
Ksq=css/var0;             /*定义检验统计量的计算式*/
Ksq1=cinv((1-alf/2),n-1);
Ksq2=cinv(alf/2,n-1);     /*调用分布函数计算双测分位点的值*/
If Ksq<=Ksq2 or Ksq=>Ksq1 then
Put "Ksq=" Ksq "拒绝原假设，方差不同";
Else put "Ksq="Ksq" 接受原假设，方差相同";
Proc print;
Run;
```

程序运行结果如下：

总体方差的假设检验

FREQ_	meanx	n	css	Alf	Var0	Ksq	Ksq1	Ksq2	1
15	55.2933	15	150.989	0.05	4	37.7473	26.1189	5.62873	

统计量 $\chi^2 = 37.7473 > \chi^2_{0.025}(14) = 26.1189$，拒绝原假设 H_0，可认为改进工艺后，铸件强度的方差有显著变化.

6. 大样本情形，总体频率 p（均值）的假设检验

例 9.5.9 某厂有一批产品，规定次品率不超过 10% 时才可以出厂. 现从这批产品中随机抽取 100 件进行检验，发现有 14 件次品，问这批产品能否出厂（$\alpha = 0.05$）？

编写程序如下：

```
*大样本情形，频率p的单侧假设检验，原假设为: H: p<=p0=0.1;
Data exp9;
```

```
zs=100;
ps=14;                                    /*给出总数和频数*/
Alf=0.05;
p0=0.1;
Z1=(ps-zs*p0)/sqrt(zs*p0*(1-p0));         /*定义统计量*/
Z= probit (1-Alf);
                          /*计算标准正态分布单测分位点的值*/
If Z1<Z then put 'Z=' Z1 '接受原假设';
Else put 'Z=' Z1 '拒绝原假设';
Proc print;
Title "总体频率的单侧假设检验";
Run;
```

程序运行结果如下：

总体频率的单侧假设检验

Obs	zs	ps	Alf	p0	Z1	Z
1	100	14	0.05	0.1	1.33333	1.64485

检验统计量 $Z_1 = 1.333 < 1.64485$，接受原假设（在 LOG 窗口可查看），认为这批产品次品率不超过 10%，产品合格。

9.5.3 实验习题

1. 某车间生产铜丝，根据长期生产经验，该种铜丝的折断力服从正态分布分布，现从产品中抽取 16 根进行检查，测得折断力的数据如下 (单位：kg)：

$$578 \quad 572 \quad 570 \quad 568 \quad 572 \quad 570 \quad 572 \quad 596$$
$$584 \quad 571 \quad 578 \quad 572 \quad 570 \quad 568 \quad 572 \quad 570$$

已知方差为 64，求该铜丝的折断力的区间估计 $(\alpha = 0.05)$。

2. 为了考察温度对某种物体断裂强力的影响，重复作了 16 次试验，数据如下：

$$20.5 \quad 18.8 \quad 19.8 \quad 20.9 \quad 21.5 \quad 19.5 \quad 21.0 \quad 21.2$$
$$17.7 \quad 20.3 \quad 20.0 \quad 18.8 \quad 19.0 \quad 20.1 \quad 20.2 \quad 19.1$$

已知物体断裂强力服从正态分布，求断裂强力的方差的区间估计 $(\alpha = 0.05)$？

3. 环境保护委员会分别对 50 辆不同型号汽车消耗一加仑汽油所行的里程调查后记录如下：

```
36.3  41.0  36.9  37.1  44.9  36.8  30.3  37.2  42.1  36.7
32.7  37.3  41.2  36.6  32.9  36.5  33.2  37.4  37.5  33.6
40.5  36.5  37.6  33.9  40.2  36.4  37.7  37.7  40.0  34.2
36.2  37.9  36.0  37.9  35.9  38.2  38.3  35.7  35.6  35.1
38.5  39.0  35.5  34.8  38.6  39.4  35.3  34.4  38.8  39.7
```

试求一加仑行驶里程数平均值的区间估计 ($\alpha=0.01$).

4. 调查某市家庭电冰箱的拥有率, 在调查到的 1200 户中拥有电冰箱的家庭有 998 户, 试求电冰箱拥有率的 95% 的置信区间.

5. 某公司对所属分厂生产的两种自行车 A, B 的销售情况进行统计. 若随机地选择 400 人询问他们对 A, B 的选择, 其中有 224 人喜欢 B. 试求顾客喜欢 B 的人数比例 p 的区间估计, 置信度为 95%.

6. 某灯泡厂生产的灯泡寿命记为 X(单位: h), 已知 $X \sim N(\mu, 40000)$, 根据以往的经验灯泡的平均寿命不会超过 1500h. 为了提高灯泡的平均寿命, 工厂采用了新工艺. 通过对新工艺生产的 16 只灯泡进行测试, 测得数据如下:

```
1495  1678  1600  1590  1478  1620  1460  1590
1340  1576  1630  1523  1411  1500  1701  1490
```

试检验新工艺是否真的提高了灯泡的平均寿命 ($\alpha = 0.05$)?

7. 甲药厂进行有关麻疹疫苗效果的研究, 用 X 表示一个人用这种疫苗注射后的抗体强度, 且 $X \sim N(\mu, \sigma^2)$. 乙药厂生产同种疫苗, 其平均抗体强度为 1.9. 甲厂为了证实其产品有更高的平均抗体强度, 从产品中随机抽取 16 个样品, 具体如下

```
1.2  2.5  1.9  1.5  2.7  1.7  2.2  2.2  3.0  2.4  1.8  2.6  3.1  2.3  2.4  2.1
```

试问该组数据能否证实甲厂所生产疫苗的平均抗体强度高于乙厂 ($\alpha = 0.05$)?

8. 为检验安眠药的效果, 10 个失眠患者作为试用者服用甲、乙两种安眠药, 延长睡眠时间 (单位: h) 如下

```
甲:  1.9   0.8   1.1   0.1  -0.1  4.4  5.5  1.6  4.6  3.4
乙:  0.7  -1.6  -0.2  -1.2  -0.1  3.4  3.7  0.8  0    2.0
```

假设两种安眠药延长睡眠时间之差服从正态分布, 在水平 $\alpha = 0.05$ 下, 检验两种安眠药的疗效有无显著差异?

实验一

实验二

实验三

实验四

课后习题参考答案

习题 1

(A)

1. (1) $\Omega = \{(0,0,0),(0,0,1),(0,1,0),(1,0,0)(0,1,1),(1,0,1),(1,1,0),(1,1,1)\}$;

    (2) $\Omega = \{0,1,2,\cdots\}$;   (3) $\Omega = \{t \mid t \geqslant 0\}$.

2. (1) $A = \{2,4,6,8,10\}$, $B = \{1,2,3,4\}$;

    (2) $A \bigcup B = \{1,2,3,4,6,8,10\}$, $AB = \{2,4\}$, $A - B = \{6,8,10\}$, $B\overline{A} = \{1,3\}$.

3. (1) $B \subset A$;   (2) $B \subset A$.

4. $\dfrac{1}{15}$.

5. 0.7.

6. (1) $\dfrac{9}{245}$;   (2) $\dfrac{16}{49}$.

7. $\dfrac{19}{40}$.

8. (1) $\dfrac{9}{28}$;   (2) $\dfrac{1}{28}$.

9. $\dfrac{3}{8}$, $\dfrac{9}{16}$, $\dfrac{1}{16}$.

10. 0.212.

11. (1) 0.8;   (2) 0.3;   (3) 0.2;   (4) 0.1;   (5) 0.

12. 证明: $p(AB) = 1 - p(A \bigcup B)$, 又 $p(\overline{A}\,\overline{B}) = p(\overline{A \bigcup B}) = 1 - p(A \bigcup B)$, 即 $p(AB) = p(\overline{A}\,\overline{B})$.

13. $p + q - r$, $r - p$.

14. $\dfrac{1}{3}$.

15. 0.58.

16. 0.6.

17. $\dfrac{9}{1078}$.

18. $\dfrac{3}{5}$.

19. $\dfrac{16}{125}$.

20. 0.44.

21. 0.905.

22. (1) $\dfrac{11}{60}$; (2) $\dfrac{4}{11}$.

23. $\dfrac{2}{3}$.

(B)

1. $\dfrac{5}{8}$.

2. $\dfrac{7}{12}$.

3. $\dfrac{2}{n-1}$.

4. $\dfrac{2}{n}$; $\dfrac{1}{(n-1)}$.

5. $\dfrac{3}{4}$.

6. (1) $\dfrac{19}{58}$; (2) $\dfrac{19}{28}$.

7. 甲与丙, 乙与丁.

8. $\dfrac{7}{12}$.

9. 0.8663.

10. $n \geqslant 29$.

11. (1) $\dfrac{3}{10}$; (2) $\dfrac{3}{5}$.

12. (1) 0.008; (2) 0.6.

习题 2

(A)

1.

X	0	1
p	0.4	0.6

2.

X	0	1	2
p	$\dfrac{22}{35}$	$\dfrac{12}{35}$	$\dfrac{1}{35}$

3.

X	3	4	5
p	$\dfrac{1}{10}$	$\dfrac{3}{10}$	$\dfrac{6}{10}$

4.

X	1	2	3
p	$\dfrac{4}{7}$	$\dfrac{2}{7}$	$\dfrac{1}{7}$

5. (1)

X	1	2	3	4	5
p	0.9	0.09	0.009	0.0009	0.0001

(2) $p\{X=n\} = (0.1)^{n-1} \cdot 0.9, n = 1, 2, \cdots$.

6. (1) $F(x) = p\{X \leqslant x\} = \begin{cases} 0, & x < -1, \\ \dfrac{1}{5}, & -1 \leqslant x < 2, \\ \dfrac{2}{5}, & 2 \leqslant x < 3, \\ \dfrac{4}{5}, & 3 \leqslant x < 4, \\ 1, & x \geqslant 4; \end{cases}$ (2) $\dfrac{1}{5}, \dfrac{1}{5}$.

7. (1)

X	1	2	3	4
p	$\dfrac{3}{4}$	$\dfrac{9}{44}$	$\dfrac{9}{220}$	$\dfrac{1}{220}$

(2)

Y	0	1	2	3
p	$\dfrac{3}{4}$	$\dfrac{9}{44}$	$\dfrac{9}{220}$	$\dfrac{1}{220}$

8. (1) $C_8^3 \left(\dfrac{1}{4}\right)^3 \left(\dfrac{3}{4}\right)^5$; (2) 0.0042.

9. $p\{X=k\} = (1-p)^{k-1} p, k = 1, 2, \cdots$.

10. $p\{X=k\} = \dfrac{C_{10}^k C_{90}^{5-k}}{C_{100}^5}, k = 0, 1, \cdots, 5$.

11. $a = -\dfrac{3}{2}$, $b = \dfrac{7}{4}$, $F(x) = \begin{cases} 0, & x \leqslant 0; \\ -\dfrac{3}{4}x^2 + \dfrac{7}{4}x, & 0 < x < 1; \\ 1, & x \geqslant 1. \end{cases}$

12. 分布列为

X	0	1	2	3
p	$\dfrac{1}{8}$	$\dfrac{3}{8}$	$\dfrac{3}{8}$	$\dfrac{1}{8}$

分布函数为 $F(x) = \begin{cases} 0, & x < 0, \\ \dfrac{1}{8}, & 0 \leqslant x < 1, \\ \dfrac{1}{2}, & 1 \leqslant x < 2, \\ \dfrac{7}{8}, & 2 \leqslant x < 3, \\ 1, & x \geqslant 3. \end{cases}$

13. (1) $1 - e^{-2}$; (2) e^{-3}; (3) $f(x) = \begin{cases} e^{-x}, & x \geqslant 0, \\ 0, & 其他. \end{cases}$

14. (1) $\dfrac{1}{2}$; (2) $F(x) = \begin{cases} 0, & x < -\dfrac{\pi}{2}, \\ \dfrac{\sin x + 1}{2}, & -\dfrac{\pi}{2} \leqslant x < \dfrac{\pi}{2}, \\ 1 & x \geqslant \dfrac{\pi}{2}. \end{cases}$

15. $\sigma < 277(\text{h})$.

16. (1) $\alpha = 7.6$; (2) $\alpha = 5.16$.

17.

Y	0	$\dfrac{5}{2}$	2	4	6
p	$\dfrac{1}{8}$	$\dfrac{1}{4}$	$\dfrac{1}{8}$	$\dfrac{1}{6}$	$\dfrac{1}{3}$

Z	0	$\dfrac{1}{4}$	4	16
p	$\dfrac{1}{8}$	$\dfrac{1}{4}$	$\dfrac{7}{24}$	$\dfrac{1}{3}$

18.

X	-1	1	3
p	0.4	0.4	0.2

19. (1) $c = \dfrac{1}{\pi}$;   (2) $\dfrac{1}{3}$.

(B)

1.

X_1	2	3	4	5	6	7	8	9	10	11	12
p	1/36	2/36	3/36	4/36	5/36	6/36	5/36	4/36	3/36	2/36	1/36

X_2	1	2	3	4	5	6
p	11/36	9/36	7/36	5/36	3/36	1/36

2. (1) $a = \dfrac{1}{2(2^{100} - 1)}$;   (2) $a = 1$.

3. 0.45.

4. $a = \sqrt[3]{4}$.

5. $p\{Y = k\} = C_5^k e^{-2k}(1 - e^{-2})^{5-k}, k = 0, 1, \cdots, 5$; 0.5167.

6. (1) $f_Y(y) = \begin{cases} \dfrac{1}{\sqrt{2\pi} y} e^{-\frac{1}{2}(\ln y)^2}, & y > 0, \\ 0, & y \leqslant 0; \end{cases}$ (2) $f_Y(y) = \begin{cases} \dfrac{1}{2\sqrt{\pi(y-1)}} e^{-\frac{y-1}{4}}, & y > 1, \\ 0, & y \leqslant 1. \end{cases}$

7. 0.3204.

8. $n = 3$.

9. 4.

习题 3

(A)

1.

Y \ X	0	1	2	3
0	0	0	$\dfrac{3}{35}$	$\dfrac{2}{35}$
1	0	$\dfrac{6}{35}$	$\dfrac{12}{35}$	$\dfrac{2}{35}$
2	$\dfrac{1}{35}$	$\dfrac{6}{35}$	$\dfrac{3}{35}$	0

课后习题参考答案

2.

X \ Y	1	3
0	0	$\frac{1}{8}$
1	$\frac{3}{8}$	0
2	$\frac{3}{8}$	0
3	0	$\frac{1}{8}$

3.

X \ Y	0	1	$p_{i\cdot}$
0	$\frac{3}{10}$	$\frac{3}{10}$	$\frac{3}{5}$
1	$\frac{3}{10}$	$\frac{1}{10}$	$\frac{2}{5}$
$p_{\cdot j}$	$\frac{3}{5}$	$\frac{2}{5}$	1

4. (1) $A = \frac{1}{\pi^2}, B = \frac{\pi}{2}, C = \frac{\pi}{2}$; (2) $p\{0 \leqslant X \leqslant 2, Y < 3\} = \frac{3}{16}$.

5. $\alpha = \frac{2}{9}, \beta = \frac{1}{9}$.

6. (1)

X	−2	−1	1
p	7/16	3/16	3/8

Y	−1	0	1
p	7/16	3/8	3/16

(2) X 与 Y 不是相互独立的.

7. $a = \frac{1}{18}, b = \frac{2}{9}, c = \frac{1}{6}$.

8. $f(x,y) = \begin{cases} \frac{1}{2}, & (x,y) \in D, \\ 0, & \text{其他}. \end{cases}$

9. (1) $\frac{5}{6}$; (2) $\frac{7}{72}$; (3) $\frac{7}{24}$.

10. (1) $b=1/(1-e^{-1})$; (2) $f_X(x) = \begin{cases} \dfrac{1}{1-e^{-1}} \int_0^{+\infty} e^{-x} e^{-y} dy = \dfrac{e^{-x}}{1-e^{-1}}, & 0 < x < 1, \\ 0, & \text{其他}. \end{cases}$

11. $p\{X < Y\} = \dfrac{1}{2}, p\{X > Y\} = \dfrac{1}{2}, p\{X = Y\} = 0$.

12. X 与 Y 不相互独立.

13. (1) $c = \dfrac{1}{\pi r^2}$;

(2) $f_X(x) = \begin{cases} \dfrac{2}{\pi r^2}\sqrt{r^2 - x^2}, & -r < x < r, \\ 0, & \text{其他}, \end{cases}$ $f_Y(y) = \begin{cases} \dfrac{2}{\pi r^2}\sqrt{r^2 - y^2}, & -r < y < r, \\ 0, & \text{其他}; \end{cases}$

(3) 不独立.

14. $a = 1$ 或 $a = 2$.

15. (1)

$X+Y$	−2	0	1	3	4
p	5/20	2/20	9/20	3/20	1/20

(2)

XY	−2	−1	1	2	4
p	9/20	2/20	5/20	3/20	1/20

16. (1) $f_X(x) = \begin{cases} \int_{x^2}^{x} 6 dy = 6(x - x^2), & 0 \leqslant x \leqslant 1, \\ 0, & \text{其他}, \end{cases}$

$f_Y(y) = \begin{cases} \int_y^{\sqrt{y}} 6 dx = 6(\sqrt{y} - y), & 0 \leqslant y \leqslant 1, \\ 0, & \text{其他}; \end{cases}$

(2) X 与 Y 不相互独立.

(B)

1.

Z	0	1	2	3
p	1/6	5/12	1/3	1/12

2. $p(A) = 1 - e^{-0.1}$; $p(B) = 1 - e^{-0.05}$; 两事件相互独立.

3.

Y \ X	0	1	3
0	1/64	9/64	6/64
2	3/64	27/64	18/64

4. (1) $c = 1$;　(2) $p\{(X, Y) \in D\} = 1 - 2e^{-1}$.

5. (1)

X_1 \ X_2	1	2
1	1/6	1/3
2	1/3	1/6

(2)

X_1	1	2
p	1/2	1/2

X_2	1	2
p	1/2	1/2

(3) X_1 与 X_2 不独立.

6. $\dfrac{1}{3}$.

7. (1) $\dfrac{7}{24}$;　(2) $f_Z(z) = \begin{cases} 2z - z^2, & 0 < z < 1, \\ (2 - z)^2, & 1 \leqslant z < 2, \\ 0, & \text{其他}. \end{cases}$

习题 4

(A)

1. $EX = 1.85$, $DX = 2.5275$.

2. $EX = 4.6$, $DX = np(1-p) = 4.3884$.

3. $0.05a + ap$.

4. $EX = np = 300$, $DX = 210$.

5. $X \sim B(4, 0.2639)$, $E(X) = 1.0556$.

6. $E(Y) = \dfrac{\pi}{12}(a^2 + ab + b^2)$.

7. X, Y 不独立; X, Y 不相关.

8. (1)

X	1	2	3
p	0.4	0.2	0.4

Y	-1	0	1
p	0.3	0.4	0.3

$E(X)=2$, $E(Y)=0$;

(2)

$Z=Y/X$	-1	$-1/2$	$-1/3$	0	$1/3$	$1/2$	1
p_k	0.2	0.1	0	0.4	0.1	0.1	0.1

$E(Z) = -0.1$;

(3)

Z	0	1	4	9	16
p	0.1	0.2	0.3	0.4	0

$E(Z)=5$.

9. $EX = 0.8$, $EY = 0.6$, $EXY = 0.5$, $E(X^2+Y^2) = 16/15$.

10. $EY = 2EX_1 - EX_2 + 3EX_3 - \dfrac{1}{2}EX_4 = 7$, $DY = 4DX_1 + DX_2 + 9DX_3 + \dfrac{1}{4}DX_4 = 37.25$.

11. $EX = \dfrac{\pi}{4}$, $EY = \dfrac{\pi}{4}$.

12. (1) $EZ = \dfrac{1}{3}$, $DZ = 3$, $\rho_{XZ} = 0$.

13. $a \leqslant 37$.

14. 1416.67.

(B)

1. $\mu^3 + \mu\sigma^2$.

2. $E(|X-Y|^2) = \dfrac{a^2}{6}$, $D(|X-Y|) = \dfrac{a^2}{18}$.

3. $\text{cov}(X,Y) = EXY - EX \cdot EY = -\dfrac{1}{81}$.

4. $E(Y) = -200 + 200e^{-\frac{1}{4}} + 100e^{-\frac{1}{4}} \approx 33.64$.

5. $-\theta \ln\left(\dfrac{n}{m+n}\right)$.

6.

X	1	2	3	$\cdots$	n
p	$\dfrac{1}{n}$	$\dfrac{n-1}{n} \cdot \dfrac{1}{n-1}$	$\dfrac{n-1}{n} \cdot \dfrac{n-2}{n-1} \cdot \dfrac{1}{n-2}$	$\cdots$	$\dfrac{1}{n}$

$E(X) = \dfrac{n+1}{2}$.

习题 5

(A)

1. (1) $n=10$ 时； (2) $n=100$ 时.

2. (1) $\{X_i\}$ 服从切比雪夫大数定理； (2) 至少应取球 3458 次.

3. 0.709.

4. 0.297.

5. 0.9319.

6. 3107.

7. (1) $X \sim B(100, 0.2)$； (2) 0.927.

8. 537 个.

(B)

1. (1) 0.000 03； (2) 40 万元.

2. (1) 0.9664； (2) 约为 0.5.

3. (1) 0.952； (2) 46.

4. 0.9162.

5. 141.5kw.

6. 0.8413.

7. (1) 76.11%; (2) 67 个水龙头.

习题 6

(A)

1. $f(x_1, x_2, \cdots, x_n) = \begin{cases} \dfrac{1}{(b-a)^n}, & 0 \leqslant x_i \leqslant 1, i = 1, 2, \cdots, n, \\ 0, & \text{其他}; \end{cases}$

2. (1) $f(x_1, x_2, \cdots, x_n) = \begin{cases} \lambda^n e^{-\lambda \sum\limits_{i=1}^{n} x_i}, & x_i \geqslant 0, i = 1, 2, \cdots, n, \\ 0, & \text{其他}; \end{cases}$

(2) $F_{10}(x) = \begin{cases} 0, & x < 7, \\ 1/10, & 7 \leqslant x < 8, \\ 2/10, & 8 \leqslant x < 9, \\ 4/10, & 9 \leqslant x < 10, \\ 7/10, & 10 \leqslant x < 11, \\ 8/10, & 11 \leqslant x < 19, \\ 1, & x \geqslant 19. \end{cases}$

3. a 组: $\overline{X} = 5$, $M_d = 5$, Mode = 5; b 组: $\overline{X} = 12$, $M_d = 5$, Mode = 5; c 组: $\overline{X} = 0.1667$, $M_d = 0.5$; d 组: $\overline{X} = 0$, $M_d = 4.5$.

4. X 的分布函数: $F(x) = \begin{cases} 0, & x < 0, \\ 0.04, & 0 \leqslant x < 1, \\ 0.19, & 1 \leqslant x < 2, \\ 0.45, & 2 \leqslant x < 3, \\ 0.75, & 3 \leqslant x < 4, \\ 0.9, & 4 \leqslant x < 5, \\ 1, & x \geqslant 5; \end{cases}$

经验分布函数 $F_{200}(x) = \begin{cases} 0, & x < 0, \\ 0.05, & 0 \leqslant x < 1, \\ 0.235, & 1 \leqslant x < 2, \\ 0.48, & 2 \leqslant x < 3, \\ 0.755, & 3 \leqslant x < 4, \\ 0.935, & 4 \leqslant x < 5, \\ 1, & x \geqslant 5. \end{cases}$

5. $\overline{X} = 2.532$, $S^2 = 4.89$, $S = 2.211$.

6. (1) $\overline{X} = 15.882$, $S^2 = 46.86$, (2) 94.1%.

7. Range=192, $Q_1 = 387$, $Q_3 = 446$, $M_d = 410$. (图略).

8. 略.

9. $\dfrac{\overline{X} - 60}{1.5} \sim N(0,1)$, $p\{|\overline{X} - 60| > 3\} = 1 - p\left\{\dfrac{|\overline{X} - 60|}{1.5} \leqslant 2\right\} = 0.0455$.

10. $E(\overline{X}) = m, D(\overline{X}) = \dfrac{2m}{n}$.

11. $C = \pm\sqrt{3/2}$.

12. 0.7.

13. $E(\overline{X}) = \dfrac{1}{\lambda}$; $D(\overline{X}) = \dfrac{1}{n\lambda^2}$; $E(S^2) = \dfrac{1}{\lambda^2}$.

14. $E\overline{X} = \dfrac{2}{3}$; $ES^2 = \dfrac{2}{9}$; Z 的分布列为 $p\{Z = k\} = C_5^k \left(\dfrac{2}{3}\right)^k \left(\dfrac{1}{3}\right)^{5-k}$ $(k = 0, 1, \cdots, 5)$.

(B)

1. $a = 1/20, b = 1/100, Y \sim \chi^2(2)$.

2. $\dfrac{\overline{X} - 4.2}{5}\sqrt{n} \sim N(0,1)$, n 至少应取 25.

3. (1) $\chi^2 = \sum\limits_{i=1}^{10} \dfrac{X_i^2}{\sigma^2} \sim \chi^2(10)$, $p\left\{\sum\limits_{i=1}^{10} X_i^2 \geqslant 4\right\} = p\{\chi^2 \geqslant 16\} = 0.10$;

(2) 当 μ 未知时, $p\left\{\dfrac{1}{0.25}\sum\limits_{i=1}^{10}(X_i - \overline{X})^2 \geqslant \dfrac{2.85}{0.25}\right\} = 0.25$.

4. 0.975.

5. 1537.

6. (1) $\lambda = t_{0.025}(15) = 2.131$;   (2) $\lambda = t_{0.05}(15) = 1.753$;

(3) $\dfrac{\lambda - 60000}{900} = t_{0.05}(15) = 1.753, \lambda = 61577.7$.

7. (1) $E\overline{X} = EX = \dfrac{1}{3}$, $ES^2 = DX = \dfrac{2}{9}$;   (2) $Z \sim B\left(10, \dfrac{1}{3}\right)$.

8. $F = \dfrac{S_1^2/\sigma_1^2}{S_2^2/\sigma_2^2} \sim F(n_1 - 1, n_2 - 1)$, $p\{\sigma_1^2 > \sigma_2^2\} = 1 - 0.05 = 0.95$.

9. $EY = \dfrac{1}{n}, DY = \dfrac{1}{n^2}$.

10. 0.66.

习题 7

(A)

1. $\hat{\theta} = 2\overline{X}$.

2. 矩估计: $\hat{\lambda} = \dfrac{1}{\overline{X}}$; 极大似然估计: $\hat{\lambda} = \dfrac{1}{\overline{X}}$, 代入样本数据得到参数 λ 的矩估计值和极大似然估计值均为 0.4.

3. 矩估计: $\hat{\alpha} = \dfrac{1 - 2\overline{X}}{\overline{X} - 1}$. 极大似然估计: $\hat{\alpha} = -\dfrac{n}{\ln\prod\limits_{i=1}^{n} x_i} - 1$.

4. $E\hat{\mu}_1 = E\hat{\mu}_2 = E\hat{\mu}_3 = \mu$, $D\hat{\mu}_1 = \dfrac{38}{100}\sigma^2$, $D\hat{\mu}_2 = \dfrac{50}{144}\sigma^2$, $D\hat{\mu}_3 = \dfrac{14}{36}\sigma^2$, 故 $\hat{\mu}_2$ 最好.

5. 略.

6. 当 $1 - \alpha = 0.95$ 时, μ 的置信区间为 $[0.232, 3.768]$; 当 $1 - \alpha = 0.99$ 时, μ 的置信区间为 $[-0.725, 4.725]$.

7. p 的置信区间为 $[0.82, 0.94]$.

8. μ 的置信间为 $[1635.69, 1664.31]$; σ 的置信区间为 $[13.76, 36.51]$.

9. 大样本情形, 采用正态逼近法, μ 的置信区间为 $[248.93, 250.87]$.

10. $\hat{\theta} = \overline{X}$.

11. p 的置信间为 $[0.92, 0.999]$.

12. $[0.1519, 0.2881]$.

(B)

1. (1) θ 的矩估计量 $\hat{\theta} = 2\overline{X}$;

(2) 估计量 $\hat{\theta} = 2\overline{X}$ 的方差为 $D\hat{\theta} = \dfrac{4D(X)}{n} = \dfrac{\theta^2}{5n}$;

(3) 由于 $E\hat{\theta} = 2E\overline{X} = 2 \times \dfrac{\theta}{2} = \theta$, 故 $\hat{\theta}$ 为 θ 的无偏估计,

由 $\lim\limits_{n \to \infty} p\left\{\left|\hat{\theta} - \theta\right| < \varepsilon\right\} \geqslant \lim\limits_{n->\infty}\left(1 - \dfrac{D\hat{\theta}}{\varepsilon^2}\right) = \lim\limits_{n->\infty}\left(1 - \dfrac{\theta^2}{5n\varepsilon^2}\right) = 1$, 可知 $\hat{\theta}$ 为 θ 的一致估计.

2. θ 的极大似然估计值为 $\hat{\theta} = \min\{x_1, x_2, \cdots, x_n\}$.

3. (1) θ 矩估计值为 $\hat{\theta} = \dfrac{3 - \overline{x}}{4} = \dfrac{3 - 2}{4} = \dfrac{1}{4}$; (2) θ 的极大似然估计值为 $\hat{\theta} = \dfrac{7 - \sqrt{13}}{12}$.

4. (1) $E\left(\sum\limits_{i=1}^{n} a_i X_i\right) = \sum\limits_{i=1}^{n} a_i E X_i = \mu \sum\limits_{i=1}^{n} a_i = \mu$, 所以 $\sum\limits_{i=1}^{n} a_i X_i$ 是 μ 的无偏估计;

(2) $D\left(\sum\limits_{i=1}^{n} a_i X_i\right) = \sum\limits_{i=1}^{n} a_i^2 D X_i = \sigma^2 \sum\limits_{i=1}^{n} a_i^2$, 求函数 $f(a_1, a_2, \cdots, a_n) = \sum\limits_{i=1}^{n} a_i^2$ 在条

件 $a_i > 0, i = 1, 2, \cdots, n, \sum_{i=1}^{n} a_i = 1$ 下的极小值点，令 $F(a_1, a_2, \cdots, a_n; \lambda) = \sum_{i=1}^{n} a_i^2 + \lambda \left(\sum_{i=1}^{n} a_i - 1 \right)$.

令 $\begin{cases} \dfrac{\partial F}{\partial a_i} = 2a_i + \lambda = 0, \\ \dfrac{\partial F}{\partial \lambda} = \sum_{i=1}^{n} a_i - 1 = 0, \end{cases} i = 1, 2, \cdots, n,$ 解得 $a_i = -\dfrac{\lambda}{2}, \sum_{i=1}^{n} a_i = -\dfrac{n\lambda}{2} = 1,$ 求得 $\lambda = -\dfrac{2}{n},$ 而得 $a_i = \dfrac{1}{n}, i = 1, 2, \cdots, n,$ 即 $\left(\dfrac{1}{n}, \dfrac{1}{n}, \cdots, \dfrac{1}{n} \right)$ 是 $f(a_1, a_2, \cdots, a_n) = \sum_{i=1}^{n} a_i^2$ 的极小值点，从而证明了 $\overline{X}$ 更有效.

5. (1) μ 的置信区间为 $I = [1498, 1502]$，区间长度 $L = 1502 - 1498 = 4$(长度单位);

(2) 置信区间长度 $L = \dfrac{2\sigma}{\sqrt{n}} Z_{\alpha/2}, Z_{\alpha/2} = 1.96, \sigma = \sqrt{8},$ 解得观察值个数 n 最小应取 123;

(3) 置信度为 $1 - \alpha = p \left\{ \left| \dfrac{\overline{X} - \mu}{\sigma/\sqrt{n}} \right| < 1.77 \right\} = 0.924.$

6. (1) μ 的置信区间为 $[420.299, 429.701]$; (2) σ^2 的置信区间为 $[38.622, 179.197]$.

习题 8

(A)

1. (A).

2. $\alpha = p\{X_1 + X_2 + X_3 \geqslant 3 | \lambda = 1/3\} = 0.08, \beta = p\{X_1 + X_2 + X_3 < 3 | \lambda = 1\} = 0.423.$

3. $H_0: \mu = \mu_0 = 0.5 \leftrightarrow H_1: \mu \neq \mu_0, Z = 1.960,$ 接受 $H_0,$ 当天包装出的食盐平均重量是 0.5.

4. $H_0: \mu = \mu_0 = 52.0 \leftrightarrow H_1: \mu \neq 52.0, T = 0.410 < t_{0.025}(5) = 2.571,$ 接受原假设.

5. $H_0: \mu = \mu_0 = 1.9 \leftrightarrow H_1: \mu > 1.9, T = 2.51 > t_{0.05}(15) = 1.753,$ 拒绝 $H_0,$ 认为新技术生产的疫苗抗体强度有所提高.

6. $H_0: p \leqslant p_0 = 0.85 \leftrightarrow H_1: p > p_0 = 0.85, U = 1.96 > Z_{0.05} = 1.65,$ 拒绝原假设，认为新药 B 比原来的药 A 更有效.

7. 设该秋装的购买率为 $p, H_0: p = p_0 = 0.3 \leftrightarrow H_1: p \neq p_0, |Z| < Z_{0.025},$ 故接受 $H_0,$ 可以同意他们的估计.

8. $H_0: \mu = \mu_0 = 8 \leftrightarrow H_1: \mu < 8$, $U = -7.5 < -Z_{0.05} = -1.65$, 拒绝原假设, 同意该教师的看法.

9. $H_0: \sigma^2 \leqslant \sigma_0^2 = 0.81 \leftrightarrow H_1: \sigma^2 > 0.81$, $\chi^2 = 16 < \chi_{0.05}^2(9) = 16.919$, 接受 H_0, 可以相信厂方的说明.

10. $H_0: \mu_1 = \mu_2 \leftrightarrow H_1: \mu_1 \neq \mu_2$, $T = 2.16 > t_{0.025}(14) = 2.145$, 拒绝 H_0, 即两种温度下强度有显著差异.

11. $H_0: p = p_1^0 = p_2^0 = 0.5$, $\chi^2 = 6$. $\chi_{0.05}^2(1) = 3.841 < \chi^2 < \chi_{0.01}^2(1) = 6.635$, $\alpha = 0.05$ 时, 拒绝 H_0, 认为该硬币不均匀; $\alpha = 0.01$ 时, 接受 H_0, 认为该硬币均匀.

12. H_0: 假设社会需求与专业之间相互独立, $\chi^2 = 71.833 > \chi_{0.01}^2(6) = 16.812$, 拒绝原假设, 认为社会需求与专业之间有显著关系.

(B)

1. (1) $X \sim B(1, p)$;

(2) 拒绝域: $C = \{(x_1, x_2, x_3, x_4) \mid x_1 + x_2 + x_3 + x_4 < 2, x_i = 0 \text{ 或 } 1, i = 1, 2, 3, 4\}$, 接受域 $C^* = \{(x_1, x_2, x_3, x_4) \mid x_1 + x_2 + x_3 + x_4 \geqslant 2, x_i = 0 \text{或} 1, i = 1, 2, 3, 4\}$;

(3) $\alpha = 5/16$; $\beta = 113/625$.

2. $\alpha = p\{X \leqslant 220 \mid H_0 \text{为真}\} + p\{X \geqslant 260 \mid H_0 \text{为真}\} = 2[1 - \Phi(5/\sqrt{6})] = 0.04136$; 若仅有 48% 的人同意, $\beta_{p=0.48} = p\{220 < X < 260 \mid H_1 \text{为真}\} = = 1 - \Phi(2.8) = 0.0026$.

3. $H_0: \mu \leqslant 125 \leftrightarrow H_1: \mu > 125$, $T = 0.939 < t_{0.05}(7) = 1.8946$, 接受原假设, 认为该商店电池的货架滞留时间不大于 125 天.

4. $H_0: \mu_1 = \mu_2 \leftrightarrow H_1: \mu_1 \neq \mu_2$, $U = 2.38 > Z_{0.025} = 1.96$, 否定 H_0, 即认为两家生产的灯泡的平均寿命有显著差异.

5. $H_0: \sigma_1^2 = \sigma_2^2 \leftrightarrow H_1: \sigma_1^2 \neq \sigma_2^2$, $F = S_X^2/S_Y^2 = 1.966 < F_{0.025}(24, 24) = 2.27$, 接受原假设, 认为新工艺与旧工艺的生产精度没有显著差异.

6. 设东、西矿脉含锌量的分布分别为 $X \sim N(\mu_1, \sigma_1^2)$, $Y \sim N(\mu_2, \sigma_2^2)$.

(1) $H_{01}: \sigma_1^2 = \sigma_2^2 \leftrightarrow H_{02}: \sigma_1^2 \neq \sigma_2^2$, $F = S_1^2/S_2^2 = 1.161$, $F_{0.025}(8, 7) = 0.2208 < F < F_{0.05}(8, 7) = 4.90$, 故接受原假设, 即认为 $\sigma_1^2 = \sigma_2^2$.

(2) $H_{02}: \mu_1 = \mu_2 \leftrightarrow H_{12}: \mu_1 \neq \mu_2$, $T = -0.07$, $|T| = 0.07 < T_{0.025}(15) = 2.1315$, 接受 H_{02}, 认为两支矿脉的平均含锌量相同.

7. $H_0: \sigma_1^2 = \sigma_2^2 \leftrightarrow H_1: \sigma_1^2 \neq \sigma_2^2$, $F = S_1^2/S_2^2 = 1.306$, $F_{0.975}(39, 49) < F < F_{0.025}(39, 49)$, 接受原假设, 两个总体的方差相等.

再检验 $H_0: \mu_1 = \mu_2 \leftrightarrow H_1: \mu_1 \neq \mu_2$, $T = -2.5277$, $|T| > t_{0.025}(88)$, $|T| < t_{0.005}(88)$. $\alpha = 0.05$ 时, 拒绝 H_0, 认为两班成绩有显著差异; $\alpha = 0.01$ 时, 接受 H_0, 认为两班的成绩无显著差异.

8. χ^2 检验的计算过程列于下表:

分组 A_i	f_i	p_i	np_i	$f_i - np_i$	$\dfrac{(f_i - np_i)^2}{np_i}$
$t < 100$	121	0.3935	118.05	2.95	0.0737
$100 \leqslant t < 200$	78	0.2387	71.61	6.39	0.5702
$200 \leqslant t < 300$	43	0.1447	43.41	-0.41	0.0039
$t \geqslant 300$	58	0.2231	66.93	-8.93	1.1915
$\sum$	300				1.8393

$\chi^2_{0.05}(3) = 7.815 > 1.8393$, 接受原假设, 认为灯泡的寿命 t 服从参数为 $\lambda = 0.005$ 的指数分布.

9. H_0: 尺寸偏差服从正态分布.
$\chi^2 = \sum\limits_{i=1}^{10} \dfrac{(np_i - n_i)^2}{np_i} = 19.07 > \chi^2_{0.05}(7) = 14.067$, 拒绝原假设, 认为尺寸的偏差不服从正态分布.

组别	观察数 n_i	理论频数 $E_i = np_i$	$E_i - n_i$	$\dfrac{(E_i - n_i)^2}{E_i}$
-20—-15	7	7.165274	-0.16527	0.003812
-15—-10	11	13.07189	-2.07189	0.328395
-10—-5	15	20.40766	-5.40766	1.43293
-5—0	24	27.26494	-3.26494	0.390972
0—5	49	31.17264	17.82736	10.19531
5—10	41	30.50029	10.49971	3.614521
10—15	26	25.53852	0.46148	0.008339
15—20	17	18.29972	-1.29972	0.092311
20—25	7	11.22144	-4.22144	1.588082
25—30	3	5.888417	-2.88842	1.416841

10. H_0: 假设学生对竞选者的偏好与其专业之间相互独立, $\chi^2 = 6.685 < \chi^2_{0.01}(6) = 16.812$, 接受原假设, 可以认为学生对竞选者的偏好与其专业之间相互独立.

参 考 文 献

伯恩斯坦 S, 伯恩斯坦 R. 2002. 统计学原理 (上、下). 史道济, 译. 北京: 科学出版社.

邓华玲, 等. 2010. 概率统计方法与应用. 2 版. 北京: 中国农业出版社.

杜强. 2010. SAS 统计分析标准教程. 北京: 人民邮电出版社.

何书元, 等. 2013. 概率论与数理统计. 2 版. 北京: 高等教育出版社.

纪楠等. 2014. 概率论与数理统计——实训教程. 北京: 清华大学出版社.

李小明, 等. 2017. 概率论与数理统计. 2 版. 北京: 高等教育出版社.

梁保松, 等. 2013. 概率论与数理统计. 2 版. 北京: 中国农业出版社.

罗纳德·科迪, 杰弗里·史密斯. 2011. SAS 应用统计分析. 北京: 人民邮电出版社.

茆诗松, 周纪芗. 2000. 概率论与数理统计. 北京: 中国统计出版社.

沈其君. 2005. SAS 统计分析. 北京: 高等教育出版社.

盛骤, 等. 2008. 概率论与数理统计. 4 版. 北京: 高等教育出版社.

斯皮格尔 M R, 等. 2002. 概率与统计. 孙山泽, 译. 北京: 科学出版社.

温永仙. 2011. 概率论与数理统计. 北京: 高等教育出版社.

杨池然, 周志通. 2011. SAS 9.2 从入门到精通. 北京: 电子工业出版社.

叶中行, 等. 2009. 概率论数理统计. 北京: 北京大学出版社.

赵鲁涛. 2015. 概率论与数理统计教学设计. 北京: 机械工业出版社.

Gehring F W, Halmos P R. 2000. Probability Theory I-II. 北京: 世界图书出版社.

Olav kallenberg. 2001. Foundations of Modern Probability. 北京: 科学出版社.

SPSS for Windows. 2000. 统计分析教程. 北京: 电子工业出版社.

附　　表

附表 1　二项分布累计概率值表

$$\sum_{k=0}^{x} C_n^k p^k (1-p)^{n-k}$$

n	x	$p=0.01$	$p=0.02$	$p=0.03$	$p=0.04$	$p=0.05$
5	0	0.9510	0.9039	0.8587	0.8153	0.7738
	1	0.9980	0.9962	0.9945	0.9852	0.9774
	2			0.9997	0.9994	0.9988
	3					
10	0	0.9044	0.8171	0.7374	0.6648	0.5987
	1	0.9957	0.9838	0.9655	0.9418	0.9139
	2	0.9999	0.9991	0.9972	0.9938	0.9885
	3			0.9999	0.9996	0.9990
15	0	0.8601	0.7386	0.6333	0.5421	0.4633
	1	0.9904	0.9647	0.9270	0.8809	0.8290
	2	0.9996	0.9970	0.9906	0.9797	0.9638
	3		0.9998	0.9992	0.9976	0.9945
	4			0.9999	0.9998	0.9994
	5					
20	0	0.8179	0.6676	0.5438	0.4420	0.3585
	1	0.9831	0.9401	0.8802	0.8103	0.7358
	2	0.9990	0.9929	0.9790	0.9561	0.9245
	3		0.9994	0.9973	0.9926	0.9841
	4			0.9997	0.9990	0.9974
	5				0.9999	0.9997
	6					
30	0	0.7397	0.5455	0.4040	0.2939	0.2146
	1	0.9639	0.8797	0.7731	0.6612	0.5535
	2	0.9967	0.9783	0.9399	0.8831	0.8122
	3	0.9998	0.9971	0.9881	0.9694	0.9392
	4	0.9999	0.9996	0.9982	0.9937	0.9844
	5			0.9997	0.9989	0.9967
	6				0.9999	0.9994
	7					0.9999
40	0	0.6690	0.4457	0.2957	0.1954	0.1285
	1	0.9393	0.8095	0.6615	0.5210	0.3991
	2	0.9925	0.9543	0.8822	0.7855	0.6767
	3	0.9993	0.9918	0.9686	0.9252	0.8619
	4		0.9988	0.9933	0.9790	0.9520
	5		0.9999	0.9988	0.9951	0.9861
	6			0.9998	0.9990	0.9966
	7				0.9998	0.9993
	8					0.9999

续表

n	x	$p=0.06$	$p=0.07$	$p=0.08$	$p=0.09$
5	0	0.7339	0.6957	0.6591	0.6240
	1	0.9681	0.9575	0.9466	0.9326
	2	0.9980	0.9969	0.9955	0.9937
	3		0.9999	0.9998	0.9997
10	0	0.5386	0.4840	0.4344	0.3894
	1	0.8824	0.8483	0.8121	0.7746
	2	0.9812	0.9717	0.9599	0.9460
	3	0.9980	0.9964	0.9942	0.9912
15	0	0.3953	0.3367	0.2863	0.2430
	1	0.7738	0.7168	0.6597	0.6035
	2	0.9429	0.9171	0.8870	0.8534
	3	0.9896	0.9825	0.9727	0.9601
	4	0.9986	0.9972	0.9950	0.9918
	5	0.9999	0.9997	0.9993	0.9987
20	0	0.2901	0.2342	0.1887	0.1516
	1	0.6605	0.5869	0.5169	0.4546
	2	0.8850	0.8390	0.7879	0.7334
	3	0.9710	0.9529	0.9294	0.9007
	4	0.9944	0.9893	0.9817	0.9710
	5	0.9991	0.9981	0.9962	0.9962
	6	0.9999	0.9997	0.9994	0.9987
30	0	0.1563	0.1134	0.0820	0.0591
	1	0.4555	0.3694	0.2958	0.2343
	2	0.7324	0.6488	0.5654	0.4855
	3	0.8974	0.8450	0.7842	0.7175
	4	0.9685	0.9447	0.9126	0.8723
	5	0.9921	0.9838	0.9707	0.9519
	6	0.9983	0.9960	0.9918	0.9848
	7	0.9997	0.9992	0.9980	0.9959
40	0	0.0842	0.0549	0.0356	0.0230
	1	0.2990	0.2201	0.1594	0.1140
	2	0.5665	0.4625	0.3694	0.2894
	3	0.7827	0.3837	0.6007	0.5092
	4	0.9104	0.8546	0.7868	0.7103
	5	0.9691	0.9419	0.9033	0.8535
	6	0.9909	0.9801	0.9624	0.9361
	7	0.9977	0.9942	0.9873	0.9758
	8	0.9995	0.9985	0.9963	0.9920

续表

n	x	$p=0.10$	$p=0.20$	$p=0.30$	$p=0.40$
5	0	0.5905	0.3277	0.1681	0.0778
	1	0.9185	0.7373	0.5282	0.3370
	2	0.9914	0.9421	0.8369	0.6826
	3	0.9995	0.9933	0.9692	0.9130
	4		0.9997	0.9976	0.9898
	5		1.0000	1.0000	1.0000
10	0	0.3487	0.1074	0.0282	0.0060
	1	0.7361	0.3758	0.1493	0.0464
	2	0.9298	0.6778	0.3828	0.1673
	3	0.9872	0.8791	0.6496	0.3823
	4	0.9984	0.9672	0.8497	0.6331
	5	0.9999	0.9936	0.9527	0.8338
	6		0.9991	0.9894	0.9452
	7		0.9999	0.9984	0.9877
	8			0.9999	0.9983
15	0	0.2059	0.0352	0.0047	0.0005
	1	0.5490	0.1671	0.0353	0.0052
	2	0.8159	0.3980	0.1268	0.0271
	3	0.9445	0.6482	0.2969	0.0905
	4	0.9873	0.8358	0.5155	0.2173
	5	0.9978	0.9389	0.7216	0.4032
	6	0.9997	0.9819	0.8689	0.6098
	7		0.9958	0.9500	0.7869
	8		0.9992	0.9848	0.9050
	9		0.9999	0.9963	0.9662
	10			0.9993	0.9907
20	0	0.1216	0.0115	0.0008	—
	1	0.3917	0.0692	0.0076	0.0005
	2	0.6769	0.2061	0.0355	0.0036
	3	0.8670	0.4114	0.1071	0.0160
	4	0.9568	0.6296	0.2375	0.0510
	5	0.9887	0.8042	0.4164	0.1256
	6	0.9976	0.9133	0.6080	0.2500
	7	0.9996	0.9679	0.7723	0.4159
	8	0.9999	0.9900	0.8867	0.5956
	9		0.9974	0.9520	0.7553
	10		0.9994	0.9829	0.8725
	11		0.9999	0.9949	0.9435
	12			0.9987	0.9790
	13			0.9997	0.9935

续表

n	x	$p=0.10$	$p=0.20$	$p=0.30$	$p=0.40$
30	0	0.0424	0.0012	0.0000	—
	1	0.1837	0.0405	0.0003	—
	2	0.4114	0.0442	0.0021	0.0000
	3	0.6474	0.1227	0.0093	0.0003
	4	0.8245	0.2552	0.0302	0.0015
	5	0.9268	0.4275	0.0766	0.0057
	6	0.9742	0.6070	0.1595	0.0172
	7	0.9922	0.7608	0.2814	0.0435
	8	0.9980	0.8713	0.4315	0.0940
	9	0.9995	0.9389	0.5988	0.1763
	10	0.9999	0.9744	0.7304	0.2915
	11		0.9905	0.8407	0.4311
30	12		0.9969	0.9155	0.5785
	13		0.9991	0.9599	0.7145
	14		0.9998	0.9831	0.8246
	15			0.9936	0.9029
	16			0.9979	0.9519
	17			0.9994	0.9798
	18			0.9998	0.9917
40	0	0.0148	0.0001	—	—
	1	0.0805	0.0015	—	—
	2	0.2228	0.0079	0.0001	—
	3	0.4231	0.0285	0.0006	—
	4	0.6290	0.0759	0.0026	—
	5	0.7937	0.1613	0.0086	0.0001
	6	0.9005	0.2859	0.0238	0.0006
	7	0.9581	0.4371	0.0553	0.0021
	8	0.9845	0.5931	0.1100	0.0061
	9	0.9949	0.7318	0.1959	0.1560
	10	0.9985	0.8392	0.3087	0.0352
	11	0.9996	0.9125	0.4406	0.0709
	12	0.9999	0.9568	0.5772	0.1285
	13		0.9806	0.7032	0.2112
	14		0.9921	0.8074	0.3174
	15		0.9971	0.8849	0.4402
	16		0.9990	0.9367	0.5681
	17		0.9997	0.9680	0.6885
	18		0.9999	0.9852	0.7911
	19			0.9937	0.8702
	20			0.9976	0.9256
	21			0.9991	0.9608
	22			0.9997	0.9811
	23			0.9999	0.9917

附表 2 标准正态分布表

$$\Phi(x) = \frac{1}{\sqrt{2\pi}} \int_{-\infty}^{x} e^{-\frac{t^2}{2}} dt \quad (x \geqslant 0)$$

x	0.00	0.01	0.02	0.03	0.04	0.05	0.06	0.07	0.08	0.09	x
0.0	0.5000	0.5040	0.5080	0.5120	0.5160	0.5199	0.5239	0.5279	0.5319	0.5359	0.0
0.1	0.5398	0.5438	0.5478	0.5517	0.5557	0.5596	0.5636	0.5675	0.5714	0.5753	0.1
0.2	0.5793	0.5832	0.5871	0.5910	0.5948	0.5987	0.6026	0.6064	0.6103	0.6141	0.2
0.3	0.6179	0.6217	0.6255	0.6293	0.6331	0.6368	0.6406	0.6443	0.6480	0.6517	0.3
0.4	0.6554	0.6591	0.6628	0.6664	0.6700	0.6736	0.6772	0.6808	0.6844	0.6879	0.4
0.5	0.6915	0.6950	0.6985	0.7019	0.7054	0.7088	0.7123	0.7157	0.7190	0.7224	0.5
0.6	0.7257	0.7291	0.7324	0.7357	0.7389	0.7422	0.7454	0.7486	0.7517	0.7549	0.6
0.7	0.7580	0.7611	0.7642	0.7673	0.7703	0.7734	0.7764	0.7794	0.7823	0.7852	0.7
0.8	0.7881	0.7910	0.7939	0.7967	0.7995	0.8023	0.8051	0.8078	0.8106	0.8113	0.8
0.9	0.8159	0.8186	0.8212	0.8238	0.8264	0.8289	0.8315	0.8340	0.8365	0.8389	0.9
1.0	0.8413	0.8438	0.8461	0.8485	0.8508	0.8531	0.8554	0.8577	0.8599	0.8621	1.0
1.1	0.8643	0.8665	0.8686	0.8708	0.8729	0.8749	0.8770	0.8790	0.8810	0.8830	1.1
1.2	0.8849	0.8869	0.8888	0.8907	0.8925	0.8944	0.8962	0.8980	0.8997	0.90147	1.2
1.3	0.90320	0.90490	0.90658	0.90824	0.90988	0.91140	0.91309	0.91466	0.91621	0.91774	1.3
1.4	0.91924	0.92073	0.92220	0.92364	0.92507	0.92647	0.92785	0.92922	0.93056	0.93189	1.4
1.5	0.93319	0.93448	0.93574	0.93699	0.93822	0.93943	0.94062	0.94179	0.94295	0.94408	1.5
1.6	0.94520	0.94630	0.94738	0.94845	0.94950	0.95053	0.95154	0.95254	0.95352	0.95449	1.6
1.7	0.95543	0.95637	0.95728	0.95818	0.95907	0.95994	0.96080	0.96164	0.96246	0.96327	1.7
1.8	0.96407	0.96485	0.96562	0.96638	0.96712	0.96784	0.96856	0.96926	0.96995	0.97062	1.8
1.9	0.97128	0.97193	0.97257	0.97320	0.97381	0.97441	0.97500	0.97558	0.97615	0.97670	1.9
2.0	0.97725	0.97778	0.97831	0.97882	0.97932	0.97982	0.98030	0.98077	0.98124	0.98169	2.0

续表

x	0.00	0.01	0.02	0.03	0.04	0.05	0.06	0.07	0.08	0.09	x
2.1	0.98214	0.98257	0.98300	0.98341	0.98382	0.98422	0.98461	0.98500	0.98537	0.98574	2.1
2.2	0.98610	0.98645	0.98679	0.98713	0.98745	0.98778	0.98809	0.98840	0.98870	0.98899	2.2
2.3	0.98928	0.98956	0.98983	0.99010	0.99036	0.99061	0.99086	0.99111	0.99134	0.99158	2.3
2.4	0.99180	0.99202	0.99224	0.99245	0.99266	0.99286	0.99305	0.99324	0.99343	0.99361	2.4
2.5	0.99379	0.99396	0.99413	0.99430	0.99446	0.99461	0.99477	0.99492	0.99506	0.99520	2.5
2.6	0.99534	0.99547	0.99560	0.99573	0.99586	0.99598	0.99609	0.99621	0.99632	0.99643	2.6
2.7	0.99653	0.99664	0.99674	0.99683	0.99693	0.99702	0.99711	0.99720	0.99728	0.99737	2.7
2.8	0.99745	0.99752	0.99760	0.99767	0.99774	0.99781	0.99788	0.99795	0.99801	0.99807	2.8
2.9	0.99813	0.99819	0.99825	0.99831	0.99836	0.99841	0.99846	0.99851	0.99856	0.99861	2.9
3.0	0.99865	0.99869	0.99874	0.99878	0.99882	0.99886	0.99889	0.99893	0.99897	0.99900	3.0
3.1	0.99903	0.99906	0.99910	0.99913	0.99916	0.99918	0.99921	0.99924	0.99926	0.99929	3.1
3.2	0.99931	0.99934	0.99936	0.99938	0.99940	0.99942	0.99944	0.99946	0.99948	0.99950	3.2
3.3	0.99952	0.99953	0.99955	0.99957	0.99958	0.99960	0.99961	0.99962	0.99964	0.99965	3.3
3.4	0.99966	0.99968	0.99969	0.99970	0.99971	0.99972	0.99973	0.99974	0.99975	0.99976	3.4
3.5	0.99977	0.99978	0.99978	0.99979	0.99980	0.99981	0.99981	0.99982	0.99983	0.99983	3.5
3.6	0.99984	0.99985	0.99985	0.99986	0.99986	0.99987	0.99987	0.99988	0.99988	0.99989	3.6
3.7	0.99989	0.99990	0.99990	0.99990	0.99991	0.99991	0.99992	0.99992	0.99992	0.99992	3.7
3.8	0.99993	0.99993	0.99993	0.99994	0.99994	0.99994	0.99994	0.99995	0.99995	0.99995	3.8
3.9	0.99995	0.99995	0.99996	0.99996	0.99996	0.99996	0.99996	0.99996	0.99997	0.99997	3.9
4.0	0.99997	0.99997	0.99997	0.99997	0.99997	0.99997	0.99998	0.99998	0.99998	0.99998	4.0
4.1	0.99998	0.99998	0.99998	0.99998	0.99998	0.99998	0.99998	0.99998	0.99999	0.99999	4.1
4.2	0.99999	0.99999	0.99999	0.99999	0.99999	0.99999	0.99999	0.99999	0.99999	0.99999	4.2
4.3	0.99999	0.99999	0.99999	0.99999	0.99999	0.99999	0.99999	0.99999	0.99999	0.99999	4.3
4.4	0.99999	0.99999	1.00000	1.00000	1.00000	1.00000	1.00000	1.00000	1.00000	1.00000	4.4

附表 3　泊松分布表

$$1 - F(x-1) = \sum_{k=x}^{\infty} \frac{\lambda^k e^{-\lambda}}{k!}$$

x	$\lambda = 0.1$	$\lambda = 0.2$	$\lambda = 0.3$	$\lambda = 0.4$	$\lambda = 0.5$
0	1.0000000	1.0000000	1.0000000	1.0000000	1.000000
1	0.0951623	0.1812692	0.2591818	0.3296800	0.323469
2	0.0046788	0.0175231	0.0369363	0.0615519	0.090204
3	0.0001547	0.0011485	0.0035995	0.0079263	0.014388
4	0.0000038	0.0000568	0.0002658	0.0007763	0.001752
5	0.0000001	0.0000023	0.0000158	0.0000612	0.000172
6		0.0000001	0.0000008	0.0000040	0.000014
7				0.0000002	0.000001

x	$\lambda = 0.6$	$\lambda = 0.7$	$\lambda = 0.8$	$\lambda = 0.9$	$\lambda = 1.0$
0	1.000000	1.000000	1.000000	1.000000	1.000000
1	0.451188	0.503415	0.550671	0.593430	0.632121
2	0.121901	0.155805	0.191208	0.227518	0.264241
3	0.023115	0.034142	0.047423	0.062857	0.080301
4	0.003358	0.005753	0.009080	0.013459	0.018988
5	0.000394	0.000786	0.001411	0.002344	0.003660
6	0.000039	0.000090	0.000184	0.000343	0.000594
7	0.000003	0.000009	0.000021	0.000043	0.000083
8		0.000001	0.000002	0.000005	0.000010
9					0.000001

x	$\lambda = 1.1$	$\lambda = 1.2$	$\lambda = 1.3$	$\lambda = 1.4$	$\lambda = 1.5$
0	1.000000	1.000000	1.000000	1.000000	1.000000
1	0.667129	0.698806	0.727468	0.753403	0.776870
2	0.300971	0.337373	0.373177	0.408167	0.442175
3	0.099584	0.120513	0.142888	0.166502	0.191153
4	0.025742	0.033769	0.043095	0.053725	0.065642
5	0.005435	0.007746	0.010663	0.014253	0.018576
6	0.000968	0.001500	0.002231	0.003201	0.004456
7	0.000149	0.000251	0.000404	0.000622	0.000926
8	0.000020	0.000037	0.000064	0.000107	0.000170
9	0.000002	0.000005	0.000009	0.000016	0.000028
10		0.000001	0.000001	0.000002	0.000004
11					0.000001

续表

x	$\lambda=1.6$	$\lambda=1.7$	$\lambda=1.8$	$\lambda=1.9$	$\lambda=2.0$
0	1.000000	1.000000	1.000000	1.000000	1.000000
1	0.798103	0.817317	0.834701	0.850431	0.864665
2	0.475069	0.506755	0.537163	0.566251	0.593994
3	0.216642	0.242777	0.269379	0.296280	0.323324
4	0.078813	0.093189	0.108708	0.125298	0.142877
5	0.023682	0.029615	0.036407	0.044081	0.052653
6	0.006040	0.007999	0.010378	0.013219	0.016564
7	0.001336	0.001875	0.002569	0.003446	0.004534
8	0.000260	0.000388	0.000562	0.000793	0.001097
9	0.000045	0.000072	0.000110	0.000163	0.000237
10	0.000007	0.000012	0.000019	0.000030	0.000046
11	0.000001	0.000002	0.000003	0.000005	0.000008
12				0.000001	0.000001
x	$\lambda=2.5$	$\lambda=3.0$	$\lambda=3.5$	$\lambda=4.0$	$\lambda=4.5$
0	1.000000	1.000000	1.000000	1.000000	1.000000
1	0.917915	0.950213	0.969803	0.981684	0.988891
2	0.712703	0.800852	0.864112	0.908422	0.938901
3	0.456187	0.576810	0.679153	0.761897	0.826422
4	0.242424	0.352768	0.463367	0.566530	0.657704
5	0.108822	0.184737	0.274555	0.371163	0.467869
6	0.042021	0.083918	0.142386	0.214870	0.297070
7	0.014187	0.033509	0.065288	0.110674	0.168949
8	0.004247	0.011905	0.026739	0.051134	0.086586
9	0.001140	0.003803	0.009874	0.021368	0.040257
10	0.000277	0.001102	0.003315	0.008132	0.017093
11	0.000062	0.000292	0.001019	0.002840	0.006669
12	0.000013	0.000071	0.000289	0.000915	0.002404
13	0.000002	0.000016	0.000076	0.000274	0.000805
14	0.000000	0.000003	0.000019	0.000076	0.000252
15		0.000001	0.000004	0.000020	0.000074
16			0.000001	0.000005	0.000020
17				0.000001	0.000005
18					0.000001

续表

x	$\lambda=5.0$	$\lambda=5.5$	$\lambda=6.0$	$\lambda=6.5$	$\lambda=7.0$	$\lambda=7.5$
0	1.000000	1.000000	1.000000	1.000000	1.000000	1.000000
1	0.993262	0.995913	0.997521	0.998497	0.999088	0.999447
2	0.959572	0.973436	0.982649	0.988724	0.992705	0.995299
3	0.875348	0.911624	0.938031	0.956964	0.970264	0.979743
4	0.734974	0.798301	0.848796	0.888150	0.918235	0.940855
5	0.559507	0.642482	0.714944	0.776328	0.827008	0.867938
6	0.384039	0.471081	0.554320	0.630959	0.699292	0.758564
7	0.237817	0.313964	0.393697	0.473476	0.550289	0.621845
8	0.133372	0.190515	0.256020	0.327242	0.401286	0.475362
9	0.068094	0.105643	0.152763	0.208427	0.270909	0.338033
10	0.031828	0.053777	0.083924	0.122616	0.169504	0.223592
11	0.013695	0.025251	0.042621	0.066839	0.098521	0.137762
12	0.005453	0.010988	0.020092	0.033880	0.053350	0.079241
13	0.002019	0.004451	0.008827	0.016027	0.027000	0.042666
14	0.000698	0.001685	0.003628	0.007100	0.012811	0.021565
15	0.000226	0.000599	0.001400	0.002956	0.005717	0.010260
16	0.000069	0.000200	0.000509	0.001160	0.002407	0.004608
17	0.000020	0.000063	0.000175	0.000430	0.000958	0.001959
18	0.000005	0.000019	0.000057	0.000151	0.000362	0.000790
19	0.000001	0.000005	0.000018	0.000051	0.000130	0.000303
20		0.000001	0.000005	0.000016	0.000044	0.000111
21			0.000001	0.000005	0.000014	0.000039
22				0.000001	0.00005	0.000013
23					0.000001	0.000004
24						0.000001

续表

x	$\lambda=8.0$	$\lambda=8.5$	$\lambda=9.0$	$\lambda=9.5$	$\lambda=10.0$
0	1.000000	1.000000	1.000000	1.000000	1.000000
1	0.999665	0.999797	0.999877	0.999925	0.999955
2	0.996981	0.998067	0.998766	0.999214	0.999501
3	0.986246	0.990717	0.993768	0.995836	0.997231
4	0.957620	0.969891	0.978774	0.985140	0.989664
5	0.900368	0.925636	0.945036	0.959737	0.970747
6	0.808764	0.850403	0.884310	0.911472	0.932914
7	0.686626	0.743822	0.793219	0.835051	0.869859
8	0.547039	0.614403	0.676103	0.731337	0.779779
9	0.407453	0.476895	0.544347	0.608177	0.667180
10	0.283376	0.347026	0.412592	0.478174	0.542070
11	0.184114	0.236638	0.294012	0.354672	0.416960
12	0.111924	0.151338	0.196992	0.248010	0.303224
13	0.063797	0.090917	0.124227	0.163570	0.208444
14	0.034181	0.051411	0.73851	0.101864	0.135536
15	0.017257	0.027425	0.041466	0.059992	0.083458
16	0.008231	0.013833	0.022036	0.033473	0.048740
17	0.003718	0.006613	0.011106	0.017727	0.027042
18	0.001594	0.003002	0.005320	0.008928	0.014278
19	0.000650	0.001297	0.002426	0.004284	0.007187
20	0.000253	0.000535	0.001056	0.001962	0.003454
21	0.000094	0.000211	0.000439	0.000859	0.001588
22	0.000033	0.000079	0.000175	0.000361	0.000700
23	0.000011	0.000029	0.000069	0.000145	0.000296
24	0.000004	0.000010	0.000025	0.000056	0.000120
25	0.000001	0.000003	0.000009	0.000021	0.000047
26		0.000001	0.000003	0.000007	0.000018
27			0.000001	0.000003	0.000006
28				0.000001	0.000002
29					0.000001

附表 4 χ^2 分布表

$$P\{\chi^2(n) > \chi^2_\alpha(n)\} = \alpha$$

α \ n	0.995	0.99	0.975	0.95	0.90	0.75	0.25	0.10	0.05	0.025	0.01	0.005
1	—	—	0.001	0.004	0.016	0.102	1.323	2.706	3.841	5.024	6.635	7.879
2	0.010	0.020	0.051	0.103	0.211	0.575	2.773	4.605	5.991	7.378	9.210	10.597
3	0.072	0.115	0.216	0.352	0.584	1.213	4.108	6.251	7.815	9.348	11.345	12.838
4	0.207	0.297	0.484	0.711	1.064	1.923	5.385	7.779	9.488	11.143	13.277	14.860
5	0.412	0.554	0.831	1.145	1.610	2.675	6.626	9.236	11.071	12.833	15.086	16.750
6	0.676	0.872	1.237	1.635	2.204	3.455	7.841	10.645	12.592	14.449	16.812	18.548
7	0.989	1.239	1.690	2.167	2.833	4.255	9.037	12.017	14.067	16.013	18.475	20.278
8	1.344	1.646	2.180	2.733	3.490	5.071	10.219	13.362	15.507	17.535	20.090	21.955
9	1.735	2.088	2.700	3.325	4.168	5.899	11.389	14.684	16.919	19.023	21.666	23.589
10	2.156	2.558	3.247	3.940	4.865	6.737	12.549	15.987	18.307	20.483	23.209	25.188
11	2.603	3.053	3.816	4.575	5.578	7.584	13.701	17.275	19.675	21.920	24.725	26.757
12	3.074	3.571	4.404	5.226	6.304	8.438	14.845	18.594	21.026	23.337	26.217	28.299
13	3.565	4.107	5.009	5.892	7.042	9.299	15.984	19.812	22.362	24.736	27.688	29.819
14	4.075	4.660	5.629	6.571	7.790	10.165	17.117	21.064	23.685	26.119	29.141	31.319
15	4.601	5.229	6.262	7.261	8.547	11.037	18.245	22.307	24.996	27.488	30.578	32.801
16	5.142	5.812	6.908	7.962	9.312	11.912	19.369	23.542	26.296	28.845	32.000	34.267
17	5.697	6.408	7.564	8.672	10.085	12.792	20.489	24.769	27.587	30.191	33.409	35.718
18	6.265	7.015	8.231	9.390	10.865	13.675	21.605	25.989	28.869	31.526	34.805	37.156
19	6.844	7.633	8.907	10.117	11.651	14.562	22.718	27.204	30.144	32.852	36.191	38.582
20	7.434	8.260	9.591	10.851	12.443	15.452	23.828	28.412	31.410	34.170	37.566	39.997
21	8.034	8.897	10.283	11.591	13.240	16.344	24.935	29.615	32.671	35.479	38.932	41.401
22	8.643	9.542	10.982	12.338	14.042	17.240	26.039	30.813	33.924	36.781	40.289	42.796

续表

α \ n	0.995	0.99	0.975	0.95	0.90	0.75	0.25	0.10	0.05	0.025	0.01	0.005
23	9.260	10.196	11.689	13.091	14.848	18.137	27.141	32.007	35.172	38.076	41.638	44.181
24	9.886	10.856	12.401	13.848	15.659	19.307	28.241	33.196	36.415	39.364	42.980	45.559
25	10.520	11.524	13.120	14.611	16.473	19.939	29.339	34.382	37.652	40.646	44.314	46.928
26	11.160	12.198	13.844	15.379	17.292	20.843	30.435	35.563	38.885	41.923	45.642	48.290
27	11.808	12.879	14.573	16.151	18.114	21.749	31.528	36.741	40.113	43.194	46.963	49.645
28	12.461	13.565	15.308	16.928	18.939	22.657	32.620	37.916	41.337	44.461	48.278	50.993
29	13.121	14.257	16.047	17.708	19.768	23.567	33.711	39.087	42.557	45.722	49.588	52.336
30	13.787	14.954	16.791	18.493	20.599	24.478	34.800	40.256	43.773	46.979	50.892	53.672
31	14.458	15.655	17.539	19.281	21.434	25.390	35.887	41.422	44.985	48.232	52.191	55.003
32	15.134	16.362	18.291	20.072	22.271	26.304	36.973	42.585	46.194	49.480	53.486	56.328
33	15.815	17.074	19.047	20.807	23.110	27.219	38.053	43.475	47.400	50.725	54.776	57.648
34	16.501	17.789	19.806	21.664	23.952	28.136	39.141	44.903	48.602	51.966	56.061	58.964
35	17.192	18.509	20.569	22.465	24.797	29.054	40.223	46.059	49.802	53.203	57.342	60.275
36	17.887	19.233	21.336	23.269	25.613	29.973	41.304	47.212	50.998	54.437	58.619	61.581
37	18.586	19.960	22.106	24.075	26.492	30.893	42.383	48.363	52.192	55.668	59.892	62.883
38	19.289	20.691	22.878	24.884	27.343	31.815	43.642	49.513	53.384	56.896	61.162	64.181
39	19.996	21.426	23.645	25.695	28.169	32.737	44.593	50.660	54.572	58.120	62.428	65.476
40	20.707	22.164	24.433	26.509	29.051	33.660	45.616	51.805	55.758	59.342	63.691	66.766
41	21.421	22.906	25.215	27.326	29.907	34.585	46.692	52.949	53.942	60.561	64.950	68.053
42	22.138	23.650	25.999	28.144	30.765	35.510	47.766	54.090	58.124	61.777	66.206	69.336
43	22.859	24.398	26.785	28.965	31.625	36.430	48.840	55.230	59.304	62.990	67.459	70.606
44	23.584	25.143	27.575	29.787	32.487	37.363	49.913	56.369	60.481	64.201	68.710	71.893
45	24.311	25.901	28.366	30.612	33.350	38.291	50.985	57.505	61.656	65.410	69.957	73.166

附表 5 *t* 分布表

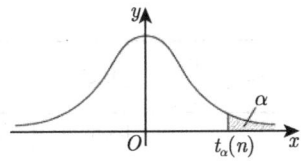

$p\{t(n) > t_\alpha(n)\} = \alpha$

n \ α	0.25	0.10	0.05	0.025	0.01	0.005
1	1.000 0	3.077 7	6.313 8	12.706 2	31.820 7	63.657 4
2	0.816 5	1.885 6	2.920 0	4.302 7	6.964 6	9.924 8
3	0.764 9	1.637 7	2.353 4	3.182 4	4.540 7	5.840 9
4	0.740 7	1.533 2	2.131 8	2.776 4	3.746 9	4.604 1
5	0.726 7	1.475 9	2.015 0	2.570 6	3.364 9	4.032 2
6	0.717 6	1.439 8	1.943 2	2.446 9	3.142 7	3.707 4
7	0.711 1	1.414 9	1.894 6	2.364 6	2.998 0	3.499 5
8	0.706 4	1.396 8	1.859 5	2.306 0	2.896 5	3.355 4
9	0.702 7	1.383 0	1.833 1	2.262 2	2.821 4	3.249 8
10	0.699 8	1.372 2	1.812 5	2.228 1	2.763 8	3.249 8
11	0.697 4	1.363 4	1.795 9	2.201 0	2.718 1	3.105 8
12	0.695 5	1.356 2	1.782 3	2.178 8	2.681 0	3.054 5
13	0.693 8	1.350 2	1.770 9	2.160 4	2.650 3	3.012 3
14	0.692 4	1.345 0	1.761 3	2.144 8	2.624 5	2.976 8
15	0.691 2	1.340 6	1.753 1	2.131 5	2.602 5	2.946 7
16	0.690 1	1.336 8	1.745 9	2.119 9	2.583 5	2.920 8
17	0.689 2	1.333 4	1.739 6	2.109 8	2.566 9	2.898 2
18	0.688 4	1.330 4	1.734 1	2.100 9	2.552 4	2.878 4
19	0.687 6	1.327 7	1.729 1	2.093 0	2.539 5	2.860 9
20	0.687 0	1.325 3	1.724 7	2.086 0	2.528 0	2.845 3
21	0.686 4	1.323 2	1.720 7	2.079 6	2.517 7	2.831 4
22	0.685 8	1.321 2	1.717 1	2.073 9	2.508 3	2.818 8
23	0.685 3	1.319 5	1.713 9	2.068 7	2.499 9	2.807 3
24	0.684 8	1.317 8	1.710 9	2.063 9	2.192 2	2.796 9
25	0.684 4	1.316 3	1.708 1	2.059 5	2.485 1	2.787 4
26	0.684 0	1.315 0	1.705 8	2.055 5	2.478 6	2.778 7
27	0.683 7	1.313 7	1.703 3	2.051 8	2.472 7	2.770 7
28	0.683 4	1.312 5	1.701 1	2.048 4	2.467 1	2.763 3
29	0.683 0	1.311 4	1.699 1	2.045 2	2.462 0	2.756 4
30	0.682 8	1.310 4	1.697 3	2.042 3	2.457 3	2.750 0

续表

n \ α	0.25	0.10	0.05	0.025	0.01	0.005
31	0.682 5	1.309 5	1.695 5	2.039 5	2.452 8	2.744 0
32	0.682 2	1.308 6	1.693 9	2.036 9	2.448 7	2.738 5
33	0.682 0	1.307 7	1.692 4	2.034 5	2.444 8	2.733 3
34	0.681 8	1.307 0	1.690 9	2.032 2	2.441 1	2.728 4
35	0.681 6	0.306 2	1.689 6	2.030 1	2.437 7	2.723 8
36	0.681 4	1.305 5	1.688 3	2.028 1	2.434 5	2.719 5
37	0.681 2	1.304 9	1.687 1	2.026 2	2.431 4	2.715 4
38	0.681 0	1.304 2	1.686 0	2.024 4	2.428 6	2.711 6
39	0.680 8	1.303 6	1.684 9	2.022 7	2.425 8	2.707 9
40	0.680 7	1.303 1	1.683 9	2.021 1	2.423 3	2.704 5
41	0.680 5	1.302 5	1.682 9	2.019 5	2.420 8	2.701 2
42	0.680 4	1.302 0	1.682 0	2.018 1	2.418 5	2.698 1
43	0.680 2	1.301 6	1.681 1	2.016 7	2.416 3	2.695 1
44	0.680 1	1.301 1	1.680 2	2.015 4	2.414 1	2.692 3
45	0.680 0	1.300 6	1.679 4	2.014 1	2.412 1	2.689 6

附表 6 F 分布表

$$P\{F > F_{m,n}(\alpha)\} = \alpha$$

$$\alpha = 0.10$$

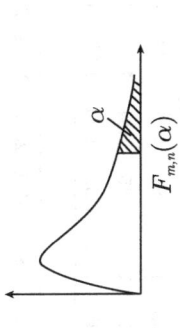

m\n	1	2	3	4	5	6	7	8	9	10	12	15	20	24	30	40	60	120	∞
1	39.86	49.50	53.59	55.83	57.24	58.20	58.91	59.44	59.86	60.19	60.71	61.22	61.74	62.00	62.26	62.53	62.79	63.06	63.33
2	8.53	9.00	9.16	9.24	9.29	9.33	9.35	9.37	9.38	9.39	9.41	9.42	9.44	9.45	9.46	9.47	9.47	9.48	9.49
3	5.54	5.46	5.39	5.34	5.31	5.28	5.27	5.25	5.24	5.23	5.22	5.20	5.18	5.18	5.17	5.16	5.15	5.14	5.13
4	4.54	4.32	4.19	4.11	4.05	4.01	3.98	3.95	3.94	3.92	3.90	3.87	3.84	3.83	3.82	3.80	3.79	3.78	3.76
5	4.06	3.78	3.62	3.52	3.45	3.40	3.37	3.34	3.32	3.30	3.27	3.24	3.21	3.19	3.17	3.16	3.14	3.12	3.10
6	3.78	3.46	3.29	3.18	3.11	3.05	3.01	2.98	2.96	2.94	2.90	2.87	2.84	2.82	2.80	2.78	2.76	2.47	2.72
7	3.59	3.26	3.07	2.96	2.88	2.83	2.78	2.75	2.72	2.70	2.67	2.63	2.59	2.58	2.56	2.54	2.51	2.49	2.47
8	3.46	3.11	2.92	2.81	2.73	2.67	2.62	2.59	2.56	2.54	2.50	2.46	2.42	2.40	2.38	2.36	2.34	2.32	2.29
9	3.36	3.01	2.81	2.69	2.61	2.55	2.51	2.47	2.44	2.42	2.38	2.34	2.30	2.28	2.25	2.23	2.21	2.18	2.16
10	3.29	2.92	2.73	2.61	2.52	2.46	2.41	2.38	2.35	2.32	2.28	2.24	2.20	2.18	2.16	2.13	2.11	2.08	2.06
11	3.23	2.86	2.66	2.54	2.45	2.39	2.34	2.30	2.27	2.25	2.21	2.17	2.12	2.10	2.08	2.05	2.03	2.00	1.97
12	3.18	2.81	2.61	2.48	2.39	2.33	2.28	2.24	2.21	2.19	2.15	2.10	2.06	2.04	2.01	1.99	1.96	1.93	1.90
13	3.14	2.76	2.56	2.43	2.35	2.28	2.23	2.20	2.16	2.14	2.10	2.05	2.01	1.98	1.96	1.93	1.90	1.88	1.85
14	3.10	2.73	2.52	2.39	2.31	2.24	2.19	2.15	2.12	2.10	2.05	2.01	1.96	1.94	1.91	1.89	1.86	1.83	1.80
15	3.07	2.70	2.49	2.36	2.27	2.21	2.16	2.12	2.09	2.06	2.02	1.97	1.92	1.90	1.87	1.85	1.82	1.79	1.76
16	3.05	2.67	2.46	2.33	2.24	2.18	2.13	2.09	2.06	2.03	1.99	1.94	1.89	1.87	1.84	1.81	1.78	1.75	1.72

续表

$\alpha = 0.10$

m\n	1	2	3	4	5	6	7	8	9	10	12	15	20	24	30	40	60	120	∞
17	3.03	2.64	2.44	2.31	2.22	2.15	2.10	2.06	2.03	2.00	1.96	1.91	1.86	1.84	1.81	1.78	1.75	1.72	1.69
18	3.01	2.62	2.42	2.29	2.20	2.13	2.08	2.04	2.00	1.98	1.93	1.89	1.84	1.81	1.78	1.75	1.72	1.69	1.66
19	2.99	2.61	2.40	2.27	2.18	2.11	2.06	2.02	1.98	1.96	1.91	1.86	1.81	1.79	1.76	1.73	1.70	1.67	1.63
20	2.97	2.59	2.38	2.25	2.16	2.09	2.04	2.00	1.96	1.94	1.89	1.84	1.79	1.77	1.74	1.71	1.68	1.64	1.61
21	2.96	2.57	2.36	2.23	2.14	2.08	2.02	1.98	1.95	1.92	1.87	1.83	1.78	1.75	1.72	1.69	1.66	1.62	1.59
22	2.95	2.56	2.35	2.22	2.13	2.06	2.01	1.97	1.93	1.90	1.86	1.81	1.76	1.73	1.70	1.67	1.64	1.60	1.57
23	2.94	2.55	2.34	2.21	2.11	2.05	1.99	1.95	1.92	1.89	1.84	1.80	1.74	1.72	1.69	1.66	1.62	1.59	1.55
24	2.93	2.54	2.33	2.19	2.10	2.04	1.98	1.94	1.91	1.88	1.83	1.78	1.73	1.70	1.67	1.64	1.61	1.57	1.53
25	2.92	2.53	2.32	2.18	2.09	2.02	1.97	1.93	1.89	1.87	1.82	1.77	1.72	1.69	1.66	1.63	1.59	1.56	1.52
26	2.91	2.52	2.31	2.17	2.08	2.01	1.96	1.92	1.88	1.86	1.81	1.76	1.71	1.68	1.65	1.61	1.58	1.54	1.50
27	2.90	2.51	2.30	2.17	2.07	2.00	1.95	1.91	1.87	1.85	1.80	1.75	1.70	1.67	1.64	1.60	1.57	1.53	1.49
28	2.89	2.50	2.29	2.16	2.06	2.00	1.94	1.90	1.87	1.84	1.79	1.74	1.69	1.66	1.63	1.59	1.56	1.52	1.48
29	2.89	2.50	2.28	2.15	2.06	1.99	1.93	1.89	1.86	1.83	1.78	1.73	1.68	1.65	1.62	1.58	1.55	1.51	1.47
30	2.88	2.49	2.28	2.14	2.05	1.98	1.93	1.88	1.85	1.82	1.77	1.72	1.67	1.64	1.61	1.57	1.54	1.50	1.46
40	2.84	2.44	2.23	2.09	2.00	1.93	1.87	1.83	1.79	1.76	1.71	1.66	1.61	1.57	1.54	1.51	1.47	1.42	1.38
60	2.79	2.39	2.18	2.04	1.95	1.87	1.82	1.77	1.74	1.71	1.66	1.60	1.54	1.51	1.48	1.44	1.40	1.35	1.29
120	2.75	2.35	2.13	1.99	1.90	1.82	1.77	1.72	1.68	1.65	1.60	1.55	1.48	1.45	1.41	1.37	1.32	1.26	1.19
∞	2.71	2.30	2.08	1.94	1.85	1.77	1.72	1.67	1.63	1.60	1.55	1.49	1.42	1.38	1.34	1.30	1.24	1.17	1.00

$\alpha = 0.05$

m\n	1	2	3	4	5	6	7	8	9	10	12	15	20	24	30	40	60	120	∞
1	161.4	199.5	215.7	224.6	230.2	234.0	236.8	238.9	240.5	241.9	243.9	245.9	248.0	249.1	250.1	251.1	252.2	253.3	254.3
2	18.51	19.00	19.16	19.25	19.30	19.33	19.35	19.37	19.38	19.40	19.41	19.43	19.45	19.45	19.46	19.47	19.48	19.49	19.50
3	10.13	9.55	9.28	9.12	9.01	8.94	8.89	8.85	8.81	8.79	8.74	8.70	8.66	8.64	8.62	8.59	8.57	8.55	8.53
4	7.71	6.94	6.59	6.39	6.26	6.16	6.09	6.04	6.00	5.96	5.91	5.86	5.80	5.77	5.75	5.72	5.69	5.66	5.63

续表

$\alpha = 0.05$

n\m	1	2	3	4	5	6	7	8	9	10	12	15	20	24	30	40	60	120	∞
5	6.61	5.79	5.41	5.19	5.05	4.95	4.88	4.82	4.77	4.74	4.68	4.62	4.56	4.53	4.50	4.46	4.43	4.40	4.36
6	5.99	5.14	4.76	4.53	4.39	4.28	4.21	4.15	4.10	4.06	4.00	3.94	3.87	3.84	3.81	3.77	3.74	3.70	3.67
7	5.59	4.74	4.35	4.12	3.97	3.87	3.79	3.73	3.68	3.64	3.57	3.51	3.44	3.41	3.38	3.34	3.30	3.27	3.23
8	5.32	4.46	4.07	3.84	3.69	3.58	3.50	3.44	3.39	3.35	3.28	3.22	3.15	3.12	3.08	3.04	3.01	2.97	2.93
9	5.12	4.26	3.86	3.63	3.48	3.37	3.29	3.23	3.18	3.14	3.07	3.01	2.94	2.90	2.86	2.83	2.79	2.75	2.71
10	4.96	4.10	3.71	3.48	3.33	3.22	3.14	3.07	3.02	2.98	2.91	2.85	2.77	2.74	2.70	2.66	2.62	2.58	2.54
11	4.84	3.98	3.59	3.36	3.20	3.09	3.01	2.95	2.90	2.85	2.79	2.72	2.65	2.61	2.57	2.53	2.49	2.45	2.40
12	4.75	3.89	3.49	3.26	3.11	3.00	2.91	2.85	2.80	2.75	2.69	2.62	2.54	2.51	2.47	2.43	2.38	2.34	2.30
13	4.67	3.81	3.41	3.18	3.03	2.92	2.83	2.77	2.71	2.67	2.60	2.53	2.46	2.42	2.38	2.34	2.30	2.25	2.21
14	4.60	3.74	3.34	3.11	2.96	2.85	2.76	2.70	2.65	2.60	2.53	2.46	2.39	2.35	2.31	2.27	2.22	2.18	2.13
15	4.54	3.68	3.29	3.06	2.90	2.79	2.71	2.64	2.59	2.54	2.48	2.40	2.33	2.29	2.25	2.20	2.16	2.11	2.07
16	4.49	3.63	3.24	3.01	2.85	2.74	2.66	2.59	2.54	2.49	2.42	2.35	2.28	2.24	2.19	2.15	2.11	2.06	2.01
17	4.45	3.59	3.20	2.96	2.81	2.70	2.61	2.55	2.49	2.45	2.38	2.31	2.23	2.19	2.15	2.10	2.06	2.01	1.96
18	4.41	3.55	3.16	2.93	2.77	2.66	2.58	2.51	2.46	2.41	2.34	2.27	2.19	2.15	2.11	2.06	2.02	1.97	1.92
19	4.38	3.52	3.13	2.90	2.74	2.63	2.54	2.48	2.42	2.38	2.31	2.23	2.16	2.11	2.07	2.03	1.98	1.93	1.88
20	4.35	3.49	3.10	2.87	2.71	2.60	2.51	2.45	2.39	2.35	2.28	2.20	2.12	2.08	2.04	1.99	1.95	1.90	1.84
21	4.32	3.47	3.07	2.84	2.68	2.57	2.49	2.42	2.37	2.32	2.25	2.18	2.10	2.05	2.01	1.96	1.92	1.87	1.81
22	4.30	3.44	3.05	2.82	2.66	2.55	2.46	2.40	2.34	2.30	2.23	2.15	2.07	2.03	1.98	1.94	1.89	1.84	1.78
23	4.28	3.42	3.03	2.80	2.64	2.53	2.44	2.37	2.32	2.27	2.20	2.13	2.05	2.01	1.96	1.91	1.86	1.81	1.76
24	4.26	3.40	3.01	2.78	2.62	2.51	2.42	2.36	2.30	2.25	2.18	2.11	2.03	1.98	1.94	1.89	1.84	1.79	1.73

续表

$\alpha = 0.05$

m\n	1	2	3	4	5	6	7	8	9	10	12	15	20	24	30	40	60	120	∞
25	4.24	3.39	2.99	2.76	2.60	2.49	2.40	2.34	2.28	2.24	2.16	2.09	2.01	1.96	1.92	1.87	1.82	1.77	1.71
26	4.23	3.37	2.98	2.74	2.59	2.47	2.39	2.32	2.27	2.22	2.15	2.07	1.99	1.95	1.90	1.85	1.80	1.75	1.69
27	4.21	3.35	2.96	2.73	2.57	2.46	2.37	2.31	2.25	2.20	2.13	2.06	1.97	1.93	1.88	1.84	1.79	1.73	1.67
28	4.20	3.34	2.95	2.71	2.56	2.45	2.36	2.29	2.24	2.19	2.12	2.04	1.96	1.91	1.87	1.82	1.77	1.71	1.65
29	4.18	3.33	2.93	2.70	2.55	2.43	2.35	2.28	2.22	2.18	2.10	2.03	1.94	1.90	1.85	1.81	1.75	1.70	1.64
30	4.17	3.32	2.92	2.69	2.53	2.42	2.33	2.27	2.21	2.16	2.09	2.01	1.93	1.89	1.84	1.79	1.74	1.68	1.62
40	4.08	3.23	2.84	2.61	2.45	2.34	2.25	2.18	2.12	2.08	2.00	1.92	1.84	1.79	1.74	1.69	1.64	1.58	1.51
60	4.00	3.15	2.76	2.53	2.37	2.25	2.17	2.10	2.04	1.99	1.92	1.84	1.75	1.70	1.65	1.59	1.53	1.47	1.39
120	3.92	3.07	2.68	2.45	2.29	2.17	2.09	2.02	1.96	1.91	1.83	1.75	1.66	1.61	1.55	1.50	1.43	1.35	1.25
∞	3.84	3.00	2.60	2.37	2.21	2.10	2.01	1.94	1.88	1.83	1.75	1.67	1.57	1.52	1.46	1.39	1.32	1.22	1.00

$\alpha = 0.025$

m\n	1	2	3	4	5	6	7	8	9	10	12	15	20	24	30	40	60	120	∞
1	647.8	799.5	864.2	899.6	921.8	937.1	948.2	956.7	963.3	968.6	976.7	984.9	993.1	997.2	1001	1006	1010	1014	1018
2	38.51	39.00	39.17	39.25	39.30	39.33	39.36	39.37	39.39	39.40	39.41	39.43	39.45	39.46	39.46	39.47	39.48	39.49	39.50
3	17.44	16.04	15.44	15.10	14.88	14.73	14.62	14.54	14.47	14.42	14.34	14.25	14.17	14.12	14.08	14.04	13.99	13.95	13.90
4	12.22	10.65	9.98	9.60	9.36	9.20	9.07	8.98	8.90	8.84	8.75	8.66	8.56	8.51	8.46	8.41	8.36	8.31	8.26
5	10.01	8.43	7.76	7.39	7.15	6.98	6.85	6.76	6.68	6.62	6.52	6.43	6.33	6.28	6.23	6.18	6.12	6.07	6.02
6	8.81	7.26	6.60	6.23	5.99	5.82	5.70	5.60	5.52	5.46	5.37	5.27	5.17	5.12	5.07	5.01	4.96	4.90	4.85
7	8.07	6.54	5.89	5.52	5.29	5.12	4.99	4.90	4.82	4.76	4.67	4.57	4.47	4.42	4.36	4.31	4.25	4.20	4.14
8	7.57	6.06	5.42	5.05	4.82	4.65	4.53	4.43	4.36	4.30	4.20	4.10	4.00	3.95	3.89	3.84	3.78	3.73	3.67
9	7.21	5.71	5.08	4.72	4.48	4.23	4.20	4.10	4.03	3.96	3.87	3.77	3.67	3.61	3.56	3.51	3.45	3.39	3.33
10	6.94	5.46	4.83	4.47	4.24	4.07	3.95	3.85	3.78	3.72	3.62	3.52	3.42	3.37	3.31	3.26	3.20	3.14	3.08
11	6.72	5.26	4.63	4.28	4.04	3.88	3.76	3.66	3.59	3.53	3.43	3.33	3.23	3.17	3.12	3.06	3.00	2.94	2.88
12	6.55	5.10	4.47	4.12	3.89	3.73	3.61	3.51	3.44	3.37	3.28	3.18	3.07	3.02	2.96	2.91	2.85	2.79	2.72

续表

$\alpha = 0.025$

n \ m	1	2	3	4	5	6	7	8	9	10	12	15	20	24	30	40	60	120	∞
13	6.41	4.97	4.35	4.00	3.77	3.60	3.48	3.39	3.31	3.25	3.15	3.05	2.95	2.89	2.84	2.78	2.72	2.66	2.60
14	6.30	4.86	4.24	3.89	3.66	3.50	3.38	3.29	3.21	3.15	3.05	2.95	2.84	2.79	2.73	2.67	2.61	2.55	2.49
15	6.20	4.77	4.15	3.80	3.58	3.41	3.29	3.20	3.12	3.06	2.96	2.86	2.76	2.70	2.64	2.59	2.52	2.46	2.40
16	6.12	4.69	4.08	3.73	3.50	3.34	3.22	3.12	3.05	2.99	2.89	2.79	2.68	2.63	2.57	2.51	2.45	2.38	2.32
17	6.04	4.62	4.01	3.66	3.44	3.28	3.16	3.06	2.98	2.92	2.82	2.72	2.62	2.56	2.50	2.44	2.38	2.32	2.25
18	5.98	4.56	3.95	3.61	3.38	3.22	3.10	3.01	2.93	2.87	2.77	2.67	2.56	2.50	2.44	2.38	2.32	2.26	2.19
19	5.92	4.51	3.90	3.56	3.33	3.17	3.05	2.96	2.88	2.82	2.72	2.62	2.51	2.45	2.39	2.33	2.27	2.20	2.13
20	5.87	4.46	3.86	3.51	3.29	3.13	3.01	2.91	2.84	2.77	2.68	2.57	2.46	2.41	2.35	2.29	2.22	2.16	2.09
21	5.83	4.42	3.82	3.48	3.25	3.09	2.97	2.87	2.80	2.73	2.64	2.53	2.42	2.37	2.31	2.25	2.18	2.11	2.04
22	5.79	4.38	3.78	3.44	3.22	3.05	2.93	2.84	2.76	2.70	2.60	2.50	2.39	2.33	2.27	2.21	2.14	2.08	2.00
23	5.75	4.35	3.75	3.41	3.18	3.02	2.90	2.81	2.73	2.67	2.57	2.47	2.36	2.30	2.24	2.18	2.11	2.04	1.97
24	5.72	4.32	3.72	3.38	3.15	2.99	2.87	2.78	2.70	2.64	2.54	2.44	2.33	2.27	2.21	2.15	2.08	2.01	1.94
25	5.69	4.29	3.69	3.35	3.13	2.97	2.85	2.75	2.68	2.61	2.51	2.41	2.30	2.24	2.18	2.12	2.05	1.98	1.91
26	5.66	4.27	3.67	3.33	3.10	2.94	2.82	2.73	2.65	2.59	2.49	2.39	2.28	2.22	2.16	2.09	2.03	1.95	1.88
27	5.63	4.24	3.65	3.31	3.08	2.92	2.80	2.71	2.63	2.57	2.47	2.36	2.25	2.19	2.13	2.07	2.00	1.93	1.85
28	5.61	4.22	3.63	3.29	3.06	2.90	2.78	2.69	2.61	2.55	2.45	2.34	2.23	2.17	2.11	2.05	1.98	1.91	1.83
29	5.59	4.20	3.61	3.27	3.04	2.88	2.76	2.67	2.59	2.53	2.43	2.32	2.21	2.15	2.09	2.03	1.96	1.89	1.81
30	5.57	4.18	3.59	3.25	3.03	2.87	2.75	2.65	2.57	2.51	2.41	2.31	2.20	2.14	2.07	2.01	1.94	1.87	1.79
40	5.42	4.05	3.46	3.13	2.90	2.74	2.62	2.53	2.45	2.39	2.29	2.18	2.07	2.01	1.94	1.88	1.80	1.72	1.64
60	5.29	3.93	3.34	3.01	2.79	2.63	2.51	2.41	2.33	2.27	2.17	2.06	1.94	1.88	1.82	1.74	1.67	1.58	1.48
120	5.15	3.80	3.23	2.89	2.67	2.52	2.39	2.30	2.22	2.16	2.05	1.94	1.82	1.76	1.69	1.61	1.53	1.43	1.31
∞	5.02	3.69	3.12	2.79	2.57	2.41	2.29	2.19	2.11	2.05	1.94	1.83	1.71	1.64	1.57	1.48	1.39	1.27	1.00